KB124206

BUSINESS SECRETS FROM THE BIBLE

유대인 비즈니스의 성공 비결 40가지

BUSINESS SECRETS FROM THE BIBLE

BUSINESS SECRETS
FROM THE BIBLE

유대인 비즈니스의 성공 비결 40가지

유대인처럼 비즈니스하라

다니엘 라핀 지음 | 조상연 옮김

북스넛
Booksnut

아내 수잔에게
"네게 주신 모든 헛된 날에 네가 사랑하는 아내와 함께 즐겁게
살지어다" (전도서 9:9)

Contents

유대인은 전 인류의 1퍼센트도 되지 않는다.

순리대로라면 그들에 관한 이야기는 좀처럼 들리지 않아야 정상이다.

하지만 우리는 유대인에 관한 이야기를 늘 들어왔다.

이야기 속의 유대인은 대부분 성공적인 비즈니스맨이다.

막대한 규모의 브로드웨이가 실질적으로 그들의 수중에 있고,

독일에서는 대형사업의 85퍼센트를 유대인이 쥐고 있다.

그들은 돈 버는 법을 아는 사람들이다.

-마크 트웨인-

『부의 바이블』 중에서

BUSINESS SECRETS FROM THE BIBLE

유대인 비즈니스의
성공 비결 40가지

BUSINESS SECRETS FROM THE BIBLE

프롤로그

세계 경제를 주도해 온
유대인의 비밀을 성경에서 찾다

아마 쉽게 와 닿지 않을 수도 있다. 성경과 비즈니스의 관계가. "왜 비즈니스 비밀을 성경 속에서?"라고 의문을 가질 수도 있다. 성경 속의 테니스 비밀도, 자동차 경주 비밀도, 뷰티와 메이크업 팁도 아니고 비즈니스란 말인가? 인류문명에 거대한 영향을 끼친 이 신비롭고 방대한 책 속에서 찾고 싶은 것이 많을 수도 있다. 오랜 시간 수많은 사람이 성경을 통해 자신의 비전이나 두려움, 희망을 투영하고, 그 속에서 자신의 신념을 확인할 계기를 찾아왔다. 그러나 안타깝게도 이 때문에 성경에 대한 모든 오해가 시작되었다. 성경은 분명 우리에게 많은 이야기를 전하지만, 우리의 느낌을 성경에 덮어씌워 곡해해서는 안 된다. 설령 성경을 해석하고 이해하려 할 때도, 성경의 원래 의미는 반드시 지켜야 한다.

하지만 그 차이점을 어떻게 알 수 있단 말인가? 이제부터 오랜 유대의 지침을 참고로 짚어보도록 하겠다.

지금까지 구전된 토라Torah. 하나님의 계시를 받아 모세가 썼다는 율법 또는 오경. 곧 구약성경의 창세기, 출애굽기, 레위기, 민수기, 신명기는 그 의미 하나하나가 세심하고 성실하다. 성경의 원래 의미가 그대로 보존되어 있으며 내용도 상세해서 부모와 자식의 대를 이으며 전해지는 데 큰 도움이 되었다. 그리고 여기에는 내가 '그분의 말'이라 부르는 말, 즉 히브리어의 마력이 숨어있다. 토라를 가르치는 스승은 토라를 공부하는 다음 세대의 학생들에게 '원래의 의미'를 엄격히 가르쳐 지키게 할 책임이 있다. 가르침을 받은 학생이 훗날 스승이 되어 학생을 가르칠 때, 스승에게 배운 것을 그대로, 충실하게 전해야 한다. 이는 오랜 시간, 수많은 세대를 거치면서도 변하지 않고 이어져 왔다. 이런 신실한 전래 덕분에 그 의미가 거의 왜곡되지 않았고, 또 개인의 사견이 들어가는 일도 거의 없었다.

다행히 독자인 당신은 나의 말이나 이 책에서 만나게 될 다른 공리적인 제안을 진지하게 새길 필요까지는 없다. 나는 당신이 '전문가적 지식'이라는 지독한 지성의 감옥에서 벗어날 것을 권하고, 자신의 관찰력과 연역적 추론 능력을 키울 수 있는 공간을 만들도록 하는 것을 목표로 할 것이다. 앞으로 이 책에서 내가 말하려는 것을 다른 전문가들이 이미 공개했다면 어쩌나 하는 걱정은 접어 두어도 좋을 것이다.

이미 이 책의 제안 중 많은 것이 공개된 뒤라면, 내가 같은 말을 반복하는 모습을 보며 시간 낭비라고 생각할 수도 있다. 그러나 당신에게 약간의 인내가 있다면, 당신은 이 책에서 소개할 다양한 전제와 그 근거 속에서 막대한 가치를 얻을 수 있을 것이다. 물론 '사실인가'에 대한 의문이 있을 수도 있다. 충분히 그럴 수 있다. 다시 한번 말하지만 당신의 관찰력과 추론 능력을 활용할 것을 권한다. 여기에서 읽은 것에 대해 돌이켜 생각해 보고, 고심하고, 스스로 결론에 도달해야 한다. 자신의 비즈니스에 관해서는 다른 사람의 안목을 참고할 수는 있어도 의존해서는 안 된다. 가령 그 사람이 나보다 좋은 안목과 나은 자격을 갖춘 사람이더라도 말이다. 나만큼 내 돈에 신경을 쓰는 사람은 없는 법이다.

나는 이 책의 아이디어를 당신이 평가해 볼 것을 권한다. 왜냐하면 이 책의 아이디어 중 일부가 성경에 그 원전이 있다는 사실에 분명히 의구심을 느낄 수도 있고, 혹은 강한 거부감이 들 수도 있기 때문이다.

누군가, 특히 유대교나 기독교인이 아니거나 종교와는 아무런 관련이 없는 사람이라면, 이 책의 원전이 이신론적이거나 종교적인 내용이라는 점에서 본능적으로 거부감을 느낄 수도 있다. 이러한 상황 또한 예상한다. 수많은 교육 관료와 학계의 선전 교수들은 학문적으로 인정된 것들만 유일한 진실로 받아들이도록 훈련되었고 그렇게 교육하고 있다. 그래도 나를 오해하지 않기를 바란다. 나는 현대 학계를 매우 존중하고, 또 인정한다. 그러나 동시에, 오늘날 미국의 교정에서 너무나도 쉽게 찾아볼 수 있는, 마치 거짓을 진실인 양 가장하여 말하는 학자와 진실하지 못한 교육을 경멸한다. 특히 대학의 교육 과정 중에 '~학(Studies)'이라는 이름이 들어간 과정이나 학과에 대해서는 은밀한 의심을 품고 있다. 이러한 과정이나 학과가 학생의 시간과 부모의 돈을 낭비하게 만드는 가장 큰 원인이라고 생각한다. 물리학이나 수학을 '물리학(Physics Studies)', '수학(mathematics studies)', '컴퓨터 공학(computer science studies)'이라고 쓰는 대학은 없다. 너무나도 당연하지만 현실 속의 학문 분야이기 때문이다. 나는 현대의 세속적인 교육체계 속에서 완전히 자리 잡은 정치적 올바름과 편견, 선입견을 거부한다.

반면, 나는 오늘날의 학계에서 비세속적인 모든 것에 대한 편견은 맞이한다. 오늘날 대부분의 대학은 '성경'과 관련된 모든 것에 대해 맹목적이고 근거 없는 적대감을 드러내 보인다. 그저 단순한 무지에 불과하다. 그러한 것은 교육이라고 할 수가 없다. 학생들을 가르칠 때 성경과도 같이, 2천여 년 동안 수많은 세대의 현명한 사람들의 인생관과 믿음을 빚어낸 걸출한 문헌을 완전히 무시하는 것은 젊은 세대에게 막대한 해를 끼치는 것이나 다름없다.

이 책을 읽는 당신이 성경에 대한 믿음이 없을 수도 있다. 그러나 나는 그런 당신을 제외할 생각이 없다는 것을 명확히 밝히는 바이다. 나는 여전히, 당신이 지적으로 개방된 자세로 이 책을 읽기 원하고, 자기 나름의 분명한 가치를 찾기 바란다. 설령 당신이 지금은 종교인이 아니더라도, 수십억 명의 사람들이 지금도 믿고 있는 성경의 진실을 무의미한 것으로 받아들이지 않았으면 한다.

그러므로 당신이 우리의 역사와 현대의 삶에 상상도 할 수 없을 만큼 오랜 시간 영향을 끼쳐온 책을 거부하지 않기 바란다. 예를 들어 지금도 수십억 명의 사람들이 편지와 문서, 수표, 영수증에 날짜를 표기할 때, '서기(AD) 2014년'이라는 방식으로 표기한다. 물론 AD를 생략하는 경우도 있고 AD가 Anno Domini의 약자라는 사실을 인식하지 못할 수도 있다. Anno Domini는 그리스도 기원을 뜻하는 말이다. 매 해를 세는 아주 일상적이고 기본적인 방식조차도 우리는 종교적 영향에서 자유롭지 않다. 설령 그러한 영향을 무시한다고 해도, 그 사실에는 변함이 없다. 많은 사람에게 있어서 날짜를 쓸 때마다 종교적 믿음의 유산이 재차 상기되는 순간이라는 사실은 변하지 않는다. 이런 사람들을 무시하는 자가 있다면, 결국 책임도 그 사람에게 돌아가게 된다. 그런 종교인들 또한 당신의 삶 속에서 고객이나 판매자, 여행 동료가 될 수 있다. 사적인 자리나 공적인 자리에서 그들을 만날 때, 설령 당신이 무신론자라고 하더라도 믿음이 있는 수많은 사람이 세상을 어떻게 바라보는지 알아볼 필요는 있다.

나는 "여호와를 경외함이 지혜의 근본이라(시 111:10)"라는 구절을 이해하는 것이 매우 중요하다고 생각한다. 이 말은 여호와를 무시하면서 지혜를 찾는 것은 어리석은 행동이라고 경고하는 말이기도 하다. 가령 신을 찾지 않는 사람이라고 해도 전 세계의 수많은 사람이 여호와에 대한 믿음을 가지고 있고, 그들이 전 세계에 미치는 영향력을 무시하는 것은 불가능하다. 이 책에서 당신과 나는 나와 같은 유대인 신자들, 성경의 모든 구절을 끊임없이 숙고하며 그 가르침을 성실히 이행하고 큰 성공을 거둔 사람들에 논점을 두고 이야기를 풀어갈 것이다.

앞으로 우리는 유기적으로, 그리고 성경에서 시작된 인간의 경험에 대해서 성실하게 다룰 것이며, 성경에 숨겨진 '비즈니스의 비밀'과 '가르침'을 이 책을 통해 탐색할 것이다. 성경 속에서 테니스 경기에서 이기기 위한 원리를 끌어내려는 사람이 있을까? 분명 의심의 여지가 없지만 그러한 시도의 결과물은 신뢰하기도 어렵고, 만족스러울 만큼 일관되리라 생각하기도 어렵다. 자동차 경주, 미용, TV 프로그램 제작과 같은 분야에서도 마찬가지일 것이다. 사실 성경에서는 이런 주제에 대해서 구체적으로 다루고 있지 않다.

하지만 성경 속의 비즈니스 비밀이라면 이야기가 꽤 다르다. 그리고 이 책은 바로 그러한 비밀을 탐구하는 것을 목표로 한다.

왜 비즈니스는 다른지 이야기하기 전에, 성경에서 매우 귀중한 정보를 찾을 수 있는 몇 가지 주제를 다룰 필요가 있다. 성경 속의 군사학적 비밀도 그런 주제에 들어간다. 왜일까? 유명한 군인인 영국군 소장 오드 윈게이트가 그 실례이다. 그는 1930년대에 곧 태어날 이스라엘의 군대를 훈련하는 일을 맡았다. 윈게이트는 군사적 천재이자 매우 신심이 깊은 그리스도인이었고, 그의 전략과 전술은 기드온이나 삼손과 같은 수많은 성경 속 전사들에게서 따온 것이다. 그는 고대 성경 속에서 승리를 일궈낸 장소에서 아랍 세력에 대한 공격을 시행했고, 오늘날 이스라엘이라는 나라의 근간에 그의 가르침이 깃들어 있다. 앞서 성경에 직접적으로 관련된 내용이 나오지 않는다고 했던 주제와 달리, 여기서는 성경이 군사 전술에 명확한 영향을 끼쳤다는 사실과 함께 그 전술에 관한 명백한 내용도 볼 수 있다. 여기에는 성경 원전의 내용을 확대해석하거나 왜곡시킨 부분이 전혀 없다.

비슷하게 일상적인 고통과 문제, 이성관계와 결혼, 삶과 비즈니스와 같이 인간이 벗어날 수 없는 여러 분야에 대한 통찰을 얻기 위해 성경을 연구하기도 한다.

하지만 테니스나 조리법, 연극 작품의 상연에 관하여는 믿을 수 있는 가르침을 성경에서 찾을 수는 없다. 그럼 차이점은 무엇일까? 인간의 경험 전반에 걸친 것이 아니기 때문이다. 특정한 시간이나 장소에만 국한된 것들에 관해서는 성경에서 찾기 어렵다. 오늘날 윔블던에서 진행되는 테니스 경기와 13세기 프랑스에서 루이 10세가 하던 테니스 경기, 혹은 200년 전 햄프턴 코트 궁전에서 헨리 8세가 하던 테니스 경기는 큰 차이가 있다.

물론 이것이 테니스를 하는 사람으로서 당신의 삶과 테니스가 아무런 관련이 없다는 것을 뜻하지는 않는다. 이제 근면 성실하고 평범한 보통 사람이, 과거에는 군주들이 금지했던 게임을 정기적으로 즐길 여유로운 시간을 가질 수 있게 된 것이 바로 혁명이다. 그리고 우리는 성경 속에서 바로 이러한 문화적 변화에 대한 통찰력을 얻을 수 있다. 성경은 우리에게 시간을 효과적이고 효율적으로 쓰는 방법과 여가의 적절한 역할에 관한 정보를 전해준다. 이 부분은 테니스를 하는 사람과 관련이 있을 가능성이 있다. 그러나 성경이 테니스를 비롯해 여가시간에 할 수 있는 게임을 정확히 어떻게 할 수 있는지 구체적으로 가르쳐주는 것은 아니다. 성경은 테니스라는 스포츠가 정확히 어떤 규칙으로 진행되는가에 관한 가르침을 품고 있지 않다. 그러나 당신은 성경에서 테니스와 같은 여가활동이 당신의 삶 속에서 어떤 역할을 하는지에 관한 가르침은 찾을 수 있다. 독자 당신도 이제 어떻게 구분되는지 느낄 것이다. 성경은 사람의 삶 속에서 오락의 역할과 그에 관련된 성경 속의 비밀을 매우 중요하게 다루고 있지만, 극장, 영화, 서커스, 비디오 게임 같은 구체적인 분야에 대해서는 다루지 않는다.

비슷하게, 성경은 남성과 여성의 이성관계에 관해서 상당한 지면을 할애하고 있다. 세계 어느 곳에서나 이성관계는 인간의 삶 속에서 중요한 한 부분을 차지하기 때문이다. 우주여행에 대한 관심이 높아지며 이러한 다른 조건에서 세속적인 관계가 어떻게 기능할 것인가에 대한 토론이 촉발되었다. 이런 토론은 다소 난해하고 관련성이 크지 않은 듯 보일 수도 있다. 그러나 이것은 성경이 진실을 제시할 수 있는 매우 귀중한 토론이라 할 수 있다. 이러한 논의는 새로운 맥락 속에서 고전적인 남성과 여성의 관계에 관한 토론이지, 맥락 그 자체에 대한 것은 아니다. 성경이 다루는 사안은 세월이 흘러도 변하지 않는 남녀 관계에 중점을 두고 있기 때문이다.

이렇듯 성경은 우리에게 잔디 관리하는 법이나, 카뷰레터를 수리하는 법, 도자기를 만드는 법을 상세히 가르쳐 주지는 않으나, 전쟁과 분쟁, 가족관계, 운송, 태어남과 죽음, 농업에 적용할 수 있는 성경의 비밀은 제공한다. 돈에 관련된 성경의 비밀도 물론 존재한다.

돈은 비즈니스와 연관되어 있다. 비즈니스란 무엇인가? 간단히 말해 비즈니스란, 좋지 못한 인간의 삶과 환경을 가장 효과적인 형태로 조율할 수 있는 방법이다. 그 한 형태로 전문화와 교환을 들 수 있는데, 우리와 함께 사는 사람들이나 환경과의 상호작용을 통해 얻게 된다. 따라서 비즈니스란 인류 문명이 존재하는 한 영원불멸한 핵심원리인 셈이다.

물론 인간 개개인은 다른 모든 사람으로부터 독립을 선언하고, 사람이 살지 않는 멀리 떨어진 벽지에서 고립되어 살아갈 자유가 있다. 스스로 밀과 옥수수를 키워서 먹고 살려면 그럴 수 있다. 혼자서 과일과 야채를 가꾸고, 닭, 염소, 양, 소를 키울 수 있다. 양털과 목화에서 실을 풀어 직물을 짜고 옷을 만들어 입을 수도 있다. 전부 다 사실이다. 그리고 어느 정도는 오늘날에도 충분히 가능한 일들이다. 도시의 삶 속에서 지친 도시민들이 이렇게 자급자족하는 삶이 이상적이라 생각하며 그러한 삶을 꿈꾸는 경우를 많이 볼 수 있다. 그러나 이런 상상과 꿈은 순수한 향수에 불과하다. 이런 삶을 시도해 봤던 대부분의 사람이 그러한 삶이 전혀 질이 좋지 못하며, 오히려 사람을 지치게 만들고 매우 힘든 삶이라는 사실을 깨닫게 된다.

이런 향수를 느낀다는 것은 실제 그러한 삶 속에 갇힌 사람들을 조롱하는 것일지도 모른다. 실제로 최저 생활수준에 머무르고 있는 농부나 근근이 먹고사는 소작농들은 그러한 삶에서 빠르게 벗어나기가 쉽지 않다. 개발도상국에서는 그러한 삶을 살던 개인들이 기회만 닿는다면, 손바닥만 한 땅으로 어렵게 이어가던 고단한 삶을 버리고 홀가분하게 도시로 떠나는 모습을 쉽게 볼 수 있다. 도시로 온 그들은 옷을 만들거나 신발을 꿰매는 일에 종사한다. 물론 인부들로 꽉 들어찬 뜨거운 공장 안 인생이 즐겁다는 것은 아니다. 즐거울 수가 없지 않은가. 그러나 이렇게 도시로 온 사람들은 옷을 꿰매는 자신의 전문 재봉 기술로 거래를 한다. 그들의 거래는 밭에 키울 것들을 심고, 젖을 짜고, 타작하고, 거두고, 방아를 찧고, 굽고, 우유를 젓고, 사람이 홀로 생존하기 위해 필요한 모든 것을 만드는 삶에서 벗어나 훨씬 더 나은 삶을 살 수 있게 해 준다. 최저생계 수준 이하의 삶을 사는 사람은 모든 것을 자신의 손으로 해야 한다. 전문화는 그러한 개인들이 최저생계라는 족쇄에서 벗어날 수 있게 해 준다. 그리고 이 과정에 비즈니스가 끼어들어 이들에게 거래의 장을 만들어 주는 역할을 한다.

이 기회를 만난 대부분의 사람은 완전한 독립을 포기하고 전문화와 교환을 택하는 편이 삶을 좀 더 쉽고 즐겁게 만들어준다는 사실을 알게 된다. 전문화와 교환 시스템에 비하면 스스로 농지를 가꾸는 행위는 끔찍할 정도로 효율성이 떨어진다. 프레데릭이 밀을 키우고 제럴드가 옥수수를 가꿀 때, 해리가 과일 농사를, 어윈은 채소 농사를 짓는다. 줄리아가 닭과 염소를 치고 커크는 소를 키우고 있을 때, 루이스는 목화를, 마이클은 양모로 천을 짜고, 노마는 천을 가져다가 옷을 만든다. 이때 프레데릭, 제럴드, 해리, 어윈, 줄리아, 커크, 루이스, 마이클이 일주일에 한 번씩 만나 자기 상품을 사람들과 교환한다면 놀랍게도 이들 모두가 원하는 것이나 필요한 것을 훨씬 빠르게 얻을 수 있게 된다. 스스로 원하는 것을 만들기 위해서 들이게 되는 에너지나 시간까지 언급하지 않아도 무엇이 효과적인지 알 수 있다. 바로 이것이 전문화와 교환의 힘이다. 18세기 초, 스코틀랜드 출신 철학자 겸 경제학자이자 기독교인이었던 애덤 스미스가 이러한 전문화된 시장경제의 효율성에 대해 처음으로 널리 알렸다. 그러나 유대인들은 수천 년 전부터 이러한 사실을 이미 알고 있었다.

그렇기 때문에 유대인들이 주말 오후에 자기 차고 앞에서 차를 고치느라 시간을 보내는 모습을 보기가 힘든 것이다. 어느 도시를 가든지, 유대인들이 모여 사는 곳에서는 유대인들이 스스로 잔디밭을 깎는 모습을 보기가 어렵다. 왜일까? 간단히 말해, 우리 모두 전문화의 힘을 이해하고 있기 때문이다. 만약 내가 우수한 정비사에게 정비 요금을 지불하여 내 BMW 자동차를 정비하게 하고, 의욕 넘치는 10대 청소년에게 잔디 정리를 맡기는 대신 그에 합당한 대가를 지불한다면, 나는 그만큼 시간이 남게 될 것이다. 정비사나 10대 청소년에게 돈을 주고 그 대가로 사람들과 거래할 때 쓸 수 있는, 나만의 전문화된 기술을 연마하거나 준비할 귀중한 시간을 사는 셈이다. 정비사도, 아이도, 나도 할 일을 혼자 다 할 때보다 더 빨리 끝낼 수 있게 된다. 우리가 해야 하는 각각의 일에 필요한 숙련가를 구했을 뿐만 아니라, 부족한 시간을 쪼갤 필요가 없게 되어 효율성도 높아졌기 때문이다. 나는 사람을 고용하는 것으로 나를 위한 더 나은 거래를 준비할 시간과 관심을 확보했다. 내가 전문화된 분야에 더 많은 시간과 공을 들일 수 있게 되었으니, 몇 푼 아끼자고 낑낑대며 차를 고치려 할 때보다 돈도 더 많이 벌 수 있게 될 것이다. 이 차이로 나의 부가 더 커진다. 물론 내 차를 정비하는 정비사도 더 많은 돈을 벌 수 있다. 모두가 이득을 보는 것이다.

비즈니스란,

좋지 못한 인간의 삶과 환경을

가장 효과적인 형태로 조율하는 방법이다.

그 한 형태가 전문화와 교환이다.

전문화와 교환에 집중하면 할수록

더 적은 노력으로 더 나은 삶을 살 수 있게 된다.

이러한 과정을 비즈니스라 부른다.

비즈니스는 인류 문명의 핵심원리이다.

Secret # 1

사람들의 필요와 욕구를 가장 먼저 생각하라

우리가 직접 밀과 옥수수를 키우고, 옷을 만들고, 버터를 만들고, 신발을 만든다면, 다른 누군가가 필요하지 않을 것이다. 또한 다른 사람에 대해서 생각하는 일 자체도 없을 것이다. 우리의 모든 생각은 채소를 가꾸고, 염소를 먹이고, 양을 치고, 말편자를 박는 모든 일을 할 충분한 시간을 만드는 방법에 집중될 것이다. 그러나 이럴 필요가 없다면 이렇게 살지 않아도 된다. 그리고 현대 사회에서는 당연히 이럴 필요가 없다.

반대로 프레데릭과 제럴드, 해리, 그리고 다른 친구들이 모두 전문화되어, 어떻게 하면 사람들에게 더 나은 것을 해 줄 수 있을까에 집중하고, 또 더 나은 것을 해 주게 된다면 모두가 더 많은 이득을 보게 된다. 하나님께서는 재정적 풍족함이라는 축복을 내려 우리가 서로 의지하도록 이끄신다. 다른 말로 표현하자면, 우리는 전문화와 거래에 집중하면 할수록 더 적은 노력으로 더 나은 삶을 살 수 있게 된다는 것이다. 이러한 과정을 비즈니스라 부른다.

나는 앞서 비즈니스가 무엇인지 이야기했지만, 비즈니스의 정의에 관해서는 이야기하지 않았다. 복잡하게 설명할 필요도 생각할 필요도 없다. 비즈니스에 대해서 상업, 산업, 혹은 전문 활동에 종사하는 조직이나 개인이라고 정의하는 경우를 쉽게 볼 수 있다. 또는 소비자들을 대상으로 상품이나 서비스 거래 활동을 하는 모든 조직을 비즈니스라 정의하기도 한다. 이런 정의가 틀린 것은 아니다. 다만 지나치게 정확할 뿐이다. 단순하게 표현하면 비즈니스란 '고객이 있는' 개인 혹은 집단이라고 정의할 수 있다. 만약 누군가 당신이 하는 일이나 당신이 만드는 제품, 혹은 당신이 제공하는 서비스에 자발적으로 대가를 지불할 의지를 보인다면, 당신은 비즈니스를 한다고 할 수 있다.

보수를 받기 위해 일하는 모두를 '비즈니스 중'이라고 볼 수 있다. 만약 도시 교통기관에서 당신에게 버스를 몰게 하고, 그에 대한 대가를 지불한다면 당신은 단순히 교통기관의 고용인이 아니다. 교통기관과 비즈니스를 하는 것이다. 당연히 당신의 비즈니스 고객은 교통기관 하나뿐이겠지만, 어쨌든 비즈니스를 한다는 점만큼은 변함이 없다. 당신의 취미가 스카프 뜨개질이라고 해 보자. 만약 친구들이 몇 달러 정도 주고 스카프를 떠 달라고 했고, 당신이 그에 동의해서 시간을 들이기로 했다면, 당신은 친구들을 대상으로 의류 패션 비즈니스를 진행하는 것이다.

버스 운전사와 스카프를 뜨는 사람의 차이는 버스 운전사가 돈을 더 많이 번다는 것이다. 이는 어느 정도 그들이 전문화되어 있기 때문이라고 할 수 있다. 만약 스카프를 뜨는 사람이 이 일을 크게 키우기 위해서 아르바이트나 식당 일을 그만두게 된다면, 마찬가지로 전문화를 통해서 더 많은 돈을 벌게 될 가능성이 있다. 작은 일을 여러 가지 하기보다는 자신의 시간을 한 가지 일에 집중하고 전문성을 높여 거래하면, 더 효율적이고 가처분소득도 늘어나게 된다. 잡다한 일을 도맡아 하면서 생기는 스트레스나 실수에서 벗어날 수 있다는 장점도 빼놓을 수 없다. 스카프를 뜨는 사람이 자신의 비즈니스를 시작하게 되면, 그는 자신의 고객이 매우 중요하고 또 의미 있는 사람이라는 사실을 곧 깨닫게 된다. 그렇기 때문에 그들을 만족시키려고 노력하게 될 것이다.

하나님께서 인간의 경제적 상호작용을 위해 세우신 계획의 근간이 어째서 전문화와 교환인지, 이제 그 이유가 보일 것이다. 만약 당신이 당신의 고객들을 좋아하고, 그들에게 감사를 느끼고, 그들을 위해 봉사하기를 원한다면, 그에 합당한 대가를 받게 된다. 그러나 당신이 완전히 독립적인 사람이 되기 위해서 사람들을 거부하는 쪽을 택한다면, 삶의 만족감이 크게 떨어질 것이다. 선진국에서 자영농으로 남는 사람이 거의 없다는 사실에는 그만한 이유가 있다. 저 유명한 『리바이어던The Leviathan』을 저술한 토마스 홉스는 17세기 영국의 정치철학자이자 성경을 믿는 청교도일 가능성이 매우 높은 인물이다. 그는 인간이 혼자일 때 "인간의 삶은 고독하고, 가난하고, 거칠고, 야만적이고, 짧다"는 말을 남겼다.

우리는 모두 살아가면서 한 번쯤은 다른 모두로부터 도망쳐서 숨어버리고 싶다는 생각을 한다. 한 번쯤, 나 자신을 뺀 전 세계의 전부가 재난으로 사라져버리는 것을 꿈꾸기도 한다. 드디어 지금까지 차로 가득했던 직장 근처에서 내 마음대로 주차할 수 있게 된다. 고속도로 위에도 차 한 대 찾아볼 수 없다. 이제 리모컨을 두고 가족들과 싸울 필요 없이 맘 편히 앉아 TV를 볼 수도 있다.

여전히 유치한 한순간의 꿈이다. 한번 진짜로 그렇게 되면 어떨지 생각해 보자. 진짜 모든 사람이 한순간에 사라진다면? 누가 방송국을 운영할까? 방송되는 것도 없고, 뉴스도 없고, 드라마 배우도 없다면 리모컨만 들고 있다고 해서 뭘 자유롭게 볼 수는 없을 것이다. 일할 곳이 없다면 차를 편하게 댈 수 있다고 한들 무슨 소용이 있을까? 그리고 그렇게 된다면, 그 전에 주유소나 정유소를 운영하는 사람들이 없어질 테니 주차가 문제가 아닐 것이다. 차에 남아있던 기름을 다 쓰고 나서 운 좋게 야생마나 당나귀를 길들였다고 해 보자. 저녁은? 레스토랑에서 식사는? 안타깝게도 요리사도 없고 직원도 없다. 식료품점을 가 봐도 모든 식료품이 선반 위에서 썩어가고 있을 것이다. 발전소나 가스공급업체를 운영하는 사람도 전부 사라졌으니 냉난방도 요리도 할 수 없을 것이다.

현실은, 사람들이 없다면 당신 삶의 질은 가장 빈곤한 제3세계의 최하위 계층 소작농의 삶의 질보다도 떨어지게 된다. 그래도 그들은 의지할 만한 사람들은 있으니까.

유대인들은 항상 전문화의 힘을 알고 있었다. 그럼 전문화를 어디에서 배운 것일까? 당연히 성경을 통해서 배운 것이다. 유대인들은 창세기와 신명기의 내용을 바탕으로 전문화를 깊이 이해하고 있었다. 창세기 49장 1절에서 28절의 내용을 보자. 노인이 된 야곱이 열두 명의 아들을 불러 축복한다. 야곱이 그냥 아들들을 모아 놓고 "이제 나는 나의 조상들에게 돌아갈 것이니, 너희가 형통하고 모든 일이 잘 풀리기를 축복한다. 하나님께서 너희 모두를 돌봐주시기를, 그리고 내가 숨을 거두면 내 할아버지 아브라함께서 준비해 두신 막벨라 동굴에 묻어다오. 잘 있거라."라고 몇 마디하고 떠났을 수도 있다. 그러나 성경을 보면 그는 그렇게 하지 않았다. 야곱은 자기 아들들을 굳이 따로따로 짚어 어떤 축복을 했는지 28개 절에 달하는 문장으로 상세히 기록되어 있다.

비슷하게, 신명기 33장에서도 모세가 죽기 전에 산에 올라 29절로 각각의 이스라엘 지파에게 축복을 내리는 모습을 볼 수 있다. 이때도 모세는 모든 이스라엘 자손들에게 간단하고 포괄적인 하나의 축복을 내리고 갈 길을 서두를 수 있었다.

야곱과 모세의 축복 뒤에 숨은 개념은 바로 통일 속의 다양성이다. 강대하고 오래가는 나라를 이루기 위해, 각 지파는 각각의 독특한 역할과 그에 필요한 역량을 갖추어야 했다. 각자의 전문성을 갖추는 동시에, 다른 면에서는 형제 지파들과 연대하고 의지할 수 있어야 했다. 잘 생각해 보면 모든 부모가 자기 자식들에게 원하는 바와 크게 다르지 않다는 것을 알 수 있다. 자식들 모두가 단결을 유지하면서, 각자 자기 앞가림도 잘하도록 하는 방식인 셈이다. 하나님도 같은 것을 원하셨기에, 우리가 각자 한 가지씩 잘하는 창의적인 활동에 전문화되고, 그러한 전문성을 대가로 서로 필요한 모든 거래를 하게 해서 고생을 줄이고 원하는 것을 얻을 수 있는 세상을 만드신 것이다.

고독한 생존자와 비즈니스 전문가의 시선을 한번 비교해 보자. 생존자는 사람들을 경쟁자이자 위협으로 생각할 것이다. 반면, 비즈니스 전문가의 삶은 다른 수많은 사람과 복잡하게 얽혀 있다. 비즈니

전문가는 고객들을 끌어들여 유지하기 위해서 좋은 품질의 상품이나 서비스를 매력적인 가격에 제공하는 방법을 끊임없이 연구한다. 또한 고용인이나 동료에게도 잘 대하려 한다. 내 사업의 번창을 위해서는 고용인과 동료의 만족과 행복도 중요하기 때문이다. 마지막으로, 사업가의 상품이나 서비스를 생산하기 위한 원자재를 공급하는 공급자들도 생각한다. 이들이 판매하는 원자재가 없다면 사업에 필요한 핵심 상품이나 서비스를 만들 수 없기 때문이다. 이제 하나님께서 "아무도 필요하지 않다"를 외치는 외로운 고립주의자를 사랑하실지, 아니면 하나님의 다른 사람들까지 더 나은 삶을 살도록 열심히 활동하고 있는 비즈니스 전문가를 사랑하실지 생각해 보자. 이들은 복잡한 관계망 속에서 그러한 방법을 찾기 위해 늘 몰두하고 노력하는 자들이다.

Secret # 2

무한한 상상력, 창의력, 갈망은 창조의 원동력이다

하나님은 필요한 모든 것이 있는 에덴동산에 아담을 두셨으나, 그래도 아담이 일하도록 만드셨다(창세기 2장 15절). 아담은 에덴동산을 가로질러 흐르는 풍부한 물을 원하는 만큼 마시고, 딱 두 그루의 나무를 제외한 다른 모든 나무의 감미로운 실과를 원하는 만큼 따먹으며 목가적이고 느긋한 삶을 살 수도 있었다. 앞으로 곧 알게 되겠지만, 하나님은 인간이 균형 잡힌 삶을 살도록 하셨을 뿐만 아니라, 더 많은 것을 이루기 위해 노력하도록 계획하셨다. 이런 면에서 야심은 좋은 것이다. 우리는 가능한 한 많은 것을 원하면서도 가능한 한 최소한의 노력만 할 방법을 찾게 창조되었다. 불만족과 불행은 잘못된 것이지만, 더 많은 것을 향한 우리의 정당한 갈망과 모순되는 것은 전혀 아니다.

누구나 10대 시절에 한 번쯤 "300달러만 있다면 참 좋을 텐데"라는 생각을 해 본 경험이 있을 것이다. 나이가 들게 되면 300달러를 손에 쥐는 것이 그리 어려운 일이 아니게 된다. 그래도 여전히 우리는 만족하지 못한다. 이제 더 많은 돈을 원하기 때문이다. 목표는 항상 움직인다. 사실 목표가 항상 움직이고 있어서 도달하지 못하는 것처럼 느껴진다. 어떻게 보면 탐욕으로 보이고, 너무 과하다면 분명 나쁜 것이라고 할 수도 있다. 하지만 실제로는 매우 강력한 동기를 부여하는 역할을 한다. 그리고 그런 동기부여에는 우리가 서로 의지하는 사회를 만들도록 한 하나님의 계획과 섭리가 숨어 있다.

오늘 밤 자정부터 모든 사람이 필요한 모든 것을 가졌으니, 이제 일할 필요가 없다고 결정했다고 상상해 보자. 이제 그런 최종 결정을 내렸으니 집에만 머무를 것이다. 이럴 때 당신의 삶은 어떻게 될까? 다음 날 아침, 당신 주변의 모든 사람이 자신의 야심을 포기하고 끝도 없이 잠만 잔다는 사실을 잊고 일어난다. 이제 하루가 시작되었다. 모닝커피 한 잔에 넣을 우유를 찾는 것부터가 일이다. 낙농업자와 운송 트럭 운전사는 이제 모든 것이 만족스러우니 신선한 우유를 만들어 식료품점에 납품하는 대신 침대에서 뒹굴고 있다. 물론 이런 것은 사소한 문제라 신경 쓸 거리도 아니다. 식료품점도 문을 닫았을 테니까. 아침에 일하던 매니저도 이제는 일을 안 하고 집에서 잠만 자고 있다. 차에 기름을 넣으려고 해도, 요리하려고 가스레인지나 전자레인지를 돌리려고 해도, 새로 옷 한 벌을 사려고 해도 마찬가지일 것이다. 경제 시스템 전체와 그 경제 시스템으로 공급되던 모든 것이 급정지한다.

당신 주변의 사람들이 더 많은 것을 원하는 선천적인 갈망 덕분에 당신의 삶도 매끄럽게 흘러갈 수 있게 된다. 마찬가지로, 당신이 일하기로 결정한 덕분에 주변 사람들의 삶이 더 풍족해질 수도 있다.

나는 학생 시절 여름방학 때, 유럽에서 고급 잉글리시 본 차이나 제품을 방문판매 해 본적이 있다. 긴 시간이었지만 보람찬 일이었다. 엄격하지만 매우 가치 있는 훈련을 완수한 초보 판매원들이 한자리에 모이게 되었고, 매니저는 우리에게 원하는 보수 지급 방식을 선택할 수 있다고 공고하였다. 첫 번째 선택지는 매주 250달러의 기본급을 받는 대신, 판매금의 10%를 수수료로 받는 방식이었다. 두 번째 선택지는 기본급은 전혀 없지만, 판매금의 40%를 수수료로 받을 수 있는 방식이었다.

내가 물건을 잘 팔 수 있을지 몰랐기 때문에 어떤 것을 선택해야 할지 알 수가 없었다. 첫 번째를 선택하면 몇 달간 몇 천 달러 정도의 기본급은 받을 수 있다는 점을 먼저 생각하게 되었다. 불안감이 사라지는 듯했다. 막 첫 번째 선택지에 서명하려는 순간 깨닫게 되었다. 만약 내가 물건을 제대로 팔지 못한다면, 회사에서 내게 매주 250달러를 꾸준히 줄 이유가 무엇이란 말인가? 반대로, 만약 내게 물건을 잘 파는 재능이 있다면, 왜 물건을 팔 때마다 10%밖에 받지 못하는 선택을 한단 말인가? 결국 전체적으로 다시 생각해 보게 되었다. 결론은 내가 제대로 물건을 팔지 못한다면 회사에서 계속 내게 월급을 줄 이유가 없다는 것이었다. 어쨌든 처음 몇 주는 내게 돈을 주겠지만, 고용계약이 오래가지는 못할 것이다. 반면, 내가 물건 파는 사람으로서 소질을 계발하게 된다면 두 번째 선택지로 훨씬 더 많은 돈을 벌 가능성이 있을 것이다. 매달 '확실한' 1,000달러를 포기해야 할 수도 있다는 점 때문에 걱정했지만, 더욱 확실한 것은 내 판매실적이 좋지 못했을 때는 어느 쪽이든 결과가 안 좋을 것이라는 점이었다. 그래서 두 번째를 선택하게 되었다.

우리는 쪽지에 우리의 선택과 이름을 적었고, 앞으로 가서 매니저의 조수에게 제출했다. 조수는 이를 빠르게 두 묶음으로 분류했다. 첫 번째를 선택한 사람들의 쪽지가 두 번째를 선택한 사람들의 쪽지보다 훨씬 더 많았다. 조수는 큰 묶음의 쪽지를 하나하나 보면서 호명했고, 옆방으로 가서 대기하라고 했다. 그 사람들의 얼굴을 볼 수 있었던 것은 그때가 마지막이었다.

매니저는 남은 우리에게 따뜻한 말투로 마지막 훈련까지 완수한 것을 축하해 주었다. 그는 회사에 입사하게 된 것을 축하하면서, 자신과 함께 일할 사람으로 끝없는 잠재력을 동경하는 야망 있는 사람들을 원했다고 설명했다. 그는 무한한 가능성에 관심이 있는 사람들을 원한 것이다. 그에게 매월 최소 1,000달러의 안정적 소득을 택한 사람은 훨씬 더 많은 돈을 벌기 위해 야심을 품고 있던 우리에 비해 매력이 떨어진 것이다. 그리고 그 여름, 나 또한 '훨씬 더 많이'가 정확히 어떤 의미인지 배울 수 있었다.

생명 연장과 건강 개선을 위한 의약품과 의료기기의 개발 연구의 원동력이 되는 것은 무한을 향한 들뜬 기대감이다. 무한한 가능성이 모든 기술의 발전을 끌어낸다. 비즈니스 전문가들을 움직이게 하는 원동력 또한 무한한 가능성이다. 그들은 더 많은 고객을 더 효과적인 방법으로, 더 잘 모시기 위해 늘 좋은 방법을 모색한다. 무한한 가능성, 그것이 세상의 발전을 이끄는 원동력이자, 진정한 하나님의 뜻이며 의지라고 할 수 있다.

인간은 잠재의식 속에서 신을 모방하려는 속성이 있다. TV가 그렇게나 우리를 홀리는 이유 중 하나는 우리에게 신의 편재성을 맛볼 수 있게 해 주기 때문이다. 신은 언제 어디에나 존재한다. 그리고 우리가 이를 맛볼 수 있는 방법은 거실에 앉아 TV를 틀고 지구 반대편 사람들의 활동을 지켜보는 것이다. 결국 TV는 신의 전능한 환상을 느낄 수 있게 해 주는 도구인 셈이다.

이는 항공 여행에도 똑같이 적용된다. 배를 타는 편이 비행기를 타는 것에 비해 훨씬 더 저렴하고, 또 훨씬 더 편안하다. 그러나 1960년대까지 수많은 대서양 횡단 해상 여객 회사들이 영업을 중단했다. 왜 사람들이 느긋하고, 안락하고, 경제적인 뉴욕-사우샘프턴 3일 정기 노선을 마다하고 기다란 알루미늄 원통에 몸을 구겨 넣고 시차로 인한 피로까지 감내하면서 순식간에 대륙과 대륙 사이를 돌파하려는 것일까? 이 또한 시공간의 제약에서 벗어난 신과 같이, 시공간에 얽매여 있다는 인간의 근본적인 제약을 극복하고 싶은 우리 인간들의 갈망과 노력의 결과라는 설명을 내놓을 수 있겠다.

하나님은 인간을 창조하면서 무한을 향한 갈망을 심으셨다. 우리는 이것을 받아들여야 한다. 안전함이라는 안식처에서 날아오는 만족감이라는 선동적이고 거짓된 소환장에 응하면 안 된다. 우리가 무한을 향한 갈망을 받아들인다고 해서 불행해지거나 고통받게 되는 것은 아니다. 반대로 만족감을 거부한다는 것이 불행을 선택한다는 뜻도 아니다. 맑은 오후 무성하게 우거진 푸른 벌판을 거니는 소는 만족감을 느낄 수 있다. 그러나 인간은 절대 만족하면 안 된다. 언제나 행복한 것은 좋은 것이다. 하지만 만족감은? 가장 피해야 할 일이다.

Secret # 3

변화는 인간의 특권이다

인간만이 자신을 변화시킬 수 있는 무한한 능력을 갖추고 있다. 동물은 자신의 모습을 벗어나는 일이 절대 없으며, 이것은 변하지 않는 사실이다. 고양이, 소, 낙타, 캥거루는 항상 고양이, 소, 낙타, 캥거루일 것이다. 그러나 인간의 경우, 설령 노숙자라도 언제든 좋은 책을 출판할 수 있고, 매우 성공적인 동기부여 강사가 될 수도 있다. 대표적으로 리처드 르뮤Richard LeMieux를 들 수 있다. 리처드 르뮤가 자신의 일대기를 정리한 책, 『샐리의 따뜻한 아침식사Breakfast at Sally's: One Homeless Man's Inspirational Journey』에서 그가 차 안에서 자고 구세군에서 제공하는 무료 식사로 주린 배를 채우던 고난의 시기를 벗어나, 결국 중산층의 삶을 되찾는 과정을 보여주고 있다. 목표 없이 방황하던 10대가 삶의 중심을 찾고 훌륭한 학문적 성취를 이룬 학자가 될 수도, 특정 분야의 전문가가 될 수도, 사업가가 될 수도 있다. 입을 옷만 간신히 챙겨 새로운 땅에 도착한 이민자가 영원한 빈곤이라는 감옥에 갇히는 일 없이 큰 성공을 거두게 될 수도 있다.

대담한 작가이자 동기부여 강사인 데니스 킴브로는 자신의 저서 『부의 선택The Wealth Choice: Success Secrets of Black Millionaires』을 통해 부자가 되는 것이 출생이나 행운, 혹은 상황의 영향을 받는 것이 아니며, 선택과 변화를 향한 헌신, 수양, 자기계발, 근면성실함의 문제라고 주장한다. 참으로 명확한 진실이다. 그의 정서는 "가난하게 시작하는 것은 부끄러운 것이 아니나, 가난에서 벗어나지 못하는 것은 다른 이야기이다."라는 오래된 유대인의 교훈을 다시 한번 생각하게 만들어 준다.

처음에는 사람들이 가진 것의 일부도 갖지 못했지만, 가장 원대한 꿈을 가지고 있는 사람들조차 쫓아올 수 없을 만큼 성공한 유대인을 나는 알고 있다. 확실히, 성공이란 "어디에서 왔는가"나 "무엇을 가졌는가"와는 아무런 상관이 없다. 마음속 깊은 곳에 내재된 변화를 향한 헌신과 약속에 달려 있다고 할 수 있다.

모든 산업계의 역사, 그리고 경제사에서 지울 수 없는 족적을 남긴 수많은 유대인을 쉽게 찾아볼 수 있다. 뉴욕주 로체스터 근방에 살던 윌리엄 코나William Konar를 그 예로 들 수 있겠다. CVS 약국CVS Pharmacy에 대해서 들어본 적이 있는가? CVS를 창업하여 대부분의 권한을 가지고 있던 바로 그 윌리엄 코나이다. 그는 혼자서도 사업을 잘 이끌었다. 캘리포니아 최대 주택건설 회사 중 하나를 운영하던 네이선 샤펠Nathan Shapell도 유대인이다. 컴퓨터 시대의 여명 속에서 코모도어 컴퓨터를 설립하여 시장 선두주자로 키워낸 잭 트라미엘 Jack Tramiel도 유대인이다. 그리고 몇 년 전까지만 해도 전세계의 아이들이 하나씩은 가지고 있었던 탱탱볼(얌체공)을 처음으로 발명했던 프레드 코트Fred Kort라는 사람도 그 예로 들 수 있다. 비눗방울을 뿜어내는 비눗방울총은 어떤가? 그것도 프레드 코트가 처음으로 만든 것이다. 그는 자신이 만든 장난감과 몇 가지 다른 장난감을 로스앤젤레스 토이 컴퍼니Los Angeles Toy Company의 이름으로 팔았다. 컴퓨터와 항공우주산업 분야의 주요 공급자로 우뚝 선 전자제품 전문 대기업인 비쉐이 인터테크놀로지Vishay Intertechnology를 설립한 펠릭스 잰드먼Felix Zandman도 있다.

이들은 전 세계가 다 아는 억만장자는 아니다. 그러나 각각 수백만 달러에 달하는 막대한 돈을 기부한 사람들이다. 모두 큰돈을 벌어들이는 데 성공했다는 뜻이다.

그러나 이들에게는 한가지 공통점이 있다. 참혹하고 끔찍한 사실이다. 이들 모두 2차대전 시기에 홀로코스트에서 살아남은 사람들이다. 윌리엄 코나는 그의 가족들이 원래 살던 폴란드의 한 작은 마을에서 쫓겨나 아우슈비츠에 강제로 수용되었을 때 12살이었다. 그가 자기 어머니와 형제들을 마지막으로 보았을 때는 1942년 7월이었고, 얼마 지나지 않아 어머니와 형제들을 잃게 되었다. 어린아이임에도 그 어떤 성인들보다도 더한 공포를 마주해야 했고, 또 살아남았다. 그리고 1946년 미국으로 향하는 피난선에 올랐다. 그때 그는 16살의 고아였다. 미국에 도착한 그는 로체스터의 한 위탁가정에 의탁할 수 있었다. 그리고 성인이 된 그는 스트롱 메모리얼 병원Strong Memorial Hospital에 자신의 이름을 딴 윌리엄 앤 쉴라 코나 소화기 계통 및 간질환 센터William and Sheila Konar Center for Digestive and Liver Diseases를 세우는 사람이 되었다.

네이선 샤펠은 독일에서 도망쳐 숨어 살았지만 1943년 잡혀 아우슈비츠로 보내졌다. 이때 그도 아직 10대였다. 다른 수감자들과 마찬가지로 죽음을 앞둔 상태였다. 그의 팔에는 매우 주도면밀한 나치 관료들이 새겨준 등록번호가 있었다. 그는 자신의 등록번호 134138을 지겨워했다. 그가 2007년 비벌리 힐스에서 숨을 거둘 때까지 팔뚝에 새겨진 그 번호는 꽤 선명했다. 전쟁이 끝났을 때 그는 지칠 대로 지친 피난민이었다. 그 후 몇 년을 DP난민, Displaced Person으로 보냈다. 그때는 그와 같은 사람을 그렇게 불렀다. 그가 미국에 도착한 것은 1950년대 초반이었다. 바닥부터 시작한 그는 한 채 한 채 집을 짓기 시작했고, 그렇게 사업이 성장하면서 부동산 거물이 되었다.

1945년 4월, 16세의 수척한 소년 잭 트라미엘은 폴란드 로지 출신의 가족들과 함께 아우슈비츠에서 해방을 맞이한 생존자이다. 그는 폴란드 주둔 미군들을 상대로 파트타임 일부터 시작했다. 한동안 그렇게 일하다가 훌쩍 뉴욕으로 떠나 5번가의 램프 가게에서 잡역부로 일했다. 그 후에는 군에 입대했다. 군 생활 중 사무기기를 수리하는 법을 배우게 되었다. 수년 뒤 제대한 후, 그는 오래되어 고장 난 타이프라이터를 사들이기 시작했고, 사들인 타이프라이터를 고쳐서 되팔았다. 1960-70년대 즈음 그는 사무용 기계에서 컴퓨터로 사업 분야를 옮기게 되었고, 그는 개인용 컴퓨터 역사에 커다란 족적을 남긴 사람이 되었다. 그 이후 트라미엘과 그의 부인 헬렌(헬렌 또한 악명 높은 베르겐벨젠 수용소에서 생존한 사람 중 한 명이다)은 수년간 막대한 돈을 기부했다.

프레드 코트는 트레블링카 수용소에서 죽어간 수십만 명의 유대인 중 간신히 살아남은 아홉 명 중 한 명이다. 그는 동전 한 푼 없는 맨몸으로 미국으로 떠나기 전, 트레블링카에서 직계가족과 60여 명의 친척을 모두 잃어야 했다. 처음에 그는 벤딕스 컴퍼니에 일자리를 얻었고, 곧 장난감을 만들기 시작했다. 이는 그가 장난감 사업에 뛰어든 계기가 되었다. 그의 행운이 빛을 발한 것은 조금 더 시간이 지난 뒤였다.

펠릭스 잰드먼은 어느 소작농의 오두막 아래 땅바닥에 파인 작은 구멍에 숨어들어 간신히 살아남았다. 수년간 밤에만 나가서 먹을 것을 찾는 방식으로 그 구멍에서 살아갔다. 그는 그로드노 출신의 유대인으로 전쟁이 끝날 때까지 살아남은 몇 안 되는 유대인 중 한 명이었다. 나치 공장에 붙잡혀 강제노동하면서 수많은 가족이 학살당하는 모습을 지켜볼 수밖에 없었다. 그는 연합군에 의해 자유를 되찾고 얼마 지나지 않아 미국으로 이민을 떠났다.

이들은 모두 상상할 수 없는 일을 겪고도 살아남았다. 상처 입은 영혼과 망가진 몸을 이끌고 미국에 온 젊은 난민들이었지만, 이들 모두 유대인의 궁극적 원칙을 품고 있었다. 오늘, 지금 내가 있는 곳은 내일 내가 있을 곳과는 아무런 관계가 없다는 원칙이다.

유대인들은 이 비밀을 다른 민족보다 더 빨리 알았다. 영국에서는 수 세기 동안 죽을 때까지 자신이 태어난 사회의 경제적 계층에서 벗어나는 것이 불가능했다. 유럽에서는 당신이 많이 들었던 동화와 달리 농부의 딸이 왕자와 결혼하는 일이 생길 수가 없었다. 아시아나 아프리카에서도 이런 양상은 크게 다르지 않았다. 초기 그리스 철학자들은 운명을 출생의 상관관계로 보았다. 플라톤과 아리스토텔레스 모두 누군가는 지배하기 위해, 누군가는 지배를 받기 위해 태어난다고 믿었다. 로마 사회도 역시, 어떤 사람이 원래 속한 것보다 더 높은 사회적, 경제적 지위를 얻을 수 있는 체제를 갖추지 못했다.

이런 신념은 인간의 정서와 지능이 성장하는 것을 방해하는 장애물이다. 만약 당신이 인간은 모두 힘이 있고, 개개인의 천성이 독특하며, 자신을 완전히 뒤바꿀 수 있다는 사실을 모른 채 살아간다면, 치명적인 장애를 안고 사는 것이나 다름없다. 유대인들은 어떻게 변화와 성장, 탈바꿈이 인간의 자연적 유산이라는 사실을 알았을까? 물론 성경을 통해서이다. 성경을 읽어보면 수많은 사람이 이전의 자신과 달리 더 나은 사람, 더 친절한 사람, 더 강한 사람, 더 효율적인 사람, 더 권위 있는 사람, 더 성공적인 사람으로 탈바꿈하는 사례를 쉽게 찾을 수 있다.

성경은 이러한 탈바꿈의 이야기로 가득 차 있다. 최초의 히브리인인 아브라함을 한 번 생각해 보자. 잠깐, 아브라함의 이야기를 살펴보기 전에 먼저 '히브리'가 무슨 뜻인지 알아보는 것이 좋을 것 같다. '히브리Hebrew'를 뜻하는 원래 히브리 단어는 이브리Ivri였다. 그 뜻은 '가로지르는 자'이다. 다르게 말하면, 그의 자부심의 증표, 곧 그의 신분이 한쪽 끝에서 정반대의 다른 끝으로 옮겨 갈 수 있음을 뜻한다. 옮겨 간다는 것은 완전히 다른 접근법을 취하여 완전히 다른 사람으로 변화할 수 있는 의지와 능력을 갖추고 있다는 뜻이다. 이스라엘인 혹은 유대인에게 '히브리'라는 고전적인 용어의 의미는, 후손들의 운명을 석판에 새기지 않았으며, 변할 수 없게 고정하지 않았다는 것을 깨닫게 해준다.

이제 아브라함의 이야기를 살펴보자.

여호와께서 아브람에게 이르시기를, "너는 너의 고향과 친척과 아버지의 집을 떠나 내가 네게 보여 줄 땅으로 가라(창세기 12:1)"

고대 유대 현자들은 여기에서 정말 중요한 질문을 하나 남긴다. 왜 여호와께서는 널리 알려진 명령, "너의 고향을 떠나..."를 다른 사람도 아닌 아브라함에게 내리신 것일까? 이 구절 전에 아브라함이 그러한 명령을 받들 만큼 특별하고 적절한 모습을 보여준 구절이 있는 것도 아니다. 그의 삶에 대한 이야기가 거의 안 나온다. 그의 고결한 성품을 설명할 만한 부분도 찾아볼 수가 없다. 그러면 왜, 여호와께서 아브라함을 선택한 것일까? 답은 간단하다. 여호와께서는 아브라함을 선택한 것이 아니다. 그 명령은 모두를 위한 것이었지만, 아브라함만이 명령을 받든 것이다. 그러니 아브라함 스스로가 선택을 한 셈이다.

여호와께서는 오늘을 살아가는 우리에게도 같은 명령을 내리고 계신다. 이를 따르는 것은 전적으로 우리의 선택이다. 이 말씀은 아브라함에게만 고향과 가족을 두고 떠나라는 의미로 내려진 말씀이 아니지만, 아브라함은 그 뜻을 그대로 받아들였다. 오늘날 우리 각자에게도 마찬가지 의미를 지닌다. 정확히 말하자면, 여호와께서는 지금도 우리 한 사람 한 사람에게 익숙해진 편안한 환경에서 벗어나 그의 초대를 받아 떠날 때가 되었으니 자신의 말을 따르라고 말씀하고 계신다.

여기서, 그리고 다른 곳에서 볼 수 있듯이 토라는 유대 지혜의 근간을 이룬다. 그러나 단순히 오래전에 잊혔던 민족과 시대착오적 사건의 역사적 기록이 아니라 삶의 안내서이다. 당연히 여호와께서는 아브라함과 동시대를 살던 모든 사람에게 자기 자신을 돌아보고, 새로운 길로 나갈 것을 명하셨지만, 아브라함만이 그러한 도전을 받아들인 것이다. 비슷하게, 오늘 우리도 여호와의 분명한 말씀, "너의 고향과 친척, 아버지의 집을 떠나 내가 네게 보여 줄 땅으로 가라"는 말씀을 받들 기회가 주어지고 있다. 우리 모두에게 도전할 기회가 있다. 당신에게 심어진 잠재력을 온전히 발할 수 있는 새로운 분야로 나아가는 것이다. 물론 지금 당장은 내 마지막 목적지가 어디인지 알 수 없을 수도 있다. 그러나 여호와께서 당신에게 길을 보여주실 것이니 걱정할 필요는 없다. 물론 당신이 그런 여정을 시작하지 않는다면, 여호와께서도 길을 보여주지 않을 것이다.

우리는 어제 했던 일을 오늘은 조금 다른 방식으로 도전하라는 이 중요한 말씀을 창세기뿐만 아니라, 비슷한 교훈을 전하는 출애굽기에서도 볼 수 있다.

"여호와의 사자가 떨기나무 가운데로부터 나오는 불꽃 안에서 그에게 나타나시니라. 그가 보니 떨기나무에 불이 붙었으나, 그 떨기나무가 사라지지 아니하는지라. 이에 모세가 이르되 내가 돌이켜 가서 이 큰 광경을 보리라. 떨기나무가 어찌하여 타지 아니하는고... (출애굽기 3장 2~3절)"

여기서 고대 유대 현자들의 질문이 다시 나타난다. 왜 모세일까? 이번에도 마찬가지로, 모세가 특별히 뛰어난 점이 있다고 귀띔하는 구절이 앞에 전혀 나오지 않는다. 그 또한 평범한 사람 중 한 명일 뿐이었다. 그렇다면 왜 그가 특별한가? 간단하다. 그 또한 자신이 여호와의 말씀에 귀를 기울이기로 선택했다. 그날 아침, 수백 명의 사람들이 불타는 나무 근처를 지나갔지만, 멈춰 서서 불타고 있는 나무를 살펴본 사람은 아무도 없었다. 그 누구도 불타는 나무가 왜 불에 완전히 타서 재가 되어 사라지지 않는지에 대한 의문을 보이지 않았다. 모세만이 자신의 정상적인 관점과 모순되는 그러한 상황에 의문을 가지고 멈춰 선 것이다. 여호와를 향한 마음과 개방성이 모세의 삶을 열어젖힌 셈이다. 그리고 이러한 마음과 개방성은 우리 삶 속에서 새로운 길을 여는 열쇠가 될 수 있다. 만약 우리가 고정관념을 바꿀 수 있을 정도로 개방된 자세를 갖춘다면, 우리의 삶 또한 예측하지 못한 놀라운 방향으로 발전하게 될 수 있을 것이다.

나는 당신이 지금 읽고 있는 이 책의 기념비적 중요성에 열린 마음으로 다가올 것을 부탁드린다. 잠시, 당신의 수익 창출 능력을 강화하기 위한 목적으로 가장 중요한 역할을 수행하는 외부기관이 어떤 것인지 생각해 보자. 패션모델 같은 직업이 아니라면 역시 당신의 입이라는 사실에 대부분 동의할 것이다. 다시 말해 비즈니스에서 가장 중요한 역할은 효과적으로 대화하고, 상대와 의사소통을 하는 능력이라고 할 수 있다.

이것은 비즈니스의 멋진 점 중 하나이다. 키가 크건 작건, 남자이건 여자이건, 흑인이건 백인이건, 헤어스타일이 멋지건 혹은 대머리이건, 실상 그 차이는 크지 않다. 당신의 비즈니스 성공 여부는, 당신의 의사소통 능력이 얼마나 뛰어난지, 당신이 무엇에 관해 얼마나 잘 이해하고 대화하는지에 달려 있다.

모세도 자신의 부족함을 끝없이 많이 생각했을 것이다. 그리고 그는 성공할 확률을 크게 떨어뜨릴 단 한 가지 조건 때문에 고뇌했다.

그리하여 모세가 여호와께 말했다. "오 주여, 나는 본래 말을 잘하지 못하는 자니이다. 주께서 주의 종에게 명령하신 후에도 역시 그러하니, 나는 입이 **뻣뻣**하고 혀가 둔한 자니이다(출애굽기 4:10)"

당신들이 미처 몰랐을 수도 있지만, 모세는 언어장애가 있는 사람이었다. 실제로 그랬다. 여호와께서도 이를 인정하셨다. 인내심 없이 "아이고 이 친구야, 말만 잘하는데 변명은 그만하지 그래?"라고 하지 않으셨다. 그 대신, 여호와께서는 "생각해 봐라. 네가 만약 이 일을 받아들여서 단순한 양치기 일 대신 한 번도 상상해 보지 않은 전혀 다른 일을 하겠다면, 또 네가 앞으로 나아가 자신의 운명을 바꾸겠다고 생각한다면, 사람의 입을 지어 말할 능력을 준 나 여호와가 뛰어난 수준의 의사소통 능력을 네 입에 주어 할 말을 가르치겠다."라고 제안하셨다.

당연히 모세는 그 제안을 받아들였고, 행동으로 옮겼다. 모세는 이집트에서 노예 생활하던 유대인들을 구해냈고, 이들을 광야에서 40여 년간 이끌었다. 또한 여호와께서 시나이산에서 내리신 율법을 사람들에게 가르쳤고, 가나안 땅에 들어가기 전에는 모든 유대인을 모아놓고 신명기 내용 전체를 연설했다. 여기서 볼 수 있듯이, 우리 삶을 다시 만드시려는 그분의 초대를 받아들인다면, 우리의 앞길을 막는 장애물이라도 곧 사라지게 될 것이다.

변화가 쉽다고 말하는 것은 아니다. 성경에서도 자신의 삶 속에서 변화를 일으키는 것이 불가능했던 사람들의 예를 많이 보여준다. 예를 들어 열왕기상 19장의 엘리야에 대한 이야기가 있다. 하나님께서는 그를 끊임없이 이스라엘을 비판하는 광신적 예언자에서 이스라엘을 이끄는 온화한 예언자로 바꾸기 원하셨다. 신께서는 화려하고 눈

부신 계시와 부드럽고 조용한 계시를 함께 내리셨으나 엘리야의 반응은 똑같았다. 그는 자신의 길과 스타일, 자신의 삶을 바꿀 의지가 전혀 없었다. 결국 하나님께서는 엘리야가 자신의 운명을 성취할 수 있는, 당신이 원하는 사람으로 바뀔 수 없다고 보게 되었고, 그에게 엘리사가 그를 대신할 새로운 예언자로 선택되었음을 알리게 되었다.

지금 내 자리나 나의 모습을 그대로 유지하는 것이 답이 아닐 때가 생각보다 많다. 동물은 자신을 바꿀 능력이 전혀 없지만, 인간은 바뀌고 성장하는 것 외에 대안이 없는 것도 사실이다. 대안은 우리가 그대로 남아있는 것이 아니다. 우리가 변화에 저항한다면 오히려 후퇴하게 될 수도 있다.

때로 변화가 고통스러울 때도 있다. 아니, 대부분의 사람이 자신을 변화시킬 때 어떤 형태로든 고통을 느낀다. 예를 들어 이혼보다 고통스러운 변화는 그리 많지 않은 법이다. 그리고 사랑하는 사람을 잃어버린 경험이 있는 사람이라면 그런 일이 얼마나 고통스러운지 뼈저리게 알 것이다. 그러나 잘못된 관계 속에 자신이 있다는 사실을 깨달았다면, 그 관계를 끝내는 고통을 감수해야 한다. 나는 결혼생활에 문제가 있다고 해도 이혼할 것을 권하는 편은 아니다. 그러나 결혼생활이 가장 생산적인 인간관계의 은유라면, 더 나은 변화를 위해 결혼생활을 끝내는 것도 우리에게 무언가 가르침을 줄 수 있을 것이다. 당연히, 결혼생활을 끝내고 이혼하는 것은 가장 어려운 변화 중 하나일 것이다.

실제로 아내와 나는 관계가 불안한 젊은 부부 신도들에게 도움을 주려고 노력한다. 우리 부부는 그들이 이별을 앞당겨 생각하게 하고,

이로 인한 고통을 미리 느끼게 한다. 그리고 다가올 그들의 내일을 즐기도록 독려하며 그들의 현명한 선택을 돕는다.

헨리 포드의 모델 T 자동차는 1908년에 첫선을 보였다. 1914년이 되었을 때 매년 25만 대의 차가 생산되었다. 오랫동안 마차 사업에 종사하던 사람들에게는 악몽이나 다름없었다. 1900년에는 마차와 마구를 제작하고 수리하는 산업에 약 11만 명이 종사했다. 같은 해 미국에서는 수많은 말에게 편자를 만들어 박는 일을 하는 대장장이가 25만 명에 이르렀다. 그리고 그보다 더 많은 사람이 도시의 길거리에서 말똥을 치우는 일로 돈을 벌었다. 그러나 최초의 대량 생산형 자동차가 시장에 등장하게 되었다. 이는 말을 동력으로 이용하는 운송 사업과 관련된 일자리가 빠르게 사라질 것이라는 징조였다. 이렇게 말이 이끌던 시대가 저물면서 수많은 사람이 어려운 시기를 보내야 했다. 그리고 과거의 일을 단절하지 못하고 계속 선택한 사람들은 새로운 시대, 새로운 길에 나타난 축복을 잃게 되었다. 얼마 지나지 않아 지금까지 볼 수 있었던 말과 마차보다 훨씬 더 많은 수의 자동차들이 쏟아져 나오기 시작했고, 일자리도 수천, 아니 수백만 개가 쏟아져 나오기 시작했다. 앞으로의 변화를 받아들이고 스스로 변화할 수 있었던 많은 마차, 마구, 바퀴, 편자 제작자들, 그리고 말똥을 치우던 청소부들은 스스로 새로운 가능성을 찾아 떠나는 즐거움을 누릴 수 있었다.

극단적인 예이기는 하지만, 두 사람의 이혼은 오히려 새로운 삶을 열 수 있는 기회가 되기도 한다. 제국이 무너지면서 새로운 강국이 형성될 수 있다. 폐허가 된 건물이 무너지면 그 자리에 새로운 건물을 지을 수 있게 된다. 원자의 핵분열은 막대한 양의 에너지를 발생하며, 인간을 고역에서 해방시켜 주기도 한다. 이 모든 것이 공통점을 가지고 있다. 파괴되고 변화하고 분리되는 모든 것에는 항상 고통이 따르지만, 개인과 가정, 국가적인 측면에서 새로운 길을 개척할 기회가 되기도 한다. 성경에서 말하는 인간의 의미는 스스로 변화할 수 있는 무한의 능력을 가진 자이다.

Secret # 4

우주는 관계와 통합의 결정체이다

물이 가득 찬 50갤런의 드럼통을 언덕 위로 굴려 올리는 것보다 아래로 굴려 내리는 편이 훨씬 더 쉽다. 올리는 강력한 자연의 힘인 중력에 저항하는 것이기 때문이다.

내리막길에서 질주하는 차를 비상 브레이크로 멈추려는 시도는 쉽지 않다. 그러나 멈춰있는 차가 더 이상 굴러가지 않게 예방하는 것은 훨씬 더 쉽다. 이는 또 다른 자연의 강력한 힘, 관성 때문이다. 당신은 무거운 드럼을 언덕 위로 굴려 올리려는 선택을 할 수도 있다. 빠른 속도로 달리고 있는 차를 강력한 일반 브레이크 대신 약한 주차 브레이크로 멈춰 세우려고 시도할 수도 있다. 원하는 것이면, 무엇이든 시도할 수 있다. 다만 여기서 유념해야 할 점은 나보다 더욱 강력한 힘에 대항해 싸우려 하면 대개는 실패를 경험하게 된다는 것이다.

대신 윈치로 드럼을 언덕 위로 끌어올릴 수도 있다. 주차 브레이크를 잡아당기면서 기도하는 대신 간단히 브레이크 페달을 밟아 차를 세울 수도 있다. 이렇게 하면 성공 확률도 엄청나게 높아진다. 그러나 현명하고 경험이 풍부한 사람이라면, 효과가 떨어지는 방법을 굳이 시험하지 않아도 신뢰성 높은 예측이 가능하다. 이 이야기의 교훈은 '언제든 물살을 거스르는 것보다 물살을 타는 쪽이 성공할 가능성이 높다'는 것이다.

당연하지만 거친 물살을 거스르고 상류로 올라가는 지칠 줄 모르는 연어의 모습을 따라해야 할 때도 있는 법이다. 원칙과 명예의 문제에서는 이렇게 물살을 거스르고 이겨내야 할 때가 많다. 그러나 사람들을 위해 일하고, 이들의 신뢰를 얻는 문제에 관해서는 물살을 따라가는 편이 거의 더 효과적이고 효율적이다. 영적인 현실 법칙을 극복하려는 시도는 물리적인 자연법칙을 거스르려는 것만큼이나 무의미하다.

사람들 간의 상호보완 관계는 더 나은 결과를 얻을 수 있다. 이는 자연계의 기본 법칙이다. 홀로 고립된 삶에서 행복과 충만함을 느끼려는 시도는 자연법칙에 저항하려는 다른 모든 시도와 마찬가지로 헛되다. 하나님은 우리가 다른 사람들과 연결되기 원하시는 것이 명확하다. 그분께서는 우리가 사람들을 위해 몰두하며 일하기 원하시고, 사람들의 욕구와 갈망을 채워주기 원하신다. 다소 냉소적인 관점에서 돈을 목적으로 삼은 사람들을 탐욕스럽다고 할 수 있으나, 이는 잘못된 생각이다. 누군가를 위해 서비스를 제공하고 그 대가로 돈을 받는다는 것은 매우 정당한 일이다.

해결할 수 없는 수많은 문제로 고통받는 가난한 고드프리 이야기를 잊지 말자. 고드프리는 당장 도움이 필요한 사람이다. 돈이 있어야 자리를 잡고 새롭게 성공을 향해 나아갈 길을 찾을 수 있다. 이제 우리가 그에게 두 사람을 소개시켜 준다. 한 명은 형편이 좋지는 않지만 자신을 희생하기 주저하지 않는 착한 사람으로, 고드프리에게 100달러를 주려고 한다. 그는 모든 가난한 사람들을 사랑하며, 고드프리에게 100달러를 주어 그가 가난에서 벗어날 수만 있다면, 자신의 자산이 감소해도 진심으로 행복을 느낄 사람이다.

다른 한 사람은 돈이 많은 자본가로, 고드프리처럼 가난한 사람들에게 1,000달러를 주려 한다. 단, 이 부자는 복잡한 조세법의 허점을 이용해 1,000달러를 줄 때 그냥 1,000달러를 주고 끝내지 않는다. 매번 1,000달러를 줄 때마다 오히려 1,100달러를 받도록 계획을 세워두었다. 그러나 안타까운 점은 가난한 자를 사랑하는 첫 번째 후원자와 달리 이 부유한 박애주의자는 고드프리에게 실상 관심이 그리 많지 않다.

고드프리가 당신의 도움을 바란다. 친절하고 자비롭고 또 배려심 깊은 첫 번째 후원자에게서 100달러를 받아야 할까, 아니면 거래의 대가로 이득을 보게 될 두 번째 후원자에게서 1,000달러를 받아야 할까? 당연히 더 큰 돈을 받으라고 망설임 없이 대답하게 될 것이다. 이제 상황을 조금 다른 방향에서 보자. 어느 쪽 기부자가 더 선한 일을 하고 있을까? 물론 나라면 인간성 면에서 첫 번째 후원자가 더 낫다고 하겠지만, 나는 신이 아니므로 이에 대해서 확실한 답을 할 수는 없다. 그러나 내 질문은, 누가 '더 많은 선을 행하는가'이다. 나는 우리가 사람들의 마음을 들여다볼 능력이 없는 인간으로서, 엄격히 따져서 총 1,000달러의 가치를 창출할 수 있는 사람이 더 많은 선을 행하고 있다는 사실에 동의하리라 믿는다.

많은 사람을 돕는 사람이 적은 사람을 돕는 사람보다 더 많은 선을 행하는 것이 아니냐는 논쟁은 답을 내기가 참으로 어렵다. 일단 존경받는 시복(諡福)자, 캘커타의 테레사 수녀에게 결례를 범하려는 의도가 아님을 명백히 밝힌다. 그래도 나 자신에게 이런 질문은 필요하다. 테레사 수녀와 마이크로소프트와 빌 앤 멜린다 게이츠 재단의 창립자인 빌 게이츠 중 누가 더 많은 사람을 위해 더 많은 선을 행했을까? 나는 마이크로소프트 제품을 구매한 사람들 대부분이 그렇게 구매한 제품 덕분에 더 나은 삶을 살 수 있게 되었다고 본다. 마이크로소프트의 제품이 그들의 생산성을 높여주지 않거나, 어떤 방식으로든 만족을 가져다주지 못한다면 그들이 제품을 살 일도 없었을 것이다. 그러니 빌 게이츠가 자선 재단을 창립하여 막대한 자금을 자선활동에 투자하기 전부터 이미 수천만 명의 삶을 더 낫게 만들어 주었다고 해도 과언이 아니다.

테레사 수녀가 살린 사람들의 수는 얼마나 될까? 수녀와 다른 기관들의 간호를 받으며 위로받은 사람, 치료받은 사람, 그리고 가난에서 구제받은 사람을 전부 합하면 어느 정도일까? 나도 그 정확한 숫자는 모른다. 그러나 수천 명이든 수백만 명이든, 또는 그보다 조금 더 많든, 눈으로 확인 가능한 것은 유명한 비즈니스 전문가인 빌 게이츠가 전 인류를 대상으로 테레사 수녀보다 더 큰 선을 행했다고 할 수 있다. 이때의 선은 수량화해서 측정할 수 있다.

그렇다면 왜 테레사 수녀 대신 빌 게이츠를 찬양하는 종교인들이 거의 없는 것일까? 빌 게이츠를 시복하려는 움직임은 전혀 찾아볼 수가 없다. 하지만 어째서? 그렇게나 많은 선을 행했는데도 그런 일말의 움직임조차 없다는 것은 다소 부당해 보이지 않는가.

사람들이 흔히 하는 실수 중 하나가, 사람들이 더 좋은 일을 하면 내가 먼저 했던 좋은 일은 빛이 바랜다고 생각하는 것이다. 틀림없이 빌 게이츠는 세상에서 가장 돈이 많은 사람 중 하나로, 자신의 행동을 통해 수많은 사람에게 혜택을 주었다. 하지만 그의 행동 때문에 사람들의 선행이 전부 빛이 바랠 이유는 무엇이란 말인가? 나는 이것이 하나님이 상황을 바라보는 방식이 아니라는 것을 당신에게 확신시켜 줄 수 있다. 그분께는 모두에게 이로울 때가 가장 좋은 때이다. 사람들의 선행을 측정하려면 사람들에게 얼마나 많은 선을 행했느냐를 기준으로 해야지, 다른 것까지 기준으로 삼아서는 안 된다. 목표는 최대한 많은 사람에게 최대한 많은 선을 행하는 것이다. 선을 행하면서 자신도 혜택을 볼 수 있다면 금상첨화다. 생활비를 벌면서 더 많은 선을 꾸준히 행할 수 있는 것은 최상의 삶이다. 그것은 끊임없이 작동하는 선의 영구기관인 셈이다.

때로 막대한 재정적 성공을 거둔 사람들이 나를 찾아와 어떻게 하면 자선가로서의 2막을 제대로 시작할 수 있는지 상담을 요청한다. 우리는 상담을 하며 5백만 달러의 돈을 어떻게 자선사업에 분배할 것인가에 대한 문제로 고민하는 과정을 즐기게 된다. 그러나 실제로는 생각보다 더 많은 일을 처리해야 하고, 또 이런 자선활동은 시장의 보이지 않는 손과 동떨어져 분배되기 때문에 효과를 온전히 발휘하기가 어렵다.

5백만 달러를 배분하는 데 1주일이 주어졌다고 해 보자. 이전부터 돕고 싶었던 사람들에게 해를 끼치지 않고 적절히 잘 분배할 방법은 무엇이 있을까? 로또 복권으로 일확천금의 꿈을 이뤘던 많은 사람의 삶이 어떻게 되었는지 생각해 보자. 갑자기 큰돈을 번다고 해도 반드시 내 삶의 질이 그만큼 극적으로 개선되는 것은 아니다. 갑자기 큰돈을 손에 쥐게 되면 불가능한 일이 없어 보이는 잘못된 믿음에 한동안 도취된다. 그러나 실제 사례를 보면 그리 길지 않은 시간 내에 복권의 행운이 곧 저주로 변하는 모습을 자주 보게 된다. 이렇게 쉽게 번 돈은 최악의 비행을 저지르기 쉽고 낭비하기 일쑤다. 이런 사실을 생각해 보면 아무 대가 없이 돈을 베푸는 것이 현명한 행동인지 고민하게 된다. 아마도 답은 '아니다'일 것이다. 그렇다면 1주일 내로 5백만 달러를 '현명하게' 베풀기 위해 선택할 수 있는 방법에는 어떤 것이 있을까?

포드 재단은 자선재단의 지위를 유지하기 위한 목적으로 매일 평균 1백만 달러 이상을 사용한다. 빌 앤 멜린다 게이츠 재단은 매일 3백만 달러 이상을 사용한다. 이들 기관이나 이들과 비슷한 다른 기관이 고등교육을 받고 그만큼 경험도 많은 수백 명의 전문가를 고용했으리라는 사실은 틀림이 없다. 그런데도 이들의 기부에 대한 논쟁이 커지는 일이 드물지 않다. 돈을 기부하는 것은 전혀 간단한 문제가 아니다.

오늘날의 자선가들은 단순히 돈을 기부하는 것이 항상 좋은 것이 아님을 알고 있다. 애당초 돈을 무상으로 기부하는 행위 자체를 비판적으로 바라보는 사람들도 있다. 대표적으로 온라인 경매 사이트인 이베이의 창업자 피에르 오미다이어를 들 수 있다. 오미다이어는 세상을 더 나은 곳으로 만들기 위해 자신의 재산을 아낌없이 투입하려는 목적으로 이베이의 최고경영자 자리를 내려놓았다. 그러나 그는 비영리 재단을 창립하는 대신, 비영리 단체든 영리단체든 가리지 않고, 선하고 유용한 일을 하는 기관을 대상으로 자금을 지원하는 방법을 택했다.

진짜 선을 행하는 회사들에 투자하기 위해 기부하는 전통적인 자선행위를 피하는 이러한 새로운 형태의 자선활동은 '임팩트 투자'라는 이름이 붙었다. 지금까지 살펴본 바에 의하면, 그 결과는 매우 고무적이다. 오미다이어와 일부 사람들은 비효율적으로 돈을 뿌리기만 하는 자선 기관의 방식을 벗어나, 시장을 지원하고 좋은 일을 하는 사업체에 투자하는 방식의 자선이 더욱 효과적으로 도울 수 있다는 사실을 증명해 보였다.

그렇기 때문에 사람들이 내게 인류를 위해 더 큰 일을 하려면 돈을 어떻게 써야 옳은지 물어볼 때, 거의 항상 많은 돈을 벌게 해 준 그들의 재산, 즉 사업 재능에 우선 투자하라고 대답한다. 자신의 기술에 먼저 투자해서 사업을 확장하거나, 새로운 사업을 시작하는 것이다. 이렇게 하면 그 사업장에서 일할 새로운 직원들에게 혜택이 돌아가게 된다. 원자재, 사무용품, 가구, 공구류를 공급하는 공급자들이나, 수익성 있는 회사로 성공하기 위해 필요한 상품과 서비스를 제공하는 사람들에게도 혜택이 돌아간다. 이런 사람들은 당신이 새로운 고객이되었다는 사실을 크게 기뻐할 것이다. 그리고 이들과의 교환 과정에서 서로 이득도 볼 수 있다. 또한 이렇게 사업에 재투자하면 당신이 제공하는 상품과 서비스를 구매하는 사람들에게도 혜택이 돌아간다. 당신 고객들의 삶도 당신의 제품이나 서비스를 구매하면서 더 나아지게 된다. 그렇지 않다면 대가를 지불하며 당신의 상품과 서비스를 구매할 이유가 전혀 없지 않은가?

내가 이런 조언을 했을 때 이를 따르는 회사가 많지 않다는 점이 아쉬울 뿐이다. 그리고 그러한 사실에 전혀 놀라지 않은 나 자신에 대해서도 다소 유감을 표한다. 이런 회사나 사업가들은 대부분 비슷한 반응을 보인다. 이들은 "좋은 일을 하는 사람(혹은 회사)으로 인정받고 싶다."고 선언한다. 그리고 이들이 좋은 일을 위해서 하는 행동 '전부'가 돈을 더 벌어들이는 것이라면, 이들의 친구나 관련자 등, 몇 안 되는 사람만이 이들을 칭찬할 것이다. 대부분의 사람이 깨닫지 못하는 것은 세상을 위하는 행동 '전부'와 돈 버는 것은 별개라고 생각한다는 것이다. 이 생각의 차이는 꽤 크다. 돈을 번다는 것은 단순히 그 자체가 전부는 아니다. 귀중하고 유용한 상품과 서비스를 생산해서 공급하는 일을 한다는 것이다. 양질의 상품과 서비스를 제공하는 과정에서 이들은 자연스럽게 더 많은 돈을 벌게 된다. 하지만 돈을 많이 벌기 때문에 이들이 직원들, 공급자들, 고객들에게 선을 행한다는 사실의 빛이 바래게 될까?

답은 당연히 "아니다"이다.

무슨 말을 해도 이 점의 중요성을 제대로 설명하기 어렵다. 당신이 성실하게 일해서 부를 창출하는 행위는 그 자체로 이미 덕이다. 자유롭고 투명한 우리의 시장에서 아무도 사람들에게 당신의 상품과 서비스, 노동력, 기술을 구매하라고 총부리를 들이대고 협박하지 않는다. 더 나아가 나중에 당신이 원하는 만큼의 많은 돈을 자선단체에 기부하게 된다면, 그것은 하나님께서 원하시는 최상이 될 것이다.

부는 당신이 하나님의 뜻을 실천하도록 유도하기 위해 선택한 방법의 하나이다. 이 방법은 당신과 사람들의 필요와 갈망을 해결할 수 있는, 최대한의 노력을 기울이게 하는 장치인 셈이다. 그러므로 사람들의 곤경을 무시하는 삶을 산다면, 삶이 번창할 가능성도 크게 낮아지게 된다.

하나님은 왜 우리가 서로 연결되는 것에 전념하기를 원하시는 걸까? 부모라면 누구나 자신의 자녀가 사람들의 안녕을 위해 노력하는 모습을 보면서 감격할 것이다. 남편과 아내는 이런 아이들의 모습을 생각하며 하나가 되고, 그렇게 하나로 결합된 모습이 가족의 통합이라는 형태로 반영되는 모습을 보게 된다. 하늘에 계신 우리 아버지께서도 다르지 않다. 우리 인간은 모두 그분의 자녀이며, 우리의 통합은 그분의 통합 의지가 반영된 것이다. 나아가 그분께서는 전 세계가 관계와 결합, 유대를 통한 통합의 거울이라고 할 수 있다.

같은 맥락으로 하나님께서 총 92가지의 원소를 내려주셨음에도 우리가 사용하는 것은 몇 가지밖에 되지 않는다. 대표적인 예로 철을 들 수 있다. 오늘날 우리는 순수한 철로 주조한 냄비나 잔디 장식품 정도를 빼고 순수한 철만으로 무언가를 만드는 일은 거의 없다. 철을 제대로 쓰기 위해서는 반드시 다른 원소인 탄소와 결합하여 강철을 만들어야 한다. 또 몇 가지 원소를 더하면 식기류나 수술용 도구 등 여러 물건을 만들 수 있는 유용한 소재인 스테인리스 강철이 만들어지게 된다. 우리가 호흡하는 공기도 산소와 질소의 두 원소로 구성된다. 그리고 산소와 수소의 두 가지 원소로 구성된 물을 마신다. 우리가 사용하는 가구는 여러 원소가 결합하여 성장한 나무로 만들어진 것이다.

그리고 탄화수소 복합체인 플라스틱을 다양한 용도로 사용하고 있기도 하다. 이런 원소들의 융합을 가만히 보자면, 하나님께서 자연과 친밀하게 될 것을 설득력 있게 웅변하고 계심을 알 수 있다. 92가지의 기본 원소가 존재하지만, 이들의 진가를 나타내기 위해서는 한 원소와 다른 원소를 연결하고 결합하는 방법을 사용해야 한다. 오늘날의 주기율표는 20~30여 가지의 원소가 추가된 것도 사실이다. 하지만 이렇게 추가된 원소들 대부분은 연구실에서 합성된 것들이며, 핵분열 반응으로 인해 기본 원소 중 하나로 분해되기까지 길어야 몇 초 정도밖에 유지되지 못한다. 이런 '새로운' 원소들이 존재하기 위해서는 인간의 손을 통한 조작이 반드시 필요하다.

1886년 과학자들은 오늘날 알루미늄 생산 방식의 기본이 될 새로운 전기분해법을 개발했다. 이 공정을 통해 알루미늄과 철, 실리콘, 아연, 구리, 마그네슘 등을 결합하여 유용한 합금을 만들 수 있게 되었다. 그 이전까지 알루미늄은 쓸 곳이 별로 없는 금속이었다. 하지만 이제 우리는 이들 합금을 이용해 비행기 부품이나 다리와 보트에 사용되는 내식성 소재 등을 만들 수 있게 되었고, 그 외에도 여러 가지 유용한 제품을 만들 수 있게 되었다. 다른 원소와 결합하여 가치 있는 신소재가 되기 전까지 오랜 시간 알루미늄은 쓸모없는 것으로 취급되었다.

이는 다른 대부분의 원소에도 마찬가지로 적용된다. 하나님이 창조하신 92가지 기본 원소를 그대로 창조의 근간으로 활용할 수 있는 방법은 극히 적다. 인간은 이렇게 내려주신 원소를 더 유용하게 만들기 위해 이들을 서로 결합하는 방법을 연구해야 했다. 당신의 삶을 더 쉽고, 건강하고, 길고, 편안하고, 즐길 수 있게 만들어주는 제품은 이미 셀 수 없을 만큼 그 종류가 다양하다. 그러나 이들 중 순수한 한 가지 원소로만 이루어진 것은 없다고 봐도 무방하다. 원소는 철, 탄소, 수소, 산소, 나트륨, 금, 구리, 염소, 그 외에도 여러 가지가 있다. 가게에서 이런 것들을 골라서 구매한 적이 몇 번이나 있는가? 우리가 실제로 필요하고 또 사용하는 것들은 대부분 나무나 플라스틱, 강철, 유리, 합금이나 다른 여러 원소가 합쳐진 복합 화합물로 만들어진 것들이다. 심지어 우리가 마시는 물이나 숨 쉬는 공기도 여러 원소로 구성되어 있다.

하나님은 이를 통해서 우리에게 메시지를 전달하신다. 유용성과 가치를 창출하려면 여러 가지를 결합하라고 말씀하신다. 이런 행동이 바로 생산과 발명의 기초가 된다. 이전까지는 우유와 달걀을 이용해 아이스크림을 만드는 것만큼 우유와 달걀을 파는 좋은 방법이 없었다. 고기는 오랫동안 그대로 팔렸다. 빵도 마찬가지다. 그런데 누군가가 이들을 한곳에 모아 파는 방법을 생각해냈고, 여기에 샌드위치라는 이름을 붙였다. 고무는 고무나무에서 추출한 화합물이지만, 고무에 황을 섞는 가황처리법을 발견하기 전까지는 우리가 지금 흔히 보는 타이어의 재료로 쓰일 만한 물건이 아니었다. 짜잔, 이제 타이어가 생겼다. 내가 이런 것들의 예를 들려면 끝도 없이 들 수 있다. 풍선에 넣는 헬륨이나 금괴를 파는 사업을 하는 게 아닌 이상, 당신이 만들거나 팔 무언가는 항상 여러 원소와 당신의 아이디어를 결합해야 만들어진다.

성공적인 기업가가 되어 수백만 명의 사람들에게 필요성을 인정받고, 부자가 되기 위해서 완전히 새로운 것을 발명해야 할 필요는 없다. 이미 존재하는 두 가지 이상의 물건을 섞고, 결합하여 유용하게 만드는 새로운 방식을 생각하는 것으로도 충분하다. 하나님은 우리가 섞이고 결합하여 새로운 관계 속에서 다양한 방식을 찾기 원하신다.

한 가지 예를 들어보자. 시멘트는 누르는 힘이 굉장히 커도 버틸 수 있는 좋은 재료이다. 시멘트에 모래나 돌가루를 섞으면 콘크리트를 만들 수 있어 순수한 시멘트보다 훨씬 강해진다. 그러나 콘크리트로 굳힌 상태에서 당기는 힘을 가했을 때는 쉽게 부서진다. 이는 콘크리트의 압축 강도는 강하지만, 인장 강도는 약하기 때문이다. 실제 건축 실무에서 콘크리트는 인장력이 약하기 때문에 우리가 흔히 생각하는 만큼 대단히 유용한 자재가 되기는 어렵다. 휘지 않는 대신 부서져 버리는 것이다.

그렇지만 콘크리트는 실제로 건축에서 널리 쓰이고 있다. 어떻게? 기술자들이 강철과 콘크리트를 결합해 철근 강화 콘크리트를 제작하는 방법을 발견했기 때문이다. 철은 압축력에 저항하는 성질은 약하지만, 인장 강도는 매우 우수하다. 그리고 앞서 말한 대로, 콘크리트는 철과 정반대의 성질을 보여준다. 이 둘을 결합하면 마천루를 세울 수 있을 정도로 강하면서도 부서지지 않고 유연한 성질을 지닌 건축자재가 탄생한다. 강철과 콘크리트는 서로의 약점을 보완하는 셈이다.

강철과 시멘트는 말 그대로 서로를 보완하는 관계다. 여기에 우연은 없다. 하나님은 우연을 의도하지 않으셨기 때문이다. 믿을 수 없다고? 이렇게 생각해 보자. 콘크리트와 강철의 팽창 계수는 동일하다. 이를 다시 말하면, 콘크리트와 강철 모두 열을 가하거나 식힐 때 같은 속도, 같은 정도로 팽창하고 수축한다는 뜻이다. 정글에서도 극지방에서도 철근 강화 콘크리트는 수 세대를 견딜 수 있다. 두 소재의 팽창과 수축이 동일한 속도로 이루어지기 때문이다. 만약 이 두 재료의 팽창과 수축률이 동일하지 않다면 시간이 흐르면서 점점 뒤틀리다가 파괴될 것이다. 이 두 재료가 처음부터 우연히 함께 사용하게 된 것은 아니지만, 마치 원래부터 그랬던 것처럼 느낄 정도로 상호보완적이다. 하나님은 강철과 콘크리트의 결합처럼 인간을 통해 당신의 창조 활동을 이어가기 원하신다. 그래서 그분은 인간에게도 동일한 특성을 부여하셨다.

관계가 창조의 필수요소라는 점을 이보다 더 확실하게 보여주는 예시는 없다. 사람이나 사물과의 관계를 위해 애쓰는 우리는 곧 자연의 의지를 따르는 것과 같다.

글자와 음절, 소리가 만나서 단어를 이루고, 이 단어들이 문장을 이룬다. 인간의 대화는 이런 결합으로 비로소 나눌 수 있게 된다. 음표와 박자, 리듬이 서로 조화를 이루면 음악이 만들어진다. 이미 하나님께서 "사람이 혼자 사는 것이 좋지 아니하니"라고 말씀하시는 대목이 창세기부터 나온다. 이는 아담이 이브를 만나기에 앞서 하시는 말씀이 아니라, 하나님께서 직접 모든 인간을 대상으로 전면적으로 공표하신 것이다. 부산한 삶을 살아가는 정말 바쁜 사람들에게는 홀로 남겨진 것이 축복처럼 느껴질 수도 있겠지만, 실제로는 고문이나 다름없다. 인간은 홀로 서지 못한다. 인간은 너무 오랫동안 혼자 있게 되면 자신의 감각을 잃어버리는 것으로 알려져 있다. 때로 우리가 수많은 사람에 둘러싸여 압도되는 느낌을 받을 때도 있다. 그러나 그러한 인간관계 때문에 우리 자신을 제어하지 못하는 일은 생기지 않는다. 반면에 홀로 남은 사람, 분리 된 사람은 많은 위험을 가지고 있다.

서구의 젊은이 중에는 히말라야 고지대에 위치한 조용한 아시람으로 탈출해 자신을 고립시키고 자아를 찾으러 떠나고 싶다는 느낌에 사로잡힌 사람이 많다. 그러나 대개 역효과만 낳는다. 사실 자신을 가장 효과적으로 찾을 수 있는 환경은 사람들과 가까이 접하고 있을 때다. 이런 환경은 사랑하는 가족일 수도 있고, 긍정적인 분위기의 업무 환경일 수도 있다. 언제 어느 때나 우리의 내적 균형은 사람들과 일상 속에서 연관되어 상호 교류를 할 때 바로잡기가 가장 좋다.

이 관계의 원리는 이미 세상에 내재된 것이나 다름없다. 성공적인 삶을 살기 위해서는 이러한 원리에 잘 대응할 수 있어야 한다. 나의 세계관에 이러한 원리를 포함해 관계성을 높일 필요가 있다. 이러한 원리의 근간은 성경에서 확연히 드러나는데, 하나님이 세상을 창조하는 과정에서 그 청사진을 볼 수 있다.

토라는 깍둑썰기로 나눌 수 있는 것이 아니다. 우리의 삶도 그렇다. 내가 지키고 싶은 구절만 취사선택해서는 안 된다. 모두 다 중요한 것들이다. 예를 들어 당신이 혐오감을 느끼는 근친상간 금지 규칙은 지키면서, 정직하고 성실한 자세를 유지해야 하는 비즈니스의 규칙은 던져 버리고 쉽게 돈을 벌기 원한다면, 그 체계를 유린하는 것이다. 이 규칙은 그렇게 취사선택할 수 있는 것이 아니다. 토라는 여러 가지 거래 형태를 묶은 모음집과도 같다. 토라의 내용에는 연속성이 있으며, 나눌 수 없는 하나의 총체이다. 지킬 수 있는 것만 남겨두고, 지키기 어려운 것들을 버릴 수는 없다.

제대로 된 토라 경전은 보통 248개의 단으로 이루어져 있으며, 각각의 단은 항상 히브리어의 여섯 번째 글자인 '와우vav'로 시작한다. 이 글자는 다른 단과 글자를 이어 주는 궁극적인 관계 글자로 매우 특별한 의미를 내재하고 있다. 와우는 영어의 접속사 'and'와 비슷한 기능을 가졌다. 접속사는 but(그러나), with(~와), and(그리고), therefore(그러므로)나 그와 비슷하게 단어와 단어, 절과 절을 이어주는 단어이다. 이런 접속사 뒤에 특정한 절이 붙어있다면 다른 절이 곧 따라오며, 두 절이 서로 어떤 방식으로든 연관되는 부분이 있다는 것을 뜻한다.

토라의 모든 단이 서로 와우로 관계되어 있다는 점이 꽤 어렵게 느껴질 수도 있겠지만 실제로는 그렇지 않다. 토라를 이루는 절의 약 65%가 와우, 즉 '그리고'로 시작된다. 이는 이 책의 전체 내용이 연관성이 있으며, 따라서 토라는 단일한 책이라는 것을 나타낸다. 토라의 이야기는 중간에 끊어지지 않는 하나의 긴 이야기이다.

유대교 경전 타나크Tanach는 단마다 와우로 시작하는 절의 수가 같지 않다. 모세오경에서 와우로 시작하는 절의 수는 전체의 약 65% 가량이다. 예언서와 전도서, 에스더서, 다니엘서 같은 다른 경전을 살펴보면 와우로 시작하는 절의 비율이 약 40%로 줄어든다. 이는 이 책들의 내용 중 일부는 독립적임을 말해 준다. 요나서를 읽지 않고도 여호수아를 읽을 수 있다. 열왕기를 읽지 않고도 역대기를 읽을 수 있다. 그러나 창세기를 읽지 않고 출애굽기, 레위기, 민수기, 신명기를 읽을 수는 없다.

앞서 살펴본 대로, 와우가 붙은 절의 수는 후기 경전으로 갈수록 줄어든다. 단, 이 법칙에서 예외인 것으로 널리 알려진 경전이 하나 있다. 바로 룻기이다. 이 경전은 90%의 절이 와우로 시작한다. 90%라니! 룻기는 왜 이렇게 일반적인 경향에서 벗어난 것일까? 유래는 유대교 회당인 시나고그에서 룻기를 낭독할 때 찾을 수 있다. 룻기는 유월절유대의 최대 명절로 출애굽에 기원을 둠에서 50일이 지난 오순절 Pentecost 또는 Shavuot에 낭독한다. 오순절은 유대인의 절기에서 시반월의 여섯 번째 날로, 시나이산에서 모세가 토라를 처음으로 받은 날이다. 이 책은 토라를 받은 날 읽게 된 경전이다. 책의 일관성도 놀라운 수준이다. 수많은 구절이 '그리고', 즉 히브리 글자 와우로 시작한다. 덕분에 연계성이라는 특성을 가장 잘 드러내 보이는 책이기도 하다.

룻기는 영적 연계성의 예로 가득 찬 경전이다. 완전히 단절된 자인 엘리멜렉의 이야기가 이 책에서 나온다. 우리는 이 경전을 아무리 봐도 그의 아버지나 가족, 다른 인간관계에 대해서 많이 알 수가 없다. 그는 혈연과 지연을 모두 버리고 기근에서 탈출하여 모압지방으로 가는 모습을 보이기 때문에 마치 인간관계에 아무런 관심이 없는 것처럼 보인다. 그러나 경전의 끝부분을 보면 수많은 인간관계가 강조되고 있음을 알 수 있다. 야곱의 넷째 아들 유다에서 시작하여 훗날의 다윗 왕까지 강력한 계보가 형성되어 있음을 볼 수 있다. 룻은 어떤 일이 벌어져도 시어머니인 나오미를 끝까지 홀로 내버려 두지 않았다. 보아스는 먼 친척인 룻을 끝까지 버리지 않았다. 이 모든 이야기가 서정적인 와우, 그리고의 반복으로 강조되고 있다.

룻기의 모든 내용의 궁극은 인간관계에 관한 것이다. 인간에게 처음으로 경전이 전해진 날, 처음으로 낭독한 것이 인간관계에 관한 것이니, 이보다 더 자연스러운 일은 없을 것이다. 그렇게 이날은 연결의 상징이 되었다.

그 옛날 1844년 5월 24일, 전신기가 처음 세상에 모습을 드러낸 날, 새뮤얼 모스가 자신의 새로운 발명품인 전신기를 이용해 워싱턴 DC 국회의사당에서 볼티모어로 처음 보낸 몇 단어가 민수기 23장 23절의 "하나님께서 행하신 일이 어찌 그리 크냐What Hath God Wrought"라는 사실은 꽤 놀랍다. 전신은 전화와 라디오, TV, 인터넷으로 이어지는 긴 혈통의 시작이며, 인간관계를 폭발적으로 늘어나게 만든 위대한 수단이기도 하다.

또한 이날은 성서적으로도 매우 중요한 날이다. 1844년 5월 24일은 유대 절기에서 정확하게 오순절, 곧 유대 절기로 5604년의 시반월 여섯 번째 날, 수장절이다. 그렇고말고. 모든 것이 딱 맞아떨어진다. 인간관계의 핵심이 되는 경전인 토라를 내려주신 날과 인간관계를 상징하는 가장 중요한 사건이 일어난 날이 일치한다. 토라는 관계의 경전이다. 당신과 나, 그리고 우리는 서로 관계를 맺기 위해 창조되었다고 말해도 틀림이 없다.

올바른 부의 축적은 선의 축적이다.

최대한 많은 사람에게 최대한 많은 선을 행한 결과이다.

선을 행하면서 자신도 혜택을 볼 수 있다면 금상첨화다.

돈을 벌면서 선을 꾸준히 행할 수 있는 것은 최상의 삶이다.

그것은 끊임없이 작동하는 선의 영구기관이 된다.

비즈니스 거래는 최상의 선을 주고받는 과정이다.

Secret # 5

돈을 버는 것은 영적인 활동이다

인간의 모든 활동은 영적 활동과 물적 활동이라는 양극단 사이의 스펙트럼에 걸쳐 존재한다고 할 수 있다. 기도하는 것은 영적 활동에 극히 가깝다. 글을 읽고 쓰는 것, 음악을 작곡하는 것, 도구를 만드는 것도 기도와 그리 멀지 않은 영적 활동에 가까운 것들이다. 섹스는 막대한 감각적 즐거움을 전하는 육체적 활동이지만, 동시에 새로운 생명 탄생의 시작점이라는 점에서 영적인 성격도 크기 때문에 스펙트럼의 중간 정도에 위치한다고 할 수 있다. 한편 무언가를 먹는 것이나 그 외의 신체활동은 조금 더 물적인 행동에 가깝다고 할 수 있다.

그러면 상업적 목적의 거래는 어디에 속하는가? 인간이 주머니 속 동전 몇 닢을 꺼내 원하는 물건을 사는 행동은 물적인가, 아니면 영적인가?

영적 활동을 구분하는 방법의 하나는 침팬지가 그 행동을 이해하는지 아닌지 확인하는 것으로 이루어진다. 내가 일을 마치고 집에 돌아와 안락의자에 몸을 맡기면, 내가 키우는 애완동물도 공감하는 모습을 보인다. 식탁에 앉아 저녁을 먹기 시작하면 그도 내 행동을 이해한다. 그러나 내가 신문을 펼쳐 얼굴에 아무런 감정도 보이지 않고 20분 동안 들여다보고 있으면 아마 무엇을 하는지 전혀 이해하지 못할 것이다.

영적 활동을 가늠하는 또 다른 기준은 기계로 그 행동을 그대로 모사할 수 있는지 알아보는 것이다. 만약 인간의 혼이 특정한 공정에 반드시 필요하다면 그 공정은 최소 어느 정도는 영적인 성격을 지니고 있다고 볼 수 있다. 인간의 영혼만이 사람을 전쟁터로 행군하도록 고취하거나, 감정이 북받치는 음악을 작곡할 수 있다. 기계는 충성심이 없다. 그러한 성격을 지니고 있는지 시험하는 것 자체가 불가능하다. 따라서 이를 통해 우리의 충성심 또한 다른 영적 성격임을 알 수 있다.

이러한 시험을 통해 비즈니스상의 거래 행위가 물적 행동보다는 영적 행동에 가깝다는 사실을 자연스레 알 수 있다. 침팬지는 가게의 카운터에서 이루어지는 물건의 소유자와 구매자 사이의 거래 활동이 어떤 의미를 지니고 있는지 전혀 알 수 없다. 어떠한 기계도 거래 활동에 독립적인 영향을 끼칠 수 없으며, 또 어떤 고객이 무엇을 살 것인지, 또 얼마에 살 것인지 예측할 수 없다. 경제적 교환 행위는 두 사람이 가진 것을 서로 교환하기로 결정했을 때만 진행된다. 그렇기 때문에 이 과정은 영적인 과정이다.

우리 인간은 영적으로 함축적 의미가 전혀 없는 행위를 하는 것에 대하여 다소 불편함을 느낀다. 이 점을 분석하는 것은 중요하다. 우리는 필요하다면, 완전한 물적 행위는 동물과 같은 느낌이 들어 불편해지는 것을 피하고자 영적 요소를 덧씌운다. 동물적 행동을 할 때 일종의 의식이나 의례를 거치기도 한다. 사람만이 책을 읽거나 음악을 듣는다. 그러나 이러한 행동을 할 때는 관련된 의식을 전혀 하지 않는다. 반면, 모든 생물은 먹고, 배변하고, 성행위하고, 자손을 낳고, 죽음을 맞이한다. 만약 우리가 이러한 지극히 당연한 생명 기능에 전적으로 인간적인 의식을 덧씌우지 않으면, 인간과 동물 사이의 구분도 모호해지게 된다. 그렇기에 우리 인간은 아이를 낳으면 축하하는 행사를 한다. 보통은 이 행사를 통해서 이름을 붙여 준다. 동물 중에서 이런 의식을 행하는 동물은 없다. 우리는 음식을 내올 때 깡통째 내놓는 대신 식탁보 위에 놓인 접시에 올린다. 하지만 생각해 보면 이런 행동을 한다고 해서 음식의 물질적 상태나 영양의 질이 변하는 것은 아니다. 그리고 밥을 먹기 전에는 항상 감사기도나 축복을 한다. 고대 유대인들은 다 먹은 뒤에도 감사기도나 축복을 했다.

매력적인 잠재적 반려자를 만났을 때, 정신이 건전한 사람은 바로 신체적 관계로 나아가려 하지 않는다. 약혼, 그리고 뒤이은 결혼식을 통해 가장 중요한 구분, 즉 결혼이 이루어진다. 어떠한 동물도 짝을 짓겠다는 의도를 공개적으로 발표하지도 않으며, 그 이후 3개월간 결혼이나 앞으로 살 집을 차근차근 준비하는 행동을 하지 않는다.

죽은 자를 땅에 묻는 전통도 의식으로 가득 찬 인간의 독특한 행동이다. 사람은 오랫동안 착하게 살다가 세상을 떠난 아가사 숙모의 몸을, 매주 화요일마다 들르는 쓰레기 수거차가 싣고 가도록 도시 골목에 그대로 두지 않는다. 상을 치르고, 장례식을 거행하고, 매년 묘지를 찾을 수도 있다. 물질적이고 동물적으로 치우친 행동일수록 그런 행동을 둘러싼 불편함과 무의식적 당혹감도 커진다. 그리고 우리는 이런 불편한 감정에서 벗어나 삶의 목적과 영적 의미를 찾기 위해 의식을 거행하게 된다.

나체주의는 내재된 긴장을 숨기기 위한 허세와도 같다. 유명한 사진작가인 리처드 아베든은 사람들이 무언가를 한창 먹는 모습을 촬영하여 장벽을 깼다. 무언가를 씹는 모습이 적나라하게 드러난 인간은 천사가 아니라 유인원에 가까웠다. 비슷하게, 보통의 사람이라면 화장실에서 벌어지는 일에 대해 가급적 대화를 삼가는 편이다. 실제로 잘 생각해 보면 화장실이야말로 집에서 가장 많은 장식으로 잘 꾸며진 방이다. 소변이나 대변을 보는 순간, 즉 우리 인간이 가장 동물에 가까워지는 순간에 우리는 조개껍데기 모양으로 만들어진 작은 비누와 모노그램 장식을 수놓은 수건, 그리고 화장실을 장식하는 여러 다른 물건을 보면서 크나큰 편안함을 느낀다. 이런 물건들 덕분에 나는 대부분의 동물이 공개된 장소에서 스스럼없이 하는 가장 사적인 행동을 하는 중에도 스스로가 동물 같다고 생각하는 것이 실수라는 사실을 다시금 깨달을 수 있다. 어떤 동물도 자신이 볼일을 보는 방을 꾸미지 않는다. 나는 인간이다. 그리고 나 자신의 특별함이 너무나 자랑스럽다. 반면, 온전히 영적인 활동, 즉 책을 읽거나 예술 활동을 할 때는 아무런 불편함이 느껴지지 않는다. 이미 너무나도 영적이기 때문에 영적인 모습을 덧씌우기 위한 의식을 치를 필요가 전혀 없다.

우리의 전반적인 접근법은 이러한 성경적인 전통의 측면을 바탕으로 한다. 1980년대 이전 영어권 국가에서 태어난 남성이라면 심한 결례를 범했을 때 바로 "무엇 하는 거냐? 무엇이 문제냐? 촌구석에서 자랐느냐?"고 묻는 어머니, 혹은 할머니를 두었을 것이다.

이는 농부들을 모욕하는 행위가 아니다. 우리 어머니도 농부의 딸이었다. 이런 질책은 정확히 말하면, 그런 질책을 듣는 사람의 행각이 부산스럽고 정신없는 농장 앞마당을 연상하게 만든다는 것이다. 이는 인간으로서 받아들이기 불편한 행동임을 의미한다. 만약 당신의 어머니가, 우리 어머니가 그랬던 것처럼 사람들 다 있는 데서 머리를 빗지 말라고 했다면, 그 말의 핵심은 우리가 짐승이 아니라는 사실을 상기시키는 것에 있다. 개코원숭이는 주변이 훤히 드러난 곳에서 털 손질을 한다. 인간은 그렇지 않다. 아버지가 저녁 식탁에서 시끄러운 소리를 내지 말라고 혼낸 기억이 많지 않은가? 우리 아버지는 혼을 많이 내신 편이었다. 항상 인간의 몸에서 동물과 같은 소리가 나면 안 된다고 설명하셨다. 실수로 우리 몸에서 동물 같은 소리가 나게 두는 것도 당황스러운 행동이었다. 예의에 대한 강조는 유대교나 기독교 사회의 문명화된 구성원들이 자신들의 문화가 '우리가 단순한 동물에서 그치지 않고 더 나아간 존재들, 신의 손길을 받아 특별한 존재로 거듭난 자들'이라는 신념을 바탕으로 세워졌음을 서로 상기시켜주기 위한 방법이다. 이를 잊는다면 인간의 사회는 동물주의와 경제적 실패의 무저갱으로 떨어져 결국 미개 상태로 돌아가게 될 것이다.

경제활동은 우리가 동물의 왕국에서 벗어나 신에게 한 걸음 더 가까이 다가갈 수 있는 또 다른 훌륭한 방법이다. 존 밀튼은 실낙원에서 자신의 독특한 천재성을 드러내 보이며 인간의 문학적 의식 속에서 성경을 지울 수 없다는 것을 구심점으로 새겼다. 그는 자신의 책 속에 성경의 첫 장, 인간의 영혼이 천사와 유인원 사이에서 영원한 줄다리기를 하는 모습이 모든 인간의 무의식에 내재되어 있다는 사실을 반영했다. 인간의 고귀함이라는 신성한 염원과 반대로 인간의 기저에 깔린 본능 사이에는 거대한 투쟁이 이어지고 있다. 아담은 누구를 따라야 할까? 하나님일까, 아니면 동물의 왕국을 의인화한 존재인 뱀일까? 인간의 역사가 수천 년을 흘렀음에도 그 싸움의 오랜 기억은 여전히 인간의 영혼 속에서 공명하고 있다. 유대-기독교적 전승의 후계자들은 모두 인간과 동물을 구분해야 할 필요성과 함께 원시 상태에서 시작된 갈등에서 누가 승리했는지 명백히 보여줄 필요성을 느낀다. 사람들의 재산을 힘으로 **빼앗는** 행위는 짐승과도 같은 행동으로, 뱀의 승리를 의미한다. 그러나 같은 재물을 자발적으로 판매자와 협상하여 정한 가격에 사는 행위는 하나님 눈에 옳게 보인다.

돈과 하나님의 은총 사이의 관계는 성경뿐만 아니라 히브리어 그 자체에서도 찾아볼 수 있다. 히브리어에서 하나님의 은총을 뜻하는 말은 '힌cheyn'이다. 이 단어는 인간의 경제적 상호작용에 대한 신의 계획을 뜻하는 것으로, 영어 단어 Coin(동전)과 Gain(얻다)의 어원이 될 뿐만 아니라, 돈을 뜻하는 중국어 단어 錢錢, 중국어 발음으로 '치엔'과도 유사한 발음과 의미를 지니고 있다. 이외에도 여러 언어에서 비슷한 단어를 찾아볼 수 있다. 또한 단어 힌은 가게와 시장의 경제기반을 뜻하는 히브리 단어의 어근을 이룬다. 가게나 시장은 잘 알다시피 사람들이 자발적으로 자신이 가진 것을 교환하고 상호작용 하여, 이전보다 더 큰 만족감을 얻어 더 나은 형편을 꾸리는 장소이다.

소설가 아인 랜드Ayn Rand도 사람들로 하여금 특정한 행위를 이끌어 낼 수단으로 총을 대체할 수 있는 유일한 대안이 돈이라고 보았다. 그러므로 하나님이 시장에 대해 미소를 지으시는 것도 놀랄 일은 아니다. 숭배와 거래의 전제조건은 폭정과 압제로부터의 자유이다. 그리고 돈이 이러한 자유를 향한 길을 닦는 역할을 한다. 비즈니스 전문가를 뜻하는 히브리 단어 중 오메인Ohmein이라는 단어가 있다. 이는 '믿음을 가진 자'라는 뜻으로, 우리가 예배에서 쓰이는 '아멘Amen'과 그 어근이 같다. 상인은 자신이 상품을 판매하는 데 성공하리라는, 확실한 입증 가능한 정보가 없음에도 상품을 구매한다. 구매한 식품이나 옷 같은 생필품을 작고 동그란 금속과 바꾸어 팔고는 기쁨을 느낀다. 이 상인은 어떻게 아이들을 입히고 먹일 것인지 걱정하지 않는다. 대신 그는 언제든 그가 필요할 때 음식이나 기타 필요한 것들을 그 몇 개의 작고 동그란 금속과 바꿀 수 있으리라는 믿음을 가지고 있다. 동그란 금속과 숫자가 인쇄된 종이는 실질적 가치는 거의 없다. 그러나 그 믿음이 화폐에 진정한 가치를 불어넣는다. 만약 그가 의심과 의혹을 품고 거래하려고 한다면 아무런 비즈니스도 이루어질 수 없을 것이다. 그가 이득을 볼 수 있었던 것은 순전히 그의 믿음 때문이다.

그러니 경제학이 종교와 신학에 근거를 둔 학문 분야라는 사실이 그렇게 놀라운 것도 아닌 셈이다. 애덤 스미스를 비롯해 18세기의 유명한 경제학자들은 본디 종교철학자로, 실제로 그들의 경제학자적인 면모는 종교철학에서 갈라져 나온 것이나 다름없다. 스미스는 유명한 『국부론』을 쓰기에 앞서 『도덕감정론Theory of Moral Sentiments』을 저술했다. 인정받는 유명한 대학들이 경제학 분야를 종교학에서 과학의 영역으로 이동시켰다. 이 행위의 결과로 자본주의의 근간을 이루는 그 가치가 도덕적 논쟁과 영적 측면 사이에 휩싸이게 되었다.

학계가 당신에게 어떻게 말하든, 실제로 상업과 종교는 모두 신뢰, 즉 믿음을 바탕으로 존재할 수밖에 없다.

인간의 자기중심적 사고는 성공적인 비즈니스 전문가가 되는 것을 방해한다. 정확히 말하면 기업가가 되기 위해서는 사람들의 욕구에 몰두해야 한다. 비즈니스 전문가의 보증 표식은 바로 고객에 대한 관심이다. 여기에서 "고객은 언제나 옳다"는 말이 나오는 것이다. 비즈니스 전문가들은 항상 자신보다 고객이 우선이다.

또한 비즈니스 전문가는 자신의 직원들을 귀중하게 여겨야 한다. 그들은 가장 가치 있는 자산이기 때문이다. 그렇기 때문에 직원의 복리후생에 큰 관심을 가져야 한다. 개개인이 신성한 포부를 품고 있는 영적 존재라는 점을 인정하고, 이들에게 적절한 보수를 지급할 뿐만 아니라, 이들이 하는 일에서 초월적인 의미를 찾을 수 있도록 해 주어야 한다. 이미 고대 유대인들은 고용인이 피고용인에게 무의미한 일을 지시하는 것을 금했다. 예를 들자면 온종일 구멍을 파게 하고, 다음 날 구멍을 다 메우게 하고, 또 파게 하는 등의 무의미한 일을 반복하게 만들려는 목적으로 사람을 고용하면 안 된다. 이런 고용 양태는 보수가 아무리 커도 금지된다. 일하는 사람이 성취감을 느끼지 못해 자신의 기여 활동의 가치를 알 수 없기 때문이다. 비즈니스와 종교 양 분야 모두 이기적이고 자아도취적인 행위를 지양한다. 이기적인 욕구로 가득 찬 비즈니스 전문가는 끝내 자신을 파멸로 몰고 갈 수 있기 때문이다. 감사하게도 비즈니스와 종교 사이에는 시너지 효과가 있다. 앞서 말한 대로 비즈니스 거래는 영적인 활동이기 때문이다.

하나님과 시장 사이에 매우 밀접한 관계가 있다는 사실을 깨달았다면, 이제 세 가지 중요한 부분에서 큰 힘을 얻을 수 있을 것이다. 가장 먼저, 왜 비즈니스와 무신론이 자연스러운 동맹 관계가 아닌지 알수 있다. 누군가는 세속적 인본주의 철학이 모든 행동을 제재하거나허가할 권리가 없다는 사실을 인지하여, 돈과 권력의 세계에 자연스레 이끌린다고 볼 수 있다. 정치적 좌파가 자본주의의 '탐욕'이라 불리는 것을 용서하리라 예측하고, 이를 현대 인간의 삶에 적용되는 다윈의 법칙 그 이상도 이하도 아니라고 인정할 수도 있다. 그러나 이들모두 불가능한 것이다. 순수한 상업과 같이 영적인 것들은 사회주의와 공존하는 것이 불가능하다. 무신론자는 자신의 신조에 비추어 자유시장을 거부하는 것이 옳다고 생각한다. 자유시장은 그 자체로 신앙심의 표상이라 할 수 있기 때문이다.

두 번째로, 하나님과 시장에 대한 믿음은 광범위하게 쌓아온 우리일상의 경험치를 통합할 수 있게 만들었다. 매일 8-10시간씩 일하던시간은 더 이상 우리 삶에서 동떨어진 다소 불쾌한 시간이 아니다. 후회 없는 신념이 될 수 있다는 장점이 있다. "사업은 사업일 뿐이다"라는 말은 시장의 도덕적 일탈을 편리하게 설명할 수 있는 말이 아니다. 비즈니스는 전반적인 영적 의식을 바탕으로 삶과 진실을 밀접하게 관련시키기 때문이다. 부도덕한 비즈니스는 부도덕한 결혼생활만큼이나 불쾌한 것이다. 비즈니스의 성공은 실질적으로 우리와 하나님 사이의 사적인 관계의 일부이다. 그러한 관계는 모든 것의 의미를 통하게 만들어준다.

마지막으로, 비즈니스 전문가들의 도덕성과 일의 합일은 엄청난에너지를 발산하게 한다. 즉 자신에게 떳떳한 사람은 비즈니스 능력의 최대치를 끌어낼 수 있고, 자신이 취급하는 제품을 더 잘 팔 수 있는 원동력이 된다. 이런 비즈니스 전문가는 하나님의 무한한 창조력을 정당하게 가져다 쓸 수 있다. 만약 사회주의가 일리가 있다는, 즉 인간의 능력을 유한한 파이로 생각하여, 착취와 강요로 경제적 이득을 얻을 수 있다고 한다면, 그 사람은 비즈니스 전문가로서 불리한 처지에 놓이게 될 것이다. 누구든 급이 떨어지고 가치가 없다고 생각하는 일에 전심으로 노력하는 사람은 없다. 당신이 일하는 기업을 영적 측면의 스펙트럼으로 올바르게 인식한다면, 견과류를 모으는 다람쥐의 동물적 본능과 삶을 지탱하기 위해 돈을 버는 인간 사이의 차이를 명확하게 깨닫게 될 것이다. 비즈니스는 영적인 일이고, 내재된 고결함의 가치는 인간만이 누릴 수 있는 특권이다.

Secret # 6

성취의 산물은 협력의 결과물이다

협력의 힘은 개인 사업이나 대기업이나 똑같이 중요하게 적용된다. 제약 산업 부문을 예로 들어보자. 새로 개발되는 약은 오랜 기간 정교하고 어려운 임상시험을 통과하게 된다. 새로 개발되어 시장에 나온 모든 약은 발매 전까지 수년 이상 수천 명의 사람을 대상으로 임상시험을 거친 약들이다. 제약 회사들은 한 환자를 대상으로 약을 시험한 다음 "효과가 있네! 공장을 짓고 기계를 돌립시다"라고 하지 않는다. 약이 시장에 정식으로 판매되기 위해서는 수천 명의 사람이 약의 실험 과정에 뛰어들어 관여하는 과정을 거치게 된다. 이는 꼭 의약 분야에만 제한되지 않는다. 모든 비즈니스 분야가 마찬가지다. 모든 제품은 시장에 발매되기 전에 대중의 시험대에 오른다. 비즈니스 전문가들은 돈을 버는 과정을 그 동료와 고객들에게 의존한다.

결국 돈을 버는 것은 공동체적 과정인 셈이다. 어떤 비즈니스가 돈을 버느냐는 비즈니스의 성공 여부보다 중요도가 떨어진다. 또 비즈니스의 성공 여부보다 더 중요한 것은 이를 판가름하는 요소인 성공의 원리이다. 유대인 래리 엘리슨Larry Ellison은 캘리포니아주 레드우드 시티에서 오라클Oracle을 창업하고 막대한 부를 쌓았다. 그는 직접 소비자 관련 매니지먼트 소프트웨어를 만들어 팔기 위해 캘리포니아주 북부의 베이 에리어로 이사했다. 물론 그렇다고 해서 당신까지 그가 했던 것처럼 하고, 그를 따라 이사할 필요는 없다. 당신의 비즈니스와 산업계, 그리고 당신의 목표 시장이 그와 다르기 때문이다. 우리가 알아야 할 것은 성경 속의 어떤 비밀이 그의 사업을 번창하고 성공하게 했는가 하는 것이다. 그의 비즈니스가 어떤 것이었고 어떤 일을 했느냐는 중요하지 않다. 성공의 원리는 단 한 사람에게만 효과적으로 적용되지 않는다. 시공간을 가리지 않고 수많은 사람이 이 원리를 바탕으로 성공을 거두었다. 당연히 이들 원리가 과거에도 효과가 있었다는 사실을 정확히 파악해야 할 필요가 있다. 그렇기 때문에 우리가 이런 원리를 영원하다고 하는 것이다. 시간을 초월해 그 효과를 유지하고 있기 때문이다. 이들 원리는 오늘도 성공을 거둘 것이고, 내일도 마찬가지일 것이다.

내가 유대 지혜의 도가니인 토라에 대해서 공부하거나 가르칠 때 갖게 되는 느낌이 있다. 수십 세기에 걸친 여러 세대의 사람들이 나와 한 곳에 모여 학술 토론회에 참석하는 것을 발견한다. 나의 아버지가 나에게 그랬던 것처럼, 나 역시 아들에게 내가 배운 것을 전수한다. 경전의 복잡한 문장과 일상을 연관 지어 설명해 준다. 아들의 책상은 아들과 나와 나의 아버지를 만나게 해주는 장소이다. 12세기의 위대한 랍비 모세 마이모니데스Moses Maimonides의 통찰력을 살펴거나 2천 년 전 랍비 아키바Akiva의 가르침을 찾아볼 때, 이들을 비롯한 과거의 많은 현자들이 방에 그득히 들어앉아 대화하는 느낌이 든다. 우리가 지금 공부하는 지식들은 오랫동안 끊임없는 검증 과정을 거친, 현자들이 보증한 결과물이다. 이제 내가 당신께 그 지식의 일부를 전수할 차례이다. 이 지식들은 모든 인류사의 시대와 장소, 상황을 불문하고 수많은 사람을 성공시킨 원리로 역사가 고증한다. 이 사람들도 당신과 같은 사람들이었기에 너무 걱정하지 않아도 된다. 이 원리를 수용하기만 하면 된다.

당신 인생의 최고의 순간은 언제였는지, 가장 큰 성취는 어떤 것이 있었는지 돌아보자. 돌아보면, 대부분 무언가에 참여했거나, 최소한 한 명 이상의 사람과 협력한 결과물이지 않은가? 당연히 그럴 것이다. 기억에 가장 강하게 남는 순간, 가장 큰 성취, 가장 즐겁고 기쁜 경험은 사람들과 함께 하며 서로 도울 때 이루어지게 된다. 이는 사실이다. 우리와 즐거움을 함께할 사람이 없다면, 어디 가서 즐거움을 누릴 수 있을까? 아마도 그 어디에서도 온전한 즐거움을 찾을 수 없을 것이다.

자기 작업실에 고립된 예술가가 장엄하고 위대한 고전 역작을 만들어냈다는 신화는 말 그대로 신화일 뿐이다. 홀로 고립된 인간이 위대한 걸작을 만들어낼 확률은, 홀로 고립된 인간이 스스로 아이를 낳을 수 있는 확률과 같다. 당연히 불가능하다는 뜻이다.

성경 속 아담과 이브에 대한 묘사를 찬찬히 뜯어보면, 지구상에서 인류가 시작될 때를 묘사하고 있는 것에 가깝다. 고대의 지혜로운 유대인들이 보기에 성경은 단순한 역사서가 아니다. 성경은 사용 설명서였다. 이 행성에서 성공적인 인생을 누리기 위한 청사진을 제공하는 책이었다. 성경은 비즈니스와 돈에 대해서도 가르침을 준다. 성공적인 삶을 영위하는 데 필수적인 활동이기 때문이다. 비즈니스에서 성공을 거두는 것은 그 자체로 끝이다. 하지만 이를 제쳐 놓고 생각해 보자. 자신의 삶을 영위할 기반도 없는 사람이 어떤 활동을 위한 기반을 마련할 수 있을까? 당연히 불가능하다. 모든 창조 행위는 돈을 버는 것, 다시 말해 자신의 삶을 영위하는 것과 연관되어 있어야 한다.

성경은 궁극의 창의성 지침서이다. 우리 스스로 "인간에게 허락된 궁극적인 창조란 어떤 것인가"에 대해서 질문할 수 있게 해 준다. 그리고 창세기의 시작 부분에서 그 답을 찾을 수 있다.

모든 인간이 할 수 있는 궁극적인 창조 활동은 바로 아기를 갖는 것이다. 다들 잘 아는 사실이 아니지 않은가? 그 아기가 과학 혁명을 시작할 수도 있다. 어쨌든, 나도 정확히 누구인지는 모르지만, 당신 또한 알버트 아인슈타인의 부모가 되어준 어떤 남자와 어떤 여자가 있었다는 사실에 나처럼 동의할 것이다. 헨리 포드, 제임스 와트, 마르코니, 에디슨 모두에게도 부모가 된 어떤 남자와 어떤 여자가 있었을 것이다. 물론 그 외에도 수천, 수만, 수십만에 달하는 과학과 의학 분야의 혁신가에게도 그러한 사람들이 있었을 것이다. 세상을 바꾼 사람들에게는 누구나 그러한 사람들이 있었다. 당신이 낳은 아이가 지금까지 인류가 극복하지 못했던 지독한 병의 치료제를 개발할 수도 있다. 우리가 할 수 있는 일 중에서 아이를 낳아 기르는 것보다 더 행복하고 성공한 삶을 살아갈 수 있는 창조적인 일은 거의 없을 것이다.

물론 그 외에도 수많은 창조적 활동이 존재한다. 그림을 그려 아름다운 예술 작품을 창조할 수 있다. 흥미진진한 이야기로 가득한 소설을 쓸 수도 있다. 어쩌면 만병통치약을 만들 수도 있다. 무언가를 발명할 수도 있다. 그러나 그 중 단연 최고의 창조 활동이 무엇이냐고 나에게 묻는다면, 나는 비즈니스라고 말할 것이다. 말로 다 할 수 없을 만큼 수많은 고객과 직원들, 주주나 이해관계자들의 삶을 더 나아지게 할 수 있기 때문이다. 선한 행동이 경제적 연관관계를 통해 세계로 퍼져나가는 것이다. 사람이 참여할 수 있는 수많은 창조 활동은 성경에서 말하는 궁극의 창조 활동, 즉 아이를 만드는 활동을 모형으로 삼아 형성된다. 이 궁극의 창조 활동은 소재와 상관없이 모든 형태의 창조 활동의 은유로써 사용할 수 있다. 성경 속의 조언을 바탕으로 추론해 보면 아기를 만드는 것에 관한 지혜를 다른 모든 창조 활동에도 적용할 수 있음을 알 수 있다.

성경에서는 궁극의 창조 활동에 세 가지가 필요하다고 말한다.

가장 먼저, 최소한 두 명이 필요하다. 비즈니스의 경우라면 창조 활동에 더 많은 사람이 필요할 때가 많지만, 기본을 따지자면 최소한 두 명이 항상 필요하다.

두 번째로, 두 사람이 서로 달라야 한다. 아이를 갖기 위해서는 어머니와 아버지가 반드시 다른 사람이어야 하듯, 무언가를 창조하려는 두 사람의 창조자도 각각 다른 사람이어야 한다. 혼자서 무언가를 창조한다고 생각해 보자. 모든 결정에 스스로 동의할 수 있지만, 두 사람 사이의 시너지 효과나 정보교환은 사라진다. 창조적인 인간이 되기에 좋은 방법이 아니다. 창조에는 항상 동의만 하는 예스맨이 아니라 반대 의견도 제시할 수 있는 사람이 필요하다. 이에 대한 성경 대목은 바로 창세기 2장 18절이다. 아담과 반대되는 배필에 대한 대목이다. 남편의 말을 항상 따르기만 하는 아내는 어떤 가치가 있는 사람일까? 나는 당연히 아내가 공개적으로 창피를 주는 것을 좋아하지 않지만, 아내의 의견에는 귀를 기울인다. 내가 하는 일이 성공하거나 실패하거나, 아내가 그에 관해서 들려주는 의견과 그 가치를 인정하고 존중한다. 비슷하게, 현재 나와 똑같은 복제인간과 비즈니스를 시작한다고 생각해 보자. 서로 배울 수 있는 것이 무엇이 있을까? 서로 제안할 수 있는 것은? 아무것도 없다. 복제인간과 일하는 것은 아무 의미가 없다. 어떤 창조성도 만들어질 수 없기 때문이다.

남성과 여성 파트너, 어머니와 아버지. 이들은 주는 사람과 받는 사람을 은유한다. 파트너와 앉아서 비즈니스 관련 제안에 대해서 논의할 때, 실제 성별과는 관련 없이 듣는 사람은 여성의 역할을 하고, 말하는 사람은 남성의 역할을 한다고 볼 수 있다. '남성'이 아이디어의 '씨앗'과 구상(Conception)을 위한 희망을 뿌리는 것이다. 이 개념은 유대인의 지혜로 확립된다. 오늘날 영어에서도 계획이나 아이디어를 '구상한다(Conceiving)'고 말한다. 그리고 이때 '여성'은 그에 대해 반응해야 한다. 그리고 반응이 시작되면 남성과 여성의 역할이 서로 바뀌게 된다. 이러한 과정이 반복되어 서로 주고받는 것이 늘어나면 이제 구상(Conception)이 만들어지게 된다. 비로소 성과를 낼 가능성이 있는 충분한 아이디어가 되는 것이다. 물론 이 과정의 기간은 며칠, 몇 주, 몇 달, 궁극의 창조 활동과도 같이 아홉 달까지도 걸릴 수 있다. 성경 속 아담과 이브의 이야기가 이 이야기의 원형이다. 아담과 이브의 이야기는 창조 활동의 모델이다. 그리고 가장 위대한 창조 활동으로 꼽히는 것 중 하나가 바로 기업가 활동, 비즈니스를 하는 것이다.

창조 활동에 관한 세 번째는, 우리의 모습처럼 아이가 창조되는 것과 관련하여 솔직하고 직설적으로 말한다면, 무언가를 창조하는 일이 사람이 할 수 있는 일 중 가장 신나고 즐거운 일이라는 점이다.

소설이든, 예술 작품이든, 발명품이든, 작은 사업체든, 무언가를 창조하는 일은 즐겁고 보람차다. 마찬가지로 이 활동은 창조를 추구하는 다른 사람과의 상호교류에서 대단한 만족감을 느낄 수 있게 한다. 혼자서는 불가능한 일이다.

이쯤 되어 또다시 홀로 걸작을 만들어낸 '고독한 예술가'의 신화를 생각했을 수도 있다. 하지만 다시 잘 생각해 보자. 정말 혼자 그 일을 다 했을까? 그림을 그리는 동안 먹을 것을 가져다주는 사람은 누구였을까? 그가 그림을 그릴 수 있는 공간을 제공한 사람은? 캔버스는 어디에서 왔을까? 보다시피, 진정으로 혼자 모든 것을 창조한 사람은 없다. 그런 일이 일어나는 것 자체가 불가능하다.

당신이 지구상에 마지막으로 남은 단 한 사람이라고 생각해 보자. 그때는 당신이 세계 최고의 부자다. 온 세상이 당신의 것이다. 그냥 간단히 생각해 봐도 부동산이라 불리는 모든 것들, 지구상의 모든 것들이 당신 것이다. 지금까지 존재했던 나라들도 모두 당신에게 복종할 것이다. 포부가 작은 사람이라면, 번화가의 원하는 자리에 차를 대 놓고 원하는 만큼 돌아다니는 것을 생각할 수도 있을 것이다.

빨간색이나 파란색으로 칠해진 2000년 미국 선거 결과 지도를 본 적이 있는가? 이렇게 색을 이용해 캘리포니아, 콜로라도, 뉴욕과 같이 파랗게 칠해진 주는 민주당에 주로 투표를 했고, 텍사스와 오클라호마와 같이 붉게 칠해진 주는 주로 공화당에 투표했다는 것을 알 수 있다. 그렇다면 이제, 미국 전역을 주가 아니라 3천여 개의 카운티로 나누어서 투표한 결과를 알아보자. 카운티 단위로 색칠한 지도에서는 캘리포니아, 콜로라도, 뉴욕주에서도 공화당에 투표한 경우가 상당히 많다는 사실을 알 수 있다.

여기에서 명백한 의문점이 한 가지 떠오른다. 캘리포니아, 콜로라도, 뉴욕의 많은 지역에서 공화당에 투표했는데, 왜 주 전체는 민주당을 지지하는 것으로 나타났을까? 답도 마찬가지로 명백하다. 캘리포니아의 인구는 대부분 로스앤젤레스와 샌프란시스코 근교에 집중되어 있다. 콜로라도주의 대부분 지역은 보수적인 성향을 띠지만 인구가 많은 도시 지역은 반대로 진보적인 모습을 보이며, 콜로라도주 인구 중 많은 수가 덴버, 보울더, 포트 콜린스, 푸에블로와 같은 도시 지역에 몰려 있다. 비슷하게 뉴욕주의 인구 대부분은 뉴욕시와 그 주변 지역에 몰려 있고, 또 도시 지역 거주자들은 대부분 민주당에 투표했다.

여기에서 알 수 있는 사실은 시간이 갈수록 더 많은 미국인이 시골 지역을 떠나 도시로 가고 있다는 것이다. 2000년부터 2010년까지 10여 년 동안 시골을 떠나 도시로 이주한 미국인의 수가 2% 늘어났다. 다시 말해 10년에 걸쳐 5백만 명의 사람들이 도시로 이주했다는 것이다. 매년 50만 명의 미국인들이 도시로 떠난다. 이런 경향은 미국이 세워진 이후로 끊임없이 계속되고 있으며, 다른 대부분의 나라에서도 마찬가지로 나타나고 있다.

사람들은 자신의 이익이 사람들과 가까이 살 때 극대화된다는 사실을 자연스럽게 깨닫는다. 시골에 산다는 것을 가난하다는 뜻으로 받아들이는 경우가 많은 반면, 사람들과 가까이 사는 것, 즉 도시에 사는 것은 번창을 의미하는 것으로 받아들이는 경우가 많다는 것도 이를 뒷받침한다.

우리의 진짜 재산은 바로 사람들인 것이다.

그러니 당신은 그들을 사랑하고, 가치 있는 사람들로 존중해야 한다. 그들이 당신의 진정한 모든 것이다. 사람들 하나하나를 모두 그같이 대하라. 처음 보기에 참으로 귀찮고 별로 중요하지 않아 보이는 사람이라도 언젠가는 당신에게 필요할 수 있다. 개개인이 아니라, 합쳐서 '사람들'이 당신의 진정한 재산이다. 우리가 돈을 버는 능력이 사람들과 관계를 잘 맺고, 의사소통하는 능력에 달려 있는 이유가 여기에 있다.

이 책의 뒷부분에는 당신이 사람들과 원만한 관계를 맺고, 의사소통하고 협력하고 창조할 수 있도록 하기 위해, 어떻게 더 유창하고 분명하고 설득력 있게 말할 수 있는가를 알아보는 과정을 돕는 내용이 있다.

아브라함과 이삭, 야곱이 믿는 하나님의 성경을 뿌리로 하는 모든 신앙 속에서 왜 빵이 신성한 것으로 받아들여지는지 궁금하지 않은가? 빵을 비롯한 성체는 서로 맛은 다양할지 모르지만, 유대교와 기독교를 비롯해 수많은 교회에서 같은 의미를 지닌다. 나는 아내가 준비한 두 개의 특별한 안식일 빵으로 안식일 성찬을 주기적으로 진행한다. 그리고 성찬은 빵을 축복하기 전까지 시작되지 않는다. 왜 빵이 이렇게 중요한 의미를 지니는 것일까?

그 답은 창세기의 첫 부분, 아담과 이브가 에덴동산의 선악과를 따먹으면서 죄를 짓는 대목에서 나온다. 이들은 불안함을 느끼고 기도하고 속죄했다. 하나님께서 말씀하셨다. "얼굴에 땀을 흘려야 먹을 것을 먹으리니." 이 부분을 먹으면 안 되는 선악과를 먹음으로 받게 된 벌이라고 생각한다. 하지만 사실이 아니다. 선악과를 먹고 받게 된 벌은 에덴동산에서 쫓겨나 죽음을 맞이하고 흙으로 돌아가는 것이다.

빵을 먹는 것은 벌이 아니다. 맛없는 빵이 어디에 있단 말인가. "얼굴에 땀을 흘려야 먹을 것을 먹으리니." 이 말은 하나님의 자비를 보여주는 말이다. 아담과 이브가 죄를 지었음에도 자비를 보여주신 것이다. 하나님께서는 앞으로 얼굴에 땀을 흘리며 일하여 얻은 것을 취하게 될 것이라고 말씀하신다. 하나님께서 인간이 땀 흘려 일군 것을 수확할 때 만족과 즐거움을 얻을 것을 아셨기 때문에 그리 말씀하신 것이다. 일한 대가로 얻은 빵의 맛은 더욱더 깊어진다. 하나님께서 음식을 만드신 것은 오로지 인간만이 빵을 먹게 될 것이기 때문이었다.

빵은 매우 놀라운 음식이다. 만드는 과정에서 사람들 사이의 협력이 반드시 필요하기 때문이다. 누군가는 밀을 수확해야 한다. 누군가는 수확한 밀을 빻아 밀가루로 만들어야 한다. 누군가는 밀가루를 반죽해 구워 빵으로 만들어야 한다. 빵을 만드는 과정만 보았을 때도 최소한 서로 다른 세 사람이, 각기 다른 세 분야에 종사하고, 이들이 서로 협력한다는 사실을 알 수 있다. 현대에는 농업 종사자와 농기구나 농업용 기계 제조업자, 빵 운송을 위한 트럭 운전사, 시장에서 빵을 판매하는 판매자까지 더 많은 사람이 필요하다. 이들이 모두 협력한 결과로 탄생한 것이 갓 구운 따뜻하고 맛있는 빵 한 덩어리이다.

빵이 탄생하기 전까지 아담과 이브의 허기는 나무 실과가 채워 주었다. 하지만 빵 만드는 일을 하게 되면서 계획이 필요하게 되었다. 배고파서 빵을 먹고 싶다는 생각이 들었을 때 밀을 심기 시작하면 소용이 없다. 밀은 배고픔을 느끼기 한참 전에 먼저 심어야 한다. 빵을 만들기 위해서는 밀 씨앗을 땅에 뿌리며 작물이 자랄 거라는 믿음이 필요하다. 밀가루를 빵 반죽으로 만드는 일도 필요하다. 그다음으로 반죽을 구워야 한다. 이 이야기에서 얻을 수 있는 교훈은 진정한 인간의 가치를 창조하기 위해서는 협력과 시간이 반드시 필요하다는 사실이다.

그러나 의식의 측면에서 여기에 더해지는 것들이 있다. 나는 식탁 위에 올라 있는 빵에 축성(祝聖)한 다음 소금을 뿌린다. 소금으로 인해 맛이 더 좋아지고, 몸에 반드시 필요한 영양소라서 소금을 뿌리는 것이 아니다. 성경은 우리 몸과 건강관리에 관한 설명서가 아니다. 하나님께서는 인간이 의학을 발달시키리라 예측하셨다. 그리고 우리 몸에 필요한 것이 무엇인지는 의학이 말해준다. 만약 성체에 소금을 뿌리는 것이 건강을 위한 것이었다면 칼륨이나 철분도 조금씩 뿌리라고 했을 것이다. 당연한 말이지만 우리는 그렇게까지 하지는 않는다.

우리가 빵에 소금을 치는 이유는 레위기 2장 13절에서 찾을 수 있다. "네 모든 소제물에 소금을 치라. 네 하나님의 언약의 소금을 네 소제에 빼지 못할지니 네 모든 예물에 소금을 드릴지니라."

이 소금으로 작지만 성스러운 환경이 조성된다. 우리 저녁 식탁에 작은 교회를 세우는 것이다. 이런 성사의 순간에 소금은 매우 중요한 역할을 한다. 소금은 고대 인간들의 기억을 담은 도구의 역할을 한다. 과거 예루살렘 교회에서는 제사를 지낼 때 제물에 소금을 사용했다.

물론 여기에서도 의문이 생길 수 있다. 왜 소금일까? 왜 철이나 칼륨이 아니라 꼭 소금인 것일까? 답은 소금 자체에 무언가가 있는 것이 아니라, 특별한 은유가 담겨 있다는 것이다. 소금은 두 개의 원소, 즉 나트륨과 염소가 결합하여 만들어진다. 두 원소의 원자가 결합해서 소금 분자를 만든다. 이 두 원자 중 한쪽은 양이온, 한쪽은 음이온이기 때문에 서로 결합하여 소금을 만들 수 있는 것이다. 이 두 원소가 결합하기 전, 순수한 나트륨은 독성이 매우 강하고, 염소 또한 유독하다는 사실을 알면 꽤나 흥미롭다. 그러나 이 두 원소가 결합하면 몸에 반드시 필요하고, 부족하면 본능적으로 찾게 되는 물질로 변한다. 결합하여 다른 좋은 것으로 거듭나는 것이다.

사람 또한 마찬가지다.

이 이야기의 교훈은 쓸모나 좋은 점이 하나도 없어 보이고, 심하게는 오히려 피해만 끼칠 것 같은 사람이라도 둘 이상을 합쳐 놓으면 좋은 무언가가 될 수도 있다는 것이다. 이러한 결합은 결혼일 수도 있고, 비즈니스 파트너 관계가 될 수도 있다. 이것이 바로 성전의 소금 이야기로 우리가 얻을 수 있는 깨달음이다. 사람이 모이면 훨씬 더 강력한 능력을 발휘하며 더욱 창조적인 것을 이룰 수 있다.

돈과 **빵**을 연관시키는 표현이 왜 그렇게 많은지에 대한 궁금증이 어느 순간 멈춘 적이 있지 않은가? 빵 좀 빌려줄래요(Will you lend me some bread)? 반죽 좀 있나요(Got any dough)? 이런 은유법을 사용하는 언어는 셀 수 없이 많다. 히브리어만 그런 것이 아니다. 이는 고대에 빵이 사람들을 모아 창조력과 부를 이끌어낼 힘이 있었다는 기억이 담긴 표현이다. 여기에서 우리는 인간 또한 여럿이 모여 신의 우주 창조 능력을 본떠서 창조의 권능을 어느 정도 발휘할 수 있다는 사실을 알 수 있다. 우리는 아이를 낳는다. 예술 작품도 만든다. 발명품이나 약, 빵도 만들 수 있다. 당연히 기업도 설립할 수 있다. 그저 이러한 창조력, 이러한 재산은 오직 사람들과 협력할 때만 얻을 수 있다는 점만 기억하면 된다. 협력은 최소한 두 사람이 함께 일해야 한다. 서로 다른 두 사람이어야 한다. 그 과정에서 기쁨과 만족을 얻을 수 있을 것이다.

세 번째 원리인 창조는 만족을 다소간 미뤄 두어야 닿을 수 있다. 창조력을 발휘하기 위해서는 사람들과 연합해야 한다는 사실을 이해했다면, 이제 그들이 당신의 성공을 위한 열쇠라는 사실도 받아들일 수 있게 되었을 것이다. 가장 먼저, 반드시 그들을 사랑으로 바라보아야 한다. 이 사랑은 사람들을 위해 봉사하고, 호의를 베풀 방법을 찾고, 존중하며 그들을 대하는 방식으로 표현할 수 있다. 가볍게 미소 짓고 조용히 그들을 위한 사랑을 인정하는 것에서 시작해도 된다. 이렇게 해 보자. 면접을 보거나, 전화를 하거나, 비즈니스 미팅에 참석하거나, 사람들과 어떻게든 교류할 일이 생긴다면 먼저 미소를 짓고, 상대를 진심으로 사랑하고 있다고 자신에게 말해 보는 것이다. 그들의 입장에서 생각해 보면, 당신이 그들보다 자애롭지 않게 보일 수 있다는 사실을 인정해야 한다. 상대가 겉으로 반응을 보이지 않더라도 진실하고 따뜻한 마음으로 다가가야 한다. 필요하다면 억지로라도 그렇게 행동해야 한다. 시간이 지나면 자연스러워지고, 또 진심으로 변할 것이다. 시간이 지나면서 당신의 말과 행동이 당신의 영혼에 깃들고, 마침내 영혼도 당신의 말과 행동을 믿고 받아들이게 될 것이다. 마음속에 예상치 못한 부정적인 생각이 들어도 위축되지 말아야 한다. 혹, 마음에서 우러나오는 것이 아니라면 말하지도 행하지도 않아야 한다고 생각할 수도 있다. 하지만 이런 생각은 파괴적인 것으로, 성경의 비밀에 위배되는 것이다.

우리는 때때로 자신이나 사람들에게 우리가 믿지 않는 것에 대해 이야기해야 할 때가 꽤 많다. 새로 정장 한 벌을 사서 막 태그를 뜯은 다음, 당신에게 어떤지 물어보는 친구의 상황을 한번 생각해 보자. 당신 마음속으로는 인생 최악의 선택이라는 생각이 드는데도 이미 태그가 뜯어졌기 때문에 뭐라고 조언해 봐야 의미가 없다. 이럴 때 하나님께서는 우리가 따뜻한 열정으로 친구에게 대답하여 새로 산 옷에 대해 즐거움을 더하길 바라신다. 당연한 말이지만 친구가 아직 옷을 사기 전에 당신에게 의견을 묻는다면 당신의 솔직한 평가가 받아들여질 가능성이 높고, 그렇기 때문에 당신도 기꺼이 의견을 말할 것이다. 하지만 친구가 자기 선택을 긍정해주는 말을 원한다면 굳이 비판해서 감정을 상하게 할 이유가 뭐란 말인가?

Secret # 7

돈 버는 것은 최상의 봉사 활동이다

하나님은 당신이 부자가 되기를 원하고 계실까?

이렇게 질문을 바꿔 보자. 하나님은 남성과 여성이 육체적 관계를 즐기기 바라실까? 이런 질문을 불편해하는 사람들도 있지만, 나는 평행선을 긋기 위해서 이 질문을 하는 것이다. 나는 하나님이 당신의 즐거움과 쾌락을 가장 우선적으로 생각하신다고 확신할 수는 없다. 그러나 내가 확실하게 말할 수 있는 것이 있다. 하나님은 남녀가 짝을 이루어 성스러운 혼인서약에 따라 살기를 바라신다는 것이다. 사랑과 자비가 많은 하나님께서 그의 뜻을 따르는 부부에게 인간이 느낄 수 있는 가장 큰 감각적 즐거움이라는 상을 내리신다는 점은 놀라울 것이 없다. 마찬가지로 나는 하나님께서 당신이 부유해지기를 원하시는지 확신을 가지고 말해줄 수는 없다. 그러나 당신이 사람들의 욕구와 열망을 언제나 가장 먼저 생각하기를 바라고 계신다는 것은 확실하게 말할 수 있다. 그러니 그분의 뜻과 소망을 따른다면 당신이 부유해지도록 크나큰 축복으로 보상하신다는 것에 놀랄 것이 무엇이 있겠는가? 전혀 없을 것이다.

돈을 버는 방법은 단 한가지다. 사람들이 원하는 것, 또는 필요로 하는 것이 무엇인지 알아보고, 그것을 가능한 한 많은 사람에게 공급하는 것이다. 직업과 상관없이, 바로 이것이 돈을 버는 단 한 가지 방법이다. 돈을 효과적으로 벌기 위해서는 고객의 신뢰를 바탕으로 돈독한 관계를 만들어야 한다. 여기에는 우연이란 없다. 하나님은 돈을 보상의 수단이자, 우리가 그의 의지를 실천하도록 만든 동기부여 수단이다.

삶을 영유하기 위해서는 돈을 취할 것이 아니라, 벌어야 한다. 사람들을 행복하게 만드는 보상으로 돈을 손에 쥐게 되는 것이다. 당신이 다른 사람에게서 강탈하거나, 사기를 치거나, 돈을 내놓게 강요한 적이 없는 사람이라면, 당신의 주머니 속에 든 동전 하나, 지폐 한 장이 모두 사람들을 충분히 행복하게 만든 보답으로 받은 것들이라고 할 수 있다. 내가 확인할 수는 없는 노릇이지만, 당신의 직장 상사일 수도 있고, 고객일 수도 있고, 그냥 용돈을 준 친척일 수도 있다. 그러나 알지 못해도 확신할 수 있는 것은 당신이 그 돈을 받을 자격을 갖추었기 때문에 그들도 기꺼이 자신들의 돈을 내놓았다는 사실이다.

수많은 회사가 환불 보증 서비스를 제공할 수 있는 이유는 무엇일까? 사람들이 상품을 반납하고 돈을 돌려받기 원하게 될 거라고 우려하지 않을까? 일부는 분명 물건을 되돌려주는 대신 환불을 요구할 것이다. 그러나 대부분의 고객은 원했거나 필요했던 제품이나 서비스를 구매하면 더 큰 행복감을 느낀다. 만약 제품이나 서비스보다 돈을 더 원한다면, 애당초 구매하는 일도 없었을 것이다. 고객이 자발적으로 구매했다는 것은 당신이 고객의 필요나 소원에 만족감과 행복감을 주었다는 증명이다.

돈을 버는 것은 하나님께서 우리를 보고 계시지 않을 때 몰래 하는 행동이 아니다. 돈을 버는 것은 우리의 생활을 위해 원치 않아도 어쩔 수 없이 하는 행동이 아니다. 돈을 버는 것은 가치 없고 이기적인 행동도 아니다. 그러므로 돈을 버는 행동을 하는 것에 일말의 부끄러움도 느낄 필요가 없다. 개방되고 투명한 시장에서 정직한 방식으로 돈을 벌었다면 오히려 품격 있고, 도덕적이고, 하나님의 의지를 그대로 행하는 행동이라고 할 수 있다. 다시 말해 돈은 일한 결과물이지 일하게 만드는 목적이 아니다. 사람들과 관계를 맺고, 그들을 위해 봉사할 때 이익이 난다. 그러므로 우리는 이 목적, 서로와 관계를 맺고 서로를 위해 봉사하기 위한 목적으로 창조된 것이다.

나는 비행기를 탈 때 옆에 앉은 사람과 이야기를 많이 하는 편이다. 대화를 하다 보면 대부분의 주제가 살아가기 위해서 무엇을 하는가에 관한 이야기로 흘러간다. 나는 삶을 그저 살아가기 위한 것이 아니라, 인류를 섬기기 위한 것으로 생각하도록 자신을 훈련했다. 그래서 사람들에게 "인류를 위해서 어떤 일을 하고 계십니까?"라고 묻는다. 내가 이렇게 물어봤을 때 돌아오는 대답은 직업에 관한 것이 아니다. 내 질문에 답하는 사람들은 보험 영업을 한다던가, 아이들을 가르친다던가, 부동산 중개업을 하고 있다고 대답하지 않는다. 그 대신 돌아오는 대답은 무료급식소에서 무슨 일을 하는지, 무료 고객들을 위해 어떤 일을 하는지, 동물 쉼터에서 무엇을 하며 시간을 보내는지에 관한 것이다.

나는 그들의 동정심을 칭찬하는 한편, 사람들이 필요로 하는 상품이나 서비스를 판매하고 이익을 얻는 것이 자원봉사 활동보다 급이 떨어지는 활동이 전혀 아니라고 설명한다. 이익을 내기 위해 열심히 일하는 것이 자원봉사 활동을 몇 시간 하는 것보다 전체적인 면에서 더 나을 가능성이 크다. 서비스를 제공하여 얻는 보상 때문에 서비스 자체의 정신이 더럽혀지는 일은 없다. 사람들을 위해 봉사하는 것에 집중할 때 돈이 보상으로 주어지게 된다. "먹고 살기 위해" 직업에 종사한다고 생각하는 것은, 곧 언제든 먹고 사는 문제를 해결할 방법만 찾는다면 그 일을 그만둘 수도 있다는 뜻에 가깝다. 돈 벌기를 바라는 것에 잘못된 것은 없다. 다만, '봉사하는 것', 즉 돈을 버는 과정을 목표로 삼아야 한다는 것이다. 만약 당신의 일을 '부름'으로, 그리고 인류를 위해 봉사하는 방법으로 받아들인다면, 돈도 벌고 인류를 위해서 봉사도 할 수 있게 되는 것이다. 이것이 일을 바라볼 때 가장 정확한 접근법이다. 일은 당신이 받은 부름이다. 당신의 일과 가치관을 일치시키고, 당신의 가치와 당신이 하는 일을 일치시키면, 모든 보상을 받는 일에 내재된 목적과 그 가치를 바르게 볼 수 있게 될 것이다.

돈은 수단이 아니라 결과물이다. 당신이 보상으로 받게 되는 것이다. 그러나 이런 보상 때문에 당신이 행한 일의 가치나 신성함이 떨어지는 것은 아니다. 사실 이렇게 번 돈은 당신이 사람들을 위해 선을 행했다는 증명이다. 돈을 벌었다는 것은 사람들을 위해 봉사했음을 모두에게 다시 한번 입증하는 증거이다. 사람들에게 봉사하기 위해서는 가장 먼저 그들에 대해서 알아야 한다. 그들이 필요로 하는 것과 원하는 것이 무엇인지 알아야 그들의 호의와 신뢰를 얻을 수 있다. 돈을 벌기 위해서는 이렇게 해야 한다.

예배Worship Service라는 말에 왜 서비스가 들어갔는지 궁금할 것이다. 이 말은 '고객 서비스'와 같은 구조를 공유한다. 우연이 아니다. 신발 가게에서 벌어지는 일을 예로 들어보자. 자리에 앉아 마음에 드는 신발을 신어볼 때 점원이 무릎을 꿇고 앞에 앉아 신발을 신겨줄 것이다. 만약 당신이 고른 신발이 마음에 들지 않아 올해 새로 나온 핫한 신상 스니커즈를 신어보고 싶다고 한다면, 점원은 뭐라고 대답할까? 당연하지만 괜찮다고 말하고 바로 당신이 말한 스니커즈를 찾으러 갈 것이다.

여기서 볼 수 있는 고객 서비스와 예배 때 일어나는 일은 크게 다르지 않다. 사람들이 무릎을 꿇고 앉는다. 히브리어에서 무릎과 축복을 모두 같은 단어 'Berech'로 일컫는 이유가 여기에 있다. 그 이유는 무릎을 꿇는 것 또한 봉사하는 방법 중 하나이기 때문이다. 무릎을 꿇는 것은 비굴한 것, 자신을 깎아내리는 행동이 아니다. 실제로 나는 무릎을 꿇을 때 기쁨을 느낀다. 사람들을 위해 봉사하는 순간임을 알고 있기 때문이다. 새 스니커즈를 사고 싶은 고객의 마음을 이해하는 신발가게 점원의 서비스와 다를 바가 없다. 점원은 고객의 그런 욕구를 자신이 만족시키고 있음을 이해하고 있다. 참으로 아름다운 화합이 아닌가. 그 점원은 사람들을 섬기며 행복하게 만드는 것으로 자신도 행복을 느끼고, 신발을 산 손님은 완벽한 새 스니커즈를 신고 가게를 나설 수 있어 행복을 느낀다. 이런 기분은 그 자체로도 보상이다. 그뿐만 아니라, 그 점원은 봉사의 대가로 월급이나 의뢰비, 혹은 두 가지 모두의 형태로 더 큰 보상을 받게 된다.

나는 열여섯 살이 되었을 때 첫차를 샀다. 아직도 그날의 일을 마치 어제 일처럼 생생하게 기억한다. 몇 년을 열심히 돈을 모았고, 그렇게 모은 돈을 차를 사면서 전부 썼다. 처음 차를 몰고 길로 나섰을 때 차와 사랑에 빠졌다. 한 손은 기어에 다른 한 손은 창문에 걸치고 느긋하게 그 순간을 즐겼다. 천국에 있는 기분이었다. 그러나 얼마 가지 않아 차에서 무언가 갈려 나가는 끔찍한 소리가 났고, 그 소리와 함께 내 마음도 내려앉았다. 집으로 돌아가 아버지에게 차에 심각한 문제가 있는데 어떤 상태인지 정확하게 모른다고 말씀드렸다. 아버지는 신도 중에서 카센터를 하는 샘 골드버그란 사람을 찾아가라고 말씀해주셨다. 그래서 나는 샘을 찾아갔다. 유대교 교회에서 보았던 샘의 얼굴이 간신히 기억났다. 그에게 가서 아버지의 말을 전했다. 샘은 자동차 후드를 연 뒤, 내게 시동을 걸고 가속 페달을 밟아보라고 했다. 그는 피치가 점점 낮아지는 길고 낮은 휘파람 소리를 들으면서 이런 소리가 나면 문제가 있는 것이라고 말했다. 내 가슴은 다시 한번 무너졌다. 무언가 심각한 문제가 있다는 뜻이 아닌가. 그리고 수리비용이 걱정되었다. 그 휘파람 소리는 돈이 날아가는 소리였던 셈이다. 그리고 내 수중에는 돈이 얼마 없었다. 차를 사는데 전부 다 써버렸으니까. 불행한 처지가 된 것이다.

샘은 내게 잠시 앉아서 기다리라고 하더니 차를 끌고 뒷마당으로 가서 더 자세히 살펴보기 시작했다. 나는 기다리면서 잡지를 읽어 보려 했지만, 해결방법에 대한 고민 탓에 무엇도 제대로 눈에 들어오지 않았다. 드디어 샘이 내 차를 끌고 다시 왔다. 이제는 무언가 갈려 나가는 소리도 더 이상 들리지 않았다. 새 엔진을 구해다 얹어 놓은 것만

같았다. 그렇게 멋진 엔진 소리는 들어본 적이 없었다. 어머니께서 쓰시는 재봉틀 소리보다 더 좋았다. 너무나도 매끄럽고, 부드러운 음악과도 같았다. 그저 아름다웠다.

그러나 그런 기쁨도 잠깐이고 가슴은 도로 찢어졌다. 차가 고쳐진 것은 좋았지만 들어갈 돈이 걱정되기 시작했다. 나는 그만한 돈이 없었으니까. 샘은 내게 열쇠를 건네고는 그냥 가도 좋다고 했다. 수리비로 얼마를 줘야 하냐는 내 질문에 그는 "공짜야."라고 답했다. 아마 내 얼굴은 꽤 당황스러운 감정으로 가득 차 있었을 것이다. 그는 나의 아버지 이야기를 하면서 자신이 도저히 다 갚을 수 없는 큰 은혜를 입었다고 설명했다. 나는 지금 고쳐준 차가 아버지 차가 아니라 내 차라고 설명했다.

그리고 이어서 그가 한 말은 내 평생 잊을 수 없는 말이었다. 그는 "나이가 들어서 아이를 키울 때가 되면 너도 알게 될 거야. 누군가가 너에게 해 줄 수 있는 가장 좋은 일은 너의 아이들을 위해서 무언가 해 주는 일이라는 걸."이라고 말했다.

그러니 샘은 아버지에게 진 빚을 나를 위해서 무언가를 해 주는 것으로 갚은 것이다. 누군가 당신의 아이들에게 뭔가를 해 주었다면 당신에게 직접 무언가를 해 준 것만큼이나, 혹은 그보다도 더 좋은 일이 된다. 믿을 수 없다고? 반대로 생각해 보자. 만약 누군가 당신의 아이에게 끔찍한 짓을 저지른다면? 보통의 부모라면 당연히 차라리 내게 그런 짓을 하라고 할 것이다. 그러나 이는 반대로 놓고 봐도 마찬가지다. 평범한 사람들이라면 자기 자신보다는 자기 아이들에게 호의를 베푸는 것을 더 큰 선의로 바라볼 것이다.

이 모든 것이 사실이라면? 물론 나는 사실이라고 당신께 보장한다. 어쨌든 그렇다면 하나님 입장에서 생각해 보자. 당신이 그분의 자녀들을 행복하게 만들기 위해 무언가를 할 때, 그분께서 어떻게 느끼고 생각하실지. 그분 또한 당신에게 미소를 지으시리라 생각한다. 그러니 우리는 사람들에게 친절함을 베풀고 봉사해야 한다. 사람들을 사랑하는 것이 영적 행복과 부를 모두 누리기 위한 핵심이다. 사람들을 사랑하고 섬긴다는 것은, 곧 부와 행복의 문에 꽂힌 열쇠를 돌리고 그 문을 여는 것과 같다는 것을 잊지 말아야 한다.

돈을 벌고 행복함을 느끼고 싶다면 자신을 사람들로 둘러싸게 해야 한다. 그렇기 때문에 도시에 사람들이 그렇게나 많은 것이다. 장신구 가게를 열 생각이라면 어디에 열겠는가? 대부분 대도시에는 장신구 상점이 많다. 보통 비슷한 곳에 모여서 장사를 한다. 세계 어느 도시를 가든 이런 경향은 비슷하게 나타난다. 한 도시의 가구점이나 옷가게들이 전부 비슷한 곳에 모여 장사하는 일은 쉽게 찾아볼 수 있다. 하지만 왜 그러는 것일까? 같은 업종의 가게들이 몰린 곳이면 경쟁도 심할 텐데, 어떻게 이 가게들이 전부 한 곳에 몰리는 것일까? 경쟁을 피하고자 도시를 벗어나거나, 장신구 가게가 별로 없는 시골에서 가게를 열 수도 있을 것이다. 수백 마일 내에 장신구 가게라고는 눈을 씻고 찾아봐도 찾을 수가 없는 캘리포니아 죽음의 계곡 지대에 장신구 가게를 여는 건 어떨까? 경쟁자가 전혀 없는 곳이다. 장사하기 가장 완벽한 곳이 아닌가?

당연히 아니다.

장신구 가게를 열고 싶다면, 다른 장신구 가게 바로 옆에다 가게를 여는 게 낫다. 당신은 당신의 경쟁자를 통해서도 이익을 낼 수 있다. 약혼반지나 장신구를 구매하기 원하는 사람들은 어디에서 그런 것들을 구할 수 있는지도 잘 알고 있다. 당연하지만 이미 가게들이 몰린 그곳일 것이다. 당연히 이들 중 일부는 당신 경쟁자들의 가게에서 물건을 살 것이다. 하지만 잊지 말자. 이렇게 장신구를 사기 위해 몰리는 사람 중 일부는 당신의 가게로 들어올 것이다. 당신의 가게를 다른 비슷한 업종의 가게들이 많이 모인 곳에 열면 그 덕을 볼 수 있다. 이렇게 가게들이 모이는 이유는 시청에서 그렇게 하라고 했기 때문이 아니다. 그냥 그렇게 되는 것이다. 함께 모인 사람들과 맺는 관계 속에서 부의 창출이 이루어진다. 그렇기 때문에 어느 도시, 어느 마을을 가든 골목 상권마다 주로 다루는 업종이 달라지는 것이다.

비즈니스가 몰린 곳에서는 또 다른 비즈니스가 생겨난다. 샌프란시스코 북쪽의 나파 밸리에서 와인 양조업이 성행하면서, 포도원과 포도주 양조 과정에 필요한 모든 것들을 공급하는 하위 산업이 따라서 발달했다. 홀로 고립되어 일할 때는 기대할 수 없었던 서비스를 적절한 가격에 제공하는 수백 개의 소규모 기업들이 생겨났다. 비슷하게 하이테크 산업도 항상 한곳에 모여서 성장한다. 가까이 있으면 연계가 강해지고, 아이디어 교류가 계속 유지되거나 늘어나게 된다. 그렇기 때문에 기술 전문 기업들이 실리콘 밸리에 모이는 것이다. 마찬가지로 출판업과 금융업 전문 기업들이 맨해튼에 몰리게 된다.

이스라엘이 그렇게 놀라운 경제적 성과를 거둘 수 있었던 것은 국토가 작기 때문인 이유도 크다. 그렇기 때문에 이스라엘 전국은 잘 연결되어 있다. 사람들이 서로를 잘 알고 있다. 모든 사람을 잘 알고, 모든 사람이 나를 잘 안다는 것은 곧 성공을 거둘 수 있는 궁극의 기반이 된다. 당연히 내가 모두를, 모두가 나를 아는 것은 불가능하지만. 내가 모두를 알 수는 없는 노릇이지 않은가? 그러나 나를 아는 사람, 나를 좋아하는 사람, 나를 믿는 사람의 수는 크게 늘릴 수 있다. 사람들과 가까이 지내고, 또 좋은 이웃이 된다면 자연스럽게 그렇게 될 것이다.

최근 몇 년 사이에 전 세계적으로 많이 팔린 책 중에 말콤 글래드웰의 『티핑 포인트Tipping Point』가 끼어 있다. 글래드웰은 이 책에서 사람들의 재정적 성공은 그 사람들이 알고 있는 사람들의 수와 직접적으로 연관이 있다고 말한다. 이는 논쟁의 여지가 없다. 토론의 주제도 아니고, 단순한 의견도 아니다. 이는 수량화할 수 있는 사실이다. 당신이 아는 사람들, 당신을 좋아하고 신뢰하는 사람들이 많아질수록 삶과 비즈니스 양 측면에서 더 나은 단계로 발전할 가능성도 커진다. 일부 냉소적인 사람들은 돈 있는 사람들 주변에 사람들이 몰리게 되고, 이들 중에서 진정으로 친구라고 할 만한 사람들은 그리 많지 않다고 주장한다. 이 또한 사실이다. 하지만 큰 영향을 끼치는 요인은 아니다. 친구가 많은 사람들은 친구를 먼저 만들고 돈은 나중에 번다. 성공을 거둔 사람들 모두는 가장 먼저 최선의 관계를 수립하기 위해서 노력했다. 그다음에야 부가 따라왔다. 당신 또한 같은 과정을 거치게 될 것이다.

이제 아담과 이브의 첫 자녀, 장남이었던 카인에 관해서 이야기해 보자. 한 가지 유념해 주었으면 한다. 우리가 성경에 대해서 이야기할 때는 역사서로서 내용을 논하려는 것이 아니다. 오래전 잊힌 사람들이 시대착오적인 상황에서 보여준 진부한 행동에 대해서 이야기하려는 것도 아니다. 우리는 이 성경을 인생의 청사진으로 바라봐야 한다. 고대 유대인들은 성경에 나오는 모든 이름에 뜻이 있다고 말한다. 성경 안에는 가벼운 이름이 없다. 카인은 '취하다'라는 뜻을 가진 이름이다. 다시 말해 물질을 축적하기 위한 필사적 열망을 뜻한다. 바로 이 이름에 카인의 정체성의 정수가 담겨 있다.

창세기 4장 8절에서 카인은 자기 형제 아벨에게 아무 말도 하지 않았다. 카인이 무엇을 말했다는 대목이 없다. 성경만 봐서는 카인이 무엇을 말했는지 정확히 알 수가 없다. 그저 "카인이 그의 아우 아벨에게 말하고" 정도만 알 수 있을 뿐이다. 그들이 무슨 이야기를 나누었는지는 전혀 알 수 없다. 날씨일까? 그럴 가능성은 별로 없다. 성경 안에 담긴 이야기는 엉뚱한 것이 없다. 성경의 이야기는 우연이 없다. 성경은 우리가 스스로 알아낼 수 있는 것들을 굳이 말하지 않는다. 우리는 카인이 아벨에게 무언가 말했다는 사실은 알 수 있지만, 그 내용은 알 수가 없다. 왜일까?

성경이 이 대목에서 아무것도 전하지 않는 이유는 유대인의 지혜로 이 이야기를 채워 전하기 위함이다. 우리가 '속뜻을 알기' 원한다면 곧 숨겨진 의미를 찾을 수 있다. 우리는 이 대목 즈음에 아담과 이브가 나이 들어 곧 죽음을 맞이하게 되었다는 것을 알 수 있다. 그러므로 이때 카인은 아벨에게 이렇게 이야기했을 것이다. "이제 아버지는 돌아가실 거야. 어머니도 마찬가지고. 이제 우리가 땅을 물려받는 거지. 그리고 이제 확실하게 이야기하겠는데, 장남인 내가 모든 것을 물려받도록 하고, 너는 아무 데서나 살고 싶은 데서 살아도 되지만 내 것을 욕심내서는 안 돼." 아벨은 이렇게 대답했을 것이다. "말도 안 돼.

제대로 이해하고 있는 거야? 그렇게 할 수는 없지. 둘이서 골고루 나눠 가져야지."

카인이 말한다. "아니, 나눠줄 것 따위는 없어."

카인은 그 이름부터가 '물건을 취함'을 뜻하는 사람이다. 다른 사람의 것을 취하는 것이 일생의 유일한 목표인 사람이, 거부당했을 때 보일 반응은 어떤 것일까? 당연히 그는 자신의 아우를 죽였다. 그에게 이는 자연스러운 선택이다. 그의 부를 쌓는 것에 사람들이 방해된다고 생각했기 때문이다. 정말 그런가? 아니다. 카인은 정확히 반대로 받아들였다. 카인의 어리석음은 사람이 적을수록 자신에게 돌아오는 몫이 많아질 것이라는 믿음이다. 그는 다른 모든 이들을 제거하면 자신이 모든 것을 가질 수 있게 되리라 생각했다. 아벨은 그 절반을 요구했고, 카인의 반응은 "이 아벨이라는 녀석은 사라져야 해"였다.

신은 카인에게 자신의 선택이 왜 잘못되었는지 알고 이해하도록 만드는 벌을 주셨다. 그리고 그는 마침내 그 사실을 인정했다. 사람들은 내 삶의 가치를 깎아내리지 않는다. 오히려 더 풍부하게 만들어 준다.

그 뒤 카인은 아이를 낳았다. 아이에게는 에녹이라는 이름을 붙여 주었다. 히브리어로 하나크Hanach라 한다. 이 이름은 '교육을 받은 자'라는 뜻이다. 그가 아이에게 이런 이름을 붙였다는 것은 그가 하나님의 뜻을 마침내 이해했다는 것을 뜻한다. 그전까지 그는 사람들을 주변에 두는 것이 그의 이익에 위배된다고 보았지만, 이제 그는 사람이 많을수록 자신에게도 좋다는 사실을 알게 된 것이다. 그리고 성경이 우리 삶의 청사진이라는 점을 되돌아보면, 우리 또한 그 사실을 이해할 차례이다. 이제 우리도 사람들이 우리의 삶을 어렵게 만들지 않고, 오히려 더 풍요롭게 만든다는 사실을 알아야 한다.

카인이 다음으로 했던 행동은 도시를 건설하는 것이었다. 이 시점에 지구상에 사람이라고는 다섯 명 정도가 전부였다는 점을 생각해 보면 꽤 놀라운 행동이다. 왜 도시를 만들었을까? 그러나 이 질문은 요점을 잘못 짚은 것이다. 여기서 성경은 도시가 사람들에게 좋다는 것을 설명하려는 것이다. 도시는 사람들을 만든다. 사람들은 도시로 몰려든다. 노력을 덜 해도 더 나은 삶을 살 수 있는 곳이기 때문이다. 불편한 곳을 떠나 이사하는 것도 멀리 떨어져서 고립된 곳보다 도시에서 이사하기가 훨씬 쉽다.

지난 2007년 사이언티픽 아메리칸 지에 모든 인간이 지구상에서 사라지면 뉴욕을 비롯한 다른 대도시들이 어떻게 변하게 될지 상세하게 예측한 기사가 실렸다. 이런 대도시들은 인간의 손길이 닿지 않고 수십 년 정도만 흐르면 모두 다 허물어져 사라질 것으로 예측되었다. 버려진 도시들은 자연이 집어삼키게 된다. 마천루는 쓰러지고, 다리는 물속으로 사라진다. 산, 강, 사막은 사람을 필요로 하지 않는다. 도시에는 사람이 있어야 한다. 우리 또한 도시가 있어야 한다. 여기에는 매우 특별한 관계가 숨어 있지만, 도시와 인간의 관계는 인간과 인간의 관계보다는 중요성이 떨어진다. 인간이 도시를 필요로 하는 이유는 많은 인간을 주변에 끌어모아 서로 의사소통하고, 협력하고, 창조할 수 있도록 하는 요람의 역할을 해 주기 때문이다.

유대인들에게서 많이 찾아볼 수 있는 전통적인 성씨는 사람의 직업을 나타내는 것들이다. 골드버그Goldberg씨라면 그 조상 중 누군가가 금과 관련된 산업에 종사했던 사람이라는 뜻이다. 바서만 Wasserman이라면 그 조상 중 누군가가 물과 관련된 산업에 종사한 적이 있었을 것이다. 그때는 송수관 같은 것이 없었다. 집에서 필요로 하는 물은 마차에 물통을 싣고 다니면서 공급해야 했다. 워터맨(독일 어로는 바서만)은 마차에 방울을 달고 거리 이곳저곳을 누비며 사람 들에게 주전자든 다른 물통이든 들고나와서 물을 채워 가라고 광고하 는 상인이었다. 성이 실버맨이라면? 조상 중 은 관련 산업 종사자가 있을 것이다. 드러커라면? 지금은 세상을 떠난 내 친구이자 경영학의 전문가인 피터 드러커는 인쇄기 사업을 하던 조상을 둔 사람이다. 드 러커는 독일어로 인쇄기를 뜻하는 말이다.

이 사람들이 이런 성을 사용한 이유는 무엇일까? 한 사람이 주변 사람들을 어떻게 도울 수 있는지 확인하는 표지와도 같은 역할을 하 기 때문이다. 나는 오늘날에도 그런 표지를 셔츠 앞뒤로 써 붙이고 돌 아다니면서 주변 사람들에게 내가 무엇을 해 줄 수 있는지 알려야 한 다고 생각한다. 우리 모두 앞뒤로 "이렇게 도와드릴 수 있습니다. 이 런 일을 할 수 있습니다!"라고 라벨을 써 붙이고 다녀야 한다. 우리는 사람들을 도우려는 결사적 노력과 갈망을 품어야 한다. 물론 예전과 달리 현대 사회는 진짜로 이런 라벨을 붙이거나, 관련된 이름으로 바 꿀 필요는 없게 되었다. 마케팅과 광고를 통해서 우리의 서비스를 더 욱 효과적으로 알릴 수 있기 때문이다. 그래도 여전히 이런 성씨들이 존재한다는 사실로 우리가 항상 어떤 자세를 갖추어야 하는지를 알 수 있다. 모두가 사람들을 도울 수 있다. 세상의 그 누구도 모든 사람 을 위해 모든 것을 해줄 수는 없다. 그러나 개개인 특유의 능력과 행할 수 있는 역할이 있다. 당신은 그들을 어떻게 돕고, 그들에게 어떻게 봉사할 수 있는지 알려줄 수 있어야 한다.

여기서 요점은 어떻게 하면 돈을 더 벌 수 있는가에 있지 않다. 어떻게 하면 더 잘, 더 자주, 더 많은 사람을 도울 수 있는가에 있다. 당신은 자신에게 어떻게 하면 더 부자가 될 수 있을지 물어보는 대신, 내 주변 사람들이 지금 필요로 하는 것이 어떤 것인지 물어봐야 한다. 내가 그들의 필요, 혹은 갈망을 어떻게 채워줄 수 있을까? 내가 그들의 삶을 어떻게 더 낫게 해줄 수 있을까? 그다음으로 당신은 그러한 일을 할 능력이 있다는 것을 주변에 알리면 된다. 사람들의 니즈(Needs)에 초점을 맞추면 부가 따라온다. 내가 어떻게 수많은 사람의 삶을 더 나아지게 할 수 있을까? 참으로 심오한 질문이 아닌가. 돈은 스스로 따라올 것이다. 그 부분은 걱정하지 않아도 좋다. 굳이 신경 쓰지 않아도 알아서 해결될 것이다.

자신의 직업과 도덕성의 합일은 엄청난 에너지를 발산하게 한다.

이런 비즈니스 전문가는 능력의 최대치를 끌어내며,

하나님의 무한한 창조능력을 정당하게 가져다 쓸 수 있다.

비즈니스에 내재된 고결함의 가치는 하나님이 인간에게 주신,

인간만이 누릴 수 있는 특권이다.

Secret # 8

사람들과의 교류는 변화와 성장을 가져온다

심리학자들이 말하는 지능지수intelligence quotient, IQ는 인간의 지능을 수치화하는 정도가 전부이다. 여기서 문제는 이 지능이라는 것이 분명하게 정의할 수 있는 것이 아니라는 점이다. IQ 측정 결과는 측정 대상자의 행복감이나 건강, 부와 연관관계가 거의 없다. IQ가 매우 높은 사람이라도 돈을 제대로 벌지 못한다는 증명도 몇 가지 존재한다. 지능이 높은 사람들은 평균적인 수준의 사람들에 비해 학계로 끌리는 경향이 강하다. 자산관리자들의 통계를 살펴보면, 높은 지능에 비해 대학교수만큼이나 돈을 제대로 벌지 못하는 직업도 찾아보기 어렵다고 한다.

물론 예외는 있다. 마이크로소프트의 창립자인 빌 게이츠와 버크셔 해서웨이의 워런 버핏 같은 사람들은 매우 유능한 비즈니스맨인 동시에 IQ도 매우 높은 것으로 알려져 있다. 그러나 이런 사람들은 극소수에 불과하다. IQ가 높은 사람 중 금전적으로든, 사회적으로든 뛰어난 성공을 거둔 사람의 수는 그리 많지 않다. 지능이 매우 높은 사람들은 친구도 많지 않다. 지능이 낮은 사람들과 친구 맺기를 어려워하기 때문이다. 나아가, 사람들 대부분은 자기보다 똑똑한 사람을 불편해하는 경향이 있다. 지능이 극단적으로 높은 사람들은 매우 냉담하고 완전히 솔직하지 않은 사람으로 비칠 수 있다. 물론 이런 사람들이 반드시 정직하지 못하다는 말이 아니다. 정확히 말한다면 이렇게 지능이 극단적으로 높은 사람들과 일반적인 사람들 간에는 인지능력이나 인지 범위의 차이가 크고, 이런 차이 때문에 그들은 일반인들 사이에 자연스럽게 녹아들지 못한다는 것이다.

높은 지능지수가 성공적인 인생을 살아가리라 예측하는 것은 불가능하지만, 연결지수Connectivity Quotient, CQ가 높은 사람들은 성공할 가능성이 그만큼 높다고 할 수 있다. CQ는 사람들과의 관계를 수립할 수 있는 능력을 수치화한 것이다. CQ가 높은 사람들은 친구도 더 많고, 전문적, 사회적 네트워크도 더 넓다. 그렇기 때문에 더 행복하고, 건강하고, 당연하지만 더 부유하다. 행복과 건강, 부, 그리고 신뢰는 당신의 인간관계 수립 능력에 달려 있다. 이는 성경 속 하나님의 말씀, "사람이 혼자 사는 것이 좋지 아니하니"에서 이미 확인할 수 있다. 아담에게 적용되는 말이었고, 당신에게도 마찬가지다. 나와 관계를 맺고 있는 사람의 수가 적고 단절된 사람이라면, 인간관계가 넓은 사람들에 비해 건강과 행복감도 낮을 확률이 높다.

1971년에 모리야마 박사, 크루거 박사, 스탬러 박사가 미국 내 심혈관 질환 현황에 관한 연구결과를 발표했다. 결혼과 사망률 사이의 연관관계에 관한 매우 권위 있는 연구결과이다. 이 연구결과에 따르면, 모든 요소가 동일한 조건에서 혼자 사는 사람들은 결혼 배우자가 있는 사람들에 비해 사망률이 3~5배 정도 더 높은 것으로 나타났다. 또한 『랜싯The Lancet』이나 『뉴잉글랜드 저널 오브 메디슨New England Journal of Medicine』과 같은 권위 있는 의학 학술지에서 발표된 연구 결과로, 군인들의 전우애나 일반적인 우정도 건강 상태에 긍정적인 영향을 끼친다고 발표했다. 여기에서 명백한 메시지를 찾을 수 있다. 하나님은 인간이 홀로 살기를 바라지 않는다는 것이다.

『공중전과 감정적 스트레스 Air War and Emotional Stress』의 저자 어빙 재니스 박사는 군인들의 전우애가 부상당한 군인의 치료에 긍정적인 영향을 준다는 사실을 확인하였다. 미국 육군 의무국의 발표에 따르면, 부상당한 병사가 전투로 인한 극심한 스트레스를 견뎌내려는 의지와 견뎌내는 능력이, 부대 내 전우들과의 유대관계가 깊을수록 높아진다고 한다. 따라서 우리는 우정이 건강뿐만 아니라 행복에도 크게 영향을 끼친다는 사실을 유추할 수 있다. 프린스턴 대학교수이자 노벨상 수상자인 대니엘 카네만Daniel Kahneman은 무엇이 사람에게 쾌락과 행복감을 주는가에 관하여 '쾌락적 심리학'이라는 이름으로 연구를 진행했다. 카네만 박사는 이 연구를 통해 많은 사람과 든든한 우정을 쌓는 것이 만족과 행복에 긍정적인 영향을 주는 핵심 요인이라는 사실을 발견했다.

가까운 관계, 돈독한 우정은 이토록 당신의 건강과 행복에 끼치는 영향이 크다. 그러니 이러한 관계나 우정이 당신의 비즈니스에서 원하는 것을 성취하고자 할 때 얼마나 큰 도움이 될지 한번 생각해 보자. 역사 속에서 찾아볼 수 있는 급격한 경제성장이나 발전, 확장은 모두 사람들과의 협력으로 능력의 한계를 뛰어넘을 때 이루어졌다. 1800

년대 철도망이 확장되면서 전반적인 부의 수준이 크게 늘어났다. 전신, 전화, 텔레비전의 발명 또한 인류의 번성을 이끄는 요인이 되었다. 인터넷 시대가 도래하면서 전례를 찾아볼 수 없는 막대한 부의 시대를 맞이하게 되었다. 소셜 네트워크 서비스 중에서 급격히 성장하는 것들이 많다는 것은 이제 놀라울 거리도 안 된다. 당연한 사실이지만 이제는 나와 사람들이 유대를 맺고 지속하기가 더 쉽고 편리해졌다.

하나님은 인간관계를 통해 보상이 주어지는 세상을 창조하셨다. 이것이 하나님의 경제학이다. 왜 그러셨을까? 애당초 경제 전반의 목적이 인간관계를 촉진하고, 또 강화하는 것이기 때문이다. 하나님께서는 우리를 창조하실 때 반드시 타인과 관계를 맺도록 창조하셨다. 당신이 이 진실을 무시했을 때 생길 수 있는 위험은 전적으로 당신의 개인적, 직업적 책임에 달려 있다.

우리는 앞서, 이미 일하는 사람이라면 버스 운전사든, 바리스타든, 카페 소유주든, CEO든, 그 누구든 사실상 비즈니스를 하는 것이라고 정의했다. 비서 또는 설령 시급을 받고 일하는 계약직이라도 비즈니스를 한다고 생각해야 한다. 비즈니스를 하는 것이 사실이니까. 설령 그들이 그 시간에 자신의 고용주라는 단 한 사람의 고객만을 위해 일한다 해도 그들은 비즈니스를 하는 것이다. 의미론의 문제가 아니다. 생각의 방식을 바꿔야 하는 매우 중요한 구분법 중 하나이다. 2주마다 당신에게 급료를 지불하는 회사는 당신의 고용주가 아니라 당신의 고객인 셈이다. 이런 사고방식을 갖추면 모든 것이 다르게 느껴진다. 매일같이 따분한 일을 하는 과정에서 벗어나 비즈니스를 성장시키고 당신의 고객, 당신의 주변 사람들을 위해 더 많은 일을 할 수 있게 되는 것이다.

나는 언젠가 댈러스의 한 교회를 방문해 사려 깊은 청중들에게 이 교훈을 전했다. 슈퍼마켓 점원으로 일하는 편모 가정의 어머니가 내게 와서 방금 당신에게도 말해 준 성경의 비즈니스 비밀을 자기 삶 속에도 그대로 받아들이기 위해 노력하고 있다고 말했다. "정말 열심히 일하고 있습니다. 하지만 그런 생각을 하기는 어렵더군요." 그녀가 말하기로는 자신이 맡은 계산대에 줄지어 서 있는 사람들을 그녀 자신의 고객으로 생각하고 있다고 했다. 이미 그렇게 많은 고객이 있는데 어떻게 고용주까지 고객으로 받아들일 수 있는지 알고 싶다고 말했다. 나는 그녀를 우리 부부가 묵는 호텔로 초대해 차를 한잔 나누며 이 원리에 대해 더욱 자세히 다루기로 했다.

이야기는 이렇게 정리되었다. 사람들은 고용주를 바라볼 때 느끼지 않는 일종의 의무감을 고객을 대할 때는 느끼게 된다고. 우리 고용주가 우리의 고객이라는 사실을 잊을 때가 다반사이다. 고객이 상사 단 한 사람뿐일 때도 언제나 비즈니스를 하고 있다는 사실을 잊으면 안 된다. 성공한 자영업자들은 자기 사업의 후원자들을 고객으로 정중히 대한다. 직장에서 성공적인 커리어를 이어가는 고용인들은 고객을 대하듯 자기 상사의 가치를 인정하고 존중한다. 자기 고객들에게 소유의식과 의무감을 느끼는 사람도 있다. 당신의 상사가 진짜로 당신의 고객이라는 사실을 제대로 받아들이게 되면, 그다음부터는 상사를 진심으로 존중하며 대하기가 훨씬 쉬워질 것이다.

렌터카를 다룰 때와 내 차를 다룰 때 우리의 태도 차이도 좋은 예가 될 것이다. 렌터카를 세차장으로 몰고 가 세차를 해 본 적이 있을까? 아니, 그냥 더러워진 그대로 반납했을 것이다. 왜 신경을 쓴단 말인가? 내 차도 아닌데. 우리가 이렇게 받아들여야 한다고 하는 것이 아니라, 우리가 이미 일반적으로 이렇게 바라보고 있다는 뜻이다. 일에서도 마찬가지다. 만약 당신이 개인적인 일로 바쁘다면, 도움이 필요한 고용주를 그냥 둔 채 퇴근해버리고 다른 사람이 일을 해결하도록 할 수도 있다. 하지만 당신이 자기 가게를 가지고 있는 사람이라면? 절대 자기 고객에게 그런 식으로 행동하지 않을 것이다. 내가 작은 사업, 예를 들어 지붕 수리 사업을 한다고 해 보자. 이제 퇴근해서 집에 가려는데 고객이 될 가능성이 있는 사람에게 전화가 왔다. 그가 "라핀씨, 지붕 수리하시죠? 언젠가 교회에서 만났었는데 누가 당신이 지붕 수리 일도 한다고 하더라고요." 그가 말하기로는 천장에서 물이 새기 시작했는데 직접 고치기에는 문제가 생길 것 같아 걱정된다고 했다. 만약 그가 내 고객이라면 나는 어떻게 행동할 것인가? 당연히 지금 바로 간다고 하고 퇴근할 생각도 접었을 것이다. 누군가가 나를 필요로 하고 있으니까.

아픈 환자를 앞에 둔 의사만 그러는 것이 아니다. 성공적인 비즈니스 전문가라면 누구나 그렇게 한다. 비즈니스 하는 사람이라면 누구나 그렇고, 누구나 그래야 한다. 누군가는 잘못된 도의로 감싸 자신의 나태함이나 잘못된 우선순위를 포장하려 할 수도 있다. 그들은 사람들에게 "일과 삶의 균형"을 찾아야 한다고 말한다. 그러나 이들의 말을 해석하면 고객들에게 문제가 있거나 없거나 신경 쓰지 말라는 뜻이 된다. 그들은 가족과 함께해야 하는 것이 아니냐고 말할 것이다. 또한 묘비에 "그는 죽는 그 날까지 일만 했다"라고 새겨지기를 원하냐고 물을 것이다.

　이런 잘못된 생각에 경도되지 않기를 바란다. 극소수의 부유한 사람들은 자기 비즈니스에 큰 신경을 쓰지 않고 살아가도 되는 참으로 간편한 사치를 누리고 있기는 하다. 그러나 당신은 그럴 수 있어도 그러면 안 된다. 그런 나태하고 정적인 삶은 하나님께서 당신을 위해 준비하신 계획에서 벗어나는 것이다.

　그러니 부모가 아이를 돌볼 시간이 부족할 정도로 오랜 시간 일하는 것을 부끄러워할 필요가 없다. 당신의 사랑을 가장 확실하게 보여줄 중요한 방법이 비즈니스에 신경을 많이 쓰는 것이다. 아이를 야구장에 데려가는 것도 중요하다. 하지만 비즈니스가 더 중요하다. 비즈니스야말로 인생의 모든 것을 세우기 위해 기반을 다지는 부의 핵심 요소이기 때문이다. 물론 부를 축적하기 위해서 다른 모든 것들을 배제하라는 것이 아니다. 균형은 좋은 것이자 반드시 필요한 것이다. 내가 당신에게 당신의 아이들을 무시하고 내버려 두고 돌보지 말라고 말하는 것이 아니다. 오히려 그 아이들의 앞날을 위해 반드시 지원해 줘야 하고, 당신은 그 아이들의 롤모델이 되어야 한다. 자식이 홈런 치는 모습을 볼 수 있다면, 당장 나를 필요로 하는 고객을 내버려 두고 가도 괜찮다는 인식을 정말로 당신 아이들에게 심어줄 생각인가? 물론 아닐 것이다. 그럼 당신이 아이들에게 원하는 모습은 무엇일까? 아마 아이들이 자신이 원하는 것보다 사람들이 원하는 것을 먼저 챙겨주는 모습일 것이다. 이렇게 삶에는 개인적 삶과 전문가적 삶의 균형이 필요하다. 그리고 당신의 아이들에게는 개인으로서의 당신보다 전문가로서의 당신 모습을 우선 보여주어야 한다. 아이들이 행복한 것,

당연히 중요하다. 하지만 가장 먼저 생각해야 하는 것은 아이들의 마음속에 올바른 가치를 심어 주는 것이다. 당신은 때때로 당신이 원하는 것을 미뤘던 경험이 있을 것이다. 그 이유가 재정적, 도덕적, 아이를 위해서 또는 고객을 위해서 등으로 여러 가지가 있을 수 있겠다. 당신은 아이들에게 그러한 책임감을 갖는 것이 왜 중요한지, 주인 의식으로 고객을 대하는 것이 왜 중요한지 가르쳐야 한다.

그리고 우리 부부가 묵던 호텔에서 앞서 말한 댈러스의 어머니를 초대해 차 한잔하면서 했던 이야기가 바로 이것이다. 그리고 그도 요점을 점차 이해하기 시작했다. 이제 자신이 맡은 계산대에 서 있는 사람들이 단순한 고객이 아니라, 그 자신의 고객, 즉 고용주의 고객이라는 사실 또한 받아들일 수 있게 되었다. 그 어머니는 자신의 경험을 "그리고 이제는 내 고객이 맞이하는 모든 고객을 잘 대해야 하죠. 그게 제 직업이고, 또 내 고객인 고용주를 위해서 행해야 하는 의무니까요."라고 정리했다. 나는 그녀에게 나라면 그렇게 잘 정리해서 말할 수 없었을 거라고 말했다.

그녀에게 어떤 일이 일어났는지 관심이 생겼을 수도 있다. 이렇게 인지한 덕분에 한 사람의 인생이 완전히 변했다. 그녀는 자신을 시급 받는 고용인으로 보지 않게 되었다. 자신만의 비즈니스를 운영하면서 자신이 돌봐야 하고 자신의 도움이 필요한 사람들을 돕는 사람이 된 것이다.

6개월 뒤 같은 교회에서 강연할 기회가 생겼다. 당연히 그녀 또한 청중으로 찾아왔다. 그러나 지난번과는 옷차림새부터 확연하게 다른 모습을 보여 주었다. 나는 여성 패션에 관한 지식이 그리 좋지는 않지만, 가격이 저렴한 의류매장에서 산 옷과 고급 의류매장에서 산 옷의 차이는 구분할 수 있다. 지난번 우리가 그녀를 보았을 때 입고 있던 옷들은 대부분 싸구려였지만 이번에는 좋은 옷들을 입고 있었다. 강연이 끝나고 다시 대화할 기회가 왔다. 6개월 만에 만나 듣게 된 이야기는 나까지 기쁘게 만들었다.

"가르쳐주신 대로 생각하고 행동하기 시작했습니다. 그랬더니 지금까지 살면서 처음으로 일을 즐길 수 있게 되었어요. 그전까지는 항상 고개를 숙이고 출납기만 바라보면서 바코드를 스캐너에 찍는 일만 했는데, 그 후로는 물건 사러 온 사람을 바라보면서 웃어주고, 짧게나마 대화도 하게 되었죠. 제가 원했던 것처럼 저도 그 사람들을 살아있는 사람으로 대하기 시작했습니다."

이 덕분에 그녀가 눈에 띄게 되었다. 사람들과 소통하게 된 것이다. 그녀가 맡은 계산대에 가장 긴 줄이 늘어서기 시작했다. 단골손님들이 그녀와 인사하기를 원했기 때문이다. 언젠가는 한 번도 본 적 없던 사람이 찾아와 언제 퇴근하냐고 물었다고 한다. 처음에 그녀는 자기에게 흑심이 있는 줄 알고 퇴짜를 놓았다고 한다.

그가 말하기로 "오해하시는 것 같군요. 데이트하고 싶은 게 아닙니다. 일자리를 주고 싶어요."

그리고 그는 자신의 부동산 회사 명함을 넘겨주었다. 처음에 그녀는 이런 제의에 의아해했지만, 근처 카페에서 그와 만나 이야기하는 것에 동의했다고 한다. 그리고 그 자리에서 새로운 일자리를 얻었다고 한다. 그는 프론트 데스크에서 일하며 회사의 얼굴이 되어 잠재적 고객들을 맞이할 사람이 필요하다고 했다. 그녀가 계산대에서 사람들을 대하는 모습을 한동안 지켜보았고, 그 결과 그녀가 자신이 원하는 사람이라고 확신했다고 했다. 그녀는 계산대 점원으로서 받던 최저임금을 크게 웃도는 임금에 복리후생까지 제의받았다. 덕분에 그녀와 그녀 아이들의 삶이 완전히 변하게 되었다.

어떻게 이런 일이 일어날 수 있었을까? 단순히 부를 쫓았기 때문에? 이야기를 보면 알겠지만, 그녀에게 찾아온 기회를 붙잡은 것은 사실이지만 당연히 부를 쫓았기 때문은 아니다. 오히려 그녀가 이미 자기 주변에 있는 고객들과 의사소통하고, 효과적으로 협력하려는 노력을 다했기 때문에 그런 기회가 찾아올 수 있었다.

여기서 얻을 수 있는 교훈은 오늘날 비즈니스를 하는 모든 사람에게 중요한 것이다. 이 원리는 이미 원숙한 기업가나 이제 막 일을 시작한 기업가나 똑같이 적용된다. 자신의 직장에 좌절하여 자신만의 비즈니스를 새로 시작하려는 마음이 있는 사람들에게도 마찬가지다. 더 나은 고용조건을 찾아 이직하려는 직장인들 또한 마찬가지다. 아직 직장이 없는 사람들도 똑같다. 당신이 지금 얼마나 많은 사람을 알고 있느냐와 상관없이, 앞으로도 계속 더 많은 사람을 알아가야 한다는 사실을 기억해야 한다. 나의 개인적 삶, 그리고 직업인으로서의 삶에 변화를 주려면 제대로 된 사람을 만나야 하고, 그런 사람을 만날 기회를 늘리기 위해서는 가능한 한 많은 사람을 만나야 한다.

그냥 자기 자리에 서서 기다리며 사람들을 만날 수는 없다. 사람들에게 '보이기' 위해서 일하는 것이다. 당연히 당신 자신도 변화해야 한다. 돈을 제대로 벌기 위해서는 새로운 기술을 배우는 것만 가지고는 부족하다. 물론 기술이 중요하지 않은 것은 아니지만, 기술만 가지고는 부족하다. 이 세상에, 그리고 그 안에 있는 모든 가능성에 열린 새로운 사람이 되어야 한다. 마치 새로 태어나는 것과 같다. 이 한 가지만큼은 속일 수 없다. 이런 자세를 갖추고 있으면 다른 어떤 노력을 하는 것보다도 쉽게 눈에 띄게 된다. 비즈니스를 하기 위해서는 많은 사람과 교류할 수 있어야 하기 때문이다. 당신의 고객이나 파트너는 당신의 온전한 삶을 구성하는 투명하고 진실한 구조를 확인하기 원할 것이다. 당신이 비즈니스로 돈을 벌려면 당신을 알고, 좋아하고, 믿는 사람들이 많아야 한다. 이전까지는 비즈니스가 아닌 것으로 취급되었던 분야에서도 마찬가지다. 실험실에서 혼자 일하는 연구자를 생각해보자. 이 연구자가 자기 연구의 고객들, 즉 실험실과 제약회사, 전 세계의 아픈 사람들을 위한 비즈니스라는 자세로 임한다면 그의 연구 성과도 높아질 것이다.

물론 이 말이 자연스럽게 이해되지 않는 사람도 있다는 사실을 잘 알고 있다. 쾌활함, 친밀감, 사교성, 동지애 같은 것은 자기 강점이 아니라는 사실을 아는 사람도 있다. 자신이 사람들과 잘 어울리지 못한다는 사실을 아는 사람도 많다. 부끄러움일 수도 있고, 사람이 많은 곳에서는 불안감을 느끼기 때문일 수도 있고, 자의식이 과해 새로운 사람과 대화하기가 어려운 사람들도 있다. 만약 당신이 이런 사람이라면 어떻게 할 것인가?

답은 간단하다. 당신이 그런 사람이라면, 변화하기 위한 방법을 찾아야 한다. 비즈니스에서 성공하기 위해서는 다른 방법이 존재하지 않는다.

당신이 "나는 안 된다"고 말하기 전에, 내가 당신께 "당신도 할 수 있다"고 보장한다. 인간과 동물을 구별할 수 있는 주된 특징은 바로 우리 자신을 바꿀 수 있는 능력이다. 그렇다면 자신을 바꾸기가 쉬울까? 항상 쉽지만은 않다. 가능한 것일까? 당연히 가능하다.

유대인들은 변화를 위한 메커니즘의 중요성을 항상 이해하고 있었다. 변화가 인간으로서 완성될 수 있는 근간이라는 점을 알고 있었기 때문이다. 그와 반대로 정체되는 것은 인간으로서 겪을 수 있는 가장 좋지 못한 현상이다. 생일이나 새해 첫날 같이 매년 있는 기념일들 때문에 울적해질 때가 있다. 이는 그런 날, 또 한 해가 갔다는 것을 직감할 수 있고, 그 한 해 동안 아무것도 변화한 것이 없고 정체되어 있었다는 느낌이 들기 때문이다. 한 자리에 멈춰있기 위해서 허우적대는 것으로는 부족하다. 행복감과 건강을 누리기 위해서는 반드시 끊임없이 성장해야 한다.

성장은 인간의 행복감을 만든다. 하지만 고통도 뒤따른다. 미국에서 널리 알려진 '고생 없이 얻는 것도 없다(No Pain, No Gain)'라는 격언이 이런 의미이다. 꽤 거친 말이지만 핵심을 잘 찌르는 말이다. 성장하기 위해서는 때로 생소한 행동을 해야 할 때가 있다. 그게 어렵기 때문에 상처를 받게 된다. 성장이 어려운 이유이다. 하지만 그 과정을 잘 이겨낸다면 즐거움과 행복이 남게 된다.

자신이 사교성 없는 사람이라고 하는 사람들에게 한 가지 꼭 새길 것을 권한다. 내가 라디오도 진행하고, TV쇼에도 나가고, 주기적으로 강연도 다니는 모습을 보면서 도저히 믿기 어려운 사실이겠지만, 나도 수줍음이 많은 사람이다. 그렇기 때문에 당신에게 공감하고, 또 당신의 감정도 이해한다. 그래서 더욱 당신도 바뀔 수 있다고 말하고 싶다.

　새로운 회사에 첫 출근했을 때의 불편함, 수줍음을 극복할 수 있는 마법의 약 같은 것은 없다. 그러나 자신이 변화하려는 과정에 그런 효과를 얻을 수 있다는 사실은 보증한다. 어떻게 알 수 있냐고? 당신도 인간이기 때문이다. 당신은 비버가 아니다. 낙타도 아니다. 수달도 아니다. 당신은 동물이 아니다. 인간이다. 이 사실로 변화가 어렵다는 사실이 달라지는 것은 아니다. 그러나 성경에서는 인간이 바뀔 수 있다고 말한다. 그리고 바뀔 수 있는 것이 사실이다.

　당신은 당신의 수줍음을 극복할 수 있어야 한다. 처음에는 어렵고 굉장히 고통스러울 것이다. 그러나 시간이 가면 갈수록 견디기 쉬워지고 결국 새로운 습관이 몸에 배게 된다. 이것이 진정한 변화이다. 새로 만나는 사람들 또한 친절하고 흥미로운 사람이며, 따라서 처음 가본 곳에서 긴장할 필요가 없다는 것을 알게 된다. 그러나 그 단계로 나아가려면 원래 있던 곳에서 벗어나 새로운 곳으로 향해야 한다. 이 여정을 받아들여야 한다. 참으로 위대한 여정이다. 그리고 이 여정의 끝은 새로운 운명에 닿아 있다. 당신의 발전을 가로막는 곳에서 벗어나 새로운 사람들을 만나고 친해질 수 있게 되는 것이다. 새로운 친구들을 만들면서 더 많은 사람이 당신을 알게 되고, 좋아하게 되고, 또 믿게 될 것이다. 당신이 개인적으로, 직업인으로 위대한 것을 이룩할 수 있게 해 주는 근간이 되는 관계망이 비로소 형성되는 것이다.

　인터넷이 인간관계 수립에 혁명적인 변화를 만든 것은 사실이지만, 온라인으로 친구를 사귀는 것은 다소 주의하는 것이 좋다. 온라인에서만 교류하는 친구는 서로가 인간관계를 맺고 있다는 거짓된 기분을 느끼게 할 수 있다. 페이스북이나 트위터 같은 소셜 미디어 사이트를 이용하는 사람들은 수천 명의 '친구'를 가지고 있을 때가 많다. 이렇게 온라인에서 만든 소위 '친구'들은 얼굴을 맞대고 상호작용에 의해 유지되는 진짜 우정과 동등해질 수 없다. 어떤 유명인이 소셜 미디어 사이트에서 당신의 친구 요청을 받았다고 해서 즉시 그 유명인과 당신이 진짜 친구 관계가 되는 것은 아니다. 일반적으로, 누군가 당신의 개인적인 전화를 받지 않는다면, 그 사람은 당신의 인간관계망 목록에 포함되어 있지 않다고 보면 된다.

성경에서는 하나님과 모세의 특별한 관계를 통해 사람이 서로의 얼굴을 맞대고 상호작용하는 것이 얼마나 중요한지 그대로 보여주고 있다. 성경에서는 하나님께서 모세와 얼굴을 대면하고 말씀하셨다는 구절이 많이 나온다. 대표적인 예로 출애굽기 33장 11절의 "사람이 자기의 친구와 이야기함 같이 여호와께서는 모세와 대면하여 말씀하시며"를 들 수 있다. 어떤 의미가 숨어 있는지 보이는가? 친구 사이인 사람들은 우정을 다지기 위해 얼굴을 맞대고 대화한다.

히브리어에서 얼굴을 뜻하는 말은 파님PaNiM이다. 그리고 이는 히브리어에서 속, 안쪽을 뜻하는 PeNiM과 뜻이 비슷하다. 사실 이 두 단어는 히브리어 기준으로 철자도 뜻도 같은 단어이다(히브리어는 본래 모음을 따로 쓰지 않는다). 발음만 조금 다를 뿐이다. 하나님께서 이 두 단어가 서로 연관되어 있음을 보여주시려 하는 것이다. 얼굴에는 영혼의 창이 딸려있어서 우리 마음속에서 어떤 일이 일어나는지 들여다볼 수 있다. 하나님께서는 50여 개의 근육으로 우리 얼굴은 빚으셨다. 인간관계를 효과적으로 맺고, 또 의사소통하기 위해서는 얼굴과 표정을 제어하는 것이 매우 중요하기 때문이다. 사람들은 얼굴에 드러나는 것을 보고 당신이 가지고 있는 관심이 진실하지 못한 것이라는 사실을 쉽게 알 수 있다.

나는 예전에 대통령 예비선거 후보를 만난 적이 있다. 그는 한창 미국 대통령이 되기 위해 선거운동을 진행하는 중이었다. 그의 표정은 기운이 넘치고 강렬했지만, 기계적이라는 느낌을 지울 수가 없었다. 그는 나와 이야기를 하며 눈은 나를 향하지 않고 온 방안을 훑었다. 그가 내게 보이는 관심이 거짓이라는 사실을 알 수 있었다. 마치 누군가 진실로 그의 관심을 확 끌 만한 손님을 찾고 있는 듯 보였다. 그는 바쁜 사람이었기 때문에 그를 탓하는 것은 아니다. 그러나 그의 태도에 대한 이야기를 들은 사람이라면 누구나 온통 관심은 다른 곳에 있으면서 관심 있는 척만 한다고 말할 것이다. 비단 이 경우에만 적용되는 것이 아니라 누구에게나 통하는 기준일 것이다.

이 일화에서 얻을 수 있는 교훈은 관심과 진실한 태도는 꾸며내기가 쉽지 않다는 것이다. 누군가를 불쾌하게 만드는 일을 피하려면 그 사람을 대할 때 진정한 관심을 보여야 한다. 또한 당신의 얼굴에서 정성어린 따뜻함과 관심이 우러나올 수 있도록 해야 낯선 사람을 친구로 만들 수 있다. 얼굴에 드러나는 감정을 더 확실하게 만드는 것은 약간의 연습이 필요하다. 선천적으로 감정표현을 표정으로 잘하지 못하는 사람들도 있다. 이런 사람들은 조용하고 냉정하고 관심이 없는 사람처럼 비칠 수 있어서 본인조차 괴로울 때가 많다. 그러나 연습으로 해결할 수 있는 부분이다. 배우들이 자기 기술을 연마하는 방식에 대해서 자세히 알아보면 느낌이 올 것이다. 좋은 배우들은 자신의 감정을 명확하게, 그리고 확실히 구분되게 표현할 수 있다. 당신이 세계 최고의 배우 수준으로 감정 표현을 잘하기는 힘들 것이다. 그래도 연습으로 충분히 나아질 수 있고, 우리 입장에서는 이 정도로도 충분할 것이다.

표정 연습은 목소리 연습과 똑같다. 거울 앞에 서서 웃어보자. 당신의 미소가 어떤 말을 하고 있는가? 무엇이든 준비가 되어 있다는 친근한 미소인가? 아니면 위험한 느낌이 드는 찡그린 표정인가? 얼굴을 계속 움직이면서 당신이 원하는 따뜻하고 친근한 미소가 되도록 연습해 보자. 카메라도 도움이 된다. 서로 다른 여러 가지 표정을 비교할 수 있도록 해주기 때문이다. 이번에는 놀란 표정을 지어 보자. 이번에는 걱정하는 표정이다. 생각나는 모든 표정을 연습해 보자. 하루에 몇 분만 투자해도 충분히 표정의 표현이 나아질 것이다. 이런 표정들 덕분에 당신의 얼굴이 바라보기 좋은 얼굴이 되고, 또 사람들이 해석하기에도 쉬운 얼굴이 된다.

이야기하려고 할 때는 생기 넘치는 모습으로 보이게 노력하자. 사람의 눈은 움직임에 끌린다. 당신의 얼굴이 생기 넘치고 역동적이라면 대화를 나누는 사람들이 당신을 더욱 주시하게 된다. 당신에게 말을 거는 사람에게 의도적으로 집중하는 법도 배워보자. 당신의 관심을 그대로 표현하는 것이다. 관심 있는 것처럼 꾸며내라는 것이 아니다. 진짜로 관심을 가져야 한다. 사람들이 이야기할 때 당신의 얼굴로 관심을 표현하고, 그들의 이야기를 집중해서 듣고 있다는 것을 보여주어야 한다. 이를 잘 할 수 있게 되면 당신의 얼굴을 통해 행운을 얻을 수 있게 될 것이다. 꼭 아름다운 얼굴이나 동안일 필요는 없다. 생김새와는 상관없는 이야기이기 때문이다.

진짜 중요한 것은 바로 표현과 집중이다. 당신이 이야기할 때 사람들이 집중하기 쉽도록 감정표현을 사용해 보라. 누군가 당신에게 이야기하려고 하면 똑같이 온전한 관심을 보이고 집중해야 한다. 당신의 얼굴은 당신의 영혼을 보여 주는 창이다. 잘 써야 한다.

새로운 사람을 찾을 때는 당신과 다른 점이 있는 사람들을 찾아 그들에게 기회를 주어야 한다. 당신의 친구나 동료가 전부 당신과 같은 사람인 것은 피해야 한다. 나와 같은 사람과는 나눌 수 있는 것, 거래할 수 있는 것이 없다. 서로가 다르면 다를수록 얻을 수 있는 것들도 많아지게 된다. 우리가 서로 다르기 때문에 지식과 지혜를 교환하고 거래할 수 있다. 다르다는 사실 때문에 비즈니스가 가능해진다. 우리가 사람들에게서 배울 것도 없고, 받을 것도 없다면 교환할 수 있는 것이 무엇이란 말인가? 아무것도 없다. 우리가 비즈니스를 할 수 있는 이유는 각자 다 다르기 때문이다. 그러니 그런 '다름'을 오히려 축하해야 한다.

인간이라는 점이 영예인 이유가 여기에 있다. 동물들은 모두 똑같기 때문에 교환의 힘을 누릴 수 없다. 개들은 서로 무언가를 교환하지 않는다. 전부 다 똑같기 때문이다. 개라면 전부 다 물고 놀기 좋은 뼈를 좋아한다. 그렇기 때문에 무슨 개를 데려다 놓더라도 뼈는 같은 가치를 지닌다. 그래서 개들은 뼈를 당근 한 바구니나 도구, 돈과 교환하려고 행동하지 않는다. 교환할 것이 없기 때문이다. 그러나 인간은 내가 가진 것을 대가로 다른 것과 물물교환을 할 수 있다. 인간은 내게 신발 한 켤레가 필요하지만, 내 밭을 한가득 메우고 있는 밀이 전부 다

필요하지 않다는 사실을 알고 있다. 그런 인간은 이제 내게 필요한 밀을 **빼고**, 남는 밀을 이용하여 신발을 고치거나 새로운 신발을 살 수 있다. 모든 인간이 전부 다 다르고 독특하다는 점은 사소하게 느껴질 수도 있다. 너무나도 기본적인 문제라 시간을 들여 한 번도 생각한 적조차 없을 것이다. 그러나 이 사실, 우리가 모두 다르다는 사실 덕분에 물물교환과 상업, 협력이 가능하게 된 것이다.

일란성 쌍둥이조차도 서로 완전히 똑같은 것은 아니다. 당연한 사실이다. 과학이 이를 증명했다. 경찰들이 사람을 구분하기 위해 찍는 지문을 생각해 보자. 인간은 모두 지문이 다르기 때문에 지문으로 사람을 구분할 수 있다. DNA가 동일한 일란성 쌍둥이조차 지문은 다르다. 자신을 구성하는 근본이 완전히 동일한 일란성 쌍둥이조차 자라면서 지문은 서로 달라진다.

어떻게 이런 일이 가능할까? 현대 과학은 이에 대한 답을 찾지 못했지만, 우리는 성경에서 그 답을 추론할 수 있다. 지문은 생물학적인 것이 아니라 영적인 것이라는 사실이 바로 답이다. 내게 지문은 단순한 손자국이 아니라 영혼의 자국이다. 하나님께서 당신을 비롯한 인간들 하나하나를 특별한 사람으로 구분하기 위해 새겨주신 것이다. 이 특별함의 표식을, 사람들을 찌를 수 있는 팔꿈치나 칠 수 있는 주먹에 또는 내가 사람들을 걷어찰 수도 있는 발에 새겨주지 않았다는 사실에 주목해야 한다. 하나님께서는 내 손가락에 이 표식을 새겨 주셨다. 어째서? 내 손가락은 나의 창조물에 관여한다. 내가 창조할 때, 건설할 때, 무언가를 만들 때 가장 많은 사용하는 부분이기 때문이다. 마치 나의 도장처럼.

지문은 단순히 다름을 증명하는 것이 아니다. 가장 중요한 것도 아니다. 지문은 물리적으로 명백히 드러나는 것으로, 우리가 하는 교환의 힘에 대한 영적 은유이다. 그러나 우리는 꼭 지문이 아니라도 모두가 특별함을 타고났다. 우리는 나름의 기술과 재능, 능력, 아이디어를 타고났다. 그렇기 때문에 비즈니스가 중요한 것이다. 우리 서로가 다른 것을 교환할 수 있게 해 주는 장이기 때문이다. 나는 당신이 할 수 없는 일을 할 수 있다. 당신은 내가 할 수 없는 일 중 다른 무언가를 할 수 있다. 그러나 거기서 끝이 아니다. 서로 할 수 있는 일과 할 수 없는 일을 교환해 채워주면서 풍족함을 즐길 수 있다.

우리는 이렇게 우리 자신을 도우면서 남도 도울 수 있는 것이다.

돈 버는 것은 최상의 봉사 활동이다.

돈은 옳은 행동에 대한 결과물이다.

한 사람의 부가 옳은 일을 한 대가라는 사실을 내면화해야 한다.

부의 크고 작음은 사람들의 필요를 채우며 봉사한 것에 비례한다.

당신은 어떻게 하면 부자가 될 수 있을지 물어보는 대신,

사람들이 지금 필요로 하는 것이 무엇인지 물어봐야 한다.

이것이 부를 쌓는 순서이다.

Secret # 9

호의를 베풀 때, 그 대상을 더 사랑하게 된다

내가 이어서 할 이야기는 이미 옛 유대인들이 핵심을 찌른 바 있는 이야기이다. 판사 한 사람이 쏟아지는 빗속에서 버스를 기다리고 있는데, 우산이 없어 흠뻑 젖은 남자가 정류장에 왔다. 판사는 그에게 우산을 같이 쓰겠냐고 제안했다. 남자는 판사의 제안을 받아들여 우산을 함께 쓰고 버스를 기다렸다. 이윽고 버스에 올라탄 두 사람은 서로 다른 정거장에 내리게 되었다. 다음날 판사가 법정에서 재판을 하게 되었다. 그날 그가 맡은 첫 사건은 두 사람에 관한 것이었다. 한 사람은 처음 보는 사람이었지만, 다른 한 사람은 전날 우산을 함께 썼던 사람이었다. 판사는 자리에서 일어나 사건을 피하겠다고 선언했다. 자신이 전날 그 남자를 버스 정류장에서 만나 우산을 씌워준 개인적 인연 때문이라고 그 이유도 함께 밝혔다. 그 판사 대신 사건에 배정된 판사는 이전 판사의 사유를 납득하지 못했다. "이 사건을 기피하기로 한 결정을 이해할 수가 없습니다. 그 사람이 우산을 빌려준 것이라면, 당신의 편의를 봐준 것을 바로 납득할 수 있습니다. 하지만 당신이 그에게 우산을 빌려주었던 것 아닙니까?"

두 번째 판사는 이번에 우리가 이야기하는 성경 속의 비즈니스 비밀을 듣지 못했거나, 이해하지 못하고 있다. 누군가에게 호의를 베풀면 그렇게 호의를 베풀면서 상대를 더 사랑하게 된다. 첫 번째 판사는 이런 원리를 깨닫고 이해했기 때문에 스스로 사건을 기피하였다. 판사는 그 남자를 도와준 것으로 호의를 베풀었고, 그 사람이 더 친밀하고 가까운 사람으로 느껴졌기 때문이다. 판사가 무의식적으로 그 남자 편으로 치우칠 수 있기 때문에 기피 선언을 한 것이다. 우리는 우리가 도와준 사람을 더 사랑하게 된다. 이런 원리를 알았던 판사의 선택은 옳았다.

부모와 자식 사이를 생각해 보면 이 원리를 더 깊이 이해할 수 있다. 부모와 자식 중 누가 누구를 더 사랑하는가? 부모는 자식들에게 더 많은 것을 베푼다. 자식이 어릴 때는 모든 것을 베푼다. 그럼 자식들은 부모가 자신들을 사랑하는 것보다 더 많은 사랑으로 부모에게 보답해야 하지 않을까? 그게 옳은 것처럼 보인다. 부모가 없었다면 우리도 존재할 수 없다. 부모가 우리를 키우고, 입히고, 쉴 자리를 마련해 주지 않았다면 이렇게 자라지도 못했을 것이다. 만약 부모가 없어 연습이나 리허설 지도를 받지 못했다면, 축구나 미식축구, 발레 리허설 등 우리가 어렸을 때 할 수 있었던 모든 것이 불가능했을 것이다. 부모의 도움과 지원이 없었다면 교육 역시도 어려웠을 것이다. 좋은 직업을 갖는 것도 당연히 어려웠을 것이고. 당신이 부모에게 숙박과 식사, 치과 치료, 편히 쉴 수 있는 휴일, 대학 교육까지, 빚을 지고 있는 수많은 것들을 생각해 보자. 돈으로도 환산할 수 없을 만큼 막대한 것들이다.

그러나 여전히 전 세계의 수많은 치료사들은 자기 삶을 부모들이 파괴했다고 불평하는 사람들의 이야기를 매일같이 들어주고 있다. 이 불평은 끊임없이 반복된다. 나는 당신에 대해서 잘 알지 못하지만, 최소한 우리 가족 중 삶이 '파괴되었다'고 주장할 수 있는 것은 우리 아이들이 아니라, 나와 내 아내일 것이다. 아내와 나는 젊은 시절 요트를 타고 취미생활을 즐기며 태평스럽게 지낼 수 있었다. 그러나 첫 아이가 태어난 뒤에는 우리 인생이 더 이상 우리의 것이 아니게 되었다.

당연한 말이지만 나는 우리 아이들이 내 삶을 파괴했다고 말하지 않는다. 그런 적이 없기 때문이다. 만약 아이들이 없었다면 내 삶은 황폐했을 것이다. 나는 아이들을 사랑한다. 그리고 내게 내려진 축복이라고 생각한다. 물론 아이들이 태어나면서 우리 부부의 라이프 스타일도 완전히 바뀌게 된 것은 사실이지만. 여기서 내가 하고 싶은 이야기는 치료사에게 자신의 삶이 망가졌다고 이야기할 수 있는 누군가는 자녀가 아니라 부모라는 것이다. 부모가 바로 모든 희생을 감내한 사람들이다. 그런데도 나는 부모에 대한 불만을 매일같이 들어주는 일상을 보내는 치료사를 몇 명 알고 있다.

몇 년 전 나는 로스앤젤레스 카운티에서 렌트를 내지 않는다는 이유로 부모가 자기 자식을 내쫓은 경우가 몇 번이나 있는지 기록을 살펴보았다. 내가 두려워하는 것이 진실이 아닌지 확인하기 위해서 진행하는 실험이었다. 단 한 건도 그런 사례를 찾을 수가 없었다. 이번에는 반대로 자녀들이 부모를 내쫓은 경우가 몇 번이나 있는지 찾아보았다. 총 11건의 사례를 찾을 수 있었다. 모두 4년 남짓의 짧은 기간에 걸쳐 일어난 일이었다. 일을 돕던 기록 전문가 덕분에 이 임대인들이 부모를 내쫓기 위해 걸었던 소송과 재판의 기록과 관련 문서를 확인할 수 있었다. 한 사례에서는 아버지를 집에서 쫓아낸 역겨운 인간이라는 사유로 판사가 고소인을 법정 고발까지 했다. 아들은 "판사님, 이해해 주십시오. 아버지는 지난 3개월간 집세를 전혀 내지 않았단 말입니다."라고 답했다.

대체 판사가 뭐라고 대답하기를 기대한 걸까? "아 그래요, 이제 왜 아버지를 길거리로 내쫓으려는지 알겠군요. 집세를 제때 내지 않았으니까, 아무렴!" 판사가 옳은 판단을 했다. 그 고소인은 참으로 역겹고 배은망덕한 인간이었다.

보다시피, 자식들이 부모를 사랑하는 마음은 부모들이 자식을 사랑하는 마음에 미치지 못한다. 여기에서 성경 속 비즈니스 비밀의 진실이 드러난다. 우리에게 무언가를 해 주는 사람보다 우리가 무언가를 해 주는 사람을 더 사랑하게 된다는 것이다. 우리는 우리가 투자하는 투자 대상자를 사랑해야 한다.

여기서 고통스러운 사실은 대부분의 사람이 자신이 사람들의 자선 활동 대상자가 되었을 때 원통함을 느낀다는 것이다. 정부 지원금을 받는 사람들을 생각해 보자. 아마도 그런 사람들이 공공복지 혜택과 함께 정부의 실업수당을 받는 시민들이니 누구보다 애국자가 아닐까 싶을 것이다. 이런 사람들이야말로 사람들이 자신들에게 베푸는 것이 많기에 그들을 향한 감사와 사랑으로 가득 차리라 생각할 수 있다. 그러나 실제로 다른 납세자들의 희생으로 매주, 혹은 매월 수당을 받는 사람들은 국가와 문화를 가리지 않고 일반적으로 분노와 슬픔, 부정적 감정에 빠져 있는 모습을 보인다.

여기서 우리는 인간은 공짜로 받는 어떤가에 감사함을 느끼기가 어렵다는 사실을 쉽게 알게 된다. 그렇기 때문에 감사함을 표하는 것이 도덕적으로 훌륭한 행동으로 인정되는 것이다. 이는 감사를 표하는 것이 인간의 본성과 반대되기 때문이다. 우리의 자연 본성은 우리를 위해 무언가를 해 주는 사람들에게 어느 정도의 불편함을 느끼게 만든다. 이런 점을 생각해 보면 수많은 자녀가 부모에 대해 애증을 느끼는 이유를 알 수 있다. 부모들에게 진 빚이 너무나 많기 때문이다. 반면, 부모들은 수년, 수십 년간 자녀들에게 베풀기만 할 뿐 무언가를 받지 않는다. 그 과정에서 자녀들을 향한 책임감이 점차 강해진다.

역설적이지만, 어떻게 보면 부모가 자녀들에게 무언가를 덜 해주는 것으로 사랑이 어떤 것인지 보여줄 수 있기도 하다. 자녀들에게 더 많은 책임을 부여하고, 부모를 위해서 무언가를 하게 만드는 것이 그들이 부모를 더 사랑하게 만드는 방법이다. 십계명의 다섯 번째 계명에 이 원리가 숨겨져 있다. 하나님께서 자녀들에게 부모를 공경하라고 하신다. 자녀가 부모를 공경하는 것으로 부모에게 진 빚을 어느 정도 해소하고, 이를 통해 부모를 향한 적대감을 줄일 수 있기 때문이다. 집안일을 나눠서 하는 것 또한 부모를 공경하는 주된 방법의 하나이다. 자녀들에게 가사를 돕게 하는 집은 가사를 대신할 사람을 고용한 집에 비해 훨씬 더 화목한 모습을 보일 때가 많다. 아이들이 가사를 도우면 자신이 가족으로서 중요하다는 사실을 알고, 또 가족을 위해 봉사한다는 느낌도 받게 된다. 가족에 대한 투자가 늘어나는 것이다. 이 과정에 자신의 부모와 형제들에게도 더 큰 사랑을 느끼게 된다. 우리를 돕는 사람들은 우리가 그들을 사랑하는 것보다 우리를 더 사랑한다. 그러니 가족 구성원이라면 누구나 다른 가족 구성원들을 도와 가족의 유대감을 강하게 유지할 수 있다.

이 원리는 가족 이외에도 적용할 수 있다. 비즈니스 관계 또한 마찬가지다. 우리는 언제나 우리 주변 사람들을 도울 수 있도록 신경을 곤두세워야 한다. 누군가 우리를 위해 많은 도움을 줬을 때, 이 도움에 우리가 제대로 보답하지 않았다면 오히려 그 사람을 시기할 때가 의외로 많다. 이 사실을 이미 느낀 사람도 있을 것이다. 왜일까? 이 사람들이 우리를 대신해 많은 일을 할 때, 우리는 자신의 불충분함을 자각하게 되기 때문이다. 우리에게 이로운 일을 하는 사람을 사랑하기 위해서는 의지가 뛰어나고, 또 선해야 한다. 그러나 그보다 더 쉬운 방법도 있다. 도움을 받은 만큼 보답하는 것이다. 그리고 보답 대신 그가 했던 것과 같이 누군가에게 호의를 베푸는 것이다. 당신이 주변 사람들의 짐이 되지 않게 하면 된다.

만약 우리가 사람들을 위해 일할 기회를 끊임없이 찾고 있다면, 그들이 우리에게 호의를 베풀어도 부담을 느낄 필요가 없을 것이다. 당신이 인간으로서, 전문 직업인으로서 인간관계망을 구축하는 가장 좋은 방법이 이것이다. 호의를 베풀어 새로운 친구를 만들고, 사람들이 당신을 위해 베푸는 호의를 기쁘게 받아들이는 것이다. 하나님께서는 이러한 행동을 좋게 보신다. 하나님이 세운 계획을 따르는 것이기 때문이다. 서로에게 호의를 베풀고, 돕는 것으로 돈독한 인간관계가 형성되고, 이러한 상호작용은 자연스럽게 비즈니스로 연결된다. 당신이 오늘부터 이러한 전략과 기술을 따르게 된다면, 인간으로서 직업인으로서 당신의 삶 속에서 무한한 대가를 얻을 수 있게 될 것이다.

성경의 맨 첫 구절, 창세기 1장 1절은 "태초에 하나님이 천지를 창조하시니라"라고 시작된다. 성경의 첫 구절부터 우리는 하늘과 땅, 영과 육이 서로 연결되어 있다는 사실을 볼 수 있다. 하늘에서 참인 원리는 땅에서도 참이고, 반대로 땅에서 참인 원리는 하늘에서도 참이다. 예를 들어 우라늄을 이용해 핵분열 반응을 일으키려면 우라늄의 양이 어느 정도 정해진 수준이어야 한다. 이 양을 임계질량이라고 부른다. 그러나 임계질량은 반드시 물질에만 적용되는 개념이 아니다. 영적인 수준에서도 모인 사람의 수가 일정 수준을 넘어서면 놀라운 에너지를 낼 수 있게 된다.

우리가 익히 알고 있듯이 물질적 세계는 결합을 통해 작용한다. 영적 세계에서도 이 결합은 유대라는 이름으로 필수적인 역할을 한다. 알루미늄이 다른 금속과 결합했을 때 가장 좋은 효과를 내듯, 인간 또한 다른 인간과 유대를 맺을 때 가장 뛰어난 성과를 낼 수 있다. 영적 유대가 없는 삶은 생기가 없고 거칠고 잔혹하며 메말라 있다. 우리가 살기 위해 물과 공기, 음식이 필요한 것처럼 다른 사람들도 필요하다. 진정으로 번창하기를 원한다면 사람과의 유대를 늘려야 한다.

한 개의 동전을 던졌을 때 나타나는 결과는 몇 개가 있을까? 단 두 개뿐이다. 앞 아니면 뒤다. 그럼 두 개의 동전을 동시에 던져 보자. 두 개의 동전으로는 앞-앞, 앞-뒤, 뒤-앞, 뒤-뒤의 네 가지 조합이 가능하다. 이제 3개의 동전을 던진다면, 총 8가지의 조합이 가능하다는 사실을 쉽게 알 수 있다. 만약 우리가 동전 대신 여섯 개의 결과가 나올 수 있는 주사위를 던지면 어떻게 될까? 두 개의 주사위를 던지면 나올 수 있는 합이 36가지로 늘어나며 3개를 던지면 216개의 가능성이 만들어진다. 결과적으로 여러 개가 모일 때 얻게 되는 가능성은 폭발적이라고 할 수 있다.

이제 인간으로 눈을 돌려보자. 우리 인간은 하나하나가 무한한 능력과 아이디어를 가지고 있다. 인간을 함께 던지면 나올 수 있는 결과물의 가능성은 거의 무한할 것이다. 유대와 끊임없는 교류는 실리콘밸리나 보스턴의 128번 도로에 몰려 있는 하이테크 기업들이 성장할 수 있는 원동력이 되었고, 지금도 마찬가지다. 이들 기업이 일정한 곳에 모이는 이유는 가까울수록 상호 연대가 강해지기 때문이다. 이스라엘의 위대한 경제적 성과를 설명할 수 있는 이유도 여기에 있다. 이스라엘 시민들이 말하듯 나라가 크지 않아서, "여기서는 모두가 모두를 잘 알고" 있으며, 그만큼 유대가 강하기 때문이다.

당신을 위한 독특한 사고실험을 제안한다. 당신의 삶을 망칠 수 있는 방법을 몇 가지나 생각할 수 있는가? 당신의 존재에 크나큰 위협이 되는 방법이 몇 가지나 되는가? 분명 셀 수 없이 많은 방법이 있을 것이다. 은행을 터는 것도 그런 방법의 하나이다. 일부러 차를 어디에 처박아도 될 것이다. 간통으로 혼인관계를 위태롭게 할 수도 있다. 상사에게 이유 없이 대놓고 화를 내거나, 자식들을 막 다루거나, 집안일에서 완전히 손을 놓고 빈둥댈 수도 있다. 당신의 삶을 망칠 수 있는 방법은 하늘의 별과 같이 무수히 많다.

반대로 당신의 삶을 더 낫게 만들 방법은 몇 가지나 있을까? 지금 당장 당신의 삶을 극적으로 개선할 방법은? 망치기보다 훨씬 더 어렵지 않은가? 여기에서 볼 수 있는 것은 바로 도덕적 엔트로피다. 건설보다 파괴가 더 쉽다. 과체중이 되는 것이 체중감량보다 훨씬 더 쉽다. 아름다운 집을 부수기가 짓기보다 쉽다. 반대로 당신의 삶을 더 낫게 해 줄 방법은 무엇일까? 성경에서 그 원리를 찾을 수 있다. 바로 사람들과 더욱 연대하는 것이다. 유대를 맺는 것이 가장 중요하다.

유대관계를 늘리면 소득도 늘어나게 된다. 사회적 유대를 늘리기 위해 시간과 에너지를 투자하는 것은 재정적 번창을 위한 반석이 된다. 당신을 부유하고 질 높은 삶으로 만들어 주는, 내가 보장하는 간단한 전략이 이것이다. 바로 당신 삶 속에서 만나는 사람의 수를 늘리라는 것이다. 일면식이 있는 사람을 더 많이 만드는 것이다. 이미 안면이 있는 사람은 우호관계가 확실한 우정으로 발전시켜야 한다. 지금의 친구들과는 더욱더 깊은 관계를 만들어야 한다. 다시 말해 매일 조금이라도 시간을 들여 당신의 유대를 넓히고 다지라는 것이다.

당신의 삶이 나아지는지 알기 위해서는 그 정도를 측정할 수 있어야 한다. 진행 상황을 측정할 수 있는 체중계 없이는 효과적인 다이어트가 어렵다. 돈을 벌고 예산을 짜기 위해서는 재무기록을 남겨야 한다. 마찬가지로 유대감을 측정하지 못하면 유대를 강하게 다지기 어려울 것이다. 당신의 유대를 추적할 수 있어야 한다.

휴대폰에서 당신이 잘 알고 있는 사람의 목록을 뽑아보자. 페이스북이나 저장된 전화번호의 수는 엄청나게 많을 수도 있다. 그러나 당신이 전화를 걸었을 때 아무 의문 없이 받을 사람, 혹은 메시지를 남겼을 때 바로 전화를 할 사람 정도만 뽑는다. 외출이 어려운 사람이 아닌 이상, 온라인에서만 친구인 관계도 빼야 한다. 다음 달이 될 때까지 적극적으로 새 친구를 찾으면서 새로운 이름을 목록에 더한다. 매월 이렇게 하면서 기록을 남겨 보자. 이렇게 매달 기록하면서 비교한다면 당신이 매달 얼마나 많은 친구를 새로 만드는지 알 수 있게 될 것이다.

　새 친구를 만들었다고 거기서 끝내고 잊으면 안 된다. 사회적 관계를 만들려면 위생이나 운동처럼 계속해서 발전해야 한다. 다이어트나 다른 건강관리처럼 꾸준한 유지를 위해 끊임없는 노력이 필요하다. 4년 전 맛있게 먹었던 음식을 그대로 뒀다가 지금 먹을 수는 없다. 유치원 때, 중고등학교 때, 대학교 때 만들었던 친구도 그냥 놓아둔다고 유지되지는 않는다. 우정도 반드시 관리가 필요하고, 항상 새로운 우정을 찾아야 한다. 끊임없이 새로운 사람들을 만나 친구로 만들어야 한다. 그러면 언젠가는 당신의 건강과 부에 큰 도움이 될 것이다.

Secret # 10

삶은 '무엇을 아는가'가 아니라,
'무엇을 하는가'에 관한 것이다

사회는 지식이 모든 문제를 해결할 수 있다는 잘못된 인식을 받아들였다. 우리는 어린 여학생들이 임신하게 되는 이유가 성교육이 부족하기 때문이라고, 범죄자들이 범죄를 하는 이유가 제대로 된 교육을 받지 못했기 때문이라고 배우게 된다. 정부에서는 담뱃갑에 커다란 글씨로 흡연의 위험성을 써넣을 것을 의무화했다. 이 경고문에는 흡연의 위험성을 사람들이 알았다면, 아무도 담배를 피우지 않을 것이라는 잘못된 관념이 들어 있다. 우리는 부도덕한 의사들이 환자를 추행하는 것으로 기소되었을 때, 계속되는 윤리교육이 부재하였음을 한탄한다. 마치 윤리교육이 계속되었다면 그들의 비행을 막을 수 있었다는 투이다. 이 나라 미국은 사람들이 운동을 제대로 하지 않고, 식생활도 건강하지 못해 비만율이 매우 높다. 그러나 매체나 미국 보건부의 발표를 듣거나 보고 있으면 마치 비만율이 높은 이유가 그 사람들이 영양과 건강에 대해서 모르기 때문으로 느껴진다.

직시할 때가 되었다. 이런 주장이나 가정은 모두 근본적으로 잘못

된 것이다. 흡연의 위험성, 과식, 운동 부족에 대한 연구는 많이 이루
어졌고, 대부분의 사람은 이를 다 잘 이해하고 있다. 그러므로 지식의
문제가 아니다. 행동의 문제인 것이다. 도덕적으로 실패한 것이다.

마주한 문제에 대해 완벽한 지식을 갖추었다고 해도 행동으로 옮
겨 상황과 자신을 바꾸려 하지 않으면 소용이 없다. 지식만 가지고는
문제가 해결되지 않는다. 우리의 지식 그 자체는 어떠한 것에 대한 답
이 될 수 없고, 우리 대신 더 나은 선택을 해 주지도 않는다.

우리가 사회적 질병에 대한 완벽한 지식을 가지고 있다고 한번 생
각해 보자. 예를 들어 우리는 알코올과 특정 종류의 향정신성 약물이
한 사람의 인생을 송두리째 파멸로 몰아넣을 수 있는 잠재력이 있다
는 것을 알고 있다. 셀 수 없이 많은 과학적 연구를 통해 이 정보가 신
뢰할 수 있는 정보라는 사실도 모두 알고 있다. 이 사실을 알고 있다는
조건에서, 공공 정보 캠페인을 진행한다고 해 보자. 기금을 모으고, 이
를 아낌없이 투자하여 게시판과 TV 광고, 중고등학교 및 대학 강연,
기타 여러 가지 방법을 활용해서 이러한 사실을 퍼트린다고 해 보자.
이런 활동 중 효과를 발휘하는 것들이 나타날 것이다. 꽤 흔한 전술이
기도 하다. 그렇게 지금은 모든 사람이 중독의 위험성에 대한 중대한
사실을 알고 있는 시대이다. 그렇다면 알코올 중독이나 약물 오남용
문제가 완전히 사라졌다고 할 수 있을까? 당연히 아니다. 수많은 사람
이 이러한 전략이 성공을 거둘 것이라고 믿고 있다. 실제로 우리는 이
전략을 몇 번이나 반복했고, 또 우리가 예상하는 만큼의 성과를 거둔
적도 없었다.

사실, 오늘날 현대 세계는 이전 그 어느 때보다도 지식과 정보를

쉽게 얻을 수 있다. 그냥 인터넷만 들여다보자. 지식이 이렇게 저렴하고 쉽게 접근 가능한 때는 인류 역사상 존재한 적이 없었다. 하지만 그렇다고 해서 우리의 도덕적 행동이 이전보다 더 나아졌다고 할 수 있을까? 우리 자신을 위하여 더 나은 선택을 하고 있을까? 아니다. 전체적으로 말해 그렇지 않다. 여기서 문제는 지식 그 자체로 우리의 행동이 달라지지 않는다는 것이다. 올바른 결정을 하는 것만이 행동을 바꿀 수 있다. 그리고 의지력을 키우는 것만이 계속 올바른 결정을 할 수 있는 유일한 방법이다.

나는 당신이 건강해지기 위해서 무엇을 해야 하는지 간단하게 가르쳐줄 수 있다. 부를 쌓기 위해서 해야 하는 실용적인 행동에 대해서 가르쳐주는 것도 어렵지 않다. 우리가 길거리에서 만나는 사람들 대부분은 무엇을 해야 하는지 다 알고 있다. 그저 그 지식을 그대로 실천하는 것에 실패하고 있을 뿐이다. 우리 모두 어떻게 운동해야 하는지 알고 있다. 대학에 가고, 직장을 얻고, 매일 출근해서 좋은 성과를 내는 것이 방법이라는 점을 다 알고 있다. 진짜 문제가 되는 부분은 무엇을 아는가에 관한 것이 아니다. 남은 삶 동안 매일 해야 하는 일을 제대로 실행하는 것이 어려운 것이다.

내가 이 책을 쓰는 목적은 단순히 당신의 비즈니스를 성공하게 만드는 방법을 말해주는 것에서 그치지 않는다. 나의 진정한 목표는 성경 속 기술을 전수하여 당신이 한 인간으로서 자신을 확립하고, 의지력을 갖출 수 있게 하는 것이다. 그 후에야 당신은 인간으로서, 그리고 직업인으로서 이미 알고 있었던 옳은 길을 선택하고 실천할 수 있게 될 것이다.

결국 우리가 알고 있는 것은 아무 의미가 없다. 우리가 누구인지, 그리고 무엇을 하는지가 참으로 의미 있고 중요하다. 이는 삶의 모든 면에서 참이다. 그러나 특히 비즈니스에서 더 두드러지게 나타난다. 당신을 성공으로 이끌 위대한 비즈니스 비밀의 하나이다. 당신의 대학교수들은 당신이 얼마나 알고 있는지 알아보기 위해 시험을 보게 한다. 그러나 당신의 고객, 고용주, 동업자, 주주들은 매 분기나 회계연도 말에 성과발표를 할 때 당신에게 문제를 내서 시험하지 않는다. 그들은 그저 당신이 실제로 이룬 성과를 살펴보기만 할 뿐이다.

지식이 모든 문제를 해결하리라는 신화는 마치 만트라와 같이 우리의 문화 속에서 반복하여 나타난다. 수많은 사람이 그런 잘못된 믿음을 가지고 있다고 해서 당신까지 그것을 믿어야 하는 것은 아니다. 사실이 아닌 것을 믿는 우를 범하지 않아야 한다. 특히 그런 잘못된 것이 자신을 발전 시켜 앞으로 나아가고, 소득을 늘리기 위한 역량을 제한한다면 더더욱 믿지 않아야 한다. 이런 논리가 반복된다고 해서 사실이 되는 것은 아니다. 우리가 믿는 것이 사실인지 평가하기 위해서는 먼저 우리가 사물을 바라보는 시각이 다양하다는 사실을 인정해야 한다. 그다음으로, 우리가 통속적인 의견이나 가정이 아니라 객관적 정확성을 바탕으로 사실을 평가해야 한다. 우리가 실수하지 않도록 확인해야 한다. 여기에서 내 삶의 다른 모든 면과 마찬가지로 나의 안내자가 되어 주는 내용이 성경 속에 있다.

성경에는 이런 사실을 끊임없이 상기시켜 주는 여러 구절이 있다. 그러나 이들 중 가장 유명한 것은 당연히 십계명이다. 십계명은 그야말로 토대이다. 그렇기에 독실한 신자든 아니든, 서방 세계 사람들이라면 대부분 십계명에 대해 잘 알고 있다. 십계명은 출애굽기 20장에서 먼저 나오며, 신명기에서 다시 한번 나온다. 신명기는 모세가 지난 40년간 이스라엘 민족에게 닥쳤던 일을 돌아보면서 그 속에서 찾을 수 있는 도덕적 함의에 대하여 논의하는 이야기다.

여기서 중요한 점은 출애굽기의 십계명과 신명기의 십계명 사이에 매우 중요한 의미의 차이가 나타난다는 것이다. 대표적으로 들 수 있는 것으로 출애굽기 20장 8절의 네 번째 십계명, "안식일을 기억하라(Remember the Sabbath Day)"이다. 굉장히 직선적이고 간단한 계명이다. 그러나 모세가 신명기 시대에 십계명을 다시 살펴볼 때는 표현이 달라진다. 신명기 5장에서 모세는 네 번째 계명을 "안식일을 지켜라(Guard or observe the Sabbath Day)"라고 읽고 있다.

왜 이런 차이가 나타나는 것일까? 모세가 기억력이 안 좋았던 것일까? 하나님께서 실제로 안식일을 지켜 거룩하게 하라고 말씀하셨다고 모세가 생각한 것일까? 그러나 출애굽기에서 여호와께서는 분명히 "지켜라(Observe and guard)"라고 하지 않고 "기억하라(Remember)"라고 말씀하셨다.

그럼 어느 쪽이 맞는다고 해야 할까?

모세의 기억력에는 문제가 없었다. 그러면 그가 십계명을 되짚어 말할 때 듣고 있던 다른 모든 사람은? 왜 그가 잘못 말한 것을 고치지 않은 것일까? 분명 차이가 있다는 것을 알았는데도 왜 가만히 있었을까? 다시 한번 생각해 보자. 어느 쪽이 맞는 것일까? 이렇게 다른 두 가지의 네 번째 십계명을 어떻게 해석해야 할까? 답은 두 가지 방식으로 바라보아야 한다는 것이다. 두 방식 모두 "옳다"이다.

어떻게 그럴 수 있냐고 되묻는 사람들이 있을 것이다. 이제 비슷한 예를 들어보자. 누군가에게 찻잔을 그리라고 해 보자. 아마도 컵받침 위에 올려진 찻잔을 생각하고 그려 줄 것이다. 당신의 손에 들린 그림은 한 원이 다른 원 안에 들어가 있는 두 개의 동심원이다. 이 그림은 찻잔을 위에서 바라본 그림이다. 가장 바깥쪽의 원은 컵받침의 바깥 테두리이고, 안쪽 원은 컵의 테두리 선이다.

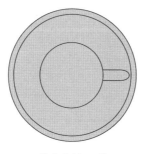

위에서 본 모양

사람들에게 같은 것, 컵받침 위 찻잔을 그려 달라고 해 보자. 두 번째 사람은 이제 옆에서 바라본 모습을 그려 준다. 그림은 이제 수평선 위에 올라가 있는 수직 방향의 직사각형이다. 끝부분은 컵받침과 마찬가지로 부드럽게 곡선을 그리며 굽어 있다. 이 각도에서는 이제 잔의 손잡이도 볼 수 있다.

옆에서 본 모양

보다시피, 같은 찻잔을 완전히 다르게 그린 두 그림이 만들어졌다. 어느 쪽이 옳다고 할 수 있을까? 두 그림이 서로 같지 않으니 한쪽이 틀린 것이라고 할 수도 있을 것이다. 그러나 이 두 그림이 서로 같지 않은 이유는 두 그림의 시점이 서로 다르기 때문이다. 실제로는 둘 다 시점만 다른 같은 찻잔을 그린 그림이다. 그러나 당신의 마음속에 정확한 3차원 찻잔의 이미지를 만들기 위해서는 두 시점이 모두 필요하다. 설령 당신이 찻잔을 실제로 한 번도 본 적이 없는 사람이라고 해도 마음의 눈으로 찻잔의 생김새를 어느 정도 유추할 수 있다. 물론 그러기 위해서는 여러 시점에서 연구하는 자세가 반드시 필요하지만.

　만약 당신이 2차원적 생각만 하는 사람이라면 두 그림 중 하나가 틀렸다고 할 것이다. 그러나 찻잔은 복잡한 3차원 세계에 존재한다. 사실 2차원 평면인 종이에 그려진 그림 하나로 3차원의 형상을 온전히 전하기란 여간 어려운 일이 아니다. 찻잔의 온전한 3차원적 특성은 두 그림을 모두 고려했을 때 온전히 드러나게 된다. 2차원의 평면 종이 그림으로 3차원을 설명하기 위해서는 그림이나 도면이 하나 이상 필요하다. 만약 사용할 수 있는 차원이 제한되어 있다면 전체적인 모습을 보기 위해서는 더 많은 시점이 필요하다. 우리를 불멸자로, 독실한 신자의 차원에 갇혀 있는 상태라고 가정하면 결국 지상의 인간으로서 신의 언어를 제대로 이해하기 위해서는 하나 이상의 '도면'이 필요한 것이다.

　그러므로 찻잔을 서로 다른 시점으로 바라본 두 그림은 모두 옳고, 또 모두 필요하다. 십계명의 네 번째 계명도 마찬가지다. 하나님께서 안식일에 대해서 "기억하라"라고 하셨는지, 아니면 "지켜 거룩하게 하라"라고 하셨는지 헷갈릴 이유가 전혀 없다. 하나님은 둘 다 말씀하신 것이다.

이제 당신은 또 다른 의문이 들 수도 있다. 하나님께서 어떻게 같은 것에 두 가지 표현을 사용한 것일까? 이 의미를 우리가 완전히 이해하고 개념화하기에는 너무나 차원이 높다. 뜻을 확립하거나, 수량화하거나, 정의할 수 없는 개념을 구체화하려면 그 개념의 가치가 사라지게 된다.

또 다른 예를 하나 들어보자. 수학의 'i'를 들 수 있다. 알파벳 i와 비슷한 모양으로 음의 제곱근이다. 어떤 수 A를 제곱하여 B가 되었을 때, B의 제곱근은 A이다. 예를 들어 4의 제곱근은 2이다. 9의 제곱근은 3이다. 25의 제곱근은 5이다. 다른 숫자에 대해서도 마찬가지 개념이 적용된다. 그럼 이제 -1의 제곱근을 한 번 생각해 보자. 실제 -1의 제곱근의 값이 어떻게 될지 생각해 보는 것이다. 1의 제곱근은 1이다. 1에 1을 곱해도 1이 나오기 때문이다. 단순하다. 하지만 -1의 제곱근은? 서로 곱했을 때 -1이 나올 수 있는 것은 어떤 것이 있는가? 잠시 시간을 들여 생각해 보도록 하자. 골치 아픈 일을 피해가고 싶다면...

답은 '없다'이다. 조금 더 정확히 말하자면 '유형의 답', '정확한 답', '수량화할 수 있는 답'은 없고, 문자로 표현하자면 그러한 수는 존재하지 않는다. 서로 곱했을 때 -1이 나오는 수 같은 것은 존재하지 않는다. 초등 수학 정도만 배웠더라도 알 수 있듯, 음수끼리 곱하면 양수가 나온다. 따라서 같은 수를 곱했을 때 음수가 나오는 수는 존재하지 않는다. 그렇기 때문에 곱하면 음수가 나오는 숫자의 개념 'i'를 사용하게 되었다. 정의가 불가능하고, 실제로 존재하지 않는 특정 개념을 정의하기 위해서 이러한 개념을 사용하게 된 것이다. 무언가의 실체가 존재하지 않더라도 그 개념은 존재할 수 있기 때문이다.

이제 당신은 실제로는 존재하지도 않는 것에 이름을 붙여야 하는 이유가 궁금해질 것이다. 전문적인 분야로 너무 빠지지 않는 선에서 설명하자면, 수학적 계산을 할 때 i의 개념이 매우 유용하게 활용되기 때문이다. 우리가 보는 현대 수학에서 i는 다른 것들을 정의하기 위한 참조점 역할을 한다. i의 개념(음수의 제곱근)을 이미 존재하는 다른 것(양수의 제곱근)에 빗대어 정의할 수 있기 때문에 개념으로서 참조점으로 활용할 수 있는 것이다. 간단히 말해, i가 개념이기 때문에 가능한 것이다. 만약 당신이 시각화하려고 할 때, 당신의 마음속에서 그 개념을 명확하게 정의한다고 하면서 자신에게는 "i는 실제로 어떤 모습일까"라는 질문을 던지게 된다면, 곧 그 개념을 마음의 눈으로 느낄 수 없게 된다. 이러한 시도로 인해 그 개념에 대한 인식과 그 개념을 품으려는 의지가 사라지게 된 사람도 있다. 이런 사람들은 무언가를 시각화하는 것이 불가능할 때 그것을 시도하다가 스스로 과정을 중단해 버린다. 그들은 그러한 개념을 이해할 수 없다. 다른 방향으로 바라본다면 실제로는 유용하게 활용할 수 있는 것이라도 자기들이 보기에 쓸모없다고 매도하게 된다.

이런 사고방식은 상상의 한계를 정해 버린다는 점에서 문제가 크다. 시각화할 수 없는 무언가에 대한 마음을 완전히 닫아버리면 사고력이 제한되게 된다. 인간들의 상상력은 전부 다 같지 않다. 때로 상상하기 너무 어렵거나 고통스러워 마음을 닫아 버릴 때도 있다. 예를 들자면 수많은 사람을 움츠러들게 만드는 영원에 대한 생각을 들 수 있다. 우리는 영원한 삶이란 무엇인지 정확하게 시각화할 수가 없어서 두려워하는 모습을 보인다. 그러나 영원은 우리가 실제로 보지 못할 뿐, 개념으로서 실재하고 있다. 당신 또한 영원한 삶에 대해서 생각할 수 있다. 그저 명확히 어떤 개념인지 정의하고 볼 수가 없을 뿐이다. 어떤 것을 완전히 정의해서 고정관념이 생기면 우리의 생각도 멈추고, 새로운 시도도 나타나지 않게 된다. 이는 인간 마음의 능력을 제한하는 것이다.

-1의 제곱근을 명확하게 시각화할 수 없다고 해서 우리가 그 개념까지 사용하지 못한다는 뜻은 아니다. 그리고 실제로 i의 개념은 특정 종류의 수학적 문제를 풀 때 매우 유용하게 사용된다. 영원의 개념은 실재하는 것이다. 그러니 진지하게 고려할 가치가 충분하다. 그러므로 특정한 사물의 이중적인 본질 또한 마찬가지다. 하나님께서 내려주시고 모세가 읽은 네 번째 계명이 이런 부류에 든다.

당신이 만약 하나님의 말씀을 시각화하거나 그 개념을 고정하려 하면, 오히려 그 전체적인 개념을 보는 것에 실패하게 된다. 하나님의 말씀은 인간 마음의 역량을 초월한다. 우리의 몸은 현명한 사람들이 인정하는 바와 같이 한계가 있다. 예를 들어 인간이 아무리 노력해도 집 한 채를 뛰어넘는 것은 불가능하다. 집을 뛰어넘는 데 필요한 능력은 인간이 타고난 그 이상의 것이기 때문이다. 가장 신체능력이 우수한 운동선수라도 불가능한 일이다. 물리적으로 절대 불가능하다. 우리 마음 또한 한계가 있다. 우리가 완전히 상상하고 이해할 수 없는 것들이 있다. 정확한 정의가 불가능한 것이다. 그러나 우리가 이들을 이론적 구조로 남겨둔다면 여전히 이들을 활용할 수 있다. 앞서 말한 i의 개념과 마찬가지로 일종의 참조점으로 활용할 수 있게 된다. 그 다면적 의미를 수용할 수 있는 것이다.

"안식일을 기억하라"인가, "안식일을 지켜라"인가? 출애굽기인가 신명기인가? 무엇이 옳은가? 둘 다 옳은 것이다. 진실은 이 두 가지가 결합한 것이다. 하나님의 말씀은 그 둘 중 어떤 것인가? 그에 대해서는 더 이상 걱정하지 않아도 된다. 하나님께서는 하늘 높이 구름 위에서 입술을 열어 말씀하지 않으셨다. 하나님의 말씀은 인간의 문자 언어의 정의를 초월한다. 당신이 하나님의 모습을 상상하려 하면 오히려 하나님에 대한 지각을 제한하게 된다. 그러니 그런 시도를 하지 않는 것이 낫다. 헛되고 무가치한 시도이기 때문이다. 당신이 집중해야 하는 것은 조금씩 다른 두 메시지와 그 두 메시지가 서로 결합하는 방식을 통해 고대 유대인의 지혜가 우리에게 말하려는 바가 어떤 것인지, 그리고 이를 우리의 일상에 어떻게 접목할 것인지. 당신은 이를 정확하게 정의할 수도 없고, 굳이 정확하게 정의할 필요도 없다.

지금으로부터 3,000년 전 유대인들은 안식일에 일하지 않는 것으로 안식일을 기억하고 거룩하게 지켰다. 이는 참으로 대단한 일이라 하지 않을 수 없다. 하나님께서 3,000년도 더 전에 이스라엘 사람들에게 토요일에는 일하지 말라고 말씀하셨고, 지금까지도 하나님의 말씀을 받들고 있지 않은가? 물론 모든 유대인이 말씀을 철저하게 지키지는 않지만, 모든 나라나 모든 세대의 유대인 중 많은 사람이 수천 년이라는 오랜 세월이 흐르는 중에도 그 말씀을 받들었다.

그리고 그 과정 중에 상당한 재정적 희생을 했을 것이다. 혹은 그렇게 보일 수도 있다.

나의 할아버지에게는 비유대인인 비즈니스 파트너가 있었다. 토요일 유대교 회당을 박차고 들어온 그는 우리 할아버지에게 잘 팔릴 새로운 발명품의 특허를 얻을 좋은 비즈니스 기회가 있는데, 지금 바로 거래를 진행해야 한다고 말했다. 할아버지는 그에게 오늘 해가 지면 거래 조건을 따져보겠다고 말했다. 그 파트너는 당연히 격노했다. 하지만 우리 할아버지는 꿈쩍도 하지 않았다. 할아버지는 해가 진 뒤 말씀하신 대로 파트너를 찾아갔지만 이미 늦은 뒤였다. "당신이 다 망쳤소!" 파트너의 말이었다. "이미 다 늦었지. 거래는 끝났소!" 나중에 알려지기로는 거래가 잘 풀리지 않았고 투자자들이 큰 손실을 봤다고 했다. 하지만 아무도 그때는 일이 그렇게 돌아갈 줄 몰랐다. 찾아온 기회에 등을 돌릴 수 있었던 것은, 안식일을 거룩히 지키기 위해서였다고 할아버지는 믿고 계셨다.

일주일 중 하루를 잡아 일을 손에서 완전히 내려놓는다는 것은, 인간의 기준에서 꽤나 비논리적인 행동이다. 사람들이 3,000년이 넘는 오랜 시간 동안, 최소한 표면적으로라도 이를 지켜 왔다는 사실이 내게는 더욱더 놀랍게 다가온다. 그렇다면 안식일을 지키는 것을 그리도 오랜 시간 동안 중요하게 받든 이유는 뭘까? 답은 당연하지만, 다면적이다. 반드시 짚고 넘어가야 하는 것이 두 가지 있다. 첫 번째로 신명기의 지시인 "지키라"는 하나님께서 우리가 무엇을 해야 하는지 말씀해 주신 것이다. 그러나 두 번째, 출애굽기의 "기억하라"는 창세기의 안식일 역할이 무엇인지 기억하라는 것이다. 이는 우리가 그림의 전체를 볼 수 있게 해 주는 내러티브(인과 관계로 이어지는 사건들의 연속)의 맥락을 통한 또 다른 지시인 것이다. 하나님께서는 그 맥락을 고려하라고 말씀하신다. 하나님은 6일을 일하고 7일째는 쉬셨다. 우리가 하나님께 다가가기 위해서는 똑같이 행해야 한다. 기억은 곧 우리가 명령을 지켜 거룩하게 하는 방법이다.

우리는 하나님의 말씀을 지키는 것으로 궁극의 창조자에게 한걸음 더 가까이 다가갈 수 있다. 이를 통해 우리 스스로가 창조자가 될 수 있다. 사람의 수면은 다음날을 활기차게 보낼 수 있는 재충전의 시간이라는 사실은 이미 증명되었다. 안식일에 휴식을 취하는 것도 같다. 다음 1주일을 지내기 위한 재충전의 시간이다. 그렇게 얻은 기운은 우리의 삶과 사업을 온전히 진행하게 하며 책임질 수 있게 만든다. 필멸자인 우리가 창조자가 되기 위해서는 궁극의 창조자이신 하나님을 모방해야 한다. 안식일을 지키는 것은, 성공적인 비즈니스나 예술품을 발명하는 창조 등을 가능하게 하는 원동력이 될 수 있다. 오래전의 기억을 잊지 말아야 한다. 하나님께서 처음 단 하루만 일하지 않으셨다는 사실을 우리는 기억해야 한다.

보다시피, 하나님은 이유 없이 갑자기 나타나서 명령을 내린 것이 아니라, 우리가 안식일의 역사를 이해할 수 있도록 그 속에 철학적 구조와 내러티브도 함께 전해주신다. 우리는 "지키기" 위해서 먼저 "기억"해야 하고, 매주 지킴으로 동시에 기억하게 된다. 우리가 무엇을 해야 하는지 아는 것만으로는 부족하다. 그 이전에 그 맥락을 이해하고 완전히 내면화해야 하나님의 의지를 우리 삶에 접목할 수 있는 의지로 키울 수 있게 된다.

이제 당신도 왜 지식만 가지고는 부족한지 알게 되었을 것이다.

무엇을 해야 하는가(지키기)로는 부족하다. 기억이 동반되어야 일에 대한 진정한 의미를 알 수 있게 된다. 이를 통해 하나님의 의지를 내러티브의 맥락 속에 담고, 우리의 일상에 그분의 의지를 일체화시킬 수 있게 된다. 하나님의 의지를 받아들인다는 것은, 이를 실천하겠다는 의지를 키우는 것에서부터 시작한다. 하나님의 말씀을 받아들이고 내면화하여 실천하는 일련의 행동이 하나의 과정인 셈이다. 우리 자신에게 살을 **빼야** 한다고 말하는 것으로는 부족하다. 실제로 운동과 균형 있는 식사와 같은 실천이 살을 **빠지게** 한다.

Secret # 11

성공의 필수요소는 자제력, 진정성, 의지력이다

다이어트를 가장 좋은 예로 들 수 있다. 왜 몸무게를 줄이기로 결정하고 그대로 할 수 없는 것일까? 상상 속, 즉 시각화할 수 있는 미래의 건강상태나 활력, 나아진 외모를 얻기 위해 받아들여야 하는 새로운 삶의 방식을 실천하기에는 당면한 현실적 고통이 상당히 크기 때문이다. 더 나은 모습이 되고 싶지만, 그 상태를 당장 만드는 것은 불가능하다. 상상만이 가능하다. 반대로 디저트를 내려놓을 때의 현실적 고통은 당장 느낄 수가 있다. 상상 속의 소득만으로는 현실의 고통을 감내하기가 어렵다. 항상 현실적 고통이 우선하게 된다. 인간의 마음이 작동하는 방식을 무시하면 실패할 수 있으므로 우리는 다른 동기를 찾아야 한다. 미래의 소득을 상상하며 현실 고통에 당면했을 때, 우리가 그 소득을 단념하지 않겠다고 생각해 보자.

돈을 버는 과정을 이해하려 할 때 비슷한 딜레마에 빠지게 된다. 돈을 버는 과정에는 매우 현실적인 고통이 도사리고 있다. 매일 일해야 한다는 아주 현실적인 고통이다. 우리는 일하기 때문에 임금을 받고 저축하고 삶을 원하는 대로 꾸릴 수 있다는 사실을 알고 있다. 그러나 미래의 재정적 목표를 완수하는 것은 우리가 매일 아침 알람을 끄고 일어나 옷을 입고 출근해야 한다는 사실에 비해 훨씬 멀게 느껴질 뿐이다. 대가는 멀고 단계적으로 주어지며, 상상이 필요하다. 반면에 TV는 당장 우리 눈앞에 있다. TV를 끄고 더욱 생산적인 어떤 일을 하는 것은 현실적이고 즉각적인 고통을 유발한다. 더 이상 TV를 볼 수 없다니! 변화가 이렇게 고통스럽고 즉각적이기 때문에 소득을 상상하는 것만 가지고는 충분한 동기 부여가 될 수 없다.

그럼 이제 우리가 해야 하는 것은 무엇인고 하니, 우리 상상 속의 대가를 재설정해야 한다. 그것은 매우 현실적이고 매력적인 방법으로 만들어져야 하고, 우리 스스로 행동할 때 느끼게 될 고통을 극복할 수 있을 정도로 강력해야 한다. 어떻게든 이 투쟁의 양면은 대등해야 한다. 우리가 직업인이자 비즈니스 전문가로서 성공하기 위해서는 반드시 그리해야 한다. 하지만 어떻게? 어떻게 하면 우리 스스로 인간의 가장 근본적인 필요와 결함을 극복할 수 있을까?

우리는 시편에서 이에 대한 지침을 보여주는 다윗 왕의 아름다운 한 마디를 볼 수 있다. 시편 34장 13절은 독특한 매력의 히브리어 발음을 지니고 있다. Mi HaIsh Heh Chafeitz Chayim. 이를 번역하면 "생명을 사모하고 연수를 사랑하여 복 받기를 원하는 사람이 누구뇨"이다.

다윗 왕은 "그것은 바로 당신일 것이다"라고 말한다. 단, "악에서 등을 돌리고 선을 행한다면"이라고 조건을 달았다.

왜 간단히 "선을 행하라"라고 하지 않았던 것일까? 두 말은 결국 같은 뜻이 아닐까?

다시 다이어트의 예로 돌아가 보자. 아마도 가장 중요한 것은 '선을 행하는 것', 즉 운동을 하는 것이라고 생각할 것이다. 그러니 체육관에 가서 운동을 많이 할 것이다. '선을 행하고' 있는 것이다. 그러나 운동 후에 집에 돌아와 다시 먹는다. 이게 뭐가 문제라고? 어차피 내일 또 가서 운동할 것이 아닌가! 하지만 시간이 지날수록 점점 더 많이 먹게 될 가능성이 크다. 이는 당초 당신이 다이어트하기로 마음먹었던 것에 완전히 반대되는 좋지 못한 상황이다. 그래도 당신은 "어쨌든 운동을 하고 있으니 좋은 것이다"라고 말한다. 그런데도 당신이 원하는 결과물은 다가오지 않는다.

당신은 이미 마음 깊은 곳에서 당신 행동에 대한 진실을 깨닫고 있다. 만일 이때 당신이 운동했으니까 많이 먹어도 된다고 합리화한다면, 운동에 대한 대가로 따라오는 고결한 감정을 느낄 자격을 잃게 된다. 당신은 체육관에서 운동을 많이 했다는 장점을 내세우고 있지만, 스스로 다이어트에 반대되는 행동을 한다는 사실은 어떻게든 숨기려 한다. 주기적으로 운동하며 잘하고 있지만, 너무 많이 먹는 좋지 못한 습관에서도 벗어나지 못하고 있다. 여전히 많이 먹고 있기 때문에 운동을 해도 문제가 해결되지 않는다. 나쁜 행동을 여전히 하면서 조금씩 선도 행하는 것이다. 스스로 '좋은 점'을 내세워도 좋은 것은 아니다. 물론 나쁜 점 때문에 좋은 점이 부정되는 것은 아니다. 좋은 점도 나쁜 점을 부정하지 못한다. 하지만 하나님은 우리가 악을 배척하고 선만 행하기를 바라신다.

다윗 왕의 이야기는 우리가 악을 행하고 있음을 무시하고 동시에 선을 행한 것을 축하하면 안 된다고 말하고 있다. 우리가 선의 혜택을 온전히 거두려면 악으로부터 완전히 등을 돌려 배척해야 한다. 쉽지 않은 일이다. 쉽게 무언가를 얻는 일을 축하하는 것은 상관없지만, 자신이 잠깐씩만 선을 행한다고 하여 스스로 선하다는 믿음을 갖게 해서는 안 된다. 이것은 의지력을 키우는 과정에서 오히려 역효과가 날 수 있다. 당신이 하는 일에서 진정으로 선하다고 자부하기 원한다면, 삶에서 악을 완전히 몰아내야 한다.

분명히 말하건대, 어려운 일이다. 누구나 선택의 순간이 오면 선행을 선택할 수 있다. 그러나 당신이 해야 하는 것은 모든 순간에 선행을 선택하는 것이다. 하나하나의 선택은 그 순간에 그치게 된다. 그런데도 그런 한순간의 선택을 일생에 걸쳐 계속해서 반복해야 한다. 알코올중독자 협회에서 중독자들에게 "하루에 한 번만" 마시라고 하는 이유도 이와 같다. 선택의 순간이 닥쳤을 때 우리는 상상력을 발휘하여 미래의 소득이나 고통에 집중하기보다는, 당장에 미칠 이득과 손해를 고려해 선택하기가 훨씬 쉽기 때문이다. 모든 악한 생각으로부터 등을 돌린다는 것은 곧 앞으로 영원히 모든 악행을 거부해야 함을 뜻한다. 이는 매우 어려운 일일 뿐만 아니라, 진정으로 강력한 의지력을 키워야만 가능하다는 난점이 있다.

우리는 비즈니스 세계에서 항상 이런 딜레마를 마주하게 될 것이다. 비즈니스 세계에서 우리는 결과가 항상 만족스럽지 않은 옳은 일을 계속해야 한다는 과제를 안고 살게 된다. 영업전화를 걸 때, 지금까지 일곱 번을 걸었는데도 아무런 소득이 없었다는 사실을 자각하면서 한 번 더 전화를 거는 의지력을 발휘하기란 쉽지 않은 법이다. 이런 상황은 우리가 행동할 자신감과 능력을 잃어버리게 만든다. 이런 상황에 몰렸다면 아마도 전화기가 차라리 사라져버렸으면 하고 바라게 되지 않을까? 다시 전화하지 않아도 될 만한 다른 이유를 찾으려 할 수도 있다. 당신이 전화를 걸었을 때, 상대방이 전화를 안 받았으면 하는 마음도 생길 것이다. "제발 사무실에 아무도 없어라." 그렇게 빌 수도 있다. 완전히 의지를 잃은 상태라면 한창 일하느라 바쁜 시간에 어딘가로 전화할 수도 있고, 일해야 하는 시간에 당신의 책임을 피하려 할 수도 있다. 영업은 분명 대단한 직업이지만, 모든 영업사원이 다 잘 알고 있듯이 그만큼 어려운 일이다. 하지만 쉬운 일을 하는 사람들에게 돈을 많이 주는 사람을 본 적이 있는가? 여기서 진짜 어려운 일은 계속해서 영업 전화를 걸어야 한다는 사실이 아니다. 당신은 이미 당신이 맡은 일을 하는 방법을 잘 알고 있고, 실제로 잘하고 있을지도 모른다. 진짜 어려운 것은 매일같이 웃고, 항상 최선을 다해야 한다는 것이다. 그러기 위해서는 자신의 삶과 직장에서 만날 수 있는 고난을 견뎌낼 수 있는 강인한 사람이 되어야 한다. 그런 삶이 성공적인 비즈니스 전문가의 삶이다. 비즈니스 분야에서 성공하고 싶거나, 다른 무언가를 성취하기 위해서 노력하는 중이라면 항상 최선을 다하기 위한 방법을 찾아야만 한다.

이 책은 당신에게 돈을 버는 데 필요한 지식을 전수하려 한다. 이 지식은 우리 민족, 유대인들이 오랜 세월 세대를 초월하여 그대로 행한 지식이다. 그러나 당신이 선한 길을 선택하고 잘못되고 악한 길을 거부할 수 있는 강인한 사람으로 성장하지 못한다면, 내가 당신에게 전수한 이 지식은 실패한 것이며, 나는 당신에게 아무것도 전하지 않은 것과 다를 바가 없다. 지식 그 자체로는 부족하기 때문이다. 당신은 그 지식을 바탕으로 행동해야 한다. 그리고 지식을 바탕으로 행동할 수 있을 만큼 강인한 사람이 되어야 한다.

비행과 악행을 깨닫는 것은 상대적인 이야기이다. 비즈니스 세계에서 근무 중에 당신의 책임을 피하는 것은 '악한' 행동이다. 생산적이지 못하고 시간을 낭비하는 것 또한 이 맥락에서 '악한' 행동이다.

그러므로 당신이 비즈니스 전문가로서 확립해야 하는 목표는 두 가지이다. 먼저 내가 익숙하지 않은 어려운 일을 더 잘 할 수 있게 되는 것과 쉽고 즐기기 좋은 일만 골라서 하는 것을 피하는 것이다. 이는 시편에서 찾아볼 수 있는 유대인의 지혜 중 하나이다. 이 목표를 이루려면 자신을 다시 훈련시켜야 한다. 사람이 타고나기를 이러한 목표에 정반대로 행동하게 되어 있기 때문이다. 우리는 옳은 일을 하고 옳게 생각하기 위해서 노력해야 한다. 이런 노력은 당신의 비즈니스뿐만 아니라 삶 속에서도 항상 준비된 자세여야 한다.

내가 사람들에게 항상 권하는 것 중 하나는 매일 하루에 최소 다섯 명에게 감사를 표하라는 것이다. 나는 항상 그렇게 한다. 처음에는 익숙하지 않아 어색하고 이상하게 느껴질 수도 있겠지만, 시간이 지나면 마치 숨 쉬듯 자유롭게 할 수 있게 된다. 이제 나는 이런 감사를 표하지 않고 하루를 보내면 기분이 좋지 않다. 마치 운동이나 식사를 빼먹은 듯한 느낌이 들기 때문이다. 스스로 정한 약속과 목표를 지키지 못한 약한 사람이라는 생각 때문에 자기혐오감과 불쾌한 감정을 느끼게 된다. 이것이 적극적으로 선한 행동을 찾으려는 나의 모습이다.

나는 또한 더욱 생산적인 사람이 되는 방식으로 악을 등지는 방법을 적극적으로 찾는다. 많은 사람이 하루에 세 시간은 TV를 본다. 그렇게 길지 않은 시간처럼 느껴지겠지만 1주일 단위로 생각해 보면 매주 생산적인 활동을 할 수 있는 21시간이 TV를 보는 데 투자되는 것이다. 이 시간을 생산적인 활동에 투자해 보자. 가장 먼저 할 일은 내가 어디에 있는지 알고, 내 삶과 내 행동을 어떻게 바라보고 있는지 느끼는 것이다. 지금 나의 의지는 어떠한가?

지금 나의 의지(Morale)는 어떠한가? '의지(Morale)'라는 단어가 보이는가? 이 단어를 보고 무엇이 생각나는가?

다시 한번 읽어보자. 도덕(Moral). 의지(Morale)와 도덕(Moral). 누구든 이 두 단어의 발음이 굉장히 유사하다는 사실을 알 수 있다. 그리고 그 발음의 유사성으로 말미암아 두 단어의 어원이 서로 관련 있다는 것을 쉽게 유추할 수 있다. 우리의 의지는 항상 우리의 도덕적 신념과 도덕적 가치에 대한 인식과 관련되어 있었고, 앞으로도 그럴 것이다. 많은 사람이 스스로 '좋은 사람'이라고 선언하는 이유가 여기에 있다. 나는 그 필요성을 이해한다. 우리는 모두 자신이 좋은 사람이라고 믿으려 한다. 우리는 동물이 아니니까. 우리는 인간이다. 동물은 자신이 선하다고 믿어야 할 필요성이 전혀 없다. 동물은 본능에 따르는 피조물일 뿐이다. 동물이 되는 것은 참으로 간단하다. 그러나 인간이 되는 것은 자신의 행동이 선하고 도덕적이기를 원하는 필사적인 욕망을 품는다는 것을 뜻한다. 물론 우리 사이에 드물게 반사회적 인격 장애자가 존재하지만, 그런데도 대부분의 인간은 끊임없이 자신이 선한 행동을 하고 있음을 확인하고, 자신의 의지와 도덕성의 수준을 검토해야 할 필요성을 느낀다. 그러려면 우리와 하나님 사이의 거리감을 줄이는 행동(선한 행동)을 하고, 우리와 하나님 사이의 거리감을 크게 만드는 행동(악한 행동)을 피해야 한다.

나는 당신이 종교인이 아닐 수도 있다는 사실을 존중한다. 괜찮다. 나는 이 책과 이 책 속의 충고가 배경에 상관없이 모든 사람에게 받아들여지기를 원한다. 심지어는 나 자신조차 유대교 랍비임에도 불구하고 정기적으로 기독교 예배에서 강연을 하고 있다. 당신의 종교적 성향이나 신도 여부는 여기서 중요한 것이 아니다. 유대인인 나는 전통적인 유대 사상을 바탕으로 세워진 곳 출신이고, 그러므로 도덕적인 측면에서 말하고 생각할 때 그 지침이 기준이 된다. 도덕적 행동은 내가 하나님께 더 다가가고 있다고 느끼게 하며, 부도덕한 행동은 나와 하나님 사이를 떼어놓는 것처럼 느낀다. 그러나 당신이 내가 말하는 하나님과 개인적으로 아무런 관계가 없으며, 근본적으로 종교와 무관한 사람이라고 하더라도, 여전히 당신은 좋은 사람, 도덕적인 사람이 되기 원하는 마음이 내게는 있다. 당신이 느끼기에도 당신의 삶이 선하고 도덕적으로 보이게 만드는 면이 있고, 반대로 자신의 위신과 체면을 떨어트리는 느낌이 들 때도 있을 것이다. 분명히 그렇지 않은가?

여기에서 중요한 것은 당신이 사용하는 언어나 용어도 아니고 당신의 철학적 위치나 지위도 아니다. 정말 중요한 것은 당신이 '어디에서 도덕적으로 일어설 수 있는가'이다. 내가 이런 말을 하는 이유가 무엇일까? 삶과 인생의 성공은 당신이 유혹을 견디는 능력에 달려 있기 때문이다. 당신의 길을 잘못 들게 만들 수 있는 모든 유혹에 저항할 수 있어야 한다. 죄의 유혹, 과식의 유혹, 어리석은 TV 프로그램을 한 시간 더 보고 싶은 유혹, 물건을 팔기 위해 한 통의 전화라도 더 하는 대신 카페에 편히 앉아 쉬고 싶은 유혹을 견뎌야 한다. 당신 자신의 목표를 인식하고 더 나은 사람이 되려고 노력하는 것을 막는 모든 유혹에 저항해야 한다.

왕복 2차선 도로와 같다. 유혹에 견디는 힘은 자신의 도덕적 자부심과 밀접한 관계가 있다. 유혹에 견디면 견딜수록 자신이 자랑스러워질 것이다. 그리고 자신이 자랑스럽게 여기면 여길수록 유혹에 견뎌내는 의지도 강해질 것이다. 자신이 가치 있는 사람, 악행을 초월한 자격 있는 사람이라고 느낄 때 유혹을 견디기가 훨씬 더 쉽다. 당신이 카페에서 쉬는 것이나 TV를 보는 것을 즐기는 사람이라고 해 보자. 스스로 그런 것을 하면 안 된다고 단정하기 어려울 것이다. 하지만 스스로 괜찮은 영업 전화 한 통을 놓치는 사람, 혹은 온종일 별 의미 없는 TV 프로그램만 들여다보면서 시간을 낭비하는 사람이 아니라고 말하기는 훨씬 쉬울 것이다. "내가 누군 줄 아느냐?" 분명히 나 자신에게 말해야 한다. "나는 이런 것을 하면 안 된다. 나는 아니다!" 이런 재설정은 당신의 선택을 쉽게 만들어 유혹에 더 쉽게 저항할 수 있도록 당신의 도덕적 위치를 결정하고, 의지를 확립하게 만들 것이다.

조심해야 할 것이 있다. 그 반대로도 마찬가지라는 점이다. 유혹에 굴복해 실패를 경험하면 할수록 다음 유혹에 굴복하기 쉬워지고 그만큼 실패하기도 쉬워진다. 한번 과식하거나 한번 운동을 빠지면, 체육관에 가기 싫어질 것이다. 하루 운동을 망쳤다는 생각이 들기 때문이다. 한 번 술을 입에 댄 알코올 중독자는 술에 취해 곯아떨어질 때까지 계속 퍼마신다. 일터에서 인터넷을 하느라 하루의 절반을 날려버렸다면 남은 절반도 인터넷으로 날릴 가능성이 매우 크다. 일이든 인터넷이든 이미 죄책감을 느끼고 있는 상태니까. 스스로 실패자라는 생각이 들 것이고, 이는 자기충족적 예언으로 돌아오게 된다. 그 악순환의 고리를 끊어야 한다.

빅토르 위고의 레미제라블은 주인공이 성직자로부터 은식기를 훔칠 것인지 갈등하면서 범죄자의 삶과 도덕적 삶 사이에서 갈등하는 장면이 훌륭히 묘사된다. 물론 이 도둑은 잡혔지만, 그 성직자가 남자를 풀어주며 경찰에게 은식기는 도둑맞은 것이 아니라 선물로 준 것이라고 말해 경찰의 의심까지 풀어주었다. 이 자비로운 행동과 함께 범죄자의 삶도 완전히 변하게 된다. 모든 문학 속 종교인 중 가장 긍정적으로 묘사된 이 성직자는 이 남자가 한때 도둑으로 낙인찍혀 있었고, 앞으로도 그러리라는 사실을 알고 있었다. 그러나 이 성직자는 남자를 설득하는 대신 남자가 도둑이 아니며, 훔친 것도 없다고 말하는 것으로 남자가 도덕심을 키우도록 도와주었다. 주인공은 미래에 물건을 훔칠 것인가 고민하는 것이 더 어려워질 것이다. 이 성직자는 지금 내가 하려는 이야기를 알고 있었다. 당신이 항상 도덕적인 길을 걷는다면, 그래서 항상 유혹에 저항한다면, 다음에는 도덕적인 선택을 하기까지 또는 유혹에 저항하기까지 걸리는 시간이 훨씬 덜 괴롭게 될 것이다. 반면에 당신이 영적 중력에 이끌려 부도덕한 행동을 하게 된다면 다음부터 그런 악행을 하기가 점점 더 쉬워지게 된다.

성경에서는 이에 대해서 명확하게 밝히고 있다. 창세기 38장에서 유다는 적절치 못한 여성을 아내로 들였다. 이 부부는 세 아들을 보았는데 이들 중 둘은 악하여 하나님께서 데려가셨다. 유다는 창녀를 배우자로 맞이하며 공개적으로 굴욕을 당했다. 이렇게 생각해 보자. 38

장은 유다의 좋은 나날이 아니다. 그의 모든 불행은 그가 그의 형제들로부터 떠나 내려가 아둘람 사람들과 함께하게 되었다고 전하는 38장의 초장부터 시작된다. 유다가 내려갔다. 그의 도덕적인 모습이 무너진 것이다. 그리고 즉시 잘못된 방향으로 향하게 된다. 그는 그런 잘못된 느낌을 받아 본 유일한 사람이 아니다. 나 또한 지금까지 살면서 스스로 "내가 뭘 하는 걸까? 이건 좋은 일이 아니야. 별로 득 될 것도 없겠군."이라고 생각할 때가 있었다.

사사기 14장은 삼손이 블레셋 사람의 딸과 결혼하기를 원했다고 전한다. 그러나 유대인은 블레셋 사람과 함께 하는 것이 금지되어 있었고, 삼손 또한 이를 알고 있었다. 여기에서 성경은 "삼손이 딤나로 내려가" 데릴라(또는 데릴라)를 만났다고 표현하고 있다. 유다와 마찬가지로 그도 도덕적으로 추락한 것이다. 삼손과 유다는 이를 알면서도 행했기 때문에 스스로 몰락을 자초하였다. 이러한 '내려감'의 언어는 우연이 아니다. 하나님께서 우리 인간들에게 말씀을 전하실 때는 항상 이러한 모습을 보이신다. 영적 중력이 존재하여 인간의 도덕적 추락이 빠르게 이루어지는 것이다.

데릴라는 남편 삼손이 아니라 블레셋인이었던 전 남자친구를 향한 충절을 보였다. 그녀는 의도적으로 남편의 힘이 어디에서 나는지 찾았고, 그가 실패하도록 계획을 짰다. 그러나 삼손은 자기 아내에게 거짓말을 했다. 자기 머리카락 일곱 가닥을 베틀의 날실로 써서 짜면 하나님께서 내려주신 힘이 사라진다고 한 것이다. 그리고 삼손이 잠들었을 때 데릴라는 삼손의 머리카락 일곱 가닥을 가져다 베틀로 짠 다음, 삼손을 깨우며 블레셋인들이 쳐들어오고 있으니 나가 싸워야 할 것이라고 말했다. 분노한 삼손은 베틀을 때려 부쉈다. 당연히 그의 힘은 그대로였다. 그러나 데릴라가 끊임없이 조르고 묻기에 삼손은 결국 사실을 털어놓았다. 그의 힘은 단 한 번도 자른 적이 없는 머리칼에 있으며, 만약 머리를 밀어 버린다면 하나님께 반하는 것이 되어 힘을 잃게 될 것이라고 했다. 데릴라는 잠자는 삼손의 머리를 완전히 밀어 없앤 후 블레셋 사람들을 부르고 삼손을 깨웠다. 이번에도 삼손은 나가 싸웠지만 하나님께서 이미 그를 떠난 뒤였고, 그의 시대도 그렇게 막을 내렸다.

데릴라가 블레셋 사람들이 들이닥쳤다고 말하며 삼손을 깨우는 두 구절에서 성경은 "삼손이 잠을 깨어/깨며"라고 말하고 있다. 영어 번역본에서 이 두 구절은 똑같아 보인다. 하지만 히브리어에서는 두 구절이 서로 다르다. 당연히 성경이 처음 쓰일 때 히브리어로 쓰였다. 그리고 히브리어 성경에서 "삼손이 잠을 깨며"라는 문장은 다섯 개의 글자로 구성되어 있으며 이 중 두 개는 유드(Yude)이다. 우리는 이때 여호와께서 그와 함께하셨다는 것을 알고 있다. 그러나 두 번째 구절에서 같은 문장은 네 개의 글자로만 이루어져 있다. 사라진 글자는 같은 문장 내에 두 번째로 쓰였던 유드(Yude)이다. 사라진 글자가 곧 하나님의 영적 힘을 대표하는 글자이다. 이 문자 유드 두 개가 그 자리에 남아 있는 동안은 삼손이 하나님의 손길을 그대로 받으며 일어났다. 이는 곧 그가 자기 아내의 유혹에 굴복하여 배신하지 않았음을 뜻한다. 그러나 그가 두 번째로 잠에서 깨어날 때는 같은 단어에서 글자가 하나 사라졌다. 우리는 여기서 그가 도덕적으로 실패하였으며, 그 결과 그의 의지가 무너졌다는 사실을 유추할 수 있다. 사라진 글자는 단순히 그가 잠에서 깨어났다는 것을 뜻하는 데서 그치지 않고, 그의 실재에 변화가 일어났음을 보여준다. 이런 변화는 성경 내에서 끊임없이 찾아볼 수 있다. 도덕적으로 실패하면 의지 또한 무너지며, 의지가 무너졌기 때문에 더 큰 도덕적 실패를 겪게 된다.

그렇다면 우리의 의지와 도덕적 중심을 지키기 위해 필요한 힘을 어떻게 키울 수 있을까? 그런 방법과 기술은 다양하다. 그중 한 가지는 스스로 작고 사소한 승리라도 축하하는 것이다. 아무리 작고 사소한 승리라도 대단치 않다고 생각하면 안 된다. 보다시피, 선행은 더 많은 선행과 더 큰 보답으로 돌아온다. 모든 작은 승리는 다음번 조금 더 큰 승리의 씨앗이 된다. 그 반대도 마찬가지다. 아무리 사소한 도덕적 결점과 실수라도 다음에는 더 큰 결점과 실수로 돌아오게 된다. 당신이 집중해야 할 것은 각각의 순간이 아니라, 그 순간들로 이루어진 길이다. 당신 스스로가 도덕적인 길을 걷도록 해야 한다.

매번 작은 승리를 거둘 때마다 이를 동기부여를 위한 보상으로 인식하는 방법도 있다. 이를 일상적 도전과제로 삼는 것도 좋다. 괜찮은 판매계약을 성공시켰다면 다음번 판매계약이 체결 될 때까지 걸리는 날짜를 계산해 보자. 그 다음번 계약을 체결한 뒤에는 그다음 계약까지 걸리는 시간을 줄여보자. 아니면 다음 계약은 이전 계약보다 조금 더 큰 건으로 목표를 정해 보는 것이다. 판매액이 1% 커지는 수준이어도 상관없다. 여기서 본질적으로 중요한 것은 작은 승리를 거두는 것이 아니라, 당신이 앞으로 계속 쌓게 될 작은 승리의 연속에 있다. 이렇게 연속되는 승리를 이전 것보다 조금 더 크게 키워나가는 것이다. 시간이 흐르면서 승리하는 규모가 커지고, 당신도 성장하게 된다. 여기에 커다란 비밀이 있다.

또 다른 방법은, 항상 목표를 종이에 써 놓는 것이다. 거창한 인생의 목표를 써 붙이라는 것이 아니다. 당장 매일같이 열중하기에 좋은 목표를 정하라는 것이다. 너무 크고 멀리 떨어진 목표는 별 소용이 없다. 지금 빠르게 처리할 수 있는 작은 일들부터 목록을 만드는 것이 중요하다. 다음으로는 하나씩 완수하도록 한다. 이렇게 목표를 글로 써 두면, 지금 주어진 일에 집중할 수 있고 일도 질질 끌지 않게 된다. 가능하다면 구체적인 일정도 한번 정해 보자. 큰 도움이 될 것이다. 작지만 당장 할 수 있는 일들을 쓰라는 것, 잊지 않아야 한다. 만약 큰 프로젝트를 진행 중이라면 작게 나누어서 정리할 수도 있다. 아무도 대규모 프로젝트를 한 번에 몰아서 끝내지 않는다. 작은 단위로 나누어서 시간표에 올린 다음 계획에 따른다. 이런 일들을 할 때마다 자신이 다른 사람이 된 것 같은 느낌이 들 것이다. 당신 마음대로 구체적이고 완수할 수 있는 목표를 단계적으로 정할 수 있다. 이 목표를 완수하면서 스스로 동기부여를 하고, 또 일을 계속해 나갈 수 있도록 환기할 수 있게 된다.

도움이 되는 마지막 방법은, 책임감을 갖는 것이다. 당신이 사람들을 위해 책임지고 나선다고 생각하는 것이다. 그 사람이 당신의 배우자가 될 수도 있고, 자녀가 될 수도 있고, 직장 동료일 수도, 친구일 수도 있다. 누구든 상관없다. 당신이 믿고 존중하는 사람이라면 누구나 괜찮다. 이제 당신은 이 사람에 대해 책임을 져야 한다. 원한다면 이름을 붙여도 좋다. 예를 들면 '나 주식회사' 정도? 이 주식회사는 다른 회사와 마찬가지로 당신이 책임을 다할 수 있게 만들어 주는 사람, 다시 말해 '이사회의 이사'가 필요하다. 그 사람을 당신 마음속의 동반자로 만들고, 당신이 세운 작은 '나'라는 회사의 '이사'로 세우는 것이다.

만약 당신이 하나님과 관계된 사람이라면 당신이 하나님께 책임을 진다고 생각하면 된다. 수많은 신자에게도 마찬가지로 적용된다. 종교와 관계없이, 순조롭게 일을 진행하기 위해 누군가와 함께한다면 그 누군가에 대한 책임을 진다고 생각하면 된다. 이 '누군가'가 당신의 성과에 성패가 달린 사람, 혹은 당신의 진정한 친구인 것이 가장 이상적이다. 이렇게 마음속으로 정한 사람에게 앞서 작성한 목록을 보여준 다음, 당신이 이 일을 책임지고 끝낼 수 있게 도와달라고 부탁하는 것이다. 당신 스스로 시간 계획을 세운 다음, 이들에게 보여주도록 한다. 계획대로 따르지 못하면 나 자신과 이들 모두에게 실패를 안겨주게 된다는 것을 늘 생각해야 한다. 이렇게 하면 동기부여가 될 것이다. 인간은 누군가를 위해 봉사하고 그들을 기쁘게 할 때 보람을 느끼게 창조되었기 때문이다.

그리고 이 서비스를 사람들에게도 제공하자. 그들이 당신을 돕기 원한다면, 당신도 그들을 마찬가지로 돕는 것이다. 우리 인간이 다른 인간을 위해서 베풀 수 있는 가장 큰 일이다. 당신이 친구들에게 부탁한 것을 똑같이 친구들을 위해서 해줄 수 있어야 한다.

기억하라. 당신이 고용 여부와 상관없이 일하고 있다면 비즈니스를 하고 있는 것이다. 당신의 기술을 사용할 만한 시장을 찾는 것 또한 마찬가지다. 자신을 자격을 갖춘 비즈니스 전문가로 만들고 그런 시선으로 바라보아야 한다.

이런 식으로 당신의 도덕적 성격을 구축하는 것은 쉬운 일도 아니고, 자연스럽게 이루어지는 일도 아니다. 인간이 되는 것은 어려운 일이다. 성공가도를 달리고 있으면서 인간이 되는 것은 더욱 어려운 일이다. 그러나 그 보답은 고생할 가치가 있는 수준이다. 진정한 인간은 자신의 행동을 선택 한다. 동물은 본능에 따라 행동한다. 게으른 늑대나 비만한 코끼리를 본 적이 있는가? 과식하거나 운동하는 동물에 대해서 들어본 적도 없을 것이다. 인간만이 이런 실수도 하고 선행도 한다. 인간만이 교육과 훈련을 통해 절제력과 끈기를 키우고 가다듬을 수 있다. 이는 인간의 본능이 아니다. 그렇기 때문에 이를 타고난 사람은 극히 드물다. 그러나 우리는 변화하고 나아질 수 있는 역량을 가지고 있다. 인간은 특별하기 때문이다. 그리고 우리가 실망시킬 수 없는 하나님의 손길을 받았기 때문이다. 물론 당신 중에는 신자가 아닌 사람도 있겠지만, 그렇다고 하여 자신을 동물과 비슷한 조건에 놓고 바라보는 일은 피해야 한다. 그리고 절대로 본능에 굴복해서는 안 된다. 하고 싶은 것만 골라서 하는 것은 동물과도 같은 행동이다. 그리고 유혹에 저항하는 것은 진정한 인간의 덕이다. 성경 속에서 이에 대한 이야기는 끊임없이 반복된다. 이 사실을 깨닫기 위해서 신자가 될 필요는 없다. 이 원리는 유대교의 가르침 중 가장 중요한 원리 중 하나이기 때문에 강조하는 것이다.

이점에 관해서 설명하는 성경 이야기가 하나 있다. 사사기 7장을 보면 된다. 여호와께서 기드온을 신뢰하시어 강력하고 무서운 미디안 군대와 싸우도록 하셨다. 기드온은 12,000명의 군대를 소집했으나, 하나님께서는 군인이 너무 많다고 하셨다. 단호하고, 유대가 강하고,

발이 빠르고, 적을 치는 데 망설임 없는 병사들, 즉 적은 수의 옳은 자들이 필요했다. 여호와께서 양보다 질을 강조하신 것이다. 그래서 기드온은 군대의 수를 10,000명으로 줄였으나, 하나님은 아직도 군대가 너무 크다고 하셨다. 그래서 하나님께서 직접 군대의 수를 줄이기로 하셨다.

기드온은 하나님의 명을 받들어 1만 명의 군대를 강가로 이끌어, 잠시 강에서 쉬면서 물을 마시도록 했다. 한낮 내내 훈련을 받은 군인들은 당연히 목이 말랐을 것이다. 그래서 강가로 달려가 물을 마셨다. 기드온은 군인들이 물을 어떻게 마시는지 매의 눈길로 훑었다. 머리를 낮추고 물에 혀를 대어 개처럼 핥아 마시는 자가 있었고, 문명화된 인간처럼 손을 낮추어 물을 떠 입으로 가져가 마시는 자가 있었다. 당신 또한 아마도 이쯤에서 기드온의 동기를 어느 정도 예측했으리라. 그는 개처럼 바닥에 엎드려 물을 마신 사람들은 전부 집으로 보내고, 손으로 물을 떠 마신 사람 300명만 남겨 미디안과의 싸움에 임했다. 이 300명의 선택받은 남자들은 전쟁에서 크게 이겼다. 이들은 하나님께서 원하신 자질을 갖춘 사람들이었다.

이 사람들은 물을 마실 때뿐만 아니라 평소 삶에서도 짐승이 아니라 사람과 같이 행동했기에 축복받고 선택받은 것이다. 그들은 스스로 어떻게 행동할 것인지 선택했다. 또 자신의 선택과 행동 그리고 주변 사람들에 대해 책임을 지는 사람들이었다. 당신이 비즈니스 파트너를 선택할 때도 이 점을 기억해야 한다. 이렇게 유혹과 짐승의 본능에 저항하고, 세상을 인간답게 살아가는 남자나 여자를 주변에 두어야 한다. 자신의 행동에 대한 책임을 지는 동반자를 선택해야 한다.

작은 제스처에 불과해 보인다. 동물들이 그러듯 무릎을 굽히고 얼굴을 물에 대는 대신 물을 손으로 떠서 얼굴에 가져오는 것. 그러나 이 사소한 행동이 인간으로서의 품격을 나타낸다. 내가 어렸을 때가 생각난다. 어머니께서 식사로 치킨 수프를 준비하셨다. 나는 테이블에 앉아서 그릇째로 들고 후루룩거리면서 마셨다. 어머니께서 나한테 뭐 하냐고 물어보셨다. 당연히 치킨 수프를 마시고 있다고 대답했다. "짐 승처럼 먹고 있잖니!" 어머니의 말씀이었다. 고집 세고, 건방지고, 바보 같았던 나는 겸연쩍게 대답했다. "음, 짐승처럼 먹는 게 어때서요? 내가 짐승일지도 모르는 걸요." 정확히 무슨 일이 일어났는지 굳이 얘기하지 않겠지만, 다음 몇 시간 동안 내 한쪽 뺨에 손자국이 나 있었다는 말은 해 주고 싶다. 그 후로 나는 절대 수프 그릇을 들고 마시지 않게 되었다.

우리 어머니는 왜 그렇게 강하게 대하셨을까? 어머니도 성경의 지혜를 이미 깊게 이해하고 계셨고, 우리 모두 유혹에 저항하고 인간처럼 행동해야 한다는 사실을 알고 계셨기 때문이리라. 우리는 짐승처럼 행동해서는 안 된다. 동물은 아무런 도덕적 방향도 갖추고 있지 않다. 우리 인간에게는 영성이 있어서 짐승과 구분된다. 그럼 우리의 영성은 어디에 존재하는가? 바로 우리 머리라 할 수 있다. 머리는 우리의 영적 힘을 저장하는 저장고 역할을 한다. 그렇기 때문에 머리를 낮춰 강물에 대는 것, 또는 치킨 수프가 담긴 그릇에 대는 것은 "나는 짐 승이다"라고 말하는 것과 다를 바가 없는 것이다. 그렇기 때문에 인간이 커틀러리(식기류)를 사용하는 것이다. 이 도구들은 인간의 영혼을 물적 수준으로 낮추기 보다는, 음식을 영적 수준으로 끌어올릴 수 있도록 해 준다.

기드온의 이야기에서 얻을 수 있는 교훈은 진정한 승리를 위해서는 짐승이 아니라 인간과 같이 행동해야 한다는 것이다. 군사는 비즈니스에 대입하기 좋은 훌륭한 예시라고 할 수 있다. 전쟁도 비즈니스처럼 홀로 승리를 일구는 것이 불가능하기 때문이다. 람보 같은 존재는 현실에 없다. 우리의 적을 뛰어넘기 위해서는 반드시 전우가 필요하고, 반드시 동업자가 필요하다. 성경 속에서 찾아볼 수 있는 고대 이스라엘의 적들은 우리의 승리를 방해하고, 성공 가도를 막는 우리 내면에서 찾을 수 있는 적들을 묘사한 것과 같다. 이와 같은 적들이 영적 중력으로 우리를 끌어당기고, 성취하고자 하는 일을 방해한다. 성경은 우리가 머리로는 해야 한다고 알고 있는 일들이 어떻게 방해받는지 다양한 모습으로 묘사한다. 기드온의 이야기에서 우리는 어떻게 하면 짐승의 본능을 극복할 수 있는지, 그리고 왜 우리 동반자, 동포, 비즈니스 파트너를 신뢰하고, 이들과 연대해야 하는지 알 수 있다.

세상 그 누구도 전장이나 비즈니스에서 홀로 승리하거나 성공할 수 없다. 사람들과 연대하고, 도덕적 신념을 바탕으로 의지를 갖추어야 삶 속에서, 그리고 돈을 버는 일에서 성공할 수 있다. 성공하기 위해서 쌓아야 하는 수양이자 갖추어야 하는 기질이다. 부도덕한 인간과 함께 일해본 적이 있는가? 그렇다면 함께 일하기가 참으로 끔찍하다고 군이 설명할 필요가 없으리라! 그러니 주변에 옳은 사람들을 두어야 한다. 그리고 더 많은 사람을 두어야 한다. 고립된 사람은 아무것도 이룰 수 없다. 그런 사람은 자신을 성공적으로 다스리는 것에도 악전고투를 거듭하게 될 것이다. 당신이 더 많은 사람을 곁에 둘수록 옳은 사람을 찾을 가능성도 커진다. 기드온의 이야기를 다시 생각해 보자. 그는 처음에 12,000명을 주변에 둔 뒤에야 그중에서 함께 일할 수 있는 300명을 뽑을 수 있었다.

앞서 말한 책임감 원리를 다시 꺼내 보자. 우리 주변을 도덕적인 사람들로 채우면 우리의 책임도 다하게 될 뿐만 아니라, 스스로 더욱 도덕적인 인간으로 거듭날 수 있게 된다. 그리고 우리가 모두 힘을 합치면 높고 강한 파도가 될 수 있다. 이 원리를 당신의 친구, 동업자, 아이들에게 가르쳐 주자. 신명기 11장 19절에서 말하기를, "또 그것을 너희의 자녀에게 가르치며"라고 한다. 이 원리와 그 의미를 당신의 생애에서 사람들에게 전하는 것 또한 잊지 않아야 한다. 히브리 원문은 당신이 해야 할 일에 대한 넓은 이해를 갖출 수 있도록 돕고 있다.

성경에서 우리 아이들을 가르치라고 지시하는 이런 문장은 대부분 "또 그것을 너희의 자녀에게 가르치며"나 그와 비슷한 문장으로 이루어져 있다. 이는 곧 이들 원리, 이들 율법, 이들 규칙을 아이들에게 가르쳐야 한다는 것이다. 다만 이 특별한 경우에서 사람들이 한 가지 놓치는 점이 있다. 신명기 11장 19절에서 "가르치며"라는 어구는 글자의 표현이 다르다는 점이다. 당신은 히브리어에 대한 지식이 없을 수 있으니, 내가 당신께 이 단어의 사소한 글자 차이로 전체 문장의 의미가 어떻게 달라지는지 설명하려 한다. 신명기의 해당 절에는 빠진 글자가 있다. 원래 네 글자인 단어가 세 글자가 되었으며, "너희"라는 단어의 의미도 바뀌게 되었다. 그러므로 그 절을 정확하게 읽으면 "또 그것을 너희의 자녀에게 가르치며"라고 해석되지 않는다. 정확하게 읽는다면 "또 그것을 너희 스스로 가르치고 후에 너희의 자녀에게 가르치며"라는 뜻이 된다.

다시 말하자면 우리 각자가 이 원리들을 완벽하게 통달해야 할 의
무가 우선한다. 당신이 사람들에게 이 원리를 전달하고, 가르치기 위
해서는 자신의 인격과 도덕적 중심을 확고히 다져야 한다. 그러나 잊
지 않아야 하는 것이 있다. 당신의 행동과 인격은 항상 당신과 함께 시
작된다.

인간의 자연 본능은 공짜로 받는 것에 불편함을 느낀다.

인간의 상호 교환은 이런 불편함을 해소한다.

우리는 우리가 도와준 사람을 더 사랑하게 된다.

비즈니스는 서로를 돕게 하여 사랑하게 한다.

정당한 비즈니스에는 기여한 모두에게 보상이 따른다.

다만 기여한 모든 사람의 합의에 따라,

각자의 능력과 노력에 따른 보상이 달라질 뿐이다.

Secret # 12

나의 진정한 정체성은 다른 사람이 존재할 때 완성 된다

마지막 성경 속 비즈니스 비밀은, 우리에게 있는 것으로 누군가의 필요를 채우고, 이를 통해 그들의 인격을 다질 수 있게 한다는 사실이다. 생각이 깊은 사람이라면, 반대로 우리 인격의 정체성을 발전시키려면 사람들의 도움이 필요하다는 사실을 유추했을 것이다. 사람들은 누구나 이러한 유대가 필요하다. 이 우주의 모든 것들이 유대가 필요하다. 앞서 우리가 전 세계의 과학자들이 사용하는 주기율표 속 92가지의 자연 원소에 대해서 논의했던 것을 다시 생각해 보자. 자연의 모든 유용한 것들은 이들 기본 원소가 조합되어 만들어진 것들이다. 우리가 유용하게 활용하는 모든 것이 이 몇 가지의 원소로 만들어진다. 우리가 숨 쉬는 공기는 질소와 산소로 이루어져 있다. 우리가 마시는 물은 수소 원자 두 개와 산소 원자 한 개가 결합하여 만들어진다.

덧붙여 말하자면, 여호와께서 창세기의 첫 34절에 걸쳐 92가지 원소를 전부 다 창조하셨다는 점을 지적할 가치가 있다고 본다. 성경에서 창조를 설명하기 위해 사용한 히브리 단어의 수는 몇 개나 될까?

정확히 92개의 단어가 쓰였다고 하면 아마 굉장히 놀랄 것이다. 물론 이들 중 다수는 한 번 이상 나타난다. 하지만 창조와 관련된 이야기를 전하기 위해 사용된 완전한 별개의 단어를 세어 보면 단 92개밖에 되지 않는다. 히브리어 성경 본문에서는 이러한 구조적 완전성이 매우 중요한 역할을 한다. 너무나 매력적이라 저항할 수도 없다. 이를 통해 우리의 이해를 넘어선 성경 속 어떠한 이해의 단편을 스치듯 볼 수 있게 된다.

왜 하나님께서 물을 그 자체로 내려 주지 않고 꼭 이 원소들을 먼저 만드셔야 했는지 궁금해하는 사람도 있을 것이다. 왜 생존과 삶의 기본이라 할 수 있는 물이 그 자체로 원소가 아닐까? 하나님께서는 왜 우리에게 온전하고 유용한 것을 전해주지 않은 것일까?

우리가 이 세상을 살아가려면 세상 속의 물건들을 최대한 활용하여 연결하고 결합해야 한다. 하나님께서는 우리에게 실용적인 결과물을 얻으려면 반드시 연결이 필요한 세상을 주셨다. 원소들이 서로 연결되어 결합했을 때 비로소 그 혜택을 얻을 수 있다. 마찬가지로 자신의 능력을 최대한 발휘하기 위해서는 사람들과 연대해야 한다. 이러한 연대는 선행과 가치에 대한 양식을 유지할 수 있다. 홀로 남은 우리는 아무것도 할 수 없다.

에덴동산에 혼자 있다는 사실을 깨닫게 된 아담을 생각해 보자. 그 이전에 그와 같이 외로운 사람은 없었다. 앞으로도 그와 같이 외로운 사람은 없을 것이다. 하나님께서는 인간이 서로 연대하고 협력하시기를 바라신다. 창세기 2장 18절에서 하나님께서 말씀하시기를 "사람이 혼자 사는 것이 좋지 아니하니"라고 하셨다. 이 말은 아담의 결혼에 대한 말씀에서 그치는 것이 아니다. 하나님께서 말씀하시는 것은 지구상에 우리가 홀로 남는다면 삶이 고통으로 가득 차게 될 것이라는 뜻이다. 홀로 살아가는 것은 절대적인 불행이다.

사람이 혼자 사는 것이 좋지 않다고 선언하신 하나님은 곧 아담을 도울 자를 지으시기로 하셨다. 하나님께서는 창조하신 모든 동물, 들판의 동물들과 하늘의 새들을 불러 모아 아담에게 데려오시고, 아담으로 하여금 각각의 이름을 지을 수 있도록 하셨다. 아담이 하나님의 창조물에 이름을 붙이기 시작한 것이다. 실제로 이는 인간이 다른 인간(아직 창조되지 않았지만)을 위하여 베푼 최초의 봉사이다. 다른 면에서도 꽤나 특이한 점을 느낄 수 있다.

하나님께서 이브를 짓기 위해 아담을 깊은 잠에 빠져들게 한 것이 동물들을 창조하고 이름을 붙인 이후라는 점을 유념하자. 사람이 혼자 살면 안 된다는 선언과 이브의 창조가 바로 이어지지 않고 이렇게 뜸을 들이게 된 이유가 무엇일까? 왜 아담이 모든 동물에 이름을 붙이면서 잠시 창조의 시간이 멈추었던 것일까? 아담이 조바심에 발을 동동 구르며 "멋지네, 근데 여자는 언제 오는 거지?"라고 생각하지 않았을까?

기억하라. 성경에 우연이란 없다. 그러니 이 문제를 정확히 이해하기 위해서는 성경의 지혜를 빌려야 한다. 우리는 앞서 인간이 인간답게 행동하고, 또 짐승처럼 행동하고 싶은 마음에 저항하는 것이 매우 중요하다는 사실에 대해서 논했다. 여기서 유추할 수 있듯, 인간은 단순히 인간으로서가 아니라, 무언가가 아닌 것으로도 인간으로 정의할 수 있다. 우리는 동물이 아니다. 우리는 인간이다. 그러므로 아담이 인간으로 행동하기 위해서는 우선 '인간이 아닌 것'에 이름을 붙여 구분해야만 했다. 아담은 자신의 존재와 자신의 존재가 아닌 것으로서 정의된다. 즉, 인간이기에 인간으로 정의할 수 있고, 동물이 아니기에 인간으로 정의할 수 있는 것이다.

아담은 모든 동물에 자신이 본 바에 따라 이름을 붙여 주었다. 간단히 예를 들어보자. 히브리어에서 기린을 뜻하는 단어는 '목'이다. 아담이 기린을 보고서 "야, 거 목 한 번 대단하네!"라고 말하면서 붙은 이름일 것이다. 다 이런 식이다. 각각의 동물에 적절한 이름이 붙게 되었다. 히브리어의 동물 이름 구조는 이렇듯 매우 놀랍다. 그 언어가 묘사하는 것에는 완벽한 대칭성과 상징성이 존재한다.

여기서 기억해야 할 것이 있다. 동물에게 이름을 붙여준 것은 하나님이 아니었다. 동물들은 하나님과 상호작용할 존재가 아니었기 때문이다. 동물들은 인간과 상호작용할 존재들이었다. 당신의 정체성, 당신의 이름, 즉 당신을 정의하는 것들은 다른 무언가가 존재할 때 구별된다. 우리의 정체성은 다른 사람이 부재할 때 존재할 수 없다. 다른 인간과 완전히 단절되어 고립된 인간의 정체성은 무너지게 된다.

현대 문학은 인간이 자기 자신을 찾으려면 사람들 사이에서 벗어나 고립되어야 한다는 주장을 펼친다. 대표적으로 유명한 사상가이자 문학가인 헨리 데이비드 소로를 들 수 있다. 그는 자기 자신을 찾기 위해 연못가의 오두막집에서 혼자 살았다. 자기 자신을 찾기 위해 길을 떠나는 『노상』으로 유명해진 잭 케루악도 이런 부류에 든다. 당신 자신도 외딴 섬으로 사라지고 싶다는 낭만을 품어 본 적이 있을 것이다.

그러나 이는 완전히 잘못된 것이다. 오히려 당신은 사람들과 함께

할 때 당신 자신을 찾을 수 있다. 고립되는 것은 의미가 없다. 고립된 인간은 미치게 된다. 이때 당신이 찾게 되는 것은 당신의 정체성이 아니라 왜곡된 지각과 시선이다. 주변에 사람들이 없어 본래 당신의 관점을 상실하기 때문이다. 인간의 정체성은 사람들과 연대하는 것에 달려 있다. 우리는 우리가 아닌 것으로서 우리 자신을 정의하게 된다.

아담의 이야기로 이를 증명할 수 있다. 하나님께서 아담으로 하여금 동물들에 했듯이 이브의 이름을 지으라고 하셨을 때, 아담은 바로 이브라는 이름을 말하지 않았다. 다른 히브리 단어인 에샤Esha를 이름으로 선택했다. 이 히브리어로 '여자'와 '아내'를 결합한 단어라고 할 수 있다. 하나님께서 왜 그 이름을 선택했냐고 물어보시자, 아담은 그녀를 통해 자신이 '남자'라는 정체성을 알게 되었기 때문이라고 답했다. 바로 이해가 되지 않을 수도 있다. 창세기에서 이 대목이 나오기 전까지 그는 계속 아담으로만 불렸다. 남자로서의 정체성은 이브가 존재하기 시작한 이후에야 완성되었다. 아담의 정체성이 명확하게 드러나기 시작한 시점이 결국 사람들과 연대하게 된 이후이다.

이 이야기의 교훈은 서로의 연대와 약속은 책임을 확립하게 만들고 자신의 정체성을 발견하고 가다듬을 수 있게 한다는 것이다. 우리는 혼자서 자신이 누구인지 알 수 없다. 우리는 삶을 시작하면서 우리가 마지막에 어떤 사람이 될지 정확하게 알 수 없다. 우리를 빚는 것은 사람들과의 연대와 관계이기 때문이다. 당신이 인생을, 그리고 비즈니스를 시작하게 되면 삶의 방향이나 성격에 영향을 주는 새로운 사람들을 만나 관계를 맺게 될 것이다. 그러니 이런 사람들을 세심하게 고를 필요가 있다. 그리고 새로운 사람을 만날 때는 당신의 관계망을 넓히도록 하자. 다양한 사람을 많이 만나면 당신이 원하는 대로 성장하는 데 도움을 줄 만한 사람들을 찾기 쉬워질 것이다.

바로 여기에 성경이 우리에게 전하는 비즈니스의 위대한 비밀 중 하나가 숨어 있다. 우리가 성장하기 위해서는 네트워크가 필요하다. 우리 자신을 찾으려면 먼저 다른 사람을 바라보아야 한다. 동료나 비즈니스 파트너를 고를 때는 당신이 되고 싶은 것이 무엇인지, 그리고 어떤 모습으로 성장하기 원하는지를 기준으로 골라야 한다.

Secret # *13*

비즈니스의 운영법은 전문화와 협력이다

비즈니스는 불공평하다. 일반 대중들이 널리 믿고 있는 통념이다. 당신도 이런 통념을 가진 사람을 만난 적이 있을 것이다. 이들은 비즈니스가 불투명하고 불공평하다는 잘못된 믿음을 가지고 있고, 다른 사람들에 비해 사업이 더 잘 된다는 단순한 사실 때문에 별다른 이유 없이 그 사업가들을 더 탐욕스럽다고 추측하고 있다. 이 자본주의 회의론자들은 비즈니스가 탐욕의 보상이기 때문에 나쁜 것이라고 말한다. 그러나 당신이 이 책을 다 읽고 나면 당신의 의견은 이들과 달라질 것이다. 당신 주변의 사람들에게 한 번 물어보라. 수많은 사람이 이 잘못된 믿음을 그대로 가지고 있다는 사실이 꽤 놀라울 뿐이다. 이들의 잘못된 믿음의 이유는 진정한 비즈니스가 무엇인가에 대한 개념이 부족하기 때문이다. 이들은 실제로 비즈니스의 작동 원리에 대하여 한 번도 알아보려고 노력한 적이 없기 때문에 이를 믿는 것이다. 최소한 이들이 이에 대해 이해하려고 조금이나마 노력했다면, 서구 사회를 지배하는 자유시장경제가 비즈니스의 힘의 원리로 돌아간다는 사실을 알았을 것이다.

몇몇 나라가 다른 나라에 비해 더 잘 사는 이유에 대해서 검토한 책이 몇 권 있다. 대표적으로 데이비드 란데스의 『국가의 부와 빈곤 The Wealth and Poverty of Nations』, 제임스 로빈슨의 『국가는 왜 실패하는가Why Nations Fail』, 니얼 퍼거슨의 『문명Civilization: The West and the Rest』, 재레드 다이아몬드의 『총, 균, 쇠Guns, Germs, and Steel』 등을 들 수 있다. 이 책들 모두 이번에 다루는 주제에 관한 통찰을 키우기에 좋은 책이기 때문에 당신도 한번 읽어 볼 것을 권한다. 국가 간 경제적 성과의 차이는 해당국의 물질적 특성이 아니라 정신적 특성에 달려 있다는 점을 알 수 있다. 이 사실이 국가 단위에서만이 아니라 개인 단위에서도 마찬가지로 해당된다는 사실을 이해할 필요가 있다. 우리의 성공을 가늠하는 가장 중요한 요소는 우리가 가진 변화를 이끌어낼 수 있는 힘이다.

이들 책은 왜 몇몇 나라가 다른 나라들에 비해서 더 잘 사는지 설명하는 역할을 한다. 서로 다른 나라들이 유럽연합과 같이 경제동맹의 의무에 구속되면 더욱 강력한 국가가 되기 위한 국가적 효율성이 떨어지게 된다. 대표적인 예로 유럽연합을 통해 한 식구로 묶이게 된 독일과 그리스를 들 수 있다. 이 두 국가는 방금 말했듯 유럽연합에 가입하는 것으로 경제적으로 강력한 연관관계가 형성되었다. 그 결과 무임승차자가 나타났다. 말 그대로, 독일이 그리스의 시에스타(낮잠 시간)에 따른 대가를 대신 치르고 있다.

왜 몇몇 나라들이 다른 나라들에 비해 더욱 잘 돌아갈까? 그 이유는 무엇일까? 왜 독일의 경제적 기능이 스페인의 것보다 훨씬 더 강력하고 튼튼할까? 왜 유럽의 일부 국가들이 아시아 국가 중 다수에 비해 훨씬 더 우수한 모습을 보일까? 왜 북미 국가들이 아프리카 대부분의 국가에 비해 훨씬 더 나은 경제적 성과를 보이는 것일까? 무엇이 이러한 차이를 만든단 말인가? 먼저 짚고 넘어갈 점은 이것이 인종과는 아무런 관련이 없다는 것이다. 물론 기후와 지리적 특성, 영토 내 천연자원 등이 어느 정도 영향을 끼친다는 사실은 인정하는 바이다. 그러나 이렇게 차이가 큰 국가 간의 부와 빈곤의 간극은 기본적으로 문화적 차이에 있다고 할 수 있다. 대부분의 학자나 연구자들 또한 이에 동의한다. 문화가 차이를 결정한다. 다른 요인도 영향을 끼치는 것은 분명한 사실이나 상대적으로 그 중요성이 떨어진다.

문화는 그 문화권의 사람들이 의사소통하는 언어의 영향을 받는다. 문화와 언어는 서로에게 색을 입히는 것이다. 프랑스어는 로맨스의 언어인 반면, 러시아어는 인간의 가장 어두운 본성에 관한 음울한 서사시에 적합한 면모를 보인다. 이러한 차이는 미적 시각에서 두드러지게 나타나며, 이들 국가에서 유래한 예술에서 찾아볼 수 있다. 또한 언어는 법과 정치적 분위기를 결정하는 데 큰 영향을 끼친다. 히브리어는 하나님의 언어로 특권자적 지위를 지닌다. 하나님의 문화를 통찰할 수 있게 해주기 때문이다. 우리는 히브리어를 공부하면서 하나님께서 중요한 것, 적절한 것, 옳은 것으로 생각하시는 것이 어떤 것인지 직관할 수 있다.

이런 언어의 차이는 또한 해당 문화의 우선순위에 대해서 통찰할 기회가 되기도 한다. 서로 다른 언어권은 그 안에서 교류되는 아이디어도 서로 다르다. 이런 차이는 해당 언어를 사용하는 화자의 삶과 사고방식에 지대한 영향을 끼친다. 예를 들어 영어는 '돈을 벌다 (Winning a sum of money-돈을 딴다는 것에 가까움)'와 '돈을 벌다 (Earning a sum of money)'의 미세한 차이를 명확하게 보여줄 수 있다. 덕분에 영어 화자는 돈을 버는 것과 따는 것의 차이를 논할 수 있게 된다. 참으로 그 차이를 확실하게 구분할 수 있다. 그러나 히브리어에는 '돈을 딴다'를 뜻하는 단어가 없다. 어째서일까? 한 번 생각해 보자. '돈을 딴다'라는 것의 의미가 무엇일까? 이 말에는 당신이 그 돈을 얻기 위한 노력이 아무것도 없다는 사실을 함축하고 있다. 도리어 하나님께서 당신에게 '돈을 딴다'라는 것이 어떤 의미인지 물어보실 수도 있다. 하나님의 언어에는 그러한 말이 없기 때문이다. 그러니 표현하자면, 카지노에서 돈을 땄다고 한다면 누군가가 잃은 돈을 얻었다고 말할 수 있는 것이다. 하나님의 시각에서 이는 좋지 않은 일이다. 그렇기 때문에 하나님의 언어에는 '돈을 벌다'라는 말밖에 없는 것이다. 여기서 영어와 영어 문화권에서 얻을 수 없는 교훈을 얻을 수 있다. 그러나 최소한 영어는 따는 것과 버는 것의 차이를 구분하고 있기 때문에 영어 화자라면 그 차이를 알 수도 있을 것이다.

이제 스페인어를 살펴보자. 스페인어로 이 개념을 의미하는 말은 가나르 디네로(Ganar dinero)이다. 디네로(Dinero)는 '돈'을 뜻하고, 가나르(Ganar)는 '(돈을)벌다/딴다'라는 뜻을 가지고 있다. 이 언어는 두 의미 사이의 구분이 없다. 내가 카지노에서 돈을 따든, 온종일 지붕 수리한 일당으로 돈을 벌든, 스페인어로는 둘 다 똑같이 돈을 번 것이다. 결과적으로 말하는 사람에게나 듣는 사람에게나 같은 의미가 된다. 프랑스어도 비슷하다. 프랑스어로는 가녜 아흐장(Gagner argent)

이라고 한다. 프랑스어 또한 버는 것과 따는 것의 차이를 굳이 구분하지 않는다.

이제 다시 정리해 보자. 프랑스어와 스페인어는 버는 것과 따는 것의 차이를 두지 않는다. 영어는 각각의 의미에 따라 서로 다른 단어를 쓴다. 히브리어는 돈을 버는 것만을 인정한다.

이제 이들 언어 중 어떤 것이 그 화자를 돈을 가장 잘 벌 수 있는 자리에 두게 될 것인가? 당연한 사실이지만 히브리 문화가 우위에 있다고 할 수 있다. 히브리어는 돈을 잘 벌도록 촉진하는 구조를 지닌 언어이다. 히브리어는 정당하게 얻지 않은 돈의 소유권을 인정하지 않으며, '돈을 딴다'라는 개념 자체를 지독히도 파괴적인 것으로 본다.

돈을 버는 것은 돈을 따는 것에 비해 명백히 우위에 있다. 내가 돈을 벌면 양쪽이 모두 이득을 본다. 돈을 버는 쪽은 돈을 벌어서 좋고, 돈을 내는 쪽은 자신이 원하는 서비스나 필요한 제품 구입을 돈으로 지불하고 이용할 수 있기 때문에 좋다. 당신 집의 지붕을 고치기 위해 지붕 수리공을 부르면 그는 임금을 받고, 당신의 지붕도 더 이상 빗물이 새지 않게 된다. 하나님은 이런 거래를 좋게 보신다. 지붕 수리공과 고객이 함께 비즈니스를 하는 것으로 서로 이득을 보기 때문이다. 아름답지 아니한가? 두 사람이 함께하는 것이다. 두 사람이 협력했고, 무언가를 창조한 것이다. 여기서 창조한 것은 수리된 지붕이다. 지붕 수리공은 이제 자기 몫의 돈을 받아 집으로 돌아갈 수 있다. 집주인은 물이 새지 않는 지붕을 새로 얻게 되었다.

반면, 돈을 딸 때는 관련된 모두가 행복해질 수 없다. 당신이 돈을 딸 경우, 그 돈은 당신이 번 것이 아니라 다른 누군가가 잃은 것이다. 당신과 내가 포커를 하면서 100달러씩 걸었다고 해 보자. 그리고 내가 이겨서 200달러를 손에 들고 돌아가면 당신에게 아무것도 남지 않게 된다. 여기서 내가 돈을 벌었다고 할 수 있을까, 아니면 그냥 당신의 돈을 강탈한 것이라고 할 수 있을까? 창조된 것이 있을까? 상품이나 서비스가 만들어져 이용되었는가? 모든 참여자가 똑같이 행복을 느꼈는가? 당연하지만 모든 질문에 대한 답은 "아니다", "절대 그렇지 않다"이다. 나는 이겼고, 당신은 졌다. 돈을 따는 것은 이와 같은 것이다. 그러므로 돈을 따는 것은 좋은 아이디어가 될 수 없다. 돈을 버는 것과 따는 것을 구분하지 않는 언어를 가진 문화는 이 둘을 같은 것이라 취급한다. 그러나 이 둘은 다르다. 비슷한 것이라고도 할 수 없다.

이는 언어가 문화에 영향을 끼치는 다양한 증거 중 하나에 불과하다. 당신도 이런 효과가 사회에 어떤 영향을 주는지 결론을 내릴 수 있을 것이다. 돈을 따는 것과 버는 것을 구분하는 잉글랜드에서는 사람들이 열심히 일했다. 산업 혁명은 프랑스나 스페인이 아니라 잉글랜드에서 시작되었다. 왜일까? 산업 혁명은 돈을 따는 것이 아니라 버는 것의 잠재력을 바탕으로 시작되었으며, 두 단어를 구분하는 문화는 돈 버는 것의 진가를 더 잘 알았기 때문이다. 이제 당신도 그렇게 될 것이다. 물론 이 사실을 받아들이고 당신의 일상에 접목할 수 있어야만 한다.

돈을 '번다'만 존재하는 히브리 문화를 살펴보자. 이것만으로도 당신은 유대인들이 돈을 버는 것에 얼마나 집중하고 있는지 알 수 있으며, 역사적으로 부유한 유대인들이 왜 그렇게나 많았는지 그 이유를 설명할 수 있다. 히브리 문화는 돈을 버는 것을 위해, 또 돈을 버는 것에 집중하게 형성되어 있다. 모세 5경, 즉 토라는 코셔 푸드나 식생활과 관련된 율법, 제사, 다른 모든 것보다도 돈에 관련된 율법을 훨씬더 많이 품고 있다. 왜 토라가 다른 어떤 것보다도 돈을 중시하는 모습을 보이는 것일까? 유대인들은 고대로부터 돈을 버는 것이 삶의 필수요소라는 사실을 인지했기 때문이다. 인간이라면 누구나 먹어야 하고, 쉬어야 하고, 가족들과 함께할 수 있는 집이 있어야 한다. 그래서 생활비를 벌어야 한다.

혼자 할 수도, 사람들과 협력할 수도 있다. 어쨌든 생활비를 벌어야 한다는 점은 변하지 않는다. 그리고 혼자서 생활비를 벌기란 참으로 어려운 일이라는 사실을 금방 깨닫게 된다. 사람들과 비즈니스를 함께 하는 것은 참으로 신나고, 흥분되고, 효과적이다. 하나님은 우리가 협력하기를 바라시기 때문에 협력할 때 더 큰 효과를 보도록 계획하셨다. 협력을 돈 버는 과정의 중심에 두신 것이다. 우리가 비즈니스에서 성공하고 싶다면 이 원리들을 이해해야 한다. 이에 대한 이해 부족으로 당신이 실패한다면 그 손해는 당신의 몫이다.

혼자서 비즈니스를 하려고 시도하는 것은 참으로 물살을 거스르려 하는 것과 같다. 불가능한 것은 아니지만, 전문화를 이루고 협력하는 것에 비해 효율성이 크게 떨어지게 된다.

18세기 서구 세계에서 애덤 스미스는 전문화의 개념을 명확히 하였다. 이전까지 분명 존재하던 개념이므로 그가 이를 발명한 것은 아니지만, 그가 확립하고 이름을 붙이기 전까지는 별다른 이름이 없었다. 그러나 옛 유대인들은 이미 이 개념을 잘 알고 있었다. 애덤 스미스는 이 개념에 새로운 이름을 붙이고 널리 퍼뜨리는 역할을 한 것이다. 물론 그렇다고 그의 업적이 빛을 바래는 것은 아니다. 그 또한 사람들을 위해 위대한 업적을 세운 것이기 때문이다. 스미스는 전문화가 독립적인 삶에 비해 이점이 훨씬 더 크다는 사실을 발견했다. 필요한 모든 것을 각자 만드는 마을에서는 각자 입을 옷을 짓고, 소를 직접 돌보며 젖을 짜고, 닭을 치면서 알을 얻고, 당근과 감자를 직접 키워 먹어야 한다. 자신의 필요를 충족하기 위해 스스로를 돌봐야 하는 것이다. 당신도 쉽게 이해할 수 있을 것이다. 이런 삶은 소모성이 너무 강하고 돈을 벌거나 여가를 즐길 시간이 존재하지 않는다. 매우 고단하면서도 간신히 먹고 사는 삶에 그칠 뿐이다. 그리고 외로움도 크다. 이러한 마을에 사는 사람들은 함께 할 필요성조차 느끼지 못한다. 모두가 독립적이고 스스로 필요한 것을 충족하기 때문이다. 끊임없이 일하지만 그 효율성이 떨어지기 때문에 항상 피곤하고, 시간이 없어 사람들로부터 고립되는 결과를 초래한다.

이는 명백히 인간의 경제적 상호작용에 관한 하나님의 계획에서 벗어나는 것이다. 왜일까? 반드시 해야 하는 것이 아니면 더 하려고 하지 않기 때문이다. 여유 없는 삶 속에서 그 이상의 일은 불가능하다. 가까이 있는 두 농장에서 각각 독립적으로 일하고 있는 두 농부에 관해 생각해 보자. 그 둘은 각자의 농장에서 필요한 모든 것을 얻기 때문에 서로를 볼 일이 없었다. 어느 날 두 사람이 길을 가다가 서로 만났고, 이를 인연 삼아 서로 농장을 방문하기로 약속했다. 한쪽에서 상대편의 소가 훨씬 더 건강하고 우유도 더 신선해 보인다는 사실을 알게 되었다. 우유를 마셔볼 수 있겠냐고 부탁하여 한 잔 얻어 마신 뒤,

자신의 소에서 짜낸 우유보다 훨씬 품질이 좋다는 것을 느끼게 되었다. 그러나 반대로, 상대 농부의 옷이 거칠고 바느질도 들쭉날쭉하다는 사실을 알게 되었다. 이제 옷에 대한 궁금증이 생겨 물어보았고, 상대 농부가 키우는 양의 양모가 품질이 떨어지고, 농부 본인도 바느질이나 옷감을 짜는 것에 관한 지식이 부족하다는 것을 알게 되었다.

이제 두 사람이 열심히 머리를 굴리기 시작한다. 두 사람은 한쪽은 소를 잘 키우고 유제품을 잘 만들며, 다른 한쪽은 양을 잘 키우고 양모를 얻어 옷감 짜는 일을 잘한다는 사실을 알게 된다. 이윽고 두 사람은 서로 양모와 유제품을 교환하기로 했다. 그리고 짜잔! 이제 상업이 탄생했다. 한동안 이런 상태가 지속되다가, 양모를 만드는 농부는 자기에게 소가 더 이상 필요 없고, 상대 농부도 나는 우유와 치즈를 만드니 양이 필요하지 않다고 생각하게 되었다. 그러니 양과 소도 교환하게 되었다. 이제 두 사람은 자신에게 필요치 않은 동물을 굳이 키우려 하지 않게 되었고, 자신이 더 잘하는 것에 집중하기로 했다. 전문화의 탄생이다.

당연하지만 이는 지나치게 단순화된 표현이다. 그리고 현대 문화 속에서 우리는 이보다 훨씬 더 복잡하고 정교한 전문화 체제를 구축한 상태로, 농업 종사 인구는 소수에 불과하지만 그것만으로도 전체 사회를 부양하기에 충분하다. 그러나 경제적인 측면에서 보면 이 모델로 전문화가 어떤 것인지 설명하기에는 충분하다. 어느 순간, 더 이상 양을 키우지 않는 농부도 양모 직물을 얻을 수 있게 되었다. 그리고 더 많은 소를 키워 더 많은 유제품을 생산할 시간이 생겼고, 덕분에 남는 유제품을 더 많은 제품과 교환할 수 있게 되었다. 이로 인해 전문화는 더욱 성숙되어 급성장하는 유제품 비즈니스에 시간과 에너지를 더 많이 투자할 수 있게 되었다. 상대 농부 또한 마찬가지다. 그의 양모 사업도 번창하게 되었다.

나아가, 두 농부는 교환할 때마다 대화를 나누며 아이디어까지 공유하게 되었다. 하루는 서로 대화하는 도중에 세 번째 농부가 근방에서 최고 품질의 감자를 키운다는 사실을 알았다. 두 사람은 이 새로운 농부도 거래관계에 끌어들이자는 아이디어를 떠올렸다. 다시 한번 두 사람은 각자의 전문성을 더욱 높일 기회를 얻게 된 것이다. 이들이 거래하는 사람이 늘어날수록 제품과 아이디어의 교환도 늘어난다. 이 전체적인 과정은 바이럴 마케팅과 비슷하다.

애덤 스미스는 이 전문화 과정을 관찰하면서 자신이 전문화의 개념을 관찰할 수 있는 제한된 실험공간 속에서도 경제적 생산성을 뿜어내는 간헐천이 생성된다는 사실을 파악할 수 있었다. 지금은 서구 세계에서 이전 그 어느 때보다도 더 많은 나라가 이 지식을 알고 더욱 광범위하게 이행하고 있다. 당연하지만 유대인들은 오래전부터 이미 이 사실을 알고 있었다. 성경 속에는 이 방식에 대한 지식이 항상 살아 숨 쉬고 있다.

대표적으로 야곱의 이야기를 예로 들 수 있겠다. 야곱은 죽음을 맞이하며 자기 아들 12명을 각각 축복했다. 그러면서 애덤 스미스가 설명했던 전문화의 원리가 근본적으로 어떤 것인지 하나하나 설명해 주었다. 야곱이 아들들에게 했던 말은 다음과 같다. "너희는 모두 이스라엘의 아들들이다. 너희 모두 단합하여야 한다. 그러나 너희는 각자 서로 다른 일을 완수하여야 한다. 너희 중 일부는 사업을 하여라. 너희 중 일부는 학자로 연구하며 학계에서 일하라. 너희 중 일부는 물류와 교통 일을 하라."

각각의 아들은 모든 형제의 필요와 이제 막 태어난 나라의 모든 필요를 충족시키기 위해 자신의 것을 베푸는 방식으로 이루어졌다. 야곱은 모든 아들이 따로 독립하지 않아야 한다고 말했다. 아들들은 전부 다른 열한 명의 형제들을 필요로 하게 될 것이었다. 따라서 서로 엮이도록 하고, 원한다면 결합하도록 하였으며, 여기에서 유대교와 히브리 문화가 시작되었다. 그 이후로 유대인들의 경제력이 급성장하기 시작했다. 이 모두가 전문화, 거래, 협력의 힘이다. 야곱이 자기 자식들에게 말했던 것과 같이 당신이 사람들과 서로 의지하게 된다면 아무도 당신을 멈출 수 없게 될 것이다. 당신 한 사람 한 사람은 '무언가'를 할 수 있다. 그러나 모두가 힘을 합치면 '모든 것'을 할 수 있게 된다.

비즈니스란 바로 이런 것이다. 비즈니스가 기능할 수 있는 원리가 여기에 있다. 이제 다시 본론으로 돌아가, 여기에 '불공평함'이 어디 있단 말인가? 모두가 기여하고 모두가 보상을 얻는다. 다만 기여한 모든 사람의 합의에 의해, 각자의 능력과 노력에 따른 보상이 달라질 뿐이다.

당연한 결과로 답은 비즈니스에 불공평한 것은 존재하지 않는다는 것이다. 이런 말을 인정하지 못하는 사람들은 비즈니스 자체를, 그리고 비즈니스 전문가들이 실제로 돈을 버는 방법을 이해하지 못하는 것이다. 그러나 이런 사람들도 NFL 미식축구 선수들이 어떻게 돈을 버는지 잘 알고 있다. 이에 대하여 정치인들이 미식축구 선수들을 시기하고 비판하며 설파하는 것을 들어본 사람이 당신 중에서 몇 명이나 있는가? "미식축구 선수들은 연봉 총합 6천만 달러짜리 계약을 맺고 있습니다. 이것은 불공평한 일입니다. 공정한 자기 몫을 부담하도록 해야 합니다."라고 외치는 정치인이 몇이나 있는가. 운동선수들을 상대로 저런 발언을 하는 정치인은 찾아보기 매우 어렵다.

하지만 비즈니스 전문가들은? 항상 공격의 대상이 되고 있다. 회사의 최고경영자가 건물 관리인에 비해 수백 배, 수천 배 더 많은 돈을 번다는 사실에 불평하는 것은 많이 들을 수 있지만, 축구선수가 잔디 관리자보다 수백 배, 수천 배 더 많은 돈을 버는 것에 대해 불평하는 것은 들어본 적이 없을 것이다. 유명한 영화배우나 팝스타도 마찬가지다. 정치인 중에서 3주가량 영화를 촬영하고 2천만 달러를 받아가는 톱스타 영화배우들에게 그만한 돈을 받을 자격이 없다고 부르짖는 사람을 본 적이 있는가? 없을 것이다. 하지만 회사의 최고경영인이 그 정도의 돈을 벌고 있다면, 정치인들은 그 사람이 어째서 그렇게 많은 돈을 버는지 확인하려 한다. 그런 사람들이 얼마나 많은 세금을 내는지 반드시 알아내려 하며, 그 사람이 세금을 얼마나 내든 만족하지 못하고 더 많은 세금을 부과하려 한다.

어디를 둘러봐도 비즈니스 전문가들은 돈을 많이 번다는 이유로 악마와도 같은 취급을 받지만, 축구선수나 유명 탤런트들이 돈을 많이 버는 것은 그냥 당연하게 여긴다. 대중들이 축구선수가 돈을 많이 버는 이유를 이해하기 때문이다. 그 선수가 공을 더 멀리 던질 수 있거나, 매우 빠르게 달릴 수 있거나, 골을 잘 넣기 때문이라는 사실을 모두가 이해한다. 우리가 보기에 복잡하지 않은 행동을 우리보다 훨씬 더 잘한다는 이유로 돈을 많이 버는 것을 인정한다. 그 때문에 일반 대중과 선수들이 구분되는 것이며, 그들이 많은 돈을 벌게 되는 것이다. 우리 모두 그 선수가 우리가 할 수 없는 것들을 훌륭히 해내고 있다는 사실을 명확하게 볼 수 있고, 그렇기 때문에 그가 후한 보상을 받을 자격이 있다는 사실을 인정한다. 할리우드 스타들도 마찬가지다. 그들은 일반 대중보다 훨씬 더 아름답거나 카리스마가 있으며, 우리 또한 그들의 특별한 매력을 인정한다. 그래서 그들이 영화 한 편에 수백만 달러를 받는 것을 당연하다고 여긴다. 분명히 말하는데, 그들은 그만한 자격이 있다. 이 사람들은 매우 드문 재능과 기술을 갖추고 있고, 그렇기 때문에 그에 따른 합당한 보상을 받게 되는 것이다. 이는 당연한 사실이다.

하지만 돈을 많이 받는 비즈니스 전문가들은 어떠한가. 그들은 하는 일에 비해서 돈을 많이 벌고 있는 것일까? 최고의 CEO들도 정말 많은 돈을 번다. 우리가 앞서 이야기한 배우나 운동선수들보다 훨씬 더 많은 돈을 버는 경영자들도 많다. 세계 최고의 부자들은 전부 비즈니스 전문가들이지 엔터테이너들이 아니다. 이제 CEO들에 관해서 이야기해 보자. 일반적인 사람들이 비즈니스 전문가들을 바라보는 시선은 보통 "무엇 때문에 저 사람이 그렇게 특별한 것일까, 저 사람이 수백만 달러의 임금을 받을 자격이 진짜 있을까?"와 같은 의문의 시선이다. 보통 "대체 무슨 일을 하는 걸까? 맨 꼭대기 층 구석에 있는 사무실에 앉아서 사람들하고 전화로 이야기하는 게 전부가 아닌가? 나라도 할 수 있겠다. 아무나 앉혀놓아도 되겠네!"라고 생각한다. 이는 사실이 아니지만 보통 사람들이 생각하는 바가 이와 비슷하다.

그렇기 때문에 비즈니스 전문가들이 쉽게 악마와도 같은 존재로 취급되는 것이다. 평범한 사람들이 재능을 갖춘 입증된 CEO가 보여줄 수 있는 것이 어떤 것인지 근본적으로 이해하지 못하기 때문이다. 그가 명성이 있다는 사실을 이해하는 사람은 많지 않다. 그는 역량을 갖추고 있다. 이해와 전문성, 요령을 갖추고 있다. 그는 사람들과 유대를 다질 능력도 있다. 비즈니스 상류 세계에 위치하지 않은 사람들은 이런 능력이 얼마나 가치 있는지 이해하지 못하는 경우가 많다. 그 어마어마한 가치를 제대로 인식하지 못하는 것이다.

2009년 주식시장의 붕괴와 뒤이은 심각한 불경기로 인해, 미국의 부동산 중개 전문 대기업 중 하나가 재정난을 겪게 되어 도산 직전의 상황에 몰렸다. 고임금을 받고 있었지만 성과가 미진하여 회사를 위기에 빠트린 경영진들은 즉각 해고되었으며, 해당 회사는 해고된 경영진을 대체할 인물을 모색했다. 그들이 불러온 사람은 누구일까? 인류 역사상 최고의 비즈니스 전문가라고 할 수 있는 워런 버핏을 고용하는 데 성공했다. 워런 버핏이 해당 회사의 최고경영자로 임명된 것이다. 이사회는 워런 버핏이 회사를 구해주기 원했다. 이 이사회에 워런 버핏의 가치는 어느 정도일까? 말 그대로, 회사를 살릴 수만 있다면 무슨 대가라도 치렀을 것이다. 그는 회사 전체를 구할 능력이 있었기 때문에 대가로 무엇이든 요구할 수 있었다.

그러면 워런 버핏은 어떻게 이 일을 해냈을까? 구체적으로 말해서, 어떻게 회사 전체를 구하는 데 성공한 것일까? 그가 택한 방법은 사람과 사람 사이의 연대라는 마법, 명성이라는 마법, 이해와 지식이라는 마법을 활용하는 것이었다. 세계 비즈니스계가 워런 버핏, 모두가 주목하는 엄청난 대기록을 남긴 남자가 책임을 진다는 사실을 알게 되었기 때문에 회사의 대출 상환 기한을 연장하기 시작했다. 그리고 회사는 채권자와 시장이 워런 버핏이라는 한 남자에게 보이는 신뢰를 바탕으로 도산하지 않고 버틸 수 있었다. 세상이 그를 신뢰한 것이다. 바로 이것이다. 신뢰와 명성, 그리고 확실하게 드러나는 우수한 비즈니스 성과 기록이 이런 비즈니스 전문가들의 강점이다. 하지만 일반적인 사람들은 이를 정확히 이해하기가 쉽지 않다.

그저 제대로 이해할 수가 없는 것이다. 운동선수? 이해하기 쉽다. 타율이 엄청나니까. 영화배우? 이해하기 쉽다. 그렇게 예쁜 사람은 없으니까. 하지만 비즈니스 전문가가 비슷하게 돈을 많이 벌면 이는 쉽게 이해하지 못한다. 그저 정장을 차려입고 사무실에 앉아 있는 사람, 다른 사람하고 구분할 수 없을 만큼 평범해 보이는 한 사람일 뿐, 그가 할 수 있는 일, 그가 보여줄 수 있는 능력이 어떤 것인지는 보지 못한다. 그래도 나름대로 시간을 들여서 약간 공부만 한다면 금방 이해하고 볼 수 있게 될 것이다. 진지하게 비즈니스 세계에 뛰어들 생각이라면 비즈니스 세계를 바라보는 시선도 진지해야 한다. 성실한 자세로 비즈니스를 이해하려 해야지 그렇지 않으면 비즈니스 세계에서 자리 잡을 수 없게 될 것이다.

당신이 비즈니스에 입문해서 자리 잡기 원한다면, 일반적인 시선을 넘어서야 한다. 비즈니스는 영적 노력이다. 우리는 모두 비즈니스를 하고 있다. 이미 누군가를 위해 일하거나 서비스를 제공하고 있지 않은가? 그러므로 당신이 부유한 사람이거나, 노숙자거나, 일자리 찾기를 포기한 사람이 아닌 이상 항상 비즈니스를 하고 있다고 봐야 한다. 좋은 일이다. 비즈니스는 우리가 서로 가까워질 수 있게 해 준다. 비즈니스는 우리 인간이 서로 친밀하게 지내고, 통합이라는 비전으로 천천히 다가갈 수 있게 해 주는 하나님의 위대한 계획이다.

앞서 이야기했던 농부들의 이야기를 다시 생각해 보자. 양모 농부, 감자 농부, 유제품 농부가 있다. 이들은 얼마 전까지만 해도 자기 일을 알아서 해야 하는 고립된 개인들이었다. 그러나 이제는 공동체를 이루었다. 그들은 서로 협력한다. 전문화는 이들을 함께하게 만들어 주고, 계속해서 함께하도록 유지하는 역할을 한다. 이제 서로가 필요하게 된 것이다. 누군가가 몸이 아프면 다른 사람들이 빠르게 낫기를 기도하게 될 것이다. 그들 모두가 지금 아픈 사람에게 의지하고 있기 때문이다. 이전까지는 누가 아파도 아무도 신경 쓰지 않았다. 경제적으로 말해 아무런 상관이 없었기 때문이다. 비즈니스가 아니라 개인 수준에서도 아무런 의미 없는 사건이었을 것이다. 만약 서로 함께하도록 만드는 비즈니스가 없었다면 서로를 알지도 못했을 테니까. 그러나 이제 이들은 모두 서로를 사랑하게 만드는 보이지 않는 인간관계망으로 얽히게 되었다. 실제로 거래하는 사람들은 서로 싸우려 하지 않는다. 무역은 전쟁 가능성을 크게 낮추는 역할을 한다.

이제 당신도 하나님께서 세계와 인류를 창조하신 방식대로 우리를 비즈니스로 이끌어 가고 있다는 것을 알게 되었을 것이다. 하나님은 인간을 지으실 때 무한한 갈망을 불어넣으셨다. 우리는 무한을 갈망한다. 우리는 늘 무한에 대한 갈망을 지니고 있다. 그러나 하나님은 우리를 자원이 제한된 세상에 두셨다. '참 많은' 땅, 바닷속의 '참 많은' 물고기, 땅속의 '참 많은 원유'가 있지만 무한하지 않다. 그리고 가장 중요한 것, '참으로 많은' 시간만 있을 뿐 우리가 일할 수 있는 무한한 시간은 없다. 우리 모두를 위해 충분한 양을 창조하기 위해서는 서로 협력할 것을 정하신 하나님의 규칙을 따라 끊임없이 노력해야 하는 이유가 여기에 있다. 생존을 위해 홀로 일어서려면 끊임없는 투쟁만이 남을 것이다. 하나님께서는 불가사의하고 직관에 어긋나는 방식으로 세상을 만드셨지만, 성경을 통해 하나님의 진짜 의도를 직관할 수 있다. 우리는 시간과 자원이 제한되어 있기 때문에 관대해져야 하고, 또 사람들과 나눌 줄 알아야 한다. 우리는 서로 협력할 수 있어야 한다.

지금까지 이 방법이 우리 유대인들의 삶의 지혜가 될 수 있었던 이유는, 사람과 사람 사이의 윤리적 자본주의와 경제적 상호작용이 하나님 보시기에 좋은 것이기 때문이다. 아니라면 하나님께서 우리가 그러길 원할 이유가 어디 있단 말인가? 전 세계에서 삶의 문제를 비협력적인 방식으로 해결하려는 시도가 꽤 많이 이루어졌다. 그러나 이런 방식은 아무런 효과가 없었다. 고립과 독립은 효과를 발휘하기 어렵다. 공산주의는 부자연스러운 방식으로 협력하도록 강제한다. 하나님께서는 이런 시스템이 악하다는 것을 아시고 궁극적으로 실패할 수밖에 없도록 만드셨다. 하나님께서 만드신 세상은 이미 그들에게는 불리한 세상이다. 이 세상의 역사 속에서 공산주의 국가가 성공한 적은 한 번도 없었고, 앞으로도 없을 것이다. 자유시장경제 체제, 자본주의가 독려하는 것은 사람들 사이의 자발적인 협력뿐이다. 그리고 하나님은 이를 좋게 보신다. 그렇기 때문에 유일하게 제대로 작동하는 경제 시스템으로 자리 잡을 수 있었다.

현명하고 도덕적인 사람은 이 원리를 진실로 받아들이고, 하나님께서 원하시는 비즈니스와 경제를 진정으로 이해할 수 있다. 대다수 사람은 비즈니스가 어떻게 돌아갔는지, 지금은 어떻게 돌아가는지, 앞으로는 어떻게 돌아갈 것인지 이해하는 것을 어려워한다. 물살을 거슬러 헤엄치는 것은 무의미한 행동이다. 그리고 물살을 거슬러 헤엄치는 사람은 아무리 노력해도 결국 돈을 버는 데 실패하게 될 것이다.

Secret # 14

당신의 비즈니스에 전문성을 더하라

앞서 말한 대로, 당신은 자신이 비즈니스를 한다고 생각해야 한다. 아직 늦지 않았다. 아무도 당신에게 이런 정당성을 대신 부여해 주지 않는다. 이런 정당성은 고용주도, 주식시장도, 국세청도 필요하지 않다. 당신이 받아들이겠다는 의지와 생각의 전환이면 충분하다. 돈을 벌기 위해서 서비스나 제품을 거래한다면? 당신은 이미 비즈니스를 하는 것이고, 비즈니스 전문가라고 할 수 있다. 당신이 인류를 위해 어떤 봉사를 하는지는 상관이 없다. 당신은 항상 비즈니스 전문가가 되기 위해 최선을 다해야 한다. 아마추어는 안 된다. 실제로 당신이 하는 사업이 경영이든, 소매업이든, 전혀 상관없다. 무슨 일을 하든 그 일의 전문가가 되어야 한다. 당신의 천부적 재능이 로데오 선수라면, 밖으로 나가 역사상 단 한 번도 존재한 적이 없었던 가장 전문적인 로데오 선수가 되어야 한다. 아마추어에서 그치면 안 된다.

그러면 전문가란 무엇인가? 어떻게 하면 전문가가 될 수 있을까?

가장 먼저, 전문가란 자신에게 주어진 일을 막힘없이 해낼 수 있는, 상당한 지식과 경험을 두루 갖춘 사람이다. 일하라. 그리고 제시간에 하라. 잠언 22장 29절에서 현왕 솔로몬은 "네가 자기의 일에 능숙한 사람을 보았느냐. 이러한 사람은 왕 앞에 설 것이요, 천한 자 앞에 서지 아니하리라"라고 말했다. 자기가 하고 싶은 일이 아니라, 자기가 해야만 하는 일에 능숙한 사람은 곧 진정한 전문가라고 할 수 있으리라.

전문가는 항상 자신의 비즈니스를 하느라 바쁘다. 진정한 자기 일을 하느라 바쁜 것이다.

한시도 가만히 있지 않는다는 것이, 곧 그가 일하고 있다는 뜻은 아니다. 사실 자신을 계속 바쁘게 만드는 것은 어렵지 않다. 단지 당신이 돈 버는 일을 하느라 바쁘게 만들어야 한다는 조건이 남을 뿐이다.

한때 나는 고용인의 자격으로 영업 전문가를 구했던 적이 있다. 내가 본 중에서 가장 보기 좋은 그래프와 차트를 만드는 사람이었다. 그의 일은 새로운 고객을 찾는 것이었다. 나는 그에게 언제쯤 영업 전화를 시작할 것이며, 1주일에 몇 번 정도 할 것인지 물었다. 그는 한 번도 고객에게 전화를 건 적이 없었다. 그는 일단 지역 내 모든 잠재고객을 정리한 차트를 완성해야 한다고 했다. 다음날 그는 여러 색과 표, 참조내용으로 가득 찬 차트를 들고 왔다. 표현하자면 매우 멋진 차트였다. 그가 어떻게 이런 차트를 만들었는지는 모른다. 나는 그에게 "이제 영업 전화를 걸기 시작할 때가 된 건가요?"라고 물었다. 그러나 그는 고개를 저었다. 그는 고개를 살짝 까닥이며 "이제 가장 높은 수익 가능성이 있는 고객들을 추린 그래프를 만들어야 합니다."라고 말했다. 그는 이 일에 매우 흥분한 듯 보였다. 곧 그는 최고의 고객들을

어디에서 찾을 수 있는지 상세하게 보여주는 새로운 그래프를 들고
왔다.

이 남자는 항상 바쁜 사람이었다. 이것은 정말 사실이다. 내가 사
무실을 방문할 때 그는 항상 일하느라 분주했다. 그가 정수기 근처에
서서 딴짓을 하거나 휴게실에서 쉬는 것을 본 적이 한 번도 없었다. 그
는 항상 일하고, 또 일하고, 끊임없이 일할 뿐이었다. 어떤 일이 일어
났을까? 나는 그를 해고했다. 그는 진정으로 해야 할 일을 전혀 하지
않았기 때문이다. 자신이 원하는 일에 정신없이 분주했을 뿐이었다.
그는 그저 마이크로소프트 엑셀 프로그램을 만지면서 그래프와 차트
를 만드는 것만 좋아했다. 그는 어떠한 가치 창출에도 기여하지 않았
다. 도리어 그 일을 외면했다. 그는 우리가 그를 고용한 필요성을 전
혀 충족시켜주지 않았다. 그는 진정한 전문가가 아니었다. 그는 자신
이 원하는 일만 하기 원했다. 그러나 전문가라면 이 유혹에 저항해야
하고, 반드시 해야 할 일은 해야 한다. 이런 전문가에게 고용인과 주변
사람들은 호의적인 시선을 보내게 된다.

아마추어Amateur라는 단어는 라틴어 아모르Amor, 즉 '사랑'에
서 시작된 말이다. 여기에 아마추어의 뜻이 담겨 있다. 하고 싶은 일
만 하는 사람을 뜻한다. 그러나 전문가는 해야만 하는 일을 하는 사람
이다. 아마추어는 자신이 원하는 일을 사랑하는 반면, 전문가는 해야
만 하는 일을 사랑하는 법을 배운다. 전문가들은 자신의 전문가적 삶
을 매우 진지하게 받아들이기 때문이다. 놀 시간도 있고, 사람들과 어
울릴 시간도 있고, 취미생활을 할 시간도 있고, 가족과 보낼 시간도 있
다. 하지만 기억할 것이 있다. 이 모든 것을 위한 시간도 당신 자신의

시간이다. 일하는 시간이라면 일을 해야 한다. 그 시간에는 항상 일에 몰두하고 집중해야 한다. 전문가는 자기 일과 시간을 분리하지 않는다.

그러므로 나는 파트타임을 환영하지 않는다. 여기에는 위험성과 큰 문제가 있기 때문이다. 파트타임으로 일하면서 취미생활이나 사교를 위한 시간을 갖는 것, 듣기에는 멋지게 들린다. 하지만 파트타임으로 일한다는 것은 곧 그 사람이 자기 일을 진지하게 받아들이지 않는다는 것을 뜻한다. 모든 규칙이 그러하듯, 드물게 예외도 있는 법이다. 하지만 실제로 파트타임을 시작하기 전에 먼저 진지하게 생각해 보는 시간이 필요하다. 돈을 더 많이, 진짜 더 많이 벌 생각이면서 파트타임 계획이 있다면, 다시 한번 진지하게 고민해 볼 것을 권한다. 만약 전문가라면 자신에게 이런 의문을 제기할 것이다. 그럴 만한 많은 시간이 있다면, 왜 더 생산성 있는 일을 하려고 하지 않는가? 본업으로 파트타임을 할 시간이 난다면, 자유시간을 이용해서 비즈니스를 시작하지 않는 이유는 무엇인가? 그러나 당신에게 이런 의문조차 없다면, "왜 아닌가?"에 대한 이유도 진지하게 검토할 필요가 있다.

전문가는 자신이 좋아하는 일을 찾는 사람이 아니다. 전문가는 자기 일을 사랑하게 만드는 사람이다. 라디오와 TV의 리포터들은 항상 사람들의 직업관에 관해서 묻는다. 당신도 이런 인터뷰를 본 적이 있을 것이다. 그들은 의사, 경찰, 소방관, 비즈니스맨, 누가 됐든, 많은 직업인을 만나서 인터뷰한다. 리포터는 그들에게 결국 "만약 처음부터 다시 시작할 수 있다면 무슨 일을 하실 건가요?"라고 묻는다. 그들은 무언가 더 좋은 직업, 정치가나 예술가, 배우 같은 다른 대단한 대답이 돌아오기를 기대하면서 이런 질문을 할 가능성도 크다. 인터뷰 대상자가 더 높은 지위나 돈 잘 버는 직업에 대해 말하기를 기대한다. 하지만 대부분의 사람은 현재 내가 하는 일을 하겠다고 답한다.

이들은 모두 운이 좋아 자기 천성에 맞는 일을 찾게 된 것일까? 아니다. 다른 기회도 당연히 있을 터인데? 정확한 사실은 이들 모두 자신의 커리어를 전문가적 시선으로 바라본다는 것이다. 당신이 전문가라면 자신의 커리어에 투자해야 한다. 당신 나름의 비즈니스 목표를 세우고 이를 달성하기 위해 노력해야 한다. 당신은 전문가로서 당신이 사랑하는 일을 찾으려 하면 안 된다. 당신의 일을 사랑할 방법을 찾아야 한다. 처음에는 내가 하게 될 일이 싫을 수도 있다. 하지만 그 일에 투자하기 시작하면 그 일이 좋아지게 될 것이다. 당신은 사람에 투자할 때 그 사람들을 사랑하게 된다. 일도 마찬가지다. 일에 투자하면 책임감이 느껴지고, 이 책임감이 일에 대한 사랑을 낳게 된다.

창세기 2장 15절에서 하나님이 아담을 에덴동산에 두시고 "르-오브다Le-Ovdah", 히브리어로 "경작하라"고 하신 것에는 다 이유가 있다. 이 사실이 놀랍게 받아들여질 수도 있다. 어쨌든 에덴동산에서는 필요한 모든 것을 쉽게 얻을 수 있었기 때문에 일할 필요가 없었다. 이 말을 기억해 두자. 아담은 일할 필요가 없었다. 에덴동산에서는 먹을 것을 언제든 쉽게 구할 수 있었다. 그곳에서 아담이 추방당하기 전까지는 굳이 먹고 살기 위해 일할 필요가 없었다. 그러나 하나님께서는 아담에게 어쨌든 동산을 경작하라고 하셨다. 하나님께서 아담으로 하여금 무언가를 더 하도록 하신 것이다. 동산의 모든 것이 맵시 있고 보기 좋도록 아름답게 꾸미기 위해서다. 모습이야 어떻든지, 필요한 산물은 계속 나올 것이었지만 아담은 일을 더 해야 했다. 왜일까? 하나님께서 아담이 에덴동산을 사랑하도록 만들고 싶으셨기 때문이다. 하나님께서는 동산을 경작하는 것만이 그가 동산을 진실로 사랑하도록 만드는 길이라는 사실을 잘 알고 계셨다. 에덴동산은 아담의 손길이 필요하지 않았지만, 하나님은 그에게 동산을 경작하라고 명하셨다.

아담의 전철을 따라 당신도 당신의 일을 사랑하는 법을 배워야 한다. 그럴 때 진정한 전문가가 될 수 있다. 우리는 사람들에게 봉사하는 일을 마땅히 선택할 수 있어야 한다. 그것이 우리의 일이기 때문이다. 8시간 10시간씩 자기 직장 사무실에 앉아 매분 매초 싫어하는 일에 몰두하게 된다면 당신은 전문가라고 할 수 없다. 이런 부정적 감정은 언제나 당신의 업무 성과에 악영향을 끼치게 된다. 속일 수 없는 사실이다. 당신의 태도를 바꿀 필요가 있다. 일에 투자하라. 책임감을 느껴라. 그러면 아담과 같이 자기 일에 대한 사랑이 샘솟게 될 것이다. 사랑이 따르고, 돈이 따르게 될 것이다. 제대로 된 비즈니스 전문가는 자연스럽게 사람들을 위해 일하게 되고, 하나님께서는 그런 사람들에게 보상하시기 원하신다.

Secret # 15

삶의 네 가지 차원을 동시에 발달시켜라

아마도 이전 장의 내용 때문에 내가 일과 직업의 가치를 과대평가
하고, 가족이나 친구, 취미생활과 같은 삶의 다른 부분은 과소평가한
다는 잘못된 생각을 가질 수도 있다. 하지만 전혀 사실이 아니다. 우리
가족은 훌륭하다. 나는 우리 가족을 사랑하고, 이들과 함께 보내는 시
간도 사랑한다. 그리고 이 책의 앞부분에서 말했듯이, 나는 최대한 친
구를 많이 사귀려고 언제나 노력한다. 그리고 나는 열정적인 뱃사람
이다. 뱃놀이는 내 삶 속에서 가장 큰 열정을 투자하고, 가장 큰 즐거
움을 얻는 일 중 하나이다. 그러나 이 책은 '성경 속의 비즈니스 비밀'
에 대한 이야기다. '성경 속의 뱃놀이 비밀'도, '성경 속의 취미활동 비
밀'도 아니다. 그렇기 때문에 이 책은 당신이 전문가로서의 삶을 발달
시키는 것에 초점을 맞추고 있을 뿐이다. 이 책은 당신이 인간으로서
의 삶보다는 직업인으로서의 삶과 직업, 일에 초점을 맞추고 있다. 그
게 전부다.

그러므로 당신의 삶 속에서 오직 한 가지 일에만 집중할 수 없다는

사실을 이해해야 한다. 당신은 삶의 모든 면을 동시에 발달시켜야 한다.

히브리어에서 사다리를 뜻하는 단어가 있다. 영어의 알파벳으로 비슷하게 옮기면 S-L-M이라고 쓸 수 있다. 사다리의 뒤를 따르며 의미를 돕는 단어가 있는데, 이 단어를 알파벳으로 쓴다면 SH-L-M에 가까울 것이다. 이 단어는 전체성, 완성, 평화를 뜻한다. 사다리 위로 오르는 길은 모든 것의 완성을 의미한다. 이는 곧 삶의 모든 면이 완성되어야 한다는 것이다. 전문가로서 필요한 삶 외에도 다른 모든 필요를 충족시키지 않으면 비즈니스에서 성공할 수 없다.

우리 주변에는 워커홀릭 소리를 듣는 사람이 하나쯤은 있다. 나는 이 단어를 좋아하지 않는다. 보통 게으르고, 활동적이지 않은 사람들이 생산적인 사람들을 놀릴 때 사용하기 때문이다. 왜 이럴까? 자신을 향상시키기 위한 노력보다 다른 사람을 깎아내리는 일이 훨씬 더 쉽기 때문이다. 당신의 일을 진지하게 받아들이고 최선을 다하는 것은 고귀한 것이다. 그러나 그것은 불균형한 삶을 이끌어 낼 수도 있다고 앞서 말했다. 자기 커리어에 너무나 열중한 나머지 자신의 결혼생활과 자식들을 등한시하는 사람들에 대한 이야기를 들어본 적이 있을 것이다. 이런 사람들에게 "그런 삶이 의미가 있나요?"라고 물어본다면, 그들도 마음 깊은 곳에서는 가치 없는 삶이라는 것을 인정하고 있음을 알게 된다. 이는 분명한 사실이다. 일을 등한시하고 그저 가족과 시간을 보내는 것에만 열중하는 것이나, 일에만 매달리는 것이나 다를 바가 없다. 일을 소홀히 하면 가족을 부양할 수 없고, 가족을 내팽개친다면 부양하면서 느낄 수 있는 보람과 진정한 일의 가치도 잃게 될 수 있기 때문이다. 그러니 이들 사이의 균형을 찾아야 한다.

사람들이 목표를 이루지 못해 낙담하는 것은, 삶을 1차원적인 시선으로 바라보기 때문일 가능성이 크다. 어디로 가야 하는가에 대한 비전은 있지만, 한 가지 차원에만 초점을 맞추는 함정에 빠진다. 그 때문에 한 분야에만 몰두하게 되면서 나무만 볼 뿐, 숲은 보지 못하게 된다. 당신은 큰 그림을 보고 당신의 모든 필요를 충족시킬 수 있도록 해야 한다.

에이브러햄 매슬로Abraham Maslow는 1960년대 인간 욕구의 위계질서를 상세히 기술한 유명한 유대인 심리학자이다. 솔직히 나는 그의 연구가 오랜 유대의 지혜를 바탕으로 삼아 유추했는지, 아니면 어떠한 도움도 없이 스스로 연구해서 알아냈는지 알지 못한다. 그러나 어느 쪽이든 그는 기본적인 인간의 욕구를 정확하게 짚었다. 그러나 그가 네 가지 욕구를 설명하는 것에는 성공했지만, 그러한 것들이 고대 유대의 지혜 중 어디에서 나왔는지, 왜 우리가 그런 것들이 필요한지는 설명하지 못했다. 그저 그렇다는 사실만 알아냈을 뿐이다. 이 네 가지 욕구는 그 근원을 이해하지 못하면 참으로 잊기 쉬운 것들이다. 그러므로 이제 나는 성경을 바탕으로 이 네 가지 욕구를 어떻게 이해할 수 있는지 당신에게 보여주어 당신 삶의 맥락 속에서 이들을 이해하고 받아들일 수 있도록 도울 것이다. 매슬로가 자신의 위계도에서 이 네 가지 욕구를 어떻게 불렀는가는 중요한 것이 아니다. 이 네 가지 욕구의 근간이 되는 고대 유대인의 지혜에서 이들 원리를 이해하는 것이 중요하다.

당신이 이 원리를 이해하게 되어 동시에 이 네 가지 영역을 발달시킬 수 있게 된다면, 삶의 균형이 깨지는 일은 절대 일어나지 않을 것이다. 이들의 균형 있는 발달은 당신 삶의 균형과 직결되며 현재와 미래에 대한 열정이나 즐거움을 유지하는 데도 관여한다. 또한 당신이 어떠한 단계에 있든지 자신감도 느끼게 될 것이다. 만약 하나만 과도하게 발달하고 나머지가 제대로 발달하지 못한다면, 삶이 왜곡되었다는 느낌이 들 것이다. 그 결과로 때로는 낙담하거나 우울한 삶이 될 수도 있다. 당신은 이 모두를 동시에 발달시킬 수 있도록 노력해야 한다. 열쇠는 당신이 뒤처지는 영역이 어디인지 알아내어 더 집중하고 이를 바탕으로 당신의 삶이 균형과 조화를 이루도록 하는 것이다.

태초에 하나님이 천지를 창조하셨다. 성경은 이렇게 시작된다. 지구상에서 근원을 선언하며 시작하는 유일한 종교문서가 성경이다. 만약 유대의 신앙이 창조 이야기가 아니라 단순한 역사 이야기였다면, 성경의 시작 부분이 "태초에 하나님이 모든 것을 창조하셨다"라고 시작했을 것이다. 아니면 "태초에 하나님이 우주를 창조하셨다"라고 했을 것이다. 그러나 성경은 모든 존재에 대한 전체성의 포괄적 틀을 마련하는 이야기이자 개인적, 사회적 수준의 인간 존재에 관한 안내서로 쓰일 것을 목표로 한 책이기 때문에 "하나님께서 천지를 창조하셨다"는 말로 시작한다.

이는 우리 존재에 머리 아픈 이중성이 스며들어 있기 때문이다. 우리의 삶은 모든 것을 두 가지의 눈, 영적인 눈인 하늘의 눈과 육체적인 눈인 땅의 눈으로 바라봐야 한다는 사실 때문에 복잡해진다. 여기서 의미하는 영적인 것은, 반드시 거룩하거나 신성시되거나 심지어 도덕적인 것을 의미하지는 않는다. 유대 신앙에서 영적인 것을 구체적으로 말하자면, 일반적인 과학의 발견으로 측정할 수 없는 것들을 의미한다. 예를 들자면 이런 영적인 것에는 사랑과 충절이 들어간다. 투지도 들어간다. 희망과 야망도 들어간다. 당연하지만 돈도 여기에 들어간다.

당연히 육체적인 것에는 이 세상에 실재하며 눈으로 볼 수 있는 모든 것이 포함된다. 여기서 놓치기 쉬운 굉장한 사실은, 우리의 삶을 충족시키고 기쁨을 가져다주는 많은 것들이 육체적인 것이 아니라 영적인 것이라는 점이다. 그리고 성경은 오랫동안 건강하고 편안한 삶을 살기 위해서는 우선 영성의 달인이 되어야 한다고 말한다. 약 2천여 년 전까지만 해도 성경 대부분의 내용은 구전되었다. 내가 이 책을 쓰는 이유는 현재까지 글로 전해진 이 방대한 유대의 옛 문헌을 쉽게 풀기 위함이다. 나는 당신이 이 지혜를 손쉽게 이해하고 다루어 삶의 질을 크게 높일 수 있도록 하는 것을 목표로 이 책을 쓰고 있다.

먼저 영적인 것과 육체적인 것의 차이를 설명하는 데 도움을 줄 수 있는 한 가지 예부터 들어보자. 지금 임신한 아이에 대해서 더 알고 싶은 한 임산부를 상상해 보자. 지금부터 내가 설명하려는 모든 의학적 검사가 당신이 사는 곳의 지역 병원에서도 가능한지는 모른다. 다만 아직 이런 검사가 불가능한 곳이라도 곧 이런 검사를 할 수 있게 되리라 자신한다.

예를 들어 임산부가 의사에게 "내 아이가 여자인가요, 아니면 남자인가요?"라고 물어볼 수 있다. 그것은 순전히 육체적 구분이고 판단하기 쉽다. 자기 아이가 과체중인지 몸집이 큰지 아니면 작은지를 물어볼 수도 있고, 소아질환에 대한 경향이 있는지도 물어볼 수 있다.

아직 태어나지 않은 아이의 피부색을 물어볼 수도 있다. 이 모든 것은 판단하기 어려운 것들이 아니다. 전부 육체적인 것들이고, 모든 답은 배아의 유전자 구조 안에 담겨 있다. 이제는 이런 검사가 그리 어렵지 않기 때문이다.

임산부는 앞으로 태어날 아기의 여러 가지 특징이나 상태를 쉽게 알려주는 의사를 바라보면서 다른 것들이 궁금해졌다. "우리 아이가 정직한 사람으로 자랄 수 있는지 말씀해 주세요. 아이가 성실한 사람이 될까요? 우리 아이가 사람들의 사랑을 받을 수 있을까요? 긍정적인 사람이 될까요? 아니면 비관적인 사람이 될까요? 머리가 좋고 결단력 있는 사람으로 자랄 수 있을까요?" 이쯤 되면 의사는 속절없이 어깨를 늘어뜨리며 환자에게 지금 물어보는 것은 영적인 특징이라고 설명할 것이다. 이런 특징을 확인할 검사는 없다. 이 부분은 이제 아이를 키우는 방식에 달린 것이다.

이제 이 아이가 세상에 태어나 미래에 금전적으로 성공할 수 있느냐는 질문을 생각해 보자. 그녀가 문의한 신체적 특성은 영적인 것만큼 중요하지 않다는 것을 분명히 해야 할 것이다. 이 아이는 자라서 언젠가 직장을 찾게 될 것이다. 그리고 그 직장은 그 아이의 성격, 정직함, 기술, 의사소통 능력, 지혜, 긍정적인 성격, 획득한 지식과 그동안 쌓은 실력에 따라 보수를 줄 것이다. 당신은 이 모든 것들이 본질적으로 영적이라는 것을 아는가? 만약 아이가 오로지 육체적 세계만 알고, 육체적 세계만 이해할 수 있도록 키워졌다면, 미래에 성공하기 위한 중요한 요소를 잃어버려 크게 불리해질 수도 있다. 우리 인간에게 육체적 욕구를 충족시킬 필요가 있는 것은 사실이다. 명백한 현실이다.

여기에는 공기와 물, 음식이 필요하고, 목숨이 위험할 정도로 우리의 체온을 떨어트리는 외부 환경요인으로부터 우리를 보호할 수 있는 쉼터 등이 포함된다. 그러나 우리 인간은 영적인 욕구도 함께 충족해야 한다는 사실은 잊기 쉽다. 이 영적인 욕구도 우리의 성공에는 매우 중요하다.

우리 삶 속의 모든 성공은 우리가 단순히 육체로만 이루어진 존재가 아니라는 사실을 이해하는 것에 달렸다. 우리는 영혼도 함께 가지고 있으며, 우리 육체의 욕구만큼이나 영혼의 욕구도 만족시켜야 한다. 잘 자란 영혼은 미래의 삶에 굉장한 이점을 가져다준다. 그리고 현명한 부모라면 아이에게 자기 영혼의 욕구도 함께 채우는 방법을 가르친다. 때로는 우리가 자라면서 부족했던 것들을 성인이 되어 직접 보충하고, 이후의 삶을 사는 동안 우리 영혼이 효과적으로 활동할 수 있도록 필요한 것들을 스스로 가르쳐야 할 수도 있다.

우리의 몸과 마음이 구성되고 육체적 욕구와 영적 욕구를 모두 만족해야 하는데, 다행히 우리가 살아가는 이 세계는 이 모든 욕구를 채울 수 있는 능력이 있다. 그것은 물과 피난처 등의 형태로 우리의 육체적 필요를 충족시킨다. 그리고 우리 눈으로 확인할 수는 없지만, 우리 삶에서 매우 중요한 역할을 하는 것들을 제공하며 우리 영혼의 욕구도 충족시킨다. 우리는 이제 이 모든 필요와 욕구를, 각각 서로 다른 네 가지 영역으로 구분한 성경의 가르침에서 설명을 타고 다니며 탐구하려 한다.

첫 번째 영역은, 우리의 육체를 형성하고 유지하는 데 필요한, 땅이 우리에게 주는 것들로 구성된다. 여기에는 음식과 물, 쉼터 등 우리가 인간으로서 기능하기 위해 필요한 것들이 포함된다.

두 번째는, 우리에게 영적으로 필요한 요건이지만, 세계가 육체적인 형태로 제공하는 것들에 대해서도 탐구할 것이다. 세계가 물질로써 제공하지만, 우리의 영적 욕구를 채울 수 있는 것은 단순히 생존하기 위한 기본 이상의 것들이다. 구체적으로 말하자면 우리의 삶에 안정을 느끼고, 미래에 대한 자신감을 갖도록 하는 것들이 여기에 포함된다.

세 번째는, 우리의 육체적 욕구를 채우며, 세계가 영적으로 제공하는 것들이 있다. 여기에는 다른 인간과의 유대가 포함된다. 실제로 이러한 인간적 유대가 이루어지지 않으면, 우리 육체는 생존의 위협을 받게 된다.

마지막으로, 세계가 우리에게 영적인 형태로 제공하여 생존 확률을 크게 높여주는 것들이 있다. 이것들은 우리가 망하지 않고 삶을 성공적으로 살아가게 한다. 대지가 만들고 우리가 영적인 형태로 받아들이는 것들이다. 그것들은 성장하는 느낌, 세계가 실제로 작동하는 방식에 대한 더욱더 깊은 이해, 창조자이신 하나님을 더 잘 알아 영원과 연결되는 것 등이 있다.

이제 인간 욕구의 각자 다른 영역이란 어떤 것일까? 인간은 육체적, 영적 욕구를 모두 가지고 있다. 우리는 육체적 존재인 동시에 영적존재이기 때문이다. 육체적인 것들은 실험실에서 측정할 수 있는 것들이다. 키와 체중이 그것이다. 피부색이나 머리에 난 머리카락의 양도 육체적이다. 이들은 전부 물리적으로 측정할 수 있는 것들이다. 그러나 영적인 것은 측정하기도 계량하기도 어렵다. 예를 들면 성실성을 들 수 있다. 성실성을 측정할 수 있는 도구나 기계는 없다. 충직함? 이 또한 마찬가지다. 유연한 사고? 끈기? 전부 영적 특성이다.

나는 종교인으로서 영성은 주어지는 것이라고 생각한다. 그러나 모든 사람이 종교적인 인간이 아니라는 사실 또한 이해한다. 영적인 인간이 되려면 꼭 종교인이 되어야 하는 것은 아니다. 당신이 영혼이 있다는 사실을 믿기 위해서 믿음을 가져야 하는 것도 아니다. 인간이 성실성과 끈기 같은 측정 불가능한 특성이 있다는 사실을 부정하는 자가 어디에 있는가? 눈 씻고 찾아봐도 없을 것이다. 우리는 육체이자, 영혼이다. 우리는 육체적 특성과 영적 특성을 모두 타고났다.

그렇기 때문에 우리는 육체적 욕구와 영적 욕구를 모두 가지고 있다. 육체적 욕구는 매우 간단하다. 물질적으로 우리는 침팬지 같은 동물과 크게 다르지 않다. 살기 위해서는 먹고 마시고 숨을 쉬어야 한다. 동물이 자신의 욕구를 인지하고 이해한다면, 분명 육체적 욕구만이 존재할 것이다. 동물은 인간과 같은 영적 존재가 아니기 때문이다. 지금 필요한 것이 육체적인지, 아니면 영적인지 구분하는 또 다른 방법이 있다. 만약 육체적인 것이 결핍된 상태라면 머지않아 목숨을 잃을 것이다. 예를 들어 인간이 물과 음식이 없다면 길어야 며칠 내로 숨을 거두게 된다.

그러나 영적 욕구는 실체가 없다. 여기서 기억할 것은 영적인 것이 종교적인 것과 같은 뜻이 아니라는 것이다. 물론 종교인과 겹치는 부분은 있다. 영적 욕구에는 신을 향한 믿음의 욕구와 신과 하나가 되고자 하는 욕구가 포함되며, 동시에 사람들과 연대를 원하는 욕구도 여기에 포함된다. 우리 인간은 육체적 욕구와 함께 다른 인간의 애착과 존경심도 갈망한다. 믿음과 영혼의 연대에 대한 감각도 필요하다. 이런 영적 욕구는 인간에게만 나타나는 것으로, 동물은 이를 이해할 수 없다. 실재하여 보거나 만질 수 있는 것이 아니기 때문이다. 침팬지가 친구들에 대해 따뜻한 생각을 하거나, 아이들을 안아주는 나의 모습을 보더라도 내 기분을 이해하거나 내 제스처를 해석할 수 없다. '동물이 이해할 수 있는가'가 영적인 것을 구분하는 훌륭한 리트머스 시험지 역할을 한다.

당연하지만 영적인 욕구가 제대로 충족되지 못해 결핍되었다고 하더라도 당장 당신이 죽는 것은 아니다. 그러나 몸과 마음에 똑같이 해롭다는 사실은 변하지 않는다. 예를 들자면 우정이 그렇다. 우정은 영적 욕구다. 친구가 없으면 건강에 문제가 생길 수 있고, 수명이 짧아질 가능성도 있다. 사회적으로 고립된 인간은 위생에 신경을 잘 쓰지 않게 되고, 의료처치나 정기검진 등을 신경 쓰지 않게 된다. 어느 쪽이든 신체의 건강에도 영향을 끼치기에 충분하다.

그리고 나 또한 육체적, 영적 욕구를 가지고 있는 인간이다. 나는 지금 음식과 물, 공기 같은 육체적 욕구를 충족하고, 얻을 수 있는 세계에서 살고 있다. 또한 감정적 유대감과 영적 연결이라는 영적 욕구를 충족할 수 있는 세계에서 살고 있기도 하다. 여기서 한 가지 이해하기 까다로운 문제가 생겨난다. 육체의 욕구를 영적인 것으로 채울 수 있는 상황이 있는가 하면, 영적인 욕구를 물질적인 것으로 채울 수 있는 상황이 있다는 것이다. 이제 자세히 살펴보자.

영적 욕구인 것들이 있고, 육체적 욕구인 것들이 있다. 세계는 나의 육체적 욕구를 만족시켜줄 수 있다. 나의 영적 욕구 또한 마찬가지로 세계가 만족시켜줄 수 있다. 우리가 살기 위해 필요한 네 가지의 요구가 여기에 뿌리를 두고 있다.

좀 더 명확히 설명하기 위해 다음 차트를 보자.

	세계가 물리적으로 제공하는 것	세계가 영적으로 제공하는 것
육체적 욕구 **(생존에 필요함)**	물, 공기, 음식, 쉼터 등	동료, 존경, 우정, 유대 등
영적 욕구 **(생존에 불필요하나** **잘 살기 위해 필요함)**	저축, 재량 소득, 재정안정성 등	신뢰, 영성, 이해, 관용 등

위 왼쪽은 우리의 육체적 욕구이자 세계가 물질적으로 제공하는 것들이다. 내가 여기에 속하는 것들을 얻거나 받지 못하는 상황이면 곧 죽음을 맞이하게 된다. 내 육체에 필요한 것들이기 때문이다. 세계는 여기에 속하는 것들을 침팬지조차 그 필요성을 인식할 수 있을 만큼 명백히 육체적인 것, 물리적인 것들로 제공한다. 이렇게 하여 세계가 나의 욕구를 만족시키는 것이다. 침팬지가 음식을 먹는 나의 모습을 보면 흥분할 것이다. 침팬지도 육체적인 것을 이해하기 때문이다. 나의 욕구와 그에 따른 공급도 육체적이기 때문에 이 부분을 우리는 동물과 공유한다. 여기에는 음식과 쉼터, 물 등, 그 외에도 나의 육체적 욕구를 충족하는 것들이 포함된다.

아래 왼쪽은 물리적인 것으로 충족할 수 있는 영적 욕구의 영역이다. 이것들은 세계가 물리적으로 제공하지만, 부족하다고 해서 내가 당장 죽지는 않는 것들이다. 당신도 이해하리라 믿는다. 이 영역의 충족을 위해 세계가 제공하는 것은 물질적이지만, 내가 이들을 필요로 하는 것은 영적 욕구 때문이다. 여기에는 재정안정성, 투자, 저축, 그리고 멋진 차나 별장같은 물질적 사치가 포함된다. 이것들은 내가 원하는 것, 내가 필요로 할 수도 있는 것들이지만, 이런 것들이 없다고 내가 죽게 되는 것은 아니다. 그러나 오해하면 안 되는 것이 있다. 삶과 죽음에 관계가 없다고 해서 여기에 속하는 것들이 중요하지 않은 것은 전혀 아니다. 내가 은퇴하면서 가진 돈이 많지 않다고 내가 당장 죽지는 않지만, 그 후 내가 안정감과 행복을 느끼기 위해서는 재정안정성이 중요한 역할을 한다.

위 오른쪽 코너에는 세계가 영적인 것들을 제공하여 충족시켜주는 육체적 욕구들이 속한다. 여기에는 어떤 것들이 들어갈까? 이런 것들이 없어도 생명은 유지할 수 있다. 그러나 삶의 죽음은 피할 수 없다. 세상은 이들을 영적인 방식으로만 제공한다. 내가 키우는 침팬지는 이 요구를 전혀 이해하지 못하며, 이런 것들을 가지려 하지도 않을 것이다. 침팬지는 영적인 존재가 아니어서 이런 것들이 전혀 필요하지 않기 때문이다. 아마도 당신들은 비슷한 궁금증을 공유할 것이다. 실재하지 않는 무형의 존재인데, 나나 당신이 가지지 못하면 육체가 죽을 수도 있는 것, 그런 것이 어떤 것일까? 당신도 궁금할 것이다.

이제 답이 될 만한 이야기를 해주려 한다. 20세기 초 영국에는 유명한 철학 및 윤리학 전문가였던 조드Joad 교수가 있었다. 그때 런던 지하철은 자율시행제로 운영되고 있었다. 일단 열차를 타고 가다가 내릴 곳에 당도하면 안내원에게 몇 정거장을 지나왔는지 얘기하는 방식이다. 그당시 열차는 지금처럼 고정된 요금이 존재하지 않았다. 요금은 이동한 거리와 지나친 역의 수에 따라서 달라졌다. 조드 교수는 아직까지 아무도 알지 못한 이유로 내릴 때 어디에서 탔는지 거짓말을 했다. 아마 돈을 몇 푼 아껴 보려고 그런 것이 아닐까? 그러나 열차 안내원은 교수가 거짓말을 한다는 것을 알아차렸다. 그는 자기 일의 전문가였고, 그래서 요금에 관한 거짓말을 하는 사람들을 쉽게 잡아낼 수 있었다. 몇 개의 질문만으로 조드 교수가 거짓말한다는 것을 알았다. 그러나 안내인이나 다른 사람들은 교수가 왜 거짓말을 하고 시스템을 속이려 했는지 이해하지 못했다. 조드 교수의 거짓말이 성공했다면 8페니를 아낄 수 있었다. 고작 8페니라니! 그리고 이 교수는 교수니까 돈도 꽤 많이 받았을 것이고, BBC 라디오 방송에도 자주 출연하는 유명인이었다. 고작 8페니라니, 그가 아낄 가치조차 없는 돈이 아닌가.

그는 유명한 사람이었기에 런던 교통부는 그를 엄벌에 처해 시스템의 안정성을 유지하려 했다. 다음날 이브닝 스탠더드 지는 분노에 찬 헤드라인을 달았다. "유명 교수 조드 씨가 8페니 때문에 런던 교통부를 속이려다 잡히다." 조드는 곧 대학교수직을 내려놓아야 했다. 얼마 지나지 않아 라디오 쇼에서도 하차해야 했다. 대학은 고작 8페니 때문에 대중교통 시스템을 속이는 '철학 및 윤리 교수'를 그대로 둘 수 없었다. 이후 그의 이름이 온갖 신문에 다 실려 그가 부도덕한 도둑이라는 사실이 널리 알려지면서 다른 직장도 잡을 수 없게 되었다. 그는 술을 마시기 시작했다. 아내도 그의 곁을 떠났다. 아이들도 연락을 끊었다. 그는 곧 노숙자 신세가 되었다. 얼마 지나지 않아 런던 슬럼가 한구석에서 죽은 채로 발견되었다.

내가 이 이야기를 하는 이유는 우리가 친구나 동료들의 존중을 받지 못한다면, 실제로 죽을 수도 있다는 사실을 설명하기 위한 것이다. 우리가 주변에 있는 사람들로부터 받는 관심과 걱정, 존중은 자신을 돌보게 하는 요인이 된다. 이러한 것들은 본질적으로 영적인 것들이다. 하지만 이에 대한 우리의 욕구는 육체적일 수 있다. 우리는 사람들의 관심과 걱정이 없다면 자신의 몸을 관리하고, 위생을 유지하고, 잘 먹고, 운동할 이유, 혹은 알코올이나 약물 오남용으로 기분이 좋아질 수 있다는 유혹을 떨치기 위해 저항할 이유를 찾지 못한다. 우리는 다른 사람들을 위해서 우리 몸을 관리한다. 다른 모든 사람이 우리 인생에서 떠나게 된다면 우리는 살아갈 이유를 찾지 못하게 되고, 따라서 우리의 육체적 욕구도 더 이상 충족시키지 않게 된다. 이제 당신도 우리가 이런 영적인 것들을 지극히 육체적으로 원한다는 사실을 알게 되었을 것이다.

마지막으로 오른쪽 아래 코너에 있는 것은 세계가 영적으로 제공하는 것으로 영적 욕구를 충족할 수 있는 것들이다. 이들 또한 매우 중요한 욕구다. 단순히 목숨을 부지하는 데는 이러한 것들이 없어도 된다. 하지만 이런 것들이 없다면 내 삶에서 중요한 무언가가 빠진 듯한 느낌을 받게 될 것이다. 그게 무엇일까? 이 '무언가'는 신뢰의 연대, 영적 연대, 지혜, 세상과 그 속에서 내 자리에 대한 깊은 이해 등이라고 할 수 있다. 침팬지는 내게 지식을 주는 세상, 내가 이해하는 세상을 보지 못한다. 침팬지는 내게 신뢰와 영적 유대감을 주는 세상을 보지 못한다. 하지만 나는 인간으로서 이런 것들이 필요하다. 이런 것들이 없으면 죽게 될까? 그것은 아니다. 수백만 명의 사람들이 이런 것 없이 살아가고 있다. 이들은 완전히 만족스러운 삶을 사는 것이 아니지만 어쨌든 살아가고는 있다.

　이런 영적 욕구를 만족할 때 더욱 행복한 사람, 더 나은 사람이 되며, 주변 사람들을 위해 봉사하는 데 더 알맞은 사람이 될 수 있다. 비즈니스를 통해서도 이런 사람이 될 수 있고, 관용을 통해서도 이런 사람이 될 수 있다. 이런 것이 영적 욕구다. 당신 주변의 가까운 사람들에게 관용을 베풀어라. 관용을 베풀지 않아도 당신이 당장 죽는 것은 아니다. 많은 사람이 이기적으로 행동하고, 아무것도 베풀지 않으면서 잘만 살아가고 있다. 하지만 관용의 욕구도 분명히 실존하는 욕구다. 관용을 베풀면 더 나은, 더 만족스러운 삶을 살게 된다. 관용을 베풀면 당신이 돈을 버는 능력 또한 강해진다. 돈을 버는 것은 옳은 일을 하는 당신에게 주어지는 보상의 방법 중 하나이기 때문이다.

　바로 이것이 성경의 가르침에 따라 정리한 인간 욕구의 계층 구조이다. 당신의 삶을 이루는 이 네 영역 모두를 동시에 키워야 한다. 이 네 영역은 육체적 영적 욕구와 물질적 영적 욕구가 세속적 편익에 의해 서로 얽혀져 만들어지고, 모두 다 똑같이 중요하다. 인간으로서, 비즈니스 전문가로서 성공적인 삶을 살기 위해서는 하나라도 놓치면 안 되는 것들이다. 물론 하나쯤은 무시할 수 있다고 생각할 수도 있다. 그리고 한동안은 하나쯤 무시해도 사는 데는 아무런 지장이 없다. 특히 부족해도 당장 죽지 않는 영적 욕구를 무시할 가능성이 높다. 하지만 시간이 지나면 영적 중력으로 인해 당신의 삶이 상승하지 못하고, 결국에는 내리막길을 가게 될 것이다. 이렇게 되면 당신의 개인적 삶이나 전문가로서의 삶 모두 실패하게 된다.

　그러므로 당신이 돈을 버는 능력을 함양하기 위해서는 당신의 기본적 욕구를 모두 충족시키는 것에 집중할 필요가 있다. 음식과 쉼터, 그리고 당신 가족의 욕구에 관심을 가져야 한다. 또한 당신의 기본적 욕구만 충족시키는 수준 이상으로 더 많은 돈을 벌 수 있어야 한다. 그래야 당신의 재정안정성을 확보할 수 있기 때문이다. 보험 정책, 저축, 투자, 퇴직금 적립 계좌 등이 여기에 들어간다. 물론 약간의 사치도 좋다. 당신의 의욕을 고취시킬 수 있기 때문이다. 사람들과의 관계에도 집중해야 한다. 사람들의 존중과 호의를 얻을 수 있기 때문이다. 우리는 가족이 필요하다. 친구도 필요하다. 이들 또한 우리의 시간과 관심을 받을 자격이 있다. 이런 관계를 바탕으로 자신의 의욕을 고취시키고, 나아가 더 나은 비즈니스 전문가가 될 능력도 키울 수 있다.

그리고 마지막으로, 당연한 말이지만 신뢰와 영적 유대도 당신에게 반드시 필요하다. 더 널리, 더 깊게 이해해야 한다. 매일같이 우리는 "오늘 나는 무엇을 배웠는가? 지난주에 내가 이해한 것보다 더 깊이 이해하게 된 것들이 무엇이 있는가?"라고 물어보아야 한다. 이것이 우리의 영적 욕구다. 이런 욕구를 충족하지 않고서 성장하는 것은 불가능하기 때문이다. 이런 욕구 중 어느 하나를 무시하는 것은 내게 이롭지 못하다.

그리고 성경이 우리에게 전하는 요점이자 비밀이 여기에 있다. 이런 욕구를 충족하면 우리가 생활을 위해 돈을 버는 능력이 강화될 뿐만 아니라, 더 나은 욕구 충족을 위한 우리의 능력도 함께 강화된다. 이로써 소중한 우리의 개인적 삶과 전문가적 삶은 모두 충족되며, 완벽한 시너지 효과를 내게 된다. 이를 바탕으로 우리는 성공적인 비즈니스를 경영하고, 진정한 소득 잠재력을 온전히 발휘할 수 있게 된다.

Secret # 16

소득과 이익은 옳은 행동에 대한 보상이다

비즈니스 원리의 교차점을 성경에서 찾아볼 수 있고, 고대 유대인의 삶은 이를 뒷받침해 준다. 우리는 한 사람의 부가 옳은 일을 한 대가라는 사실을 내면화해야 한다. 돈은 옳은 행동에 대한 결과물이다. 그렇다. 그러나 결과물 그 자체에 집중할 것이 아니라, 어떤 이유로 그런 효과가 나타났는지, 어떤 것이 그들에게 만족과 기쁨을 주었는지에 집중해야 한다. 우리가 사람들의 필요를 채우면, 개인적인 부유함도 따라오게 된다. 다른 방법으로는 부를 쌓을 수 없다. 어떤 결과를 내고 싶다면, 그에 맞는 적절한 절차를 따라야 한다. 결과 자체에만 집중하는 것은 위험하다.

그렇기 때문에 우리는 사람들을 질투해서는 안 된다. 우리는 우리의 비즈니스나 삶 속에서 우리보다 더 뛰어나고, 더 좋은 것을 가진 사람들을 만나게 된다. 그럴 때 우리는 "나도 갖고 싶다"라는 생각을 하게 된다. 우리가 이런 생각을 품게 되었을 때, 이 목표 달성에 실패하면 억울함을 느끼고 냉소적으로 변하는 자신을 볼 수 있다. 아이러니

하지 않은가. 우리가 원하는 것을 얻지 못한 이유가 우리가 원하는 것에만 집중하기 때문이라니. 그러나 우리가 진정으로 집중할 것은 '무엇을 해야 하는가'이다. 상상 속의 보상에만 집중하는 것에서 벗어나 우리 고객들에게 더 잘 봉사하는 것에 초점을 맞춰야 한다. 당신이 일할 때, 마음속의 초점은 이것으로, 온통 이것으로만 채워져야 한다. 자신에게 물어보자. 어떻게 하면 내가 할 수 있는 최대치로 사람들의 필요와 욕망을 채울 수 있을까? 바로 이것이 하나님의 의지이다. 그러므로 인간의 경제는 이러한 원리를 근간으로 삼고 있다. 당신과 가까운 사람들을 위해 필요한 모든 것을 해야 한다. 만약 새로운 기술을 발달시켜야 한다면 그렇게 하라. 시장에서 아직 충족되지 않은 무언가를 발견했다면 이를 충족시켜라. 아직 만들어지지 않았지만 유용할 것 같은 발명품이 있다면 만들어라. 무엇을 하든 당신이 아끼는 주변 사람들에게 가치를 전할 수 있다면, 그에 대한 대가로 부가 돌아오게 될 것이다.

물론 '내가 주변 사람들에게 베풀 수 있는 것이 어떤 것인지 어떻게 알 수 있나'하는 의문이 생길 수 있다. 이를 달리 묻는다면 '나는 살아가면서 무엇을 해야 하는가'가 된다. 나는 자기 커리어를 어느 방향으로 발전시켜야 하는지 모르겠다는 사람을 지금까지 많이 만났다. 특히 이제 막 대학에 입학하거나 대학을 졸업하는 젊은이들이 그러하다. 이들이 앞으로 자기 인생에서 무엇을 해야 하는지 모르겠다고 말할 때가 가장 많았다. 그래서 이들은 다른 사람들의 충고를 구한다. 이들이 받을 수 있는 가장 나쁜 충고는 졸업식 연사의 연설이다.

졸업식 연사라면 누구나 틀림없이 졸업자들을 향해 "당신의 열정을 따르세요."라고 말할 것이다. 연사들은 이제 막 대학을 졸업하는 젊은이들에게 자기 가슴이 시키는 대로, 가장 좋아하는 일을 추구하라고 한다. "당신이 좋아하는 일을 하십시오." 이들이 말하기로는, 내가 좋아하는 일을 하면 앞으로 살면서 '일'을 할 필요가 없게 된다고 한다. 매일 출근해서 일할 때마다 내가 좋아하는 것을 하게 되니 일이 전혀 아니라는 투다.

이들이 한 말 중 하나는 맞는 말이다. '좋아하는 것을 하면 일이 아니다.' 그러나 이 말이 일을 정의하지는 못한다. 일의 성격조차 되지 못한다.

젊은 대학 졸업생들이여, 이 한 가지를 기억하라. 졸업식 연사의 이야기는 잊는 것이 좋다.

그 연사들의 이야기는 끔찍하고 파괴적인 거짓말이다. 당신을 호도하고 있다. 연사들의 말을 제대로 옮기자면 "세상이 필요로 하는 것에 대해서는 생각하지 말고, 당신이 정말 좋아하는 것이 무엇인지 생각해 보고, 평생 그 좋아하는 것만 하라"는 뜻이다. 이보다 더 이기적인 것이 있는가?

이 말은 이기적일 뿐만 아니라 비현실적이고, 오히려 해로운 말이다. 만일 누군가가 열정적으로 할 수 있는 일만 전문적으로 하게 된다면, 다시 말해 자기가 하고 싶은 일만을 하게 된다면 전문적인 실수를 만들게 된다. 일이란 내가 원하는 것을 하는 것이 아니고, 사람들이 원하는 것을 하는 것이다.

당신이 오케스트라 지휘자의 열정을 품고, 오케스트라 지휘자가 되기를 원할 수도 있다. 당신이 졸업식 연사가 자신의 열정에 따라 사랑하는 일을 하라고 말하는 연설을 들었다. 그래서 "좋아, 도전해 보자. 오케스트라 지휘자가 되는 거야!"라고 결정했다. 이렇게 세워진 당신의 계획에는 한 가지 문제가 있다. 당신이 지금 가진 직업을 그만둔 뒤에야 깨닫게 될 사실이다. 지휘자가 필요한 오케스트라가 그렇게 많지 않다는 것이 문제다. 그리고 지휘자를 고용하려는 몇 안 되는 프로 오케스트라들은 당신보다 훨씬 더 경험이 풍부한 지휘자를 원한다. 당신의 삶을 유지할 수 있는 임금을 주는 오케스트라가 전국에 두 개 정도밖에 없다는 사실을 알게 되었는데, 이들은 최상위권 음악학교를 졸업하고 풍부한 지휘 경험을 갖춘 지휘자를 원하고 있다. 당신은? 대학 다닐 때 오보에를 전공했을 뿐, 오케스트라 지휘 경험은 솔직하게 말해 일천하다.

이런 상황이라면, 당신이 자신의 열정에 따라 오케스트라 지휘자가 되는 것이 옳을까? 당신의 여가를 지휘자로서 보낸다면 나쁘지 않은 선택이지만, 전문 오케스트라 지휘자가 되는 것이 당신 커리어의 목표라면 순진해서 잘못 알고 있는 것이라 말할 수 있겠다. 물론 될 수도 있다. 그래도 안 될 가능성이 훨씬 높겠지만. 낙타가 바늘구멍에 들어갈 수 있을 정도일 것이다. 차라리 로또 당첨 확률이 더 높을 것이다. 최소한 그쪽은 별다른 조건이 없이 모든 것이 운이니까. 하지만 오케스트라 지휘자를 고용하는 과정에는 운이 작용하는 일이 없고, 그렇기 때문에 당신의 운이 아무리 좋아도 소용이 없게 된다.

그럼 무엇을 해야 할까? 어떤 커리어를 선택해야 하는 걸까?

성경 속에서 답을 찾을 수 있다. 옛 유대의 현자는 "사람들을 섬기며 즐거움을 찾으라."고 말한다. 당신이 얻을 수 있는 커리어에 관한 가장 좋은 충고일 것이다. 커리어를 선택하기 원한다면? 우선 사람들이 필요로 하는 것이 무엇인지 잘 살펴보라. 주변을 잘 둘러보고 사람들이 필요로 하는 것이 어떤 것인지 알아본 다음, 그 일을 하는 법을 배우고, 그 일을 사랑하는 법을 배우는 것이다. 앞서 우리가 이미 이야기한 대로, 책임감을 갖고 투자하여 자신의 일을 사랑하는 법을 배워야 한다. 당신이 그러기로 결정했다면 무슨 커리어든 상관없다. 당신의 열정을 따라 이미 좋아하는 일을 찾을 필요가 없다. 이제 전문가가 되어 100% 헌신하여 그 일을 사랑하게 될 일만 남았다. 나의 일을 사랑하기로 선택하는 것은 매우 중요하다. 물론 안타깝게도 내 일을 스스로 선택할 수 없을 때도 많다.

그러나 열쇠는 여기에 있다. 항상 당신이 원하는 직업을 선택할 수는 없지만, 당신의 직업을 어떻게 대할 것인지, 전문적으로 어떻게 행동할 것인지를 결정할 수는 있다. 꼭 당신에게 달린 것은 아니지만, 부를 쌓고 싶다면 현명한 결정을 해야 한다.

안타까운 사실은, 우리 중 여가시간에 즐기는 일을 전문적인 직업으로 갖게 될 사람은 드물다는 것이다. 나는 뱃놀이를 굉장히 좋아한다. 하지만 내가 뱃놀이를 한다고 누가 내게 돈을 줄 것이라는 기대는 전혀 하지 않는다. 그러므로 대중들에게 "당신의 열정을 따르라"고 하는 것이 그다지 좋지 않은 충고가 되는 것이다. 아주 소수의 사람에게는 분명 효과가 있겠지만, 정말 극소수에 불과하다.

물론 특정한 재능이 있는 사람들이 있고, 특정한 능력이 있는 사람들이 있다. 당연히 이를 간과해서는 안 된다. 당신에게 오케스트라 지휘자로서의 천부적인 능력이 있고, 그 재능이 입증되어 인정받고 있다면 당연히 그 길을 가는 것이 가장 좋다. 당신이 오케스트라 지휘 능력이 있고, 대학에서 지휘를 맡은 경험도 있었고, 그래서 그 일을 하게 되었는데, 길을 가다가 근처 세탁소에서 사람을 구한다는 광고판을 보았다고 해 보자. 나라도 지휘자를 그만두고 세탁소 일을 하라고 하지는 않을 것이다. 당신에게 지휘나 연기, 작곡 같은 재능이 있고, 또 전문성도 충분하며, 이미 생활비를 충분히 벌고 있다면 그 재능을 더욱 잘 활용하기 위해 노력하면 된다. 누군가가 지휘자로서 주변 사람들에게 봉사할 능력이 충분하다면, 그리고 그 능력이 엄청나다면, 그 능력을 직업으로 삼아도 된다. 그러나 우리 대부분이 그렇게 비범하고 유능하거나 운이 좋은 것은 아니다. 세상은 우수한 오케스트라 지휘자나 할리우드 배우들이 많이 필요하지 않다. 정말 부족한 것은 좋은 비즈니스 전문가이다.

그런 희귀하고 비범한 재주를 가지지 못한 평범한 우리들은 우리가 사랑하는 일에 집중하려는 선택을 지양해야 한다. 우리가 사랑하는 일로 다른 사람들의 필요를 충분히 채울 수 없기 때문이다. 우리는 사람들이 필요로 하는 것에 집중해야 한다. 당신의 직업이 어떤 것이든, 이 신념은 마음속 깊은 곳에 새겨야 한다. 우리가 지휘자나 배우가 될 수는 없지만, 조금 덜 화려한 곳에서 여전히 사람들을 도울 수는 있다. 우리가 자신의 커리어에 완전한 책임감을 느낀다면, 그 커리어가 아무리 변변찮더라도 성공할 수 있고, 부를 축적할 수 있고, 행복을 느낄 수 있고, 우리의 일을 사랑할 수 있다. 성공한 모든 사람이 마찬가지다. 그렇기 때문에 그들이 흔치 않게 성공한 지휘자가 되거나, 회사에서 거침없이 승진하는 중간관리직이 될 수 있는 것이다. 자신의 제품과 서비스를 사람들에게 제공하는 방식으로 사람들을 돕기 때문이다. 회사에서 중간관리직으로 일하는 사람들이 있다면 지도자들을 질투하지 말라고 부탁하려 한다. 당신이 인류를 위해 나름대로 봉사하고 있다는 점에서 자부심과 즐거움을 찾을 수 있기 바란다.

이 신념은 속일 수 없다. 당신은 실제로 그 신념을 느낄 수 있어야 하며, 당신이 지금 하는 일에 책임감을 느껴야 한다. 왜 속일 수 없을까? 사람들은 말로 신념을 나타내기 때문이다. 출애굽기 23장 7절 말씀을 보자. "거짓 일을 멀리하며 무죄한 자와 의로운 자를 죽이지 말라..." 이 가르침은 우리가 거짓 일을 하게 된다면 누군가를 죽이는 것과 같고, 이렇게 죽는 무죄하고 의로운 자는 바로 우리 자신이 될 것이라고 설명하고 있다. 신념이 부족하다면 당신의 직업을 통해 이를 볼 수 있게 될 것이다.

당신이 지원자 면접을 하는 고용주라고 해 보자. 당신이 면접을 하면서, "왜 우리 회사에서 일하고 싶으세요?"라고 물었다. 지원자가 "복리후생이 좋다고 들어서요."라고 대답했다. 당신은 이 답을 듣자마자 이 지원자가 썩 마음에 들지 않을 것이다. 그냥 좋은 복리후생을 제공하기 위해서 이 사람을 고용해야 할 이유가 무엇인가? 당신의 회사가 복리후생 제도를 우수하게 잘 갖춘 것은 사실이지만, 누군가 그런 제도를 이용하기 원한다고 해서 그 사람을 고용해야 하는 것은 아니지 않은가. 그래서 지원자에게 자신이 어떤 사람인지 한 번 소개해 달라고 했다. 지원자가 입을 열었다. "어, 저는 재즈 연주를 진짜 좋아해요. 아 참, 그래서 말인데 매주 금요일에는 조금 일찍 퇴근할 수 있을까요? 좀 멀리 있는 재즈 클럽에서 트럼펫 연주자로 활동하고 있거든요." 당신의 기분은 정말 안 좋을 것이다. 문밖으로 이 지원자를 쫓아내기 전에, 더 물어볼 것은 없느냐는 최후의 질문을 했다. 돌아온 대답은 "어... 하나 있어요. 월급은 얼마나 되나요? 1년에 휴가는 며칠이죠? 밴드 투어를 하려면 여름에 한 달은 비워야 되는데요."

당신은 이제 어떻게 할 것인가? 이 사람을 고용할 생각이 들까? 자기 '본업'에 책임감이 없고 자신을 회사에 투자할 준비가 되어 있지 않은, 이 풋내기 직원 고용하기를 정말 강렬히 원하는 게 아니라면, 이 사람을 고용할 이유 같은 것은 전혀 없다. 당신이 어떤 직급이나 직위 후보자를 뽑아 면접할 때, 그들이 어떤 방식으로 자신의 삶을 충족하는지, 혹은 그들의 이익을 위해서 당신이 무엇을 해줘야 하는지에 관심이 있는가? 물론 아닐 것이다. 당신이 신경을 쓰는 것은 당신이 그들에게 해줄 수 있는 것이 아니라, 그들이 당신에게 해줄 수 있는 것이다. 돈을 주는 것은 당신이지 그들이 아니지 않은가? 고용인이 누군가를 고용하고, 실제로 회사의 돈을 그에게 월급으로 지급하기 시작했다면, 그 돈을 받는 사람들은 이제 스스로가 회사의 손익계산서에 정확히 무엇을 더할 수 있는지 말할 수 있어야 한다.

하지만 이 사람이 말하는 것 전부는 이 관계에서 자신이 원하는 것을 어떻게 가져갈 것인가에 관한 것뿐이다. 고용주는 비즈니스 관계가 양방향이라는 사실을 이해한다. 양방향 관계가 아니라면 둘 다 현재의 관계에서 벗어나려 할 것이다. 하지만 동시에, 고용주는 고용인이 회사를 위해 무슨 일을 할 수 있는지 알고 싶어 하지, 회사가 고용인에게 무엇을 줄 수 있는지는 생각하지 않는다. 고용주는 면접을 통해 고용인이 회사를 위해 해줄 수 있는 것을 알려고 한다. 만일 고용인이 일을 시작했다면, 실제로 그의 업무능력을 확인하기 원할 것이다. 당연한 말이지만, 그 직장으로 인해 고용인도 혜택을 보게 된다. 회사에서는 이미 당신에게 혜택을 어떻게 줄 수 있는지 알고 있다. 임금을 주는 것이다. 면접에서 고용주가 알려고 하는 것은, 그가 일할 때 '고용주에게 어떤 혜택을 줄 것인가'이다. 고용인이 고용주에게 책임을 지고 봉사하는 모습을 보고 싶은 것이다. 이것 또한 속일 수 없다. 진지하게 당신 자신을 타인을 위한 봉사에 투자해야 한다.

이에 대한 증거는 성경 곳곳에서 찾아볼 수 있다. 사사기 16장의 삼손과 데릴라 이야기를 다시 살펴보자. 데릴라가 삼손이 가진 힘의 비밀을 파헤치기 위해 어떻게 계속 물어보았는지 기억할 것이다. 삼손은 몇 번 거짓말을 했고, 데릴라도 그 말이 거짓말임을 곧 알 수 있었다. 하지만 세 번째가 되어서는 진실을 말했다. 힘의 원천은 그의 머리카락이라는 사실을 털어놓은 것이다. 그리고 데릴라가 그 말이 사실임을 확신하고 삼손의 머리를 밀어 버리기 전에, 우리는 이미 이번에는 그가 진실을 말하고 있다는 사실을 알 수 있다. 삼손이 더 이상 거짓말을 하지 않는다는 사실을 데릴라는 어떻게 알았을까? 어떻게 그전까지는 거짓말을 했다는 사실을 알아챌 수 있었을까?

야곱의 아들들이 야곱에게 지금은 죽은 자신들의 형제, 요셉의 피 묻은 겉옷을 보였을 때를 생각해 보자. 형제들이 아버지 야곱에게 말하지 않은 것은 자신들의 형제 요셉을 이집트에 노예로 팔아버렸다는 것이었다. 나중에 창세기 45장을 보면 형제들이 아버지 야곱에게 나아가 오래전 잃어버린 동생 요셉이 이집트에서 재상의 자리에 올랐다는 소식을 전했다. 그러나 야곱은 이 소식이 사실이었고, 이전까지 그가 알고 있었던 것이 거짓이었음에도 아들들이 전한 소식을 믿지 않았다.

이제 당신에게 묻겠다. 왜 야곱은 아들들이 나중에 말한 진실보다 처음에 말한 거짓을 믿었을까? 그리고 데릴라는 삼손이 거짓말을 할 때와 진실을 말할 때를 어떻게 안 것일까?

데릴라가 야곱보다 영적으로 더 민감했던 것일까? 아니다. 이 두 이야기의 진실 사이에는 커다란 차이가 있다. 요셉이 형제들 때문에 이집트에 노예로 팔려 갔을 때, 요셉의 형제들은 이제 요셉이 완전히 사라졌다고 생각했다. 이집트에서 유대인 소년이 살아남을 방법 같은 것은 없었다. 최소한 그들은 그렇게 믿었다. 그런 이유로 동생 요셉이 이집트에서 아직 죽지 않았더라도 곧 죽게 될 것이라고 그들은 진심으로 믿었다. 그래서 이들이 아버지 야곱에게 나아가 말할 때 "우리 형제 요셉은 죽은 것이 틀림없다"고 한 것이다. 그들 자신도 진심으로 그렇게 믿었기 때문이다. 그러니 이들의 마음을 기준으로 보면 거짓말을 한 것이 아닌 셈이다. 이들은 요셉이 죽었다고 굳게 믿었으니, 진실을 전한 것이다.

그리고 데릴라와 삼손의 이야기에서 삼손은 처음 몇 번은 완전한 거짓말을 했고, 마지막에 가서야 진실을 말했다. 그러나 삼손은 자신이 거짓말을 잘한다는 사실을 알고 있었다. 데릴라는 다른 사람들과 마찬가지로 삼손이 거짓말할 때와 진실을 말할 때의 차이를 구분할 수 있는 충분한 감수성이 있는 사람이었다. 그렇기 때문에 성경이 "데릴라는 그가 진실을 말하는 것을 알았다"고 이야기한다. 데릴라는 그 사실을 증명하기 위해 삼손의 머리를 밀 필요도 없었다. 이미 그 전에 그의 신념을 알았기 때문이다. 우리 마음에서 우러나오는 깊은 신념은 면면히 흘러 우리 주변 사람들에게 간다. 그들은 우리 눈을 바라보고, 우리 목소리를 듣고, 우리의 행동을 본다. 만일 거짓말 하는 사람에게 속은 사람이 있다면, 이 부분을 주의 깊게 살피지 못한 결과일 때가 많다. 우리가 진실을 말할 때만 진실한 모습이 나타난다는 사실을 잊어서는 안 된다. 내가 신념을 가지고 말하면 듣는 사람은 내가 말하는 것을 믿게 된다. 매우 속이기 어려운 부분이다.

그러므로 여기에서 얻을 수 있는 교훈은 단순히 우리가 거짓말을 하면 안 된다는 것에서 그치지 않는다. 더 나아가, 우리가 항상 진실한 모습을 보여야 한다고 말하고 있다. 습관적인 거짓말의 결국을 우리는 예측할 수 있다. 우리가 마음속 깊이 가져야 할 신념을 다시 한번 정리하자면, 우리가 돈을 벌고 이득을 볼 수 있는 이유는 사람들의 욕구를 충족시키기 위해 일하는 데 있다는 것이다. 이 사실을 마음속 깊이 이해하여 신념으로 만든다면 다른 사람들도 이를 곧 알게 될 것이다. 우리 스스로 이런 신념을 갖추어야 한다. 그래야 그 뒤에 돈이 따르게 된다. 돈은 자연스럽게, 자동으로 딸려 오는 것이다. 그래서 당신이 답을 찾아야 하는 질문은 "돈을 어떻게 벌어야 할까?"가 아니다. "내가 사람들을 위해 어떻게 봉사하며 일할까?"이다.

비즈니스의 주된 방법은 협력, 창조, 운반이다.

협력은 비즈니스 과정의 중심이다. 협력할 때 효과가 극대화된다.

우리의 손이 창조한 것을 우리의 발이 시장으로 옮길 때,

비로소 가치를 창출할 수 있게 된다.

당신 한 사람 한 사람은 '무언가'를 할 수 있다.

그러나 모두가 힘을 합치면 '모든 것'을 할 수 있게 된다.

사람에 투자할 때 그 사람들을 사랑하게 된다. 일도 마찬가지다.

당신이 일에 투자하면 일에 대한 사랑을 낳게 된다.

Secret # 17

자유의 제한은 한계의 자유를 높인다

아이들은 자신의 삶을 관리하지 않는다. 아이들의 삶은 부모들이 관리한다. 아이들에게 허락된 것과 허락되지 않은 것은 전적으로 부모의 뜻에 달려 있다. 어린 시절에 골목에서 공놀이하지 말라는 이야기를 많이 들었을 것이다. 아홉 시가 되면 잠자리에 들어야 했고, 야채를 다 먹어야만 했다. 집안일을 돕고, 학교에 가고, '부탁합니다'와 '감사합니다'라는 말을 할 줄 알아야 했다. 이렇게 해야 하는 이유를 꼭 알지 않아도 상관없었고, 그냥 그렇게 해야만 했다. 아이들에게 해야 하는 것과 하지 말아야 할 것을 정해주는 것이다. 대부분의 아이는 삶을 한계와 요구, 조건으로 바라보게 된다. 그런 외적 한계가 정해진 이유를 알고 있는 경우는 잘 없다. 그러나 성인인 부모는 이런 규칙이 정해진 이유를 이해한다. 부모가 아이들에게 정한 규칙은 아이들을 안전하게 지키기 위한 것이며, 아이들을 더 잘 알기 때문에 강요하는 것이다.

그러나 아이들에게만 이런 명확한 경계와 책임이 주어지는 것은 아니다. 성인들도 마찬가지다. 이는 어찌 보면 역설적이지만, 우리에게 정해진 규칙과 구조가 명확하면 명확할수록 오히려 더욱더 자유로워지기 때문이다. 우리 삶에 어떤 구조가 정해지면, 당신이 따라야 하는 규칙의 기능에 대한 이해가 더 깊어지게 된다. 하지만 성인 중에 이를 이해하는 사람은 많지 않다. 직관에서 어긋나기 때문이다. 아마도 '어떻게 한계가 있는데 자유가 더 커지지?'라고 반문하는 사람도 있을 것이다.

하나님께서 모세에게 십계명을 내리셨다. 출애굽기 32장 16절에서 "그 판은 하나님이 만드신 것이요, 글자는 하나님이 쓰셔서 판에 새기신 것이더라"라고 전하고 있다. 토라에서는 '새겼다'고 말하기 위해 히브리어로 ChaRuT라는 단어를 사용했다. 이 단어에는 두 가지 뜻이 있다. 첫 번째 뜻은 우리가 방금 말한 대로 '새기다'이다. 비석을 만들 때 돌에 글자를 새기는 것과 같은 것이다. 당신이 무언가를 돌에 새기면 지울 수 없게 된다. 지우개로 지우는 것이 불가능해지는 것이다. 이것을 부수기 전에는 지울 수가 없다.

ChaRuT의 두 번째 의미는 '자유'이다. '새기다'와는 정반대의 뜻을 갖는다. 지금까지 내가 여러 번 설명했던 것처럼, 히브리 단어는 두 가지를 의미할 때가 많다. 두 가지 의미는 서로 접하기도 하고 교차하기도 한다. 하지만 영어에서는 그렇지 않다. 예를 들어 영어에서 장미(rose)는 꽃 이름이자 '일어나다(rise의 과거형)'의 뜻이 있다. 이게 무엇을 뜻할까? 아무것도 아니다. 그냥 한 단어를 두 가지 방식으로 쓰는 것에 지나지 않는다. 삶은 이런 넌센스를 고찰하기에는 너무 짧다. 하지만 히브리어는 하나님의 언어이기 때문에 다르다. 그리고 하나님의 언어에서 두 가지 뜻을 가진 단어는 그 뜻을 서로 결합시킬 수 있다는 것을 뜻한다. 이를 바탕으로 우리는 자유의 개념과 '새김'이 서로 반대되는 듯이 보여도 어떠한 방식으로 서로 연관관계가 있음을 알 수 있다.

자유는 창조할 수 있는 기회, 창조자가 될 수 있는 기회이다. 우리에게 완전한 자유가 있을 때, 우리는 원하는 것은 무엇이든 할 수 있는 무한한 가능성을 가질 수 있다. 우리에게는 어떤 일이든 해낼 수 있는 잠재력이 있다. 하지만 잠재력이 실제를 의미하지는 않는다. 실제로 우리의 주급은 우리의 자유를 제한하며 업무로 채워 성취한 것에 대한 보상이다. 그러나 이것 또한 우리의 잠재적인 가능성을 차단하고, 이는 다시 우리의 자유를 더욱 제한한다. 이런 식으로 가능성을 차단하면서 우리의 삶은 돌처럼 굳어져 간다. 그러나 여기서 역설적인 효과가 나온다. 우리가 자신에 대한 규칙과 한계를 설정하고 자유를 제한할수록, 우리의 성취물은 실제로 더 생산적이다. 자신이 원할 때 자유롭게 하고 싶은 일을 하도록 내버려 두는 게으른 사람은 무엇이든 이룰 수 있는 잠재력은 있지만, 엄격하게 자신의 자유를 제한하며 일에 집중하는 사람에 비해 결과물이 작다. 자신의 삶과 시간, 스케줄을 화강암에 새기듯이 제한하며 관리하는 사람은 진정한 자유를 누릴 수 있다.

자신의 자유에 제한을 전혀 두지 않는 사람, 원하는 것을 원할 때 하는 사람은 어린아이같이 행동하는 사람이다. 아이들은 다음날 피곤해서 아무것도 할 수 없는 상태가 되더라도 밤새 놀고 싶어 한다. 다르게 말하면 아이들이 밤새도록 깨어 있을 수 있는 자유는 있지만, 다음

날 무언가 할 수 있는 자유는 사라진다. 그러나 자기 계획이 석판에 새겨진 아이들, 일찍 잠자리에 드는 아이들은 다음날 피곤함을 느끼지 않고 자유롭게 하루를 즐길 수 있게 된다.

성인인 우리는 아이들이 자유롭게 행동할 자유를 억눌러 제한하기도 한다. 이러한 역할은 아이들이 잘못된 선택의 결과로 곤경에 처하는 일에서 자유롭게 해 준다. 부모는 아이들의 취침 시간을 정해주고 다음날의 원동력을 충전하게 한다. 멀쩡히 일어나 잘 활동할 수 있는 자유를 주는 것이다. 그리고 부모는 이 과정에서 아이들에게 또 다른 호의를 베푼다. 삶의 규칙과 구조의 가치를 가르쳐준다. 아이들은 자기가 깨어 있고 싶다는 사실만 인식한다. 그러나 성인인 부모가 보기에는 아이가 밤새 깨어 있을 자유를 그대로 누리면, 다음 날 생산적인 활동을 할 자유를 잃게 된다는 사실이 보인다.

성인들은 자신을 지키고 감독하는 후견인이 존재하지 않는다. 그러므로 아이들에게 규칙과 경계를 정하듯이 하려면 스스로 하는 수밖에 없다. 그냥 아무 계획 없이, 책임감 없이 자신을 풀어놓고 자유롭게 하루하루를 보낼 수도 있지만, 그 결과는 자신에게 해로울 따름이다. 반대로 자유를 제한하고, 삶을 체계화하고 시간을 현명하게 쓰도록 강제하면 자신에게 창조적이고 생산적인 사람이 될 자유를 부여할 수 있게 된다.

그렇기 때문에 시간 관리가 중요하다. 시간 관리에 몰두해야 한다. 당신의 시간계획을 반석에 새겨 비즈니스에 몰두할 수 있도록 해야 한다. 스스로 생산적인 사람이 되는 것에 전념하도록 강제해야 한다. 당신의 책상 위 달력은 하루하루가 모두 생산적인 일로 가득 차 있어야 한다. 1주일에 하루 정도는 쉬어야 하니 당연히 안식일은 **빼놓고,** 나머지 모든 날을 일로 채우는 것이다. 1주일에 이틀, 즉 토요일과 일요일은 쉬어야 한다고 말하는 사람들이 있는데 내가 보기에 이는 좀 과도한 것이다. 하나님께서 지구를 창조하실 때 5일간 창조하시고 이틀간 쉬신 것이 아니다. 1주일의 마지막 하루만 쉬셨다.

달력이 없다면 하나 사서 해야 할 일들로 채워보자. 하루쯤 휴식을 취하면서 원하는 대로 할 수 있는 날을 만들어도 좋다. 그날도 달력에 기록한다. 유대인이라면 토요일일 것이고, 기독교인이라면 일요일일 것이다. 종교인이 아니라면 아무 날이든 상관없다. 그러나 남은 6일은 가능한 한 해야 할 일들로 채울 것을 권한다. 생산적인 사람이 되어야 한다. 그렇게 해야 비즈니스에서 성공할 수 있다. 만약 그렇지 않다면 경쟁자들이 당신보다 앞서 나가게 될 것이다. 그리고 항상 일지를 챙겨 다니면서 당신의 목표 달성 여부를 기록할 것을 권한다. 물론 목표만 정하는 것이 전부는 아니다. 그 목표를 달성해야 한다. 자신에게 책임감을 느껴야 한다.

사람들이 자신의 목표를 이루지 못하는 공통적인 두 가지 이유가 있다. 하나는 그들의 일정이 지나치게 낙관적이어서 좀 더 합리적인 목표를 세워야 한다는 것이다. 나머지 하나는 진짜 해야 할 일에 집중하지 못한다는 것이다. 이러한 이유로 목표 달성에 실패하는 경우가 훨씬 많다. 하루가 끝날 때마다 일과를 돌아보고 최선을 다해 열심히 일했는지, 아니면 빈둥댔거나 일을 질질 끌지 않았는지 반성할 것을 권한다. 자신에게 인정사정없이 정직해야 한다. 모든 일을 끝낼 수 없을 정도로 일이 너무 많았는지, 아니면 일에 전념하지 못해서 책임을 완수하지 못한 것인지 자문해야 한다. 그러니 스스로 오늘 어떤 하루를 보냈는지 돌아보기 바란다. 만약 당신이 영업전화를 전부 걸지 못했는데 여전히 유튜브에서 재미있는 동영상을 보거나, 친구에게 이메일을 보내거나, 핸드폰으로 체스 한판 둘 시간이 있었다면, 문제는 당신이 일을 끝낼 시간이 없었다는 것은 아니라, 그냥 당신이 할 일을 하지 못한 것이다.

진정한 자유는 원하는 대로 할 기회를 얻는 것이 아니라, 자신에게 제한을 걸고 해야 할 일을 할 기회를 얻는 것이다. 진정한 자유는 창조적인 사람이 될 수 있는 능력, 다시 말해 원하는 것을 창조할 수 있는 능력을 소유할 때 누릴 수 있다. 여기서 잊지 말아야 할 점은 상업과 비즈니스를 통해 돈을 버는 것은 우리가 할 수 있는 일 중 가장 신나고 창조적인 일이라는 것이다. 이러한 창조를 우리는 '돈을 딴다'라고 표현하지 않는다. '돈을 번다', '돈을 만든다'라고 한다. 비즈니스는 돈을 만들고 세상의 선을 창조한다. 이 과정은 매우 창조적이고, 인간이 할 수 있는 궁극적인 창조의 행위이다. 두 명 이상의 사람이 서로 거래하는 것으로 봉사한다면, 이들은 말 그대로 돈을 만들어 세상에 전하는 것이다. 이보다 더 좋은 것은 없다. 그러나 돈을 벌 능력을 갖추려면 우리 자신과 우리의 자유에 제한을 둬야 한다. 돈을 벌기 위해서는 집중과 계획이 필요하기 때문이다.

내가 소총탄 하나를 바이스에 물려 작업대 위에 단단히 고정했다고 해 보자. 이제 내가 못을 들어 탄환 뒤 뇌관에 대고 망치로 때려서 뇌관을 쳤다고 해 보자. 어떤 일이 일어날까? 당연하지만 화약이 터지면서 빛이 날 것이다. 그러면 총알의 앞에 물려 있던 납 탄두는 어디로 갈까? 얼마나 멀리 날아갈까? 이 답은 꽤나 놀라울지도 모르겠다. 한 2피트 정도 날아가면 많이 날아갈 것이다. 총알이 발 앞에 툭 하고 떨어질 것이다. 왜 이렇게 되는 걸까? 내가 같은 총알을 총에 장전하고 방아쇠를 당겨 쏘면 초당 200미터 이상의 속도로 수백 미터를 날아가게 될 것이다. 그런데 이때는 왜 그냥 바닥에 떨어지지 않을까? 어떤 차이가 있는 걸까?

총알을 소총에 장전하면 그 폭발력이 밖으로 빠져나가지 못하고, 화약 속에 담긴 모든 화학 에너지가 총알을 탄피에서 분리시키고, 총열을 타고 전진하도록 만드는 데 사용된다. 모든 에너지가 총열을 빠져나가는 것에 집중되는 것이다. 모든 에너지가 탄두의 꽁무니에 집중되어 탄두를 밀어내어 날아가게 한다. 하지만 총알을 약실에 장전하는 대신 바이스에 물리고 뇌관을 때리면 폭발력 때문에 탄피가 찢어져 열리고, 그 에너지는 사방으로 퍼지게 된다. 탄두를 날린다는 목적이 이루어지지 않게 된다. 탄두는 멀리 날아가지 않는다. 이 두 상황의 차이는 총의 총열이 에너지를 가두어 제한하고 한 방향으로 집중시키는 데 있다.

우리도 힘을 발휘하기 위해서는 마찬가지라고 할 수 있다. 우리의 에너지를 여러 곳에 분산시키는 대신 한 곳에 집중하면 위대한 일을 성취할 수 있다. 자유는 아무 곳이나 돌아다닐 수 있을 때가 아니라, 한 방향을 정해 놓고 나아갈 수 있을 때 얻을 수 있다. 목적과 집중이 없다면, 또 우리의 잠재 가능성에 제한을 두지 않는다면, 우리의 에너지는 분산되고 낭비되어 그만큼 효과도 떨어지게 된다. 일할 때는 반드시 목표를 명확하게 정해야 한다. 나아갈 방향이 정해져 있는 총열

속의 총알은 명중률을 높인다. 우리의 목표 설정은 나아갈 방향과 일의 추진력을 얻게 한다.

우리는 종종 '선택의 기회를 남기는 편이 좋다'라는 말을 듣게 된다. 이런 말을 하는 사람들은 대게 우유부단하고 애매하며 비생산적인 특징을 보인다. 선택의 기회를 남겨 두기 원해서 결혼을 기피하는 사람은 결국 결혼하지 않을 확률이 높다. 설령 그의 앞에 기회가 와도, 더 나은 선택의 기회가 당도하기만을 기다릴 것이다. 앞으로 '가상의' 더 나은 선택지가 나타날 확률은 항상 존재하기 때문이다. 그러나 선택하지 않을 작정이라면 선택지를 많이 남겨 두는 것이 무슨 소용이 있단 말인가?

어떤 이들은 어장관리를 지속하기 위해 일부러 선택지를 열어 놓는 사람들도 있다. 어린아이 같지 않은가? 이런 사람들은 누구 한 사람에게 정착하지 못해서, 결혼생활도 가족도 가질 수 없다. 아무런 이유도 목적도 없이, 마지막까지 누군가를 기다리며 사람들 사이를 표류할 뿐이다.

이런 사람들은 자신의 돈을 제대로 투자하는 것도 어려울 수 있다. 결혼해서 가정을 꾸리든 돈을 투자해서 비즈니스를 이끌든, 생산적인 능력을 갖추려면 나아갈 방향을 정하고 집중해야 한다. 이를 위해서는 자신의 선택지를 제한하고 자유를 줄이는 방법밖에는 없다. 자신의 목표를 의도적으로 정하고, 끝까지 이를 완수하기 위해 자신의 자유를 국한시켜야 한다. 자유, 잠재성, 선택지, 이들은 전부 함정이다. 이런 단어는 우리가 생산적이고 창조적인 사람이 될 기회를 강탈하는 존재들이다. 자유의 범위를 좁히고 선택지를 제한하며 길을 선택한다면, 이제 당신은 자유롭게 궁극적인 목적을 추구할 수 있게 될 것이다.

　때로는 문제를 너무 복잡하게 바라볼 때도 있다. 이 함정을 피해야 한다. 우리 삶이나 주변 상황, 선택할 수 있는 것들을 한꺼번에 바라보게 된다면, 아무것도 하지 못하고 굳어버리게 될 것이다. 제대로 고찰하거나 다루기에는 너무 광대한 파노라마처럼 느껴진다. 이런 시야는 우리를 압도한다. 만약 이런 느낌이 들기 시작했다면 사색에서 벗어나 외부와 상담할 것을 권장한다. 신뢰할 수 있고 충분한 경험을 갖춘 조언자와 방해받지 않고 조용히, 신중하게, 사려 깊게 의논하면 당신이 마주한 커다란 시험을 더욱더 간단하고 정확한 시선으로 바라볼 수 있게 될 것이다.

　예를 들어 엄청나게 복잡한 인플레이션 문제와 경제를 마비시킬 수 있는 그것의 잠재력을 생각해 보자. 나는 경제학자들에게 이런 질문을 던질 때가 있다. 자료 정리나 복잡한 통신을 가능케 해주는 컴퓨터도 없던 시절에, 대영제국이 한동안 세계 전역에 식민지를 건설했다. 이런 사실에 근거해 보았을 때, 이들이 백 년 넘게 인플레이션을 겪지 않을 수 있었던 이유는 무엇일까? 그 오랜 기간 인플레이션이나 디플레이션이 나타나지 않게 필요한 정확한 양의 통화만 발행할 수 있었던 이유는 어떤 것일까? 이렇게 필요한 통화를 발행하려면 전 세계 식민지에 퍼져 있는 수많은 상인의 장부를 파악하고 적시에 그 기록과 정보를 조폐국에 전달해야 했을 것이다. 당연하지만 그 시대에는 그렇게 하는 것이 불가능했다. 그런데도 대영제국은 그 일을 해냈다. 하지만 어떻게?

　전문가들은 분명히 이 질문을 매우 복잡하게 받아들일 것이다. 이들은 아마 자신들이 이미 구축한 경제의 작동 방식에 대한 개념에 알맞은 설명을 내놓으려 할 것이다. 하지만 그런 설명은 존재하지 않는다. 이런 학식은 지식이 풍부한 전문가들의 눈을 흐리게 만들어 '진정한 답'을 찾기 어렵게 한다. 그러나 인플레이션을 가장 단순하게, '통화의 가치하락'으로 해석하고, 시장의 가공할 만한 신화적인 힘을 염두에 둔다면 그 답이 거의 명확하게 보이게 될 것이다.

나아가 간단하고 직관적인 답을 찾는 사람은 우리가 가지고 있는 거대한 문제점에 대한 막대한 두려움을 피할 수 있다. 마찬가지로 우리의 선택을 스스로 제한하는 것은, 가장 단순하고도 직관적인 방법이다. 우리의 머릿속에서 세심하게 정한 계획을 원하는 방향으로 집중하는 것이다. 답은 영국 조폐국이 본국과 해외 식민지에서 진행되는 모든 경제 거래를 감시하지 않았다는 것이다. 이들은 화폐 발행의 균형을 잡기 위해 다른 방법을 이용했다. 그러나 이 방법을 제대로 이해하려면 그에 앞서 인플레이션이 영향을 끼치는 방식에 대해서 약간은 알고 있는 것이 좋다.

인플레이션은 제품과 서비스의 가격이 오를 때 나타난다. 인플레이션은 정부가 화폐를 너무 많이 발행할 때 발생한다. 우리는 인플레이션이 나쁜 것이라고 교육을 받았다. 하지만 '너무 많다'의 정의는 무엇인가? 누가 '너무 많이' 발행된다고 정하는 것일까?

대영제국 시절 거의 백여 년간 사실상 인플레이션이 없었던 시기가 있었다. 밀 한 부셸, 신발 한 켤레, 이발 및 면도 서비스, 기타 모든 것들의 가격이 거의 백여 년간 유지되었다. 이 기간에 모든 제품과 서비스의 가격은 금 시세를 기준으로 동일한 가치로 유지되었고, 파운드화를 법적으로 정해진 가격에 따라 언제든 금으로 교환할 수 있었다. 기적과도 같은 일이다. 인플레이션이 없다니! 굉장히 좋은 일이 아닌가?

이는 전혀 쉬운 일이 아니었다. 정부는 모든 새로운 상거래에 필요한 정확한 양의 화폐만 발행해야 했다. 조폐국은 제국 내 모든 사람끼리 행하는 경제활동의 전체 가치에 딱 맞는 양의 화폐를 발행해야 했다. 왜냐하면 제국 내의 모든 시민들이 제품을 판매하거나 서비스를 제공할 때마다 그 거래로 돈이 만들어지기 때문이다. 그리고 그렇게 만들어진 돈의 가치에 정확하게 부합하는 양의 돈만 발행되어야 그 가치가 유지될 수 있다.

기억해야 할 점은 그 당시 대영제국은 영국 본토와 남아프리카, 캐나다 일부, 호주, 인도에 달했다. 그러니 진행되는 거래의 수나 거래 참여자의 수가 어마어마할 만큼 많았다는 뜻이다. 그러므로 잉글랜드 은행은 얼마나 많은 파운드화를 발행해야 하는지 정확하게 알아야만 했다. 그러기 위해서는 모두가 하는 일, 모두가 창조하는 것에 대해서 알아야 한다. 이 과정을 정확하게 수행하는 것은 분명 방대하고 어려운 작업이다. 컴퓨터의 도움을 받는 현대 정부조차도 상업 부문을 정확하게 추적하지 못하는 모습을 보인다.

그렇다면 대영제국은 어떻게 이 일을 해낸 것일까? 이들의 해법은 간단했다. 잉글랜드 은행에 와서 파운드화를 금으로 바꿔 간 사람의 수만 추적했을 뿐이다. 잉글랜드 은행은 이렇게 금으로 바꿔 가는 사람들이 많아지면 시장에 유통되는 파운드화가 너무 많다는 뜻으로 받아들였다. 인플레이션의 발생 위험성이 있는 것으로 해석한 것이다.

잉글랜드 은행은 파운드화를 그에 상응하는 금으로 교환하려고 문의하는 사람의 수가 많아지면 곧 화폐 발행을 정지했다. 결국 사람들은 파운드화 지폐를 사기 위해 은행으로 와서 금을 내게 된다. 사람들이 비즈니스를 할 때 파운드화가 필요해진 것이다. 이는 런던 시장, 제국의 중심에 위치한 잉글랜드 은행이 더 많은 선행, 더 많은 경제적 거래가 이행되고 있으며, 이에 따라 발행된 화폐가치보다 더 많은 가치가 창출되었다고 볼 수 있는 현상이었다. 이런 상황이 오면 은행은 곧 사람들이 파운드를 금으로 교환하려고 할 때까지 화폐를 발행했다. 이렇게 인간의 집단적 지혜와 독창성을 바탕으로 인플레이션 현상을 막을 수 있었다.

그리고 잉글랜드 은행이 자국 시민들의 창조력 이상의 화폐를 발행하지 않은 신중한 결정으로 인해, 대영제국 기간 내내 경제발전을 거듭할 수 있었다. 은행은 이런 정직한 규칙을 바탕으로 정치적으로 필요할 때 화폐를 발행하려는 권력에 복종한 것이다. 대영제국의 잉글랜드 은행은 이런 규칙과 제한으로 스스로의 한계를 정했고, 이를 바탕으로 불가능해 보였던 위대한 성취를 영국 내 모든 사업가는 이룩할 수 있었다.

Secret # 18

따를 수 없는 사람은 이끌 수도 없다

우리가 젊을 때는 우리의 고용주를 위한 목적으로 각 분야에 종사하는 노동자로 입사했다. 회사에서 승진하기 위해, 혹은 그저 직장이라도 유지하기 위해 명령을 받아 이행할 능력을 갖춰야 했고, 다른 사람의 명령에 따라야 했다. 즉 권위를 인정해야 했다. 그냥 인정하기만 하면 안 된다. 이를 존중해야 했다. 이렇듯 우리는 고용주를 위한 서비스 제공을 불편하게 생각하면 안 된다. 이것을 받아들이고, 더 나아가 다른 사람으로부터 배울 수 있는 것을 최대한 배워야 한다. 성공적인 비즈니스 전문가들은 항상 새로운 멘토를 찾는다.

미국 교육 시스템의 가장 큰 문제는, 학생들이 노동시장이나 직장에 뛰어들 준비를 하도록 돕지 않는다는 것이다. 공교육은 빈곤을 피하기 위한 중요한 기술, 즉 직장을 얻고 유지하는 기술을 가르치지 않아 실패하고 있다. 우리는 아이들에게 명령을 받아 실행하는 법을 가르쳐주지 않는다. 그 대신 독립성과 자아존중감을 키운다. 아이들이 자신감을 가질 수 있게 하고, 사람은 모두가 특별하고 독특하다는 사실도 가르쳐 준다. 그러나 고용주가 지원자에게서 가장 많이 원하는 한 가지 특성, 즉 '하려는 마음 자세'에 관한 것은 놓치고 있다. 관리자나 상사는 반항적 태도를 싫어하며, 인내와 책임감을 보여주기 원한다. 당신이 무슨 일이든 그 직업을 계속 유지하려면 학기 중에 심야 농구 프로그램이나 다른 과외 활동보다 이력서에 더 시간을 들여야 한다. 과외 활동 이력이 고용주에게 어떤 뜻으로 받아들여질까? 당신이 좋아하는 일에 시간을 투자할 수 있다는 사실을 보여준다. 그렇게 놀라운 일은 아니다. 그러나 당신이 고등학생, 대학생 시절에 점원으로 일을 계속했다는 사실과 인턴 과정도 끝냈다는 사실을 보여준다면, 고용주는 당신이 명령을 받고 이를 충실히 수행하는 법을 알고 있다고 생각하게 된다.

안타깝게도 우리의 전문대나 대학교 교육 또한 공교육 시스템과 크게 다르지 않다. 대학의 핵심 과정의 일부로 절반은 교양과목을 교육한다. 현실에서 쓸 만한 기술을 가르치지 않고 있다. 심지어는 현실적이고 실용 가능한 기술을 배우는 학생들조차 정작 그들이 필요로 하는 모든 것을 배우지 못하는 상황이다. 유용한 기술, 실용적인 기술이 중요한 것은 사실이다. 그러나 새로운 직원을 찾는 고용주에게는 그 외에도 중요한 것이 있다. 일을 시키는 고용주라면 어느 정도의 기술도 교육할 것이다. 일반적으로 당신이 일하면서 알아야 하는 것의 95%는 실제로 일하면서 배우게 된다. 의사도, 법률가도, 간호사도, 투자은행가도 마찬가지다. 모든 직업이 그렇다. 실질적으로 고용주들이 후보자들에게서 찾는 것은 적절한 본바탕이다. 다시 말해 훌륭한 성품이 필요한 것이다. 고용주들은 당신이 괜찮은 태도를 보여준다면 당신을 훈련시킬 의사가 있다. 당신이 좋은 태도를 보인다면 고용주가 직접 당신을 그 직업에 알맞은 인재로 키워줄 것이다. 태도가 좋지 못한 사람을 키우려는 사람은 없다. 당신도 마찬가지다.

하지만 우리의 학교에서는 권위를 인정하는 능력을 가르치지 않는다. 그렇다고 해서 실용적인 기술을 가르치는 것도 아니다. 학교에서는 독립의 개념에 대해서만 가르칠 뿐이다. 요즘 학교에서는 학생들이 교사의 능력을 평가하여 교사가 잘 가르쳤는지 확인한다는 사실을 믿을 수 있는가? 오늘날 우리는 교사를 평가하는 학생들을 볼 수 있다. 완전히 앞뒤가 뒤바뀐 것이 아닌가? 학생이 교사에게 존칭을 써야 한다는, 수십 년에 걸쳐 확고히 자리 잡은 문화는 이제 사라졌다. 과거 우리는 학생들이 따르도록, 상급자를 돕도록 가르쳤다. 그렇게 해서 이들이 사회에 나가 다른 누군가를 위해 일할 준비를 하게 했다. 태도가 좋지 못한 사람을 고용할 사람이 어디에 있단 말인가? 나는 아니다. 누구도 그러려고 하지 않을 것이다.

학교에서 학생들에게 가르치는 또 다른 것은 '모든 관점을 받아들이라'는 것이다. 그들은 아이들에게 모든 의견이 동등하며 타당하다고 가르친다. 하지만 생각해 보면 말이 되지 않는다. 당신이 고용주든 고객이든, 누군가를 위해서 일한다고 생각해 보자. 당신의 견해가 그들의 견해만큼 타당하고 중요할까? 그게 전부다. 만약 당신의 관점이 상사의 관점만큼이나 타당한 것이라면 그들의 말을 굳이 들을 필요가 있을까?

성경은 부를 쌓을 수 있는 유일한 길이 사람들을 위해 봉사하는 것이라 말하고 있다. 당신이 누군가를 위해 무엇을 하지 않는 한, 그 사람이 자발적으로 자기 돈을 떼어 내서 당신에게 그냥 주는 일은 일어나지 않을 것이다. 그러므로 돈을 벌었다면 누군가에게 그만한 가치의 봉사를 했다는 것을 의미한다. 이 법칙은 일반 직원이나 비즈니스 소유주에게나 마찬가지로 적용된다. 비즈니스를 하는 모든 사람은 봉사해야 하는 고객이 있기 때문이다. 소매상이라면 고객이 상사라는 생각을 가져야 한다. 가게 점원도 마찬가지다.

아마 당신은 태도가 좋지 못한 판매원을 상대해 본 경험이 있을 것이다. 이런 사람들이 반드시 나쁜 사람은 아니다. 그러나 대개는 자신이 모셔야 하는 고객에게 진 빚이 있다는 사실, 혹은 고객을 모셔야 한다는 사실을 자각하지 못하는 이유가 더 크다. 이들은 고객을 봉사의 대상이 아닌, 카운터 뒤나 휴게실에서 빈둥대지 못하게 방해하는 귀찮은 사람으로 본다. 당신은 고객의 입장에서 이런 사람에게 화가 날 수도 있겠지만, 오히려 불쌍히 여겨야 한다. 이들의 이런 태도는 성공적인 비즈니스의 걸림돌이 된다. 만약 당신도 이런 부정적이고 자존심만 높은 세계관을 갖고 있다면, 당신 또한 비즈니스를 성공시킬 수 없을 것이다.

세계에서 가장 성공한 백화점 중 하나인 노드스트롬Nordstrom은 경영자 과정을 시작한 직원들에게 신발 매장에서 일을 시작하도록 한다. 경영진이 '고객 서비스'에 대해서 이해할 수 있도록 유도하려는 목적이다. 고객 앞에서 무릎을 꿇는 것이 매우 좋은 훈련이라는 점을 이해하기 때문에 이런 방식을 택했다. 동시에, 회사 내에서 직급이 아무리 높은 경영자라도 고객은 그런 경영자보다 위에 있는 진정한 상사라는 사실을 가르쳐 준다. 노드스트롬의 부회장도 입사해서 일을 시작할 때 고객 앞에서 봉사하는 것부터 시작했다. 경영진조차도 네이비 블루 색상의 하이힐을 찾는 할머니를 비롯해서 자사 매장을 애용하는 모든 사람이 진정한 상사라는 사실을 인정한다. 회사의 경영진이 최고 직급이 아닌 것이다. 최고 경영자조차 그 자리에는 오르지 못한다. 대주주? 마찬가지다. 그렇기 때문에 노드스트롬의 경영진과 브랜드가 그렇게 크게 성공할 수 있었다. 당신이 비즈니스를 더 발전시키고, 돈을 더 벌고, 궁극적으로 성공하기 위해서는 복종하는 법을 배워야 한다.

다른 사람들을 위한 서비스는 끝이 없다. 당신이 회사에서 직위가 아무리 높다고 하더라도, 여전히 다른 사람에게 복종하는 법을 배워야 한다. 진정한 리더십이란, 당신 주변에 있는 사람들이 당신이 복종할 능력이 있다는 것을 알게 하는 것이다. 최고경영자를 비롯한 다른 경영진들도 모셔야 하는 사람들, 고객, 주주, 그리고 신이 있다. 이런 고리는 끝이 없고, 끝이 나서도 안 된다. 누군가를 모시는 것은 그 자체로 축복이다. 유대교에서 더 높은 권위에 대한 믿음은 태어날 때부터 주어진다. 유대인의 자녀들은 항상 아침에 일어날 때마다 영혼을 주신 하나님께 감사하는 법을 배운다. 자러 가기 전에도, 그리고 옷을 입을 때도 기도하게 한다. 먹기 전, 먹고 난 후에도 감사기도를 올린다. 이런 섬김은 첫날부터 그들의 삶에 깃든다. 나와 같은 유대인들은 어린 시절부터 자신이 최고위직 사장이 아니라는 점을 이해한다. 우리에게 최종 상사는 바로 하나님이시다.

유대교에서는 오만이 가장 잘못된 행동으로 받아들여진다. 오만은 곧 당신 자신을 전 세계에서 가장 중요한 사람이라고 믿는 것을 암시한다. 당연하지만 틀렸다. 하나님이 당신보다 더 중요하고, 사람들을 섬기는 것이 더 중요하다. 당신이 만나는 모든 사람은 당신이 봉사할 기회가 있는 사람들이다. 누군가를 만난다면 상대를 구속할 기회가 아니라, 섬길 기회로 보아야 한다.

십계명 중 다섯 번째가 부모를 공경하라는 계명이다. 부모를 위해서, 우리의 자녀들을 위해서, 그리고 우리 자신을 위해서 이 계명에 따라야 한다. 당신은 당신이 낳은 자녀들의 롤모델이다. 아이들은 당신이 부모와 다른 사람들을 대하는 태도를 보고, 당신과 다른 사람들을 대하는 태도를 배우게 된다. 당신이 당신의 부모에게 성급하고 무례하며 화를 내는 행동을 당신의 아이들이 보고 자랐다면, 나중에 아이들이 당신을 어떻게 대할까? 당신이 부모를 대했던 것처럼 푸대접하게 될 것이다. 그러지 않을 이유는 없으니까. 당신의 가르침을 충직하게 지킬 것이다. 만약 당신이 부모를 진심으로 섬긴다면, 당신의 아이들도 그러할 것이다. 다른 사람들 또한 마찬가지로 섬기는 법을 배우게 될 것이며, 이를 바탕으로 번창하게 될 것이다.

자녀로서 우리는 우리 멘토인 부모님께 감사를 표해야 한다. 또한 성인이 되어서도 여전히 멘토는 필요하다. 성공한 비즈니스 전문가들은 항상 멘토를 찾는다. 배울 것이 있는 사람을 찾는 것이다. 그리고 당신 또한 리더의 자리에 오르게 된다면, 다른 사람들의 멘토가 되어줄 수 있어야 한다. 진정한 리더십이란, 당신이 복종할 능력이 있다는 것을 알게 하는 것이다. 당신이 아이들을 위한 좋은 예를 남기는 것과 같이, 당신의 동업자, 동료, 고용인들에게도 좋은 예가 될 수 있어야 한다.

Secret # 19

리더는 공유의 경계를 구별해야 한다

히브리어로 얼굴을 뜻하는 단어는 '파님(Panim)'이라고 한다. 여기서 단어 말미에 붙는 '임(im)'은 이 단어가 복수형임을 뜻한다. 예를 들어 히브리어로 물을 뜻하는 단어는 '마임(Mayim)'으로 발음한다. 물은 셀 수 없는 명사로, 항상 단수형이 아닌 복수형으로 취급한다. "물들 좀 갖다줘"라고 말하는 사람이 어디 있을까? "거기 병들 좀 갖다줘"라고 하는 사람은 있을 수 있지만. 보통은 "물 한 병 가져다 줘"라고 한다. 여기에서 알 수 있는 사실은 히브리어에서 얼굴이란 항상 복수형이라는 사실, 하나님의 언어에는 '얼굴(Face)'이 존재하지 않고, 한 사람이 하나의 얼굴만 갖는 것이 불가능하다고 말한다. 하나님의 언어에서는 얼굴들(Faces)만 있을 뿐이다. 히브리어로 말할 때 "내 얼굴 좀 봐"라고 하는 일이 없다. 항상 "내 얼굴들 좀 봐"라고 말한다. 모두가 여러 가지 얼굴을 갖고 있기 때문이다. 이러면 '두 얼굴(Two-faced)'이라는 말이 바로 생각날 것이다. 참으로 부정적이지 않은가? 마치 위선자를 뜻하는 것 같다. 실제로 영어 단어로 위선자를 뜻한다.

하지만 유대인의 인식 속에서 여러 얼굴이 있다는 것은 부정적인 의미가 아니다. 우리는 살면서 여러 얼굴을 하게 되고, 여기에 잘못된 것은 하나도 없다. 오히려 이 표현을 적절한 것으로 취급한다.

내가 아이들을 바라볼 때의 얼굴은 은행 간부에게 대출 신청을 할 때와 같은 얼굴이 아닐 것이다. 내가 직원들과 이야기할 때 보여주는 얼굴은 하나님께 기도드릴 때의 얼굴과 다르다. 당신이 상사에게 보여주는 얼굴은 부하직원에게 보여주는 얼굴과 다르다. 그리고 이 두 가지 얼굴은 당신의 배우자가 보게 될 얼굴과도 다르다. 이렇게 여러 얼굴이 있다고 하면 잘못될 것은 없지 않은가? 누구라도 여기에 동의할 것이다. 당신은 상황에 따라 여러 가지 얼굴을 한다. 이 때문에 스스로 부정하다고 느낄 필요가 없다. 우리가 세상을 사는 자연스러운 방식 중 하나이기 때문이다. 우리의 얼굴은 우리의 영혼을 향하는 정문이자, 우리의 마음을 들여다보는 창문이다. 세상에서 만나는 모든 사람과 우리의 내외적인 삶의 방식을 공유할 수 없기 때문에, 우리가 만나는 사람들에게 우리의 모든 면을 노출할 필요는 전혀 없는 셈이다. 꼭 우리의 감정이 노골적으로 얼굴에 드러나게 할 필요까지는 없다.

오래전, 나와 함께 수년간 토라 연구를 했던 훌륭한 학생이 있었다. 데이빗이라는 이름의 젊은 남자였는데 어느 날 갑자기 직장을 잃었다. 그의 아내가 막 둘째 아이를 가졌을 때였다. 회사 소유주가 숨겨 왔던 경영상의 어려움이 심해지면서 그도 급작스럽게 해고된 것이다. 어느 날 아침 출근한 그는 상사로부터 회사가 이제 문을 닫게 되었다는 말을 들었다. 그는 불안에 떨며 이제 무엇을 해야 할지 모르겠다고 내게 말했다. 저축한 돈은 3개월을 버티기에 빠듯했고, 무엇보다 그의 아내에게 어떻게 말해야 할지도 암담하다고 했다.

　나는 그에게 두 가지 선택이 있다고 했고, 그가 잘 따를 수만 있다면 해줄 수 있는 최선의 충고를 해주겠다고 했다. 물론 그는 이에 응했다. 일단 아내에게 직장을 잃었다는 얘기는 하지 말자고 했다. 아내는 분명 걱정하게 될 것이다. 이제 막 둘째를 가진 젊은 엄마의 건강에도 좋지 않은 일이다. 그리고 아내가 걱정한다고 해서 그가 바로 새 직장을 구할 수 있는 것도 아니었으니까. 이 상황을 바꿀 힘이 있는 건 그 자신뿐이었고, 모든 것은 그가 감당해야 했다. 나는 그에게 매일 평소처럼 출근하듯이 일어나 옷을 차려입고 아내에게 다녀오겠다고 인사한 다음, 도서관으로 향해 거기에서 일자리를 구하라고 했다.

　두 번째 계획은 아내에게 사실대로 말하는 것이라고 했다. 당연히 아내가 걱정하게 될 것이다. 하지만 스스로 해낼 수 있다는 생각이 안 들고, 아내도 그 무게를 같이 견뎌야만 한다면 지금 당장 그렇게 하는 것이 최선일 것이다. 내가 그에게 어떤 선택을 하겠냐고 물었고, 그는 전자를 선택했다. 그는 출퇴근이 가능한 거리 내에 있는 회사들, 지금 당장 사람이 필요한 회사 이외에도 그가 일할 만한 회사들을 전부 찾아보았다. 다음으로 우리는 그가 찾은 회사에 근무하는 사람들을 회당에서 찾아보았고, 결국 그에게 재취업의 기회가 오게 되었다. 나는 다음 단계로 면접에 관한 성경의 지혜를 가르쳐 주었다. 아내에게 결국 말을 꺼내 걱정시키기 전까지 그에게 남은 시간은 3개월이었다. 하지만 그의 가족을 위해서라면 3개월 이내에 이 일을 해결해야만 하는 상황이었다.

그는 자신이 감당할 수 있다고 했고, 진짜로 해냈다. 그는 전 상사에게 무슨 일이 있었는지 가족들에게 말하지 않기를 부탁했고, 전화할 때나 메시지를 보낼 때도 회사가 아직 멀쩡한 것처럼 해 달라고 부탁했다. 그는 도서관에서, 그리고 거리를 다니며 일자리를 찾았다. 그리고 한 달에 걸친 구직과 면접 끝에 새로운 직장을 잡게 되었다. 그 과정에서 연봉도 20%나 오르게 되었다. 그런 인고의 시간이 지난 뒤 그는 아내에게 외식하자고 말할 수 있게 되었다. 베이비시터를 불러 아이를 맡기고, 부부만 외출했다. 식당에서 그는 아내의 손을 잡고 "화내지 말았으면 좋겠어. 지금까지 비밀로 했던 게 있어."라고 말하며, 그 한 달간 있었던 일을 그대로 알려 주었다. 덕분에 새 직장도 찾고 연봉도 올랐고, 이제 더는 걱정할 것이 없다고. 아내는 그가 새로운 직장으로 옮겼다는 사실을 진심으로 축하했다. 또 그가 자신과 가족을 위해서 그렇게 큰일을 했다는 것, 그 부담을 혼자 이겨내고 다시 일어서는 데 성공했다는 점을 자랑스러워 했고, 진심으로 기뻐했다. 아마도 인생에서 가장 힘들었을 지난 4주를 버텨준 것을 인정하고 고마워한 것이다. 그제야 아내는 그의 얼굴 뒤편에서 그가 가족을 위해 조용히 견뎌낸 것을 느낄 수 있었고, 부부 관계도 그 전보다 훨씬 돈독해질 수 있었다.

따라서 모든 사람이 우리의 여러 얼굴을 볼 필요는 없다. 우리에게 한 가지 얼굴만 있는 것이 아니기 때문이다. 데이빗의 경우, 나는 그의 동요하는 얼굴과 두려워하는 얼굴을 보았다. 그의 아내가 본 그의 얼굴은 사랑하는 사람, 가족을 위해 희생하며 모든 책임을 진 남자의 얼굴이었다. 가족의 재정적 부담을 혼자 다 짊어지고, 아내가 아이들을 걱정 없이 키울 수 있게 해준 사람의 얼굴이다. 그가 내게 보여준 얼굴, 아내에게 보여준 얼굴, 그리고 그가 면접을 본 회사마다 보여주었던 제3의 얼굴 등 그는 여러 개의 얼굴을 가지고 있었다. 경험 많은 비즈니스 전문가들이 일자리를 줄 가치가 있다고 느낀 얼굴도 있었을 것이다. 모두와 함께 모든 것을 공유할 필요는 없다. 모두가 당신의 모습을 전부 다 알아야 하는 것은 아니다. 알아야 하는 부분만 알게 해도 충분하다. 당신의 삶을 구분하는 것을 부끄러워할 이유가 전혀 없다. 당신만 알고 있으면 되는 것도 몇 가지 있는 셈이다. 이 또한 진정한 리더십의 일부이다. 데이빗은 리더십이 어떤 것인지 이해하고 있었다.

매트와 샌디라는 다른 커플도 있다. 이 둘은 결혼은 안 했고, 몇 달간 사귀는 중이었다. 샌디가 어느 날 오후 나를 찾아와 새 남자친구 매트와 새로 맺게 된 관계가 어렵다며 상담을 요청했다. 이제 막 몇 달밖에 되지 않았지만 서로 잘 맞는다고 생각했단다. 목표도, 믿음도, 가치도 모두 비슷했다. 미래를 공유하는 것도 가능하리라고 생각했다. 하지만 그 생각도 지난 일요일 함께 참석한 매트의 대학 친구들이 준비한 바비큐 파티에 가면서 끝나게 되었다. 그 자리가 재미있었고, 모두가 좋았지만 한 가지가 걸렸다. 매트가 자신과 사귄다는 사실을 친구들로부터 숨기려고 한 것이다. 그는 샌디를 마치 근처 어딘가에 사는 친구처럼 소개했다. 파티 자리에서 단 한 번도 여자친구나 그 비슷한 말로 부르지도 않았다.

그래서 상담을 청한 것이다. 그녀는 자신이 침소봉대해서 걱정할 것도 아닌 일을 걱정하는지, 아니면 진짜로 걱정할 만한 일이라서 걱정하는지 알기를 원했다.

그래서 나는 성경을 펼쳐 창세기 24장 2절부터 8절까지 읽어주었다. 아브라함이 그의 종 엘리에셀에게 자세히 지시를 내리는 장면이다. 아브라함은 엘리에셀을 먼 땅으로 보내 아들을 위해 아내를 간택해 데려오라고 했다. 성경은 이야기의 후반부에 엘리에셀이 리브가의 집에 도착하는 대목을 상세히 서술했다. 엘리에셀이 리브가의 가족들에게 전하는 말, 우리가 이미 아브라함의 입에서 나오는 그대로 보았던 이야기를 반복하는 대신, 이 이야기를 상세히 반복한다. 다른 보통의 책이었다면 이렇게 반복되는 이야기는 단순히 원래 이야기를 요약한 것이 된다. 작가가 "엘리에셀은 리브가의 가족들에게 그의 주인 아브라함이 했던 말을 그대로 전했다"라고 썼을 수도 있다. 이렇게 요약하면, 독자가 몇 구절 전에 이미 봤던 반복되는 대화로 인해 책장을 넘기는 지루함도 없을 것이다.

그런데 성경은 왜 이렇게 반복했을까? 성경은 절대 대충 쓴 책이 아니라는 사실부터 짚어야겠다. 성경 속의 모든 이야기는 나름대로 이유가 있다. 유대의 지침은 성경 속 이야기가 이렇게 반복된다면 두 이야기 사이의 차이를 찾아보라고 말한다. 그 차이가 중요하기 때문이다. 자세하게 반복된 두 이야기는 완벽히 똑같은 것이 아니라고 단정해도 좋다. 분명 굉장히 중요한 차이가 있다.

여기에서 가장 큰 차이는 아브라함이 처음에 했던 말과 엘리에셀이 반복한 아브라함의 말 사이에 있다. 창세기 24장 3절에서 아브라함은 "너는 내가 거주하는 이 지방 가나안 족속의 딸 중에서 내 아들을 위하여 아내를 택하지 말고(Don't take a wife for my son from the daughters of the Canaanites, among whom I am dwell)"라고 말했다. 그러나 엘리에셀이 리브가의 가족들에게 이야기를 전할 때는 "너는 내 아들을 위하여 내가 사는 땅 가나안 족속의 딸 중에서 아내를 택하지 말고(Don't take a wife for my son from the daughters of the Canaanites, in whose land I dwell)"라고 했다. 아브라함이 "내가 거주하는 곳(Among whom I dwell)"이라 말한 것은 이미 하나님께서 그 땅을 그에게 약속하셨기 때문이다. 그의 말에서는 그 땅이 그의 것이며, 가나안 족속이 그의 땅에 살고 있다는 그의 믿음을 엿볼 수 있다. 그러나 엘리에셀은 이 점을 놓쳐 그의 주인의 말을 오해하여 땅의 소유권이 가나안 족속에 의한 것으로 잘못 전했다.

차이점은 아브라함은 지도자였다는 것이다. 그 땅이 자신에게 약속된 것이라는 그의 비전은 명백했고, 믿음은 굳세어 흔들리지 않았다. 그는 그 땅이 이미 자신의 것이라 느꼈고, 그렇게 말할 수 있었다. 반면, 따르는 자였던 엘리에셀은 지금의 현실 이상을 보지 못했다. 그는 아브라함이 사는 땅의 주인이 가나안 족속이라고 생각했다. 가나안 족속이 그 땅의 주인이라 주장하며 거주했기 때문이다. 그러나 알다시피 그 땅은 하나님께서 아브라함에게 약속한 땅이었고, 그들은 곧 그 땅에서 물러나야 하는 처지에 불과했다. 이 이야기는 이 사실을 강조하기 위해 반복된 것이다. 표면상으로 이 두 이야기가 비슷해 보이지만, 깊이 파고들면 지위가 다른 두 사람의 사소한 견해가 엄청난 차이를 가져온다는 것이다. 한 사람은 비전이 있는 지도자였고, 다른 사람은 따르는 자였다.

내가 샌디에게 해준 충고는, 만약 그녀가 바비큐 파티에서 있었던 일 때문에 매트와 헤어지는 것을 고민한다면, 그런 작은 차이를 좀 더 유심히 지켜보는 것이 현명할 것이라는 말이었다. 당신도 이런 능력을 기르는 것이 좋을 것이다.

하나님께서 우리에게 입은 하나, 귀는 두 개 내려 주신 이유는 말하기보다 듣기를 두 배 더 잘해야 한다는 뜻이다. 또한 말하기보다 듣기를 더 자주 해야 한다는 뜻이기도 하다. 사람들이 사용하는 단어에는 사람들이 생각하는 바가 담겨 있다. 그러므로 당신은 다른 사람들이 사용하는 단어에 귀를 기울여야 한다. 이들이 사용하는 단어에서 그들의 진짜 생각과 느낌을 알 수 있기 때문이다. 샌디와 매트의 이야기에서 확실한 것은, 샌디와는 조금 다른 관점에서 매트가 바라보고 있거나, 샌디와의 관계를 설명하는 것에 어려움을 느꼈을 수도 있다는 점이다. 남자들 중에는 '여자친구'라는 단어를 함부로 쓰지 않는 사람들이 있다. 관계를 너무 사소하게 만드는 느낌이 들기도 하고, 그 말이 적절한지 아니면 기대되는 말인지를 알 수 없기 때문이다. 매트 또한 어떻게 말해야 할지 몰랐을 수도 있다. 아니면 정말로 두 사람이 생각하는 바가 다를지도 모른다. 어느 쪽이든 일종의 부조화나 불화가 있었고, 샌디가 이를 알아챈 것이다.

우리는 보통 로맨스 관계나 가족의 삶, 또는 비즈니스 관계에서 무언가 순탄하지 못하다면 그 전에 알아챘어야 한다고 말한다. 꽤나 초자연스러운 표현이다. 하지만 정말로 그런 조짐을 알아야만 한다. 펄럭이는 붉은 깃발과도 같은 예감을 놓치면 안 된다. 사람들이 말할 때 사용하는 단어로 부주의하게 자신을 드러내는 것에 관심을 가지고 들어야 한다. 이런 실수는 모든 사람이 한다. 당신도 이런 실수를 한다.

나도 그런다. 모두가 똑같다. 항상 사용하는 단어와 그 단어를 말하는 방식으로 무슨 생각을 하고, 어떤 느낌을 느꼈고, 어떤 기분인지 알아낼 실마리를 얻을 수 있다. 듣기를 잘하는 기민한 사람이라면, 주변 사람들에게 이런 신호가 나타났을 때 바로 알아채서 그 사람에게 주의를 기울인다. 실제로도 말하는 사람보다 듣는 사람이 어떻게 하면 더 잘 대처해 나갈지 잘 아는 경우가 많다.

잘 듣는 법을 배워야 한다. 당신이 듣는 것과 상대방이 실제로 이야기하는 것을 혼동하면 안 된다. 숨겨진 의미를 찾아라. 사람들이 말하는 것, 그리고 말하는 방식의 중요성을 놓치면 안 된다. 사람들을 '읽는 법'을 배우면 분명 비즈니스 관계뿐만 아니라, 당신의 삶 속 여러 방면에서 큰 도움이 될 것이다.

동시에, 훌륭한 리더라면 자신의 목소리가 신호가 될 수 있음을 이해하고, 자신의 모든 얼굴을 드러내지 않도록 조심해야 한다. 위대한 군사전문 저술가 존 키건John Keagan은 이 능력을 '지휘의 가면 Mask of Command'이라고 불렀다. 지휘관은 자기 하급 장교들이나 사병들이 알 필요가 없는 정보를 알고 이로 인해 피해를 보지 않도록 예방해야 한다. 지휘관은 병사들의 사기를 떨어트릴 만한 수준의 정보를 알고 있는 경우가 많다. 그러나 병사들의 사기가 떨어져서 좋을 것은 하나도 없다. 그러므로 지도자는 모든 걱정과 우려를 감내해야 하고, 자신을 따르는 사람들이 걱정하지 않도록 홀로 부담을 져야 한다. 따르는 사람들은 모든 불편한 진실을 알더라도 이를 바꾸거나, 바뀌도록 영향을 줄 수 없기 때문이다.

언어가 문화에 끼치는 영향이다.

스페인어 가나르 디네로(Ganar dinero)=(돈을)벌다/따다

프랑스어 가녜 아흐장(Gagner argent)=(돈을)벌다/따다

영어 Earning(벌다)/Winning(따다는 것에 가까움)

히브리어는 '돈을 버는 것'만을 인정한다.

프랑스어와 스페인어는 버는 것과 따는 것의 차이를 두지 않는다.

영어는 각각의 의미에 따라 서로 다른 단어를 쓴다.

히브리어는 정당하게 얻지 않은 돈의 소유권을 인정하지 않는다.

히브리어는 돈을 잘 벌도록 촉진하는 구조를 지닌 언어이다.

Secret # 20

리더십의 가장 강력한 도구는 입이다

이 원리는 어떻게 보면 비직관적, 혹은 과장된 것 같이 느껴질 수도 있다. 하지만 전혀 그렇지 않다. 아마 리더십의 가장 중요한 기관은 뇌가 아닌가 했을 것이다. 당연히 뇌는 우리가 하는 모든 일에서 매우 중요한 역할을 한다. 하지만 우리가 다른 사람들과 의사소통할 때 많이 쓰게 되는 기관은 입이다.

다른 모든 전문분야와 마찬가지로, 의사 중에는 다른 의사들보다 돈을 더 잘 버는 사람들이 있다. 돈을 정말 잘 버는 의사들이 있는가 하면 간신히 입에 풀칠하는 정도인 의사도 있다. 꽤 놀랍지만 사실이다. 의사가 재정 문제로 허덕이다니. 보통 의학계는 수익성이 좋은 전문분야로 알려져 있기 때문이다. 전반적으로 보았을 때 수익성이 좋은 것은 분명하다. 그러나 모두가 그런 것이 아니라는 게 문제일 뿐. 돈을 잘 버는 의사들과 간신히 입에 풀칠만 하는 의사들의 차이점은 무엇일까? 좋지 못한 의대를 가서 가난해지고, 좋은 의대를 가서 부자가 되는 것일까? 나는 의대의 수준은 아무런 영향이 없다고 단언할 수 있다. 당신에게 절대 확신하는 사실이 하나 있다. 당신도 당신이 자주 찾는 의사가 졸업한 의대가 어디인지 모를 것이다. 그 의사가 졸업하면서 성적이 어느 정도였는지 알 가능성도 거의 없을 것이다. 대부분은 의대를 졸업했다는 사실 외에 전문가로서 약력 같은 것을 자세히 알지 못한다.

그러면 당신이 그 의사를 선택하게 된 이유가 무엇일까? 당신도 우리 모두의 경우와 비슷하다면 아마 친구에게 들었거나 어디서 논평을 봤거나 하는 등, 전해진 소문을 듣고 그 의사를 찾게 되었을 가능성이 높다. 어느 쪽이든 그 의사가 맡았던 환자들이 그 의사를 좋게 말했기 때문에 당신도 그 의사를 선택했다고 할 수 있다. 당신이 그 의사를 찾아가는 유일한 이유이기도 하다. 그러면 사람들이 왜 그 의사를 좋아하고, 또 추천할까? 당신과 같은 이유일 것이다. 그가 환자들과 의사소통하는 방식이 사람들에게 받아들여졌기 때문이다. 그 의사는 환자를 대하는 태도가 훌륭하고, 환자가 편안함을 느끼게 하는 방법도 잘 알고 있을 것이다. 약만 잘 쓰는 것이 아니라, 말하는 것과 일반적으로 볼 수 있는 표정까지 모든 것이 환자에게 편안함을 주기 때문일 것이다. 의사의 일, 치료 과정에는 손이 중요한 역할을 한다. 하지만 환자들에게 최선의 서비스를 제공하고 돈을 잘 벌게 하는 능력은 말에서 나오며 의사소통이 중요한 역할을 한다.

의사뿐만 아니라 모든 비즈니스 전문가들이 그렇다. 벌게 될 돈의 액수는 의사소통 기술의 능숙함에 달려 있다. 말은 하나님께서 우리 인간에게 내려주신 유일한 선물이다. 하나님은 동물에게 말하는 능력을 주지 않으셨다. 동물도 어느 정도의 의사소통은 가능하지만 인간처럼 말과 단어로 의사소통을 하는 것은 아니다. 인간은 말의 뉘앙스, 세세한 디테일, 추상적 의미, 구체성과 특수성 덕분에 의사소통을 할 수 있다. 하지만 타고난 의사소통 전문가는 없다. 그러면 어떻게 효과적인 의사소통을 할 수 있을까?

당신에게 보여줄 수 있는 가장 중요한 비밀 중 하나가 여기 있다. 효과적으로 의사소통하는 법을 배우는 것이 매우 중요하다. 당신의 생활방식과는 상관이 없다. 하지만 당신이 사람들을 위해 일하려 한다면, 당연히 말을 효과적으로 잘할 수 있어야 한다. 당신의 직업과도 상관이 없다. 버스 운전사, 웨이터, 배관공, 경리, 정원사, 수의사, 조경사, 영업사원 등등. 이 외에도 마찬가지로 말을 잘하는 것이 좋다. 당신이 삶을 꾸려가기 위해 무슨 일을 하는지는 별 상관이 없다. 지금보다 입을 더 잘 쓰는 법을 배운다면, 분명 성과도 좋아지고 돈도 더 많이 벌 수 있게 될 것이다.

혹자는 이런 연관 관계가 확실하지 않다고 주장하기도 한다. 이런 사람들은 아마도 손을 들고 표현하는 것을 피하거나, 사람들 앞에서 말을 잘하지 못할 가능성이 있다. 또한 말하기를 망설이고, 적절한 단어를 찾느라 시간이 걸리기도 하고, 말은 하지만 표현하기 어려워하며, 말하면서 상대와 눈을 마주치지 못할 수도 있고, 말을 할 때 웅얼거리는 버릇이 있을 수도 있다. 당신도 비슷한 문제가 있을 수 있다. 그러나 어느 쪽이든, 고칠 수 있다는 점을 기억해야 한다. 의지만 있다면 스스로 발전할 수 있다.

유대 사상 중 통찰력 있는 중요한 하나는, 우리 영혼은 자신의 입이 말하는 것을 듣는 것에 의해 엄청난 영향을 받는다는 것이다. 그러니 당신이 말을 더 잘하기 위해서는 더 많이, 더 잘 들어야 한다. 가장 좋은 방법은 스스로 말하면서 듣는 것이다. 당신이 어떻게 말하는지 듣고, 어떻게 말해야 하는지 알아가야 한다.

이 숙제 하나면 도움이 될 것이다. 최소한 1주일에 3번 정도, 원한다면 그보다 더 많이, 30분 정도 무언가를 크게 소리 내어 읽는 것이다. 아무 책이나 읽으면 안 된다. 좋은 책을 읽어야 한다. 좋은 책으로 검증된 책 중 하나인 성경을 읽을 수도 있겠지만 꼭 그럴 필요는 없다. 다만 당신이 하나님과 특별한 관계가 없어도 성경을 읽는다고 큰 해를 입지는 않겠지만, 믿음이 있는 사람들에 비하면 크게 감명을 받지 않을 수도 있다. 다른 좋은 책, 지적인 책, 도덕적인 책, 잘 쓰인 책이 많다. 그냥 쓸모없는 책을 읽으면 안 된다. 슈퍼에서 타블로이드 신문이나 잡지 하나 집어 들고 읽으면서 도움이 되리라 생각하면 안 된다. 훌륭한 문학 작품이나 지적 담론이 담긴 중요한 책이어야 한다. 지적이고 잘 쓰인 책이면 된다. 인터넷으로 검색하거나 사서에게 문의해서 괜찮은 책이 어떤 것인지 알아봐도 좋다. 고급 어휘와 훌륭한 스타일, 막힘없이 매끄러운 글로 이루어진 책을 읽는 것이 좋다.

소리 내어 크게 읽는 것은 스스로 말을 더 잘 할 수 있게 훈련하는 좋은 방법이다. 자신의 입이 단어를 빚는 것, 혀가 빚어진 단어를 감싸 정확한 발음으로 만들고 입 밖으로 내는 것, 그리고 입 전체가 유창하게 표현하는 것을 자신의 귀로 들어보면 어떤 단어를 써야 할지 망설임이 없다는 것을 알 수 있다. 단어를 찾기 위해서 말을 멈출 필요도 없다. 책을 읽을 때는 눈앞에 단어가 보이니까. 말을 더듬는 사람들조차도 글을 소리 내어 읽을 때는 술술 잘만 말한다. 당신의 문제가 무엇이든, 분명 나아질 것이다. 당신의 입술과 혀가 책 속의 단어를 빚어 내 소리로 만드는 과정을 듣고 느끼면서 자신에게 감탄하게 될 것이다. 목표는 명확하게 발음하고, 글을 자연스럽게, 그리고 강렬하게 전하는 것이다. 1주일에 세 번 정도, 30분만 이렇게 해도 곧 스스로 나아지는 것을 느끼게 될 것이다. 사람들 또한 당신이 전보다 말을 더 잘하게 되었다고 칭찬할 것이고, 당신은 이 원리에 대해 미소 짓고 확신하게 될 것이다.

두 번째로 해야 할 일은 사람들 앞에서 말하는 법을 익히는 것이다. 대중을 상대로 말할 기회가 있다면 무조건 잡아라. 공개연설이 두렵게 느껴질 수도 있지만, 연습으로 이 두려움의 단계를 극복할 수 있다. 공개 연설을 잘하게 될수록 다른 사람들과의 대화도 쉬워진다. 앞서 말한 매주 3번 읽기 숙제를 다른 사람에게 크게 읽어주는 것으로 대신하는 건 어떨까 하는 생각이 들 수도 있다. 이렇게 해도 당연히 큰 도움이 된다. 그뿐만 아니라, 말하기 기술을 연습하는 동시에 다른 사람들 앞에서 말하는 것도 병행할 수 있다. 이미 당신을 사랑하고 존중하는 사람과 함께 시작한다면 아마 두려움도 한결 덜할 것이다. 당신이 책을 읽어주는 것을 배우자가 좋아할 수도 있다. 내 아내도 좋아한다. 아니면 아이들에게 책을 읽어주는 것도 좋다. 단, 이때는 어떤 책을 읽어줄지 심사숙고해야 한다. 아이들이 피상적인 이야기를 즐기는 동안 어른들은 그 안에 담긴 깊은 의미를 즐길 수 있는 훌륭한 책들이 많다.

당신이 경험을 쌓고, 책을 소리 내어 읽고, 대중 앞에서 연설하는 연습을 계속하게 되면 이제 연설자로서 자질이 개발되기 시작한다.

처음에는 가족 모임에서 시작할 수도 있다. 행사 중 건배를 제의하면서도 가능하다. 그 뒤로 실력이 더 나아지면 많은 사람 앞에서 이야기할 기회도 더 많이 찾아오게 될 것이다. 이런 기회를 많이 잡으면 잡을수록 이후에 더 좋은 기회가 찾아오게 된다. 날이 갈수록 성장하는 당신의 재능을 알고 기억하는 사람들이 연사가 필요할 때 당신을 초빙할 수도 있기 때문이다. 공개 연설의 기회를 놓치면 안 된다. 이런 공개 연설은 매우 귀중한 훈련이고, 돈을 들이지 않고도 기회를 얻을 수 있다는 장점이 있다. 나중이 되면 연사로 강연이나 연설을 하고 연사료를 받을 수도 있게 될 것이다.

만약 참석하고 말하기 쉬운 가족 행사 같은 기회가 없다면 다른 방법도 있다. 토스트마스터즈Toastmasters 같은 기관에서 주기적으로 공개 연설을 할 기회를 제공하고 있다. 아니면 친구들에게 그런 기회가 있는지 물어볼 수도 있고, 몇 주에 한 번씩 모여 다른 사람들 앞에서 공개 연설을 하는 연설 클럽 같은 것을 조직할 수도 있다. 묻기를 주저할 것은 없다. 당신뿐만 아니라 함께 참석한 다른 사람들도 큰 도움을 받아 갈 수 있는 자리니까.

대중 연설에 관해서 두 가지 팁을 전수하려 한다. 다른 사람들 앞에서 말하기 훈련을 하면서 내가 말해준 팁도 함께 연습하면 좋다. 첫번째 팁은 노트를 가져가지 말라는 것이다. 미친 짓이 아닌가 싶을 것이다. 그럴 수도 있다. 하지만 좋은 연설을 위해서는 원고가 없는 것이 좋다. 당신이 연습하려는 것은 말하기이지 '원고 읽기'가 아니다. 원고 읽기는 이미 매주 3번, 30분씩 하고 있으니까. 당신은 다른 사람들 앞에서 말하기 연습을 하려는 것이다. 원고를 읽는 것은 연설이 아니다. 당신이 원고를 읽으면 듣는 사람들이 지루해질 수밖에 없다. 연사가 청중과 눈을 마주치지 않으니 청중은 집중하지 않게 된다. 당신 영혼의 창을 청중들에게 드러내는 것에 실패하게 된다. 원고를 읽기만 하는 연사를 바라보는 사람들은 왜 이 자리에 와서 앉아 있는지 의문을 품게 된다. 그냥 출퇴근할 때 읽어보라고 연설문을 복사해서 나눠줘도 될 일이 아닌가? 연설이란, 말하기란 단순히 단어를 입 밖에 내는 것이 아니라, 당신이 그 단어를 직접 전하는 것이다. 일종의 공연이자 상호작용이다. 당신이 청중들의 눈을 바라보고, 마음으로 말하면 청중들도 당신과 연결된다. 좋은 대중 연설가가 되기 위한 핵심 덕목이다. 좋은 연사는 청중들의 영감을 이끌어 낸다.

두 번째 팁은 간단하지만 실용적이고 큰 도움이 될 것이다. 사람들 앞에서 이야기를 시작하면 손을 어떻게 해야 할지 모를 때가 있다. 이럴 때 그냥 손을 차려자세로 내리고 있는 사람도 있다. 생각해 보면 알겠지만 정말 어색하고 이상한 광경이다. 팔짱을 끼는가 하면 팔뚝만 휘젓는 사람도 있다. 꼭 반쯤 고장 난 풍차처럼 보일 것이다. 역시 좋은 광경은 아니다. 단상을 붙잡는 사람도 있다. 이러면 겁을 먹어서 소심해진 것처럼 보이게 만들고, 실제로도 겁을 먹고 소심해지게 된다. 악순환이다. 말을 하면서 주머니에 손을 넣는 사람들도 있다. 이러면 냉담하고, 무관심하거나 아무런 준비가 안 된 것처럼 보인다.

해야 할 일은 의외로 간단하다. 그냥 자연스럽게 움직이면 된다. 자연스러운 제스처를 보여주면 된다. 입을 통해 나오는 단어를 팔로 묘사하면 된다. 이때 오버하면 안 된다. 최대한 자연스럽고 편안해야 한다. 유명한 연설가들의 영상을 보고, 어떻게 움직이는지 탐구하는 것도 좋다. 이런 사람들은 자연스럽게, 아무런 부담 없이 움직이지만 표현이 확실해 보인다. 손은 입으로 말하는 것의 느낌을 따라 움직인다. 유명 연사들의 강의 영상을 보면 무슨 뜻인지 감이 올 것이다. 그래도 잊으면 안 되는 것이 하나 있다. 동료들 앞에서 회사의 이전 회기 성과에 관해서 발표할 때와 연두교서를 연설할 때는 그 상황이 완전히 다르다. 당신의 표정과 연설이 그때의 상황과 청중들에게 알맞도록 해야 한다.

정리해 보자. 좋은 책을 소리 내어 읽고, 다른 사람들 앞에서 말할 기회가 올 때마다 붙잡는다면, 곧 나 자신이 달라지는 것을 느끼게 될 것이다. 만약 당신이 사업을 하거나, 영업을 하거나, 상호작용이 필요한 다른 분야, 모든 수익성 좋은 커리어 영역에서 일한다면 지금 내가 당신에게 전하는 것들이 가치를 매길 수가 없을 만큼 귀중한 것이라는 사실을 알 것이다. 첫해에는 만 달러 정도의 가치를 지닌 충고로 느껴질 수도 있다. 그다음으로는 수만 달러, 수십만 달러로 엄청나게 커질 수도 있다. 이 충고를 충실히 이행한다면 당신이 믿을 수 없을 만큼 큰 보상이 돌아오게 될 것이다. 당신의 입, 당신의 말하는 능력은 당신이 돈을 더 많이 벌기 위해 쓸 수 있는 가장 강력한 도구라는 사실을 잊으면 안 된다.

Secret # *21*

변화는 두려운 것이다

우리는 보통 주위가 영원히 변하지 않기를 원한다. 익숙한 것은 편안하게 느껴진다. 더는 나이를 먹지 않기 원하고, 우리 동네가 변하지 않고 그대로 남기를 바란다. 아이들이 영원히 아이인 채로 남아 함께 하기를 바라는 사람들도 있다. 우리가 조금 전 단락에서 이야기한 말하는 능력을 향상시키려고 한다고 해 보자. 이 역시 굉장한 노력이 필요하다. 돈 버는 것을 생각해 본다면 어떤가? 지금 하는 일에 큰 변화 없이 어느 날 갑자기 큰돈을 벌기 원한다. 우리 일이 지금처럼 그대로 흘러가면서 돈은 더 많이 받기를 바란다. 옷이 닳거나 해지지도 않고, 이미 필요한 모든 것을 갖춘 상태라면 그보다 더 좋을 수는 없을 것이다.

하지만 이 모든 것은 환상이다. 모든 것이 결국은 변하게 된다. 우리가 변화를 바라보며 스트레스를 받는다고 해도 변화는 피해 가는 법이 없다. 임박한 변화가 영구적인 것에 가까우면 우리는 스트레스를 더 받게 된다. 하지만 우리는 변화를 막을 수 없다. 다만 스트레스에 대처하는 방법을 배울 수 있을 뿐이다. 유대인들은 이런 변화를 어떻게 받아들이고 극복했는지 살펴본다면 도움이 될 만한 것이 있을 것이다.

1998년 4월 포춘지는 '홀로코스트 중에서Out of the Holocaust'라는 커버 스토리를 내놓았다. 홀로코스트 죽음의 수용소에서 살아남아 미국으로 이주한 다섯 사람의 이야기를 돌아보는 내용이었다. 옷가지만 간신히 챙겨 머나먼 타국 땅에 발을 디딘 젊은이들의 이야기이다. 하지만 이들 모두 미국에서 부유한 자선사업가가 되는 것에 성공했다. 유럽의 수용소에서 스탈린의 굴라크, 캄보디아의 킬링 필드와 르완다의 학살 현장까지, 20세기는 인간성에 반하는 애통하고도 잔혹한 범죄를 많이 찾아볼 수 있는 시대였다. 이 모든 폭력성, 목을 옥죄는 공포, 불필요한 고통 속에서 찾을 수 있는 희망이 있다면 '생존 학습 지침서'라고 할 만한 것을 얻게 되리라.

나는 나치의 홀로코스트에서 세상을 떠나게 된 많은 친척의 이름과 이야기를 전해들은 유대인으로서 자연스럽게 이 비극에 익숙하다. 홀로코스트는 가장 철저한 조사가 이루어졌으며 잊히지 않고 잘 기념되고 있는 현대의 대학살이라고 할 수 있다. 하지만 개인적으로는 홀로코스트로 인한 수많은 죽음과 고문에 관한 이야기를 일부러 찾아 읽어본 적이 없다고 고백한다. 나는 이 공포를 묘사하는 영화도 보지 않고, 잔인한 사형실과 병적인 전시물을 그대로 전시하는 홀로코스트 박물관에도 가지 않는다. 나는 이 악몽과도 같은 이미지로 내 주변을 채우고, 내 뇌 속에 잊을 수 없는 끔찍한 죽음과 파괴의 이야기를 새겨야 할 필요성을 느끼지 못한다. 나는 이 비극적인 사건을 완전히 잊으려는 것이 아니다. 이미 무슨 일이 일어났는지 잘 알고 있다. 나와 같이 상대적으로 편안하고 안정된 삶을 살았던 누군가가 그 공포와 파괴의 현장 속에서 직접 살아남은 사람을 완전히 이해할 수 있으리라고 생각하지 않기 때문이다.

이런 소름 끼치는 이야기를 잊지 않는다고 해서 같은 일이 반복될 가능성이 줄어든다고 할 수도 없다. 우리는 홀로코스트 이후로 "두 번 다시 그런 일은 없어야 한다."라고 말하지만, 20세기 초중반을 그득히 채운 대규모 학살 사건의 기록들을 보고 있노라면 우리가 이런 잔혹 행위를 완전히 근절할 수 있으리라는 예상 자체가 굉장히 순진한 태도라는 생각이 든다. 같은 관점에서 뉴스를 가득 채우는 테러와 죽음, 파괴의 이야기와 천박하기만 한 엔터테인먼트 산업의 산물을 나는 멀리한다. 이런 추악한 심상이 내가 삶 속에서 느낄 수 있는 자발적인 감사의 순간을 빛바래게 만든다고 생각한다.

내게 있어 유대교는 삶의 긍정을 실천하는 종교이다. 내가 알기로는 기독교도 그렇다. 지금까지 거짓된 종교의 이름으로 진행되었던 잔혹 행위가 너무나도 많았기 때문에 선한 것, 윤리적인 것에 대한 내 믿음이 잠재의식 속에서나마 수용소와 가스실의 심상으로 흐릿해지는 일이 없기를 바랄 뿐이다. 지금까지 끔찍한 일은 계속 일어났다. 그리고 인류 역사의 마지막 페이지가 쓰이기 전에는 언제든 그러한 일이 다시 일어나리라 생각한다. 하지만 나는 이제 내가 바꿀 수 없게 된 사실 속에서 벗어나기로 선택했다. 만약 그대로 머물게 된다면 내 일상 속의 의식과 내 삶의 질을 높여 주는 종교적 관례의 빛이 바랠 것이다. 내가 무의식중에 죽음과 파괴를 지각했다고 할지라도 여기에 압도되지 않고 자신을 지키는 길을 선택할 것이고, 그 대신 긍정적인 기쁨을 찾도록 노력할 것이다. 물론 낙관론의 독에 중독되고 싶지는 않다. 내게 긍정적인 태도가 없다면 사람들을 위한 올바른 정신을 갖추지 못할 테니까.

하지만 파괴와 관련된 이야기 중에 딱 한 가지 좋아하는 장르가 있다. 고난의 시기, 죽음의 그림자로 뒤덮인 시대를 운 좋게 살아남는 데 성공한 소수의 영웅적인 생존 이야기에는 커다란 가치가 있다. 이런 생존의 이야기는 끔찍한 고문으로 가득 찬 이야기에 비해 삶에 유용한 통찰을 얻기에 훨씬 더 좋다.

미쉘린 모렐은 자기 저서 『라벤스브뤼크Ravensbrück』를 통해 악명 높은 라벤스브뤼크 강제 수용소에서 있었던 끔찍한 이야기를 생생하게 전했다. 그녀가 책을 통해 말하기로,

'고급 아파트에서 사는 자, 오래된 집에서 사는 자,
짐승 우리 같은 집에서 사는 자, 행복하라.
사랑하는 사람이 있는 자, 홀로 꿈을 꿀 수 있는 자,
울 수 있는 자, 행복하라.
형이상학적 문제로 스스로를 괴롭히는 자, 행복하라.
간호를 받는 아픈 자, 아픈 자를 간호하는 자, 행복하라.
평범한 삶을 살다가 병원 침대나 집에서 평온히 죽음을 맞이하는
자, 어찌 그보다도 더 행복할 수 있으랴'

모렐이 이런 글을 쓴 이유는 우리의 삶을 아무리 낮춰 보더라도,

그보다 더 좋지 못한 악조건에서 버틴 사람들이 있다는 사실을 잊지 말라는 것이다. 나는 이 용감한 사람이 버텨내야만 했고, 그렇게 가슴에 새길 말을 쓰도록 영감을 준 악몽을 굳이 볼 필요가 없다. 그 글 자체로도 이미 절절하게 전해진다. 이 글만 해도 이미 나의 삶과 다른 모든 생명의 아름다움을 다시 돌아볼 수 있게 해준다.

나는 한때 이런 '생존자 문학'에 빠져든 적이 있었다. 일부의 사람들은 수용소에 도착한 며칠 내로 세상을 뜨게 되는 끔찍한 시간 속에서 어떻게 살아남았는지 이해하고 싶었기 때문이다. 내가 이런 사건들을 접하고 연구할 때마다 단 한 가지, 생존과 관련된 매우 강력한 진실이 계속해서 떠올랐다. 우리의 삶에서 계속되는 치열하고 고통스러운 변화를 마주하려면 나름대로 이에 대응하는 방법을 갖추어 실행해야 한다는 것이다. 내가 발견한 것은 우리 인간은 아무리 끔찍하고 혹독한 조건이라도 그런 변화가 천천히 점진적으로 진행된다면, 그런 모든 악조건에 적응할 능력이 충분하다는 것이다. 과거의 이야기 속에서 변화가 급격하면 한계점도 빠르게 찾아온다는 사실을 알 수 있다.

옛날이야기를 기억하는가? 냄비 속 끓는 물에 개구리를 던져 넣으면 개구리가 그 물속에 그대로 있지 않고 바로 튀어나와 도망친다는 이야기. 그러나 냄비를 채운 차가운 물속에 개구리를 넣고 물을 끓이기 시작하면 물이 완전히 끓어 산 채로 삶아질 때까지 개구리는 냄비에서 나오지 않는다. 미처 도망 나오기에는 너무 늦을 정도로 물은 천천히 계속해서 뜨거워진다. 절대 갑자기 뜨거워지지 않는다. 이 이야기가 사실인지 확인하려고 내가 실험을 해 본 적이 전혀 없다는 사실을 일단 자랑스럽게 밝힌다. 하지만 이 이야기는 개구리에 대한 이야기가 아니라, 인간에 대한 진실을 비유하는 이야기인 것만은 틀림없다.

우리는 스트레스를 받으면 물이 목숨을 위협하고, 결국 앗아갈 정도로 뜨거워지는 와중에도 적응하며 견디는 개구리와 같다. 변화가 천천히 진행된다면 거기에 대응할 수 있다. 개구리는 그럴 수 없지만, 우리는 결국 우리의 뇌와 이성을 바탕으로 아직 기회가 있을 때 냄비에서 빠져나가야 한다고 생각하게 될 것이다. 그러나 변화가 너무 빠르면 우리의 몸과 마음은 크나큰 스트레스를 받게 되고, 이를 제대로 감당할 수 없게 된다. 개구리를 뜨거운 물에 던져 넣으면 그 안에서 버티지 못한다. 계속 머무르기에 너무 뜨거우니까 안전한 곳으로 빨리 빠져나오려 한다.

제2차 세계대전이 일어나기 전, 빈이나 바르샤바같이 평화로운 곳에서 살던 가족들이 나치의 침공 속에서 어떻게 되었는지 생각해 보자. 수많은 중산층 유대인들은 나치가 자신들이 사는 동네에 도착하면서 처음에는 약간의 직접적인 불편을 느끼기 시작했을 것이다. 그러다가 어느 순간 자기 집에 다른 가족들까지 강제로 얹혀살게 되었다. 그다음으로는 유대인 구역이 격리되어 게토로 변했다. 그래도 아직은 삶이 지속된다. 권리와 재산이 조금씩 박탈되던 것이 점점 그 범위와 양이 늘어나기 시작한다. 식량이 부족해진다. 거리에서 찾아볼 수 있었던 단순한 언쟁이 간담 서늘한 모욕과 노골적인 위협으로 변한다. 물리적인 폭력이 시작되기까지 몇 주, 혹은 몇 달 정도 걸린다. 때로는 침략하기 전까지 1~2년 정도가 더 걸리기도 했다. 중산층 유대인 가족들이 마지막으로 평온하게 살 수 있었던 시간이었다. 그 시간이 끝나면 삶이 생존 투쟁으로 변했다. 그때가 되어서 많은 유대인이 수용소로 보내지기 시작했다. 삶의 질이 단계적으로 떨어졌다. 유대인들 다수가 아우슈비츠의 비극을 마주하기 전까지는 이렇게 수년에 걸쳐 단계적으로 삶이 악화되는 과정에 적응할 기회를 얻었다. 이렇게 단계적으로 악화되는 삶, 단계적인 변화를 마주했던 사람들은 살아남을 가능성이 컸다.

이제 한밤중에 갑자기 헌병들이 들이닥치면서 평화가 깨진 한 가족의 이야기를 들어 보자. 원목 바닥과 빛나는 백자로 아름다웠던 집에서 쫓겨나 적응할 겨를도 없이 수용소에서 목숨을 위협받는 처지로 단숨에 떨어진 것이다. 이런 비극을 맞이한 가족은 충격 속에서 빠르게 죽음을 맞이한다. 이런 가족은 자신들을 기다리는 공포에 적응할 가능성이 크게 줄어든다.

이런 이야기는 우리가 변화를 다루어야 할 때 급작스럽고 극단적인 방법은 피해야 한다는 것을 말한다. 그 변화가 생겨난 이유는 상관없다. 우리는 급격하고 극단적인 변화 속에서 충격을 받는다. 반대로 적응할 충분한 시간만 주어진다면 어떤 조건이든 적응할 수 있다.

창세기 29장 27절에서 야곱은 약혼자 라헬과 결혼하기 위해 7년을 일해야 한다는 약속을 받았다. 그러나 결혼식을 올리고 보니 베일 뒤에 있는 여자, 자신이 막 식을 올린 여자가 라헬이 아니라 라헬의 언니 레아라는 사실을 알았다. 자매의 아버지가 라헬 대신 레아를 보낸 것이다. 야곱은 자신이 속았다는 사실을 알고 라헬과도 혼인할 것을 강력히 주장했다. 자매의 아버지는 여기에 동의했지만, 야곱이 7년을 더 일하고 7일간 행사를 치러야 한다고 말했다.

그 당시 유대인의 결혼식은 7일 동안 진행되었다. 피곤하지 않다면 즐거운 1주일일 것이다. 그리고 이렇게 시간이 길기 때문에 결혼이라는 급작스러운 행사의 충격을 줄이는 데도 큰 도움이 된다. 결혼이란 우리의 삶 속에 커다란 변화를 준다. 당연히 매우 멋진 일이지만 모든 것이 한순간에 달라지기 때문에 충격을 주는 일이기도 하다. 우리가 앞서 말한 대로 우리의 몸과 마음, 영혼은 갑작스러운 변화에 잘 적응하지 못한다. 그렇기 때문에 결혼 생활에 적응할 7일이 필요하다. 결혼식이라는 행사의 커다란 감정적 동요를 점차 가라앉힐 수 있게 해 주는 것이다. 한 번 크게 결혼식을 하는 대신 매일 밤 축하하는 시간을 가진다. 매번 축하할 때마다 규모가 점점 작아지지만 그만큼 더 친밀해진다. 8일째가 되면 이제 평소의 삶으로 돌아가서 다시 일하게 된다. 이렇듯 결혼 생활에 적응할 시간이 충분했기 때문에 야곱은 결혼이라는 충격적 대사건에 적응할 수 있었을 뿐만 아니라, 막 결혼한 신부가 자신이 결혼하려 했던 라헬이 아니라 언니 레아였다는 충격적인 사실에도 적응할 수 있었다.

유대인들은 같은 이유로 누군가 죽었을 때 7일간 애도한다. 이 풍습은 오늘날에도 그대로 유지하고 있다. 사랑하는 누군가를 잃는 것은 매우 고통스럽고 부담이 큰일이다. 죽음만큼 영원한 변화도 없기 때문에 특히 큰 충격을 받는다. 누군가를 잃고, 땅에 묻고, 다음 날 아무 일도 없었던 것처럼 다시 일터로 향하는 것만큼 힘든 일도 없을 것이다. 그래서 유대인들은 7일간 집에 머물면서 죽은 사람을 애도한다. 전날보다 다음날은 조금씩 나아지면서 8일째가 되면 마침내 누군가를 잃어버렸다는 사실을 받아들이고 일터로 떠날 수 있게 된다.

지난 1967년 심리학자 토마스 홈스는 인생에서 겪을 수 있는 여러 사건으로 인한 스트레스가 어느 정도인지 측정하고 수치화하기 위해 여러 부류의 대상자들을 모아 광범위한 연구를 주도했다. 가까이 있던 사랑하는 사람이 세상을 떠나는 것이 스트레스 지수 100으로 나타났다. 이혼은 70 정도로 마찬가지로 높다. 꽤 놀라운 일일 수도 있는데, 은퇴는 45로 나타났다. 일을 그만두고 쉬는 것이 스트레스를 덜 받으리라 생각하기 쉽지만, 결과는 그렇지 않았다. 유대인이 생각하는 일이란, 다른 사람들을 돕는 것이기 때문에 즐거움을 느낄 수 있고, 목적의식을 가질 수 있다. 그래서 오히려 은퇴를 번복하고 현장으로 돌아오면 스트레스를 덜 받게 된다. 이직은 스트레스 지수 35, 먼 곳으로 이사는 20, 과속으로 벌금을 물게 되는 것은 10이다. 이름을 밝힐 수 없는 한 랍비는 잦은 과속으로 많이 잡히다 보니 익숙해져서 스트레스도 안 받는 것 같지만.

보다시피, 우리 삶은 스트레스를 받을 기회로 가득 차 있다. 피할 수가 없다. 이제 할 일은 스트레스에 적응하는 법을 배우는 것이다. 하지만 어떻게? 간단하게 답해줄 수 있다면 좋겠다. 하지만 인생이란 복잡하고, 그래서 언제 어느 때나 안전하게 우리를 이끌어 줄 만한 경구 같은 것이 존재할 수 없다. 그러므로 당신에게 무언가를 하라고 촉구하는 기발한 모토나 슬로건이 있다고 해도 결국 그 반대로 해야만 한다고 말하는 다른 모토나 슬로건을 찾기 어렵지 않다. 예를 들어보자. 돌다리도 두드려 보고 건너라는 말이 있다. 들어본 적이 있을 것이다. 굉장히 좋은 충고다. 일요일 신문에서 "망설이면 기회를 놓치게 됩니다.”라는 말을 오늘의 운세에서 보기 전까지는. 여기서 하는 말은 일단 도전해보라는 말이다. 돌다리 두들길 새가 없다는 소리니 완전히 반대가 아닌가! 당신이라면 어느 쪽을 믿을 것인가? 둘 다 각각에 해당하는 상황에서는 옳은 충고다. 반대로 잘못된 상황에서는 이보다 더 나쁜 충고를 찾아볼 수가 없다.

남자친구가 앞으로 9개월간 해외 파견이 결정된 사람의 사례를 생각해 보자. 그렇게 오랜 기간 서로 만날 수 없으니 곧 서로 헤어지게 되리라고 걱정할 것이다. 하지만 주변 친구들은 그리움 때문에 사랑이 더 커질 테니 걱정하지 말라고 한다. 그래서 고개를 끄덕이고 친구들의 말이 옳다고, 그러니 걱정할 것 없다고 생각했다. 누군가 갑자기 나타나 “눈에서 멀어지면 마음에서도 멀어진다.”는 오래된 격언을 흘리기 전까지는 아주 좋았다.

어느 쪽을 믿을 것인가? 답은 “어느 쪽도 믿지 마라.”이다. 이렇게 진부한 충고는 쓸모가 없다. 삶은 이렇게 함축적이고 말주변 좋은 정도의 모토만으로 설명하기에는 너무 복잡하다. 그냥 슬로건 하나 가지고 인생의 큰 결정을 내리면 안 된다. 만약 그럴 수 있다면 우리 삶의 지표가 되어주는 성경은 애당초 필요가 없을 것이다.

여러분 중에 냉소적인 사람은 “잠시만요, 라핀 선생님께서 쓰신 이 책도 그 별 볼 일 없는 슬로건 40개가 전부인 책 아닙니까?”라고 되물을 수도 있다. 전혀 그렇지 않다는 대답을 미리 돌려주는 바이다. 이 책에서 설명하는 ‘성경 속의 비밀’은 단순히 이름만이 아니라, 오랜 시간에 걸쳐 시험을 통과한 것으로, 성경과 유대 현자들의 가르침을 바탕으로 구축된 것이다. 그렇기 때문에 항상 참이다. 예를 들어 지금 우리 이야기의 주제, "변화는 두려운 것이다."를 생각해 보자. 언제 이것이 거짓인 적이 있었던가? 조건 좋은 새 직장을 구하는 것처럼 운 좋은 경우에도 여전히 알 수 없는 것의 불확실성은 사라지지 않고 남아 있다.

이 비밀은 당신이 처한 상황이나 조건과 상관없이 항상 참이다. 공허한 슬로건이 아니다. 당신에게 무엇을 해야 하는지 알려주지는 않지만, 세상이 어떤 곳인지 설명해주며, 당신이 어떤 사람이 되어야 하는지 안내해준다. 하지만 어떤 상황에서 어떤 행동을 해야 하는지 그에 대한 직접적인 충고는 해주지 않는다. 상황과 조건은 항상 변한다. 그러나 다행인 것은 그 지혜가 안내자 역할을 톡톡히 하며 변하지 않는다는 것이다. 이 책에서 설명하는 원리를 따르면, 스트레스와 변화를 피하는 것에서 그치지 않고, 오히려 이들을 완화시키고, 적응하면서 삶을 이어나갈 힘을 얻을 수 있다.

Secret # 22

변화의 고통은 성장의 밑거름이다

이 시점에서 당신은 아마도 지금까지 내가 했던 이야기들을 바탕으로 변화가 얼마나 무섭고 스트레스 받는 일인지 알게 되었고, 가급적 변화를 피해야 한다고 생각할 수도 있다. 하지만 변화를 피하면 침체 될 뿐이다. 변화를 포용하지 못하면 성장할 수 없고, 성공할 수도 없다. 더 많은 부를 축적하려면 포용하기 매우 힘든 급작스러운 변화의 순간이 반드시 존재한다. 보통은 지금보다 미래에 경제적으로 더 번창하리라고 예측하는 사람들이 많다. 대개의 경우 사실이다. 나이가 들수록 더 많은 돈을 벌게 되는 경향이 있기 때문이다. 하지만 이런 성장은 자동으로 이루어지는 것이 아니다. 참여하려는 노력이 필요하다. 그리고 참여의 정의 속에는 어느 정도의 변화도 필요하다는 뜻이 담겨 있다.

그냥 한자리에 서 있으면 안 된다. 변화에 저항한다고 해서 변화가 일어나지 않는 것은 아니다. 이런 소극적인 자세는 삶의 통제력을 제대로 잡지 못하게 만든다. 변화는 필연적이다. 어떤 노력을 해도 사람은 결국 나이가 들게 되고, 언젠가는 죽음을 맞이하게 된다. 그리고 지금 이 순간과 죽음 사이의 오랜 시간에도 당신과 주변 사람들에게 많은 일이 일어날 것이다. 변화가 찾아온다. 변화는 계속된다. 변화는 스트레스를 부르고, 스트레스는 고통을 부른다. 그러므로 당신은 변화에 적응하는 법을 배워야 한다. 그래야 변화 속에서 기회를 잡을 수 있다. 변화란 발전의 가능성도 의미한다는 사실을 받아들여야 한다.

리처드 닉슨 대통령은 월터 애넌버그Walter Annenberg를 영국 주재 미국대사관으로 임명했다. 애넌버그는 그전까지 TV가이드의 창작자이자 편집자로 유명한 사람이었다. 물론 크게 성공한 영리기업도 보유하고 있어 매우 부유한 사람이었다. 엘리자베스 2세 여왕이 캘리포니아주에서 레이건을 만났을 때, 월터 애넌버그의 궁전 같은 팜스프링스 자택을 방문해 환대를 받기도 했다. 애넌버그는 엘리자베스 여왕을 골프 카트에 태우고 걸어서 다 돌아보기 어려울 만큼 넓은 자기 집을 소개했다. 그는 나중에 인터뷰에서 폐하께 "미국인의 평균적인 생활수준"을 보여주고 싶었다고 이때를 회상했다.

잠깐, 분명히 하고 싶은 말이 있을 것이다. 그렇다. 월터 애넌버그가 어떻게 평균적인 미국인이란 말인가? 그는 엄청난 부자가 아닌가! 그렇다. 하지만 그가 항상 부자였던 것은 아니다. 그의 할아버지인 유대인 신사는 원래 프러시아 출신으로, 열한 명의 자식들을 데리고 미국으로 이주했다. 이 유대인 가족은 미국에 도착했을 때 시카고의 한 작은 아파트에 자리를 잡았다. 이 유대인 신사의 자식 중 가장 진취적이었던 한 사람, 월터의 아버지 모지즈Moses는 미시간 호수에서 물고기 낚시로 가족들이 먹을 양식을 구해 오기도 했다. 모지즈는 자기 가정을 꾸리기 시작했을 때 다양한 편집 및 출판 사업을 통해 부를 쌓기 시작했다. 1930년대 중반쯤에 그는 필라델피아 인콰이어러와 몇몇 다른 신문사를 보유한 기업인이 되었다.

모지즈가 탈세 혐의로 3년 형 판결을 받기 전까지는 모든 것이 괜찮았다. 그리고 이때 그의 유일한 아들이었던 월터는 이제 32세로, 아버지의 체납 세금 5백만 달러를 빚으로 상속받아야 했다. 그의 삶은 한순간에 나락으로 빠지게 되었다. 어쩔 줄 몰랐던 그에게 유대인인 그의 어머니는 유대 사상을 상기시키며 위기를 대처하도록 도왔다. 현대를 살아가는 우리가 확실하게 알아야 하는 사실은, 월터에게 찾아온 변화가 공포인 동시에 기회의 씨앗을 품고 있다는 것이다. 보통 이런 두 가지 변화는 한 가지 사건으로 동시에 일어나게 된다. 변화를 받아들이는 것, 이는 기회를 달리 표현하는 말인 셈이다.

변화는 미래를 두려운 것, 절망적인 것으로 보이게 만들지만, 이럴 때 유대인들은 과거를 돌아보면 가르침을 얻을 수 있다고 말한다. 월터 애넌버그는 아버지의 기도서 속에서 한 인용구를 찾았다. 이 인용구는 "나의 지상 사업은 아버지의 명예를 나타내기 위한 작품"이라는 문구이다. 월터는 이 인용구를 청동 명판에 새겨 자기 사무실에 두었다. 그리고 그는 훗날 자선가가 되었고, 오늘날까지도 그의 관대함에 혜택을 입은 기관들은 그의 아버지의 이름을 받든다. 아버지의 투옥으로 야기된 월터의 슬픈 과거는 급격한 변화 속에서 새로운 기회를 만들어 주었다. 그 결과 자칫 발견하지 못했을 기업가적 기질은 창조의 동력이 되었다.

꽤나 흔한 이야기가 아닌가. 주변에서 누군가 다른 사람이, 혹은 당신이 부당하게 해고되었다가 오히려 이전보다 더 나은 삶을 살게 되었다는 경험이 있을 것이다. 직장을 막 잃은 사람들이 새 직장을 찾으면 보통은 근무조건도 더 좋고, 임금 수준도 더 높은 직장을 잡게 된다. 하지만 이전 직장에 계속 다녔다면 이런 기회가 있다는 사실조차 몰랐을 수도 있다.

이 가르침은 성경에서 계속 반복된다. 변화 속에는 기회가 있다.

사무엘하 20장의 이야기를 찾아보자. 세바라는 이름의 불량배가 다윗 왕에게 반기를 드는 이야기다. 다윗 왕은 그 휘하의 최고 장군이었던 요압을 보내 세바를 죽이도록 했다. 세바는 요르단 강가의 어떤 도시에 숨어 있었다. 요압의 군대는 도시를 단단히 포위하고 곧 공격할 준비를 했다. 이때 정체를 알 수 없는 한 노인이 요압에게 이야기를 청했다. 이 노인은 도시 사람들이 평화롭게 세바를 넘겨줄 기회도 주지 않고 일단 공격부터 하려고 하냐며 요압을 질책했다. 요압은 자신의 잘못을 바로 이해하고 빠르게 사과했다. 그 뒤로 도시 사람들에게 조용히 세바만 넘겨줄 것을 요구했다. 이 노인은 도시로 돌아가고 얼마 지나지 않아 세바의 머리가 요압 앞에 도착했고, 도시는 평화를 유지할 수 있었다.

이 강력한 장군이 노인에게 사과하고 전투계획을 수정하게 만든 이유는 무엇일까? 성경은 이 연약한 여성이 야곱의 아들, 아세르의 딸이라고 설명한다. 즉 이 노인은 야곱의 손녀였다. 그리고 이 노인은 요압에게 토라 속의 율법을 인용했다. "네가 어떤 성읍으로 나아가서 치려 할 때는 그 성읍에 먼저 화평을 선언하라.(신명기 20장 10절)" 다윗 왕의 군대를 이끄는 장군으로서, 요압은 그 모든 권위를 능가하는 하나님의 말씀을 따라야 했다. 그 말씀을 전하는 것이 한 노인의 입이라 할지라도 그 권위는 여전하기 때문이다. 요압은 그의 목적을 알고 있었다. 자신의 목적과 계획을 혼동하지 않았다. 요압은 현명한 장군이었기 때문에 그의 계획이 상황에 맞지 않는다는 사실을 알았다. 그리하여 스스로 나아갈 방향을 바꾸어 도시 전체를 무너뜨리지 않고도 세바의 머리를 취할 기회를 잡을 수 있었다.

그럼 이제 다른 이야기를 한번 살펴보자. 요나서에서 우리는 폭풍우가 미친 듯이 몰아치는 바다 한가운데 놓인 선지자 요나의 이야기를 볼 수 있다. 배에 타고 있던 자들은 선원과 승객을 막론하고 모두 공포에 질렸지만, 요나는 그렇지 않았다. 요나는 세상천지에 아무 걱정 없는 사람처럼 선실에서 잘 자고 있었다. 선원은 그의 태평한 모습 속에서, 지금 배를 위협하는 예기치 못한 때아닌 폭풍우가 그와 관련이 있다고 의심했다. 그는 요나가 어디서 온 자인지 알려고 했다. 요나는 거짓말로 둘러댈 수도 있었지만 그러지 않았다. "나는 유대인으로 천지를 창조하신 나의 하나님만을 두려워할 뿐이요."라고 답했다. 어떻게 보면 굉장히 이상한 답변이지만, 선원들이 요구하는 답변의 조건을 잘 맞춘 답이다. 그가 할 말은 그것이 전부였다. 선원들도 요나에게 목표가 있다는 것을 알았다. 오히려 답을 피했다면 그가 폭풍우를 불러온 사람이라는 의심을 피할 수가 없었을 것이다.

요압과 요나는 각각 장군으로서, 선지자로서 하나님을 섬겼다. 우리 모두는 하나님의 계획 속에서 우리의 운명을 개척하고 목표를 이루어 하나님을 섬긴다. 요압과 요나는 자신의 목표를 이루는 것으로 하나님을 섬긴다는 것을 알았다. 다만 그 과정에 약간의 유연성을 발휘하는 법도 함께 알고 있었을 뿐이다. 이들은 변화를 받아들였다. 변화는 그들의 목적에 영향을 주지 못하게 막았다. 그러나 그들은 처하게 된 어려운 상황에 맞추어 계획을 바꾸었고, 목표를 향해 그대로 나아갈 수 있었다. 두 사람 모두 자신의 사명에 대한 명백한 비전이 있었고, 덕분에 목표를 추구하던 도중에 마주한 예기치 못한 급작스러운 변화에도 쉽게 대처할 수 있었다. 목표의식을 유지하는 것으로 급작스러운 변화가 불러오는 공포와 스트레스를 완화할 수 있었다. 그뿐만이 아니다. 그들 모두 변화의 기회를 타고 자신의 계획을 더 나은 것으로 바꾸었다. 요압은 도시 전체를 무너뜨리지 않고 세바의 머리를 취할 수 있었다. 그의 임무는 세바를 죽이는 것이지 도시를 무너뜨리는 것이 아니었다. 그가 자신의 임무를 명확히 하며 세바를 죽이는 것과 도시를 무너뜨리는 것이 뗄 수 없는 관계가 아니라는 사실을 알고, 도시를 평화롭게 두기 위해 목적이 아닌 그 과정을 바꾼 것이다.

교훈은 변화란 두렵고 스트레스가 심한 사건이지만, 동시에 성장과 행운의 씨앗을 품고 있는 사건이기도 하다는 것이다. 비즈니스 현장에서도, 전투의 현장에서도 마찬가지다. 우리는 항상 우리의 목적을 잃지 않아야 한다. 물론 동시에 다가올 변화를 받아들이고 우리의 계획과 행동, 전략을 수정할 수 있어야 한다. 그렇게 해야만 우리가 추구할 목표를 시야에서 놓치는 일이 없기 때문이다. 변화를 받아들이면 고통만 있을 것 같은 변화 속에서 행운을 찾을 수 있다.

Secret # 23

삶은 변화하는 동영상이다

당신에게 두 장의 사진을 보여준다고 해 보자. 한쪽 사진은 서로 정말 행복해 보이는 커플이 있다. 맑은 하늘 아래 남성과 여성이 서로의 손을 잡고, 서로를 바라보며 환하게 웃고 있다. 다른 한쪽도 마찬가지로 한 커플의 사진이다. 이 두 번째 커플도 행복해 보인다. 남자가 팔을 여자의 어깨에 올려 안고 있다. 그리고 여자는 남자의 허리를 안고 있다. 똑같이 맑은 날, 똑같이 환하게 웃고 있다. 이렇게 두 사진을 보고 있다고 하자. 서로 다른 커플의 사진이지만 둘 다 행복해 보인다. 그냥 같은 사진이라는 생각도 든다. 둘 다 행복한 사람들의 사진이 아닌가?

여기서 놓치는 한 가지 사실은, 첫 번째 사진은 결혼하여 자신의 가족을 위해 헌신하고 있는 커플의 사진이라는 점이다. 함께 사랑과 조화, 평온으로 가득 찬 삶을 원하며 서로 바라보는 커플이다. 두 번째 커플에 대해서 이야기 해 보자. 이 두 사람도 결혼은 했지만 각기 배우자가 있다면? 각자의 배우자는 아무런 낌새도 채지 못하고, 불륜을 저지른 사람의 아이와 집을 돌보고 있다. 여기서 우리는 배우자를 버려 두고 근처 모텔에서 부당한 행복을 누리며 서로의 귀중한 시간을 훔치는 두 사람을 볼 수 있다. 극단적이기는 하지만 이렇듯 눈에 보이는 단순한 사진이 상황에 대한 설명이나 뒷이야기를 제대로 알려 주지는 않는다.

이제 이 커플들의 사진을 보는 대신, 같은 두 커플을 촬영한 긴 영상을 하나 본다고 해 보자. 아이들이 있는 집으로 돌아와 베이비시터에게 고맙다고 인사하며 일당을 주고, 침대에 나란히 누워 이야기를 나누는 커플을 볼 수 있다. 영상이 충분히 길다면 이 두 커플이 함께 나이를 먹어가며 오랜 시간 행복하게 사는 모습을 볼 수 있을 것이다. 하지만 다른 커플의 영상을 보면, 눈치 보며 모텔에서 나오는 두 사람을 볼 수 있다. 집에 가는 모습을 보고, 배신당한 배우자에게 불륜 상대자에게 키스한 그 입술로 거짓된 사랑을 속삭이며 키스하는 모습을 보고 기분이 상할 것이다. 아이들에게 거짓말하느라 허우적대는 모습도 보인다. 샤워하다가 홀로 울음이 터지는 사람을 볼 수도 있다. 결국 이혼하는 모습까지도 보게 될 것이다. 불륜 상대였던 사람과 재혼하고도 결국 서로 바람을 피우고, 또 이혼하는 악순환을 볼 수도 있다. 사진에서 이 커플은 여전히 같은 상황에 놓여 있지만, 현혹된 우리의 눈이 사진을 벗어나 현실을 보는 순간 이들의 삶이 어떻게 극단적으로 갈라지는지 볼 수 있다. 여기서 알 수 있는 사실 한 가지. 사진은 특정한 순간을 오랜 시간에 걸쳐 잘못된 이야기로 전할 수 있다는 것이다.

사진은 영상처럼 현실을 담기 어렵다. 맥락 없이 시간의 흐름에 따라 한순간을 찍어 남기는 것이기 때문이다. 영상은 모든 진실을 담을 수 있다. 영상을 보는 사람이 사진을 찍은 그 순간 이후로도 뒤따르는 행동의 결과물 전부를 다 볼 수 있기 때문이다. 영상은 맥락을 담는다. 영상은 시간의 흐름을 담는다. 우리의 인생 또한 사진보다는 영상에 가깝다. 우리가 사는 세상은 시간이 흐르는 세상이기 때문이다. 우리는 계속된 시간과 끊임없는 변화가 이어지는 세상 속에 살고 있다.

자신의 재정 상태, 비즈니스, 혹은 커리어의 진행 방향을 검토할 때는 절대로 당신이 지금 보는 것의 사진, 즉 순간만 보면 안 된다. 당신의 개인적, 사업적 문제를 검토할 때 영상을 보는 것처럼 해야 한다. 다시 말해 지금 이 순간에만 집중하면 안 된다는 뜻이다. 당신이 향하는 방향, 트렌드를 알고 지금까지 디뎠던 길을 돌아봐야 한다. 지금 내가 어디에 있는지, 앞으로 어디로 갈 것인지 알아야 한다. 절대 삶의 한순간에 머물겠다고 생각하면 안 된다. 삶에는 변화가 필연적으로 뒤따른다. 한순간을 찍은 사진이 변화하는 모든 것에 대한 진실을 알려주지는 못한다. 당신이 시간의 흐름까지 고려할 때, 진실은 그 모습을 드러낸다.

수년 전 문제가 있던 공장에 자문해 준 적이 있다. 이런 일을 할 때는 해당 사업체를 머리부터 발끝까지 세세하게 알아야 한다. 그래서 본격적인 재훈련 과정을 시작하기 전에 현장을 찾아가 몇몇 직원들과 이야기를 나누었다. 그중에 미구엘 로드리게즈라는 사람이 있었다. 멕시코에서 아내와 두 아이, 장모와 함께 이주한 사람이었다. 그는 지금 공장에서 최저임금밖에 주지 않는데도 일자리를 찾았다는 사실에 매우 행복해하고 있었다. 나는 그렇게 큰 가족을 최저임금만으로 부양하는 것을 상상하기도 어려웠지만, 미구엘은 기발한 생각을 하고 있었던 덕분에 그런 걱정 없이 잘 지내고 있었다. 잔업은 보통 임금의 1.5배 정도 된다. 그리고 미구엘은 잔업을 할 수 있을 때는 언제든 잔업을 했다. 장모는 낮에 아이들을 돌봤고, 미구엘의 아내 또한 일자리를 잡았다. 그의 아내 또한 최저임금만 받았지만, 맞벌이와 무료 보육 서비스 덕분에 생활에 큰 부족함은 없었다. 아마도 미구엘이 자기 상황에 스트레스를 받고 힘겨워 하리라고 생각할 수도 있겠지만, 그렇지 않았다. 오히려 행복하고, 희망에 가득 차 있었으며, 미국에서 무슨 일이든 일단 일자리를 잡을 기회를 얻었다는 사실에 감사하고 있었다. 그는 진심으로 "우리는 잘살고 있어요."라고 말했다. "미국에 와서 그 어느 때보다도 행복합니다."

미구엘은 이야기하기 참으로 좋은 사람이었다. 진정한 영감을 주는 사람이기도 했다. 그래서 나는 다음 해 연간 평가를 하러 그 회사에 방문했을 때 그를 다시 찾았다. 일을 시작하기 전 그와 몇 분 정도 이야기할 시간을 벌기 위해서 일찍 공장으로 향했다. 내 오랜 친구를 찾기 위해서 인사부에 찾아갔다. 수백 명의 노동자가 일하는 커다란 공장이었는데도 인사부 직원은 이름만 듣고 그를 알아챘다. 그의 태도가 좋았기 때문에 공장에서도 유명인사가 된 것이다. 나는 이미 그가 태도가 좋고, 세계관도 좋은 사람이라는 사실을 알고 있었기 때문에 그의 일이 잘 풀릴 것이라고 생각했다. 하지만 얼마나 잘 풀릴지는 꿈에도 몰랐다. 미구엘은 1년 만에 모든 지게차 업무를 총괄하는 일을 맡고 있었다.

하지만 어떻게 이렇게까지 승진한 것일까? 이전에 내가 본 미구엘은 일에 대한 아무런 기술이 필요하지 않은 단순 조립 라인 노동자였다. 그가 말하기로는, 어느 날 공장의 지게차 유지관리와 보수 대행 계약을 체결했던 회사 측에서 서비스 단가를 높였다고 했다. 공장의 지급 능력을 벗어나는 단가였다. 미구엘은 나서서 이 일을 해결할 수 있다고 제안했다. 그는 상사에게 자기 고향 멕시코 사람들은 대부분 자동차와 기계에 대한 지식이 어느 정도 있는 아마추어 정비공들이라고 말했다. 그는 지금 당장 필요한 최소한의 지게차를 굴릴 수 있을 정도로 정비가 가능하다고 말했고, 만일 멕시코 사람들이 맡은 정비 일을 제대로 하지 못한다면 그때 새로운 사람을 구하면 된다고 제안했다고 한다. 상사는 미구엘에게 기회를 주기로 했고, 당연히 미구엘은 그 일을 해냈다. 지금 미구엘은 처음 공장에 와서 받던 최저임금의 4~5배에 달하는 높은 임금을 받고 있다. 회사의 경영진은 그가 하는 일의 가치를 높이 샀고 높은 임금을 주게 된 것이다. 미구엘은 이렇게 많은 돈을 받는데 그 일자리를 떠날 필요가 없다고 생각하고 있었다. 미구엘이 회사에 남기를 원한 것이다. 그가 받는 봉급이 크게 오르면서 그의 아내는 일을 그만두어도 문제가 없게 되었다. 미구엘은 이 사실을 자랑스러워했다.

이제 당신에게 한 가지 묻고 싶은 게 있다. 만약 내가 처음 미구엘을 봤을 때, 그 순간만을 봤다면 내가 바라보는 그의 삶은 어때 보였을까? 그와 아내는 잔업까지 전부 해야 가족을 부양할 수 있을 정도의 돈을 벌었고, 장모가 대신 아이들을 돌봤다. 부부는 아이들을 돌볼 시간이 거의 없었다. 이게 전부다. 이들은 근근이 살아가는 힘겨운 노동자일 뿐이다. 계속 살아가기가 꽤나 어려운 삶인 셈이다. 그를 바라보는 나의 시선도 연민으로 가득 찼을 것이다. 하지만 인생은 사진이 아니라 동영상이다. 미구엘은 변함없이 쾌활하고 긍정적인 사람이었다. 그는 최저임금으로 평생을 살 것이라고 생각하지 않았다. 그의 삶이라는 '영상'을 들여다보면, 그가 멕시코의 가난에서 벗어나 최저임금을 확정적으로 받을 수 있는 미국의 일자리를 찾을 수 있게 되었다는 사실을 알 수 있다. 그는 기회가 왔을 때 그 기회를 잡을 수만 있다면 분명 더 큰 변화가 있으리라는 사실을 알았다. 그리고 그의 생각이 맞았다. 12개월 정도 지난 뒤 미구엘의 임금은 다섯 배나 올라 있었다. 잔업도 더 할 필요가 없었다. 아내는 집에서 아이들과 함께 아빠를 기다렸다. 장모도 집에서 편안한 마음으로 쉴 수 있게 되었다.

당신이 인생을 사진이 아니라 동영상으로 바라보게 된다면, 알 수 있는 사실들이다. 지금 당신의 상황에 낙담하지 말라. 변해야 한다. 언제든 찾아올 기회를 잡기 위해 노력한다면 커다란 변화를 이룩하게 될 것이다. 절망하면 안 된다. 항상 밝은 모습을 보여야 한다. 항상 긍정적인 자세로 살면서 미구엘처럼 기회가 왔을 때 망설임 없이 잡을 준비가 되어 있어야 한다. 당신의 삶은 절대 지금 그 상태에서 머물지 않을 것이다. 절대 그런 일은 없다. 그 누구도 변화 없는 삶을 살지 않는다. 우리가 지금까지 이야기했던 대로, 변화는 필연적이다. 그러니 공포로 인해 움직이지 못하게 된다면 아무런 이점을 얻을 수 없다.

변화란, 그 뒤에 좋은 일이 찾아온다고 해도 여전히 두려운 것이라는 사실을 우리는 이미 알고 있다. 급작스러운 승진 또한 일자리를 잃는 것만큼이나 두려울 수 있다. 미구엘도 분명히 미래에 대한 두려움이 있었을 것이다. 만약 미국에서도 직장을 구하지 못한다면? 그가 지게차 정비를 할 수 없었다면? 원래 일도 되찾지 못하고 공장에서 해고될 수 있지 않았을까? 그도 분명 이런 걱정을 했을 것이다. 하지만 그는 그 때문에 멈추지 않았다. 하나님이 우리를 두신 곳은 시간이 흐르고 변화는 필연적인 세상이다. 매일, 매시간, 매분이 앞으로 다가올 새로운 시간의 전조이다. 우리가 안정되고 편안한 삶을 살기 위해서는 새로운 상황에 쉽게 적응할 수 있어야 한다. 변화가 두려운 이유는, 예측 가능한 안정된 조건에서 살 때 인간은 가장 편안함을 느끼기 때문이다. 하지만 영원한 것은 없다. 건강의 변화, 재무상태의 변화, 사회적 상황의 변화, 가족의 행복 등 모든 것이 필연적으로 변하기 때문에 두려울 수밖에 없다.

변화는 용기를 얻었을 때 가장 잘 받아들일 수 있다. 타나크 Tanach, 히브리어 성서의 모음집은 변화의 물결 속에서 우리를 인도하기 위해 스스로 강하고 선한 용기를 갖출 것을 가르치고 있다. 강하고 선한 용기는 히브리어로 chazak v'ematz라고 쓴다. 이 문장이 성경에 나올 때마다, 해당 대목에서 누군가의 삶에 커다란 변화가 찾아오게 된다. 하나님은 이들에게 "너는 강하고 담대하라(chazak v'ematz)"라고 말씀하셨다. 이 말씀은 여호수아를 모세의 후계자로 정하셨을 때(신명기 31장 7절), 여호수아가 이스라엘에게 말할 때(여호수아 10장 25절), 다윗이 아들 솔로몬에게 왕위를 물려줄 때(역대상 22장 13절) 반복되고 있다. 그리고 이스라엘이 적을 맞이하여 전쟁할 때도 이 말이 나온다.

이 말은 몇 가지 부분으로 나눌 수 있다. Chzak는 장애물을 극복하는 데 필요한 힘을 뜻한다. 이 단어 Chzak는 창세기 41장 57절, 사람들이 요셉에게서 식량을 사게 만든 대기근에 대한 이야기에서 처음 등장했다. 성경은 "기근이 온 세상에 심함이었더라(the famine was strong in all the land)"라고 말하고 있다. 이 기근은 온 세상을 뒤덮을 정도로 강했다. 그리고 사람들은 생존을 위한 힘이 필요했다. Chzak가 필요했던 것이다.

히브리어로 V'ematz는 "담대하라"는 뜻이다. 용기와 힘, 즉 Chzak를 사용할 의지력을 가지라고 지도하는 것이다. 잠언 31장 17절을 보면 "힘 있게 허리를 묶으며 자기의 팔을 강하게 하며"라고 한다. Ematz는 영어로 번역할 때 여기에서나 다른 부분에서나 보통 "활기를 북돋우다"라는 의미로 번역한다. 팔만 강해 봐야 소용이 없다는 뜻이다. 강한 팔을 사용할 불굴의 용기도 필요한 셈이다. 예를 들어보자. 윈스턴 처칠 총리는 제2차 세계대전이 일어나지 않을 것이라고 주장했다. 1936년, 히틀러가 제1차 세계대전에 따른 조약을 위반하고 라인란트를 침공했을 때, 영국과 동맹국들은 즉시 히틀러 앞으로 나아가 그가 권좌에서 물러나도록 압박할 수도 있었다. 하지만 그들은 망설였다. 군사적 역량은 충분했다. 그들은 Chzak를 갖추고 있었다. 하지만 그 힘을 사용할 용기와 의지력, Ematz가 부족했다. 그래서 이들은 무력시위 대신 유화정책을 택했다. 하지만 그 결과는 모두가 알다시피 더 큰 고통이었다. 성경에서는 우리가 우선 Chzak, 힘을 가져야 한다고 말한다. 그다음에는 무엇이든 필요한 일을 할 수 있는 용기가 반드시 뒤따라야 한다고 말한다. 힘을 갖추는 것은 전략의 문제이다. 용기를 갖추는 것은 그보다 좀 더 복잡한 문제이다.

용기를 기를 방법은 크게 세 가지로 나눌 수 있다. 가장 먼저, 문제가 있을 때마다 문제를 면밀히 분석하여 두려움에 압도당하지 않도록 해야 한다. 문제는 보통 한순간에 여러 개가 터지게 마련이다. 하지만 이를 전부 한꺼번에 해결하려고 하면 압도당하기에 십상이다. 당신이 사업을 시작하려고 한다고 해 보자. 구역 승인을 받고, 물품을 공급할 공급자를 찾고, 은행에서 대출을 받아야 할 것이다. 하지만 이 일을 전부 한 번에 해결할 필요는 없다. 단계를 나누어 하나씩 처리하면 된다. 물론 필요하다면 동시에 몇 가지 일을 할 수도 있다. 하지만 당신의 마음속에서 한 번에 몰려온 문제를 서로 관계없는 각각의 여러 문제로 만드는 편이 수월하다. 일지를 사용하면 된다. 펜과 종이가 필요할 때이다. 문제를 여러 개로 떨어뜨려 놓고 각각 분석해야 한다.

다음으로, 용기를 키울 때는 두려움이 전염된다는 사실을 인지해야 한다. 두려움이란, 우리가 자연스레 길을 잃는 상태를 말한다. 두려움, 겁이란 우리를 끌어당기는 영적 중력에 굴복했기 때문에 나타나는 감정이다. 전장에서 어느 부대의 병사 한 명이 뒤로 돌아서 탈주하기 시작하면 부대 전체가 곧 도망치게 된다는 것은 잘 알려진 사실이다. 두려움과 공포는 전염된다. 사람들 사이에 퍼진다. 우리 전우들이 공포에 빠져 도망치기 시작하면 우리도 두려움을 느끼기 시작한다. 하지만 두려워하는 그 일이 일어나리란 보장은 전혀 없다. 이 전술적 사소함에 대해서 이미 아는 사람들도 있을 것이다. 하지만 그 반대도 참일까? 두려움은 전염된다. 하지만 용기 또한 전염된다. 당신이 받아들일 수 있는 현실적인 수준에서 보자면, 당신은 성공하기 위해 용기 있는 사람들을 찾아 주변에 두어야 한다. 그렇게 하면 당신 자신의 용기도 더욱 높아지고, 영적 의지도 강해진다.

그리고 마지막, 용기를 키우는 세 번째 방법은 삼천 년 유대 역사에 기록된 지혜를 적극적으로 찾아서 활용하는 것이다. 만약 당신이 공포에 굴복하고 있다는 생각이 든다면, 하나님의 언어에 깃든 마법이 당신의 마음을 치유할 수 있게 받아들여야 한다. 'Chzak v'ematz', '강하고 담대하라'라는 말을 머릿속으로 반복하자. 주문을 외듯이, 혹은 명상하면서 되뇌면 된다. 강하고 담대하라. 강하고 담대하라. 강하고 담대하라. 스스로 다짐하며 끊임없이 말해야 한다. 강하고 담대하라.

필연적인 변화, 두려운 변화는 불변이다. 그러나 용기 또한 연습하고 자주 사용하면 불변하게 된다. 용기는 언제나 두려움을 잘 다루고 변화에 적응하기 위한 최고의 수단이 된다.

Secret # 24

변화를 원할수록 불변하는 것에 의지해야 한다

이 원리는 내가 진행하는 라디오 쇼에서 다른 어떤 원리보다도 더 자주 반복해서 이야기하는 원리다. 광범위하게, 끊임없이, 영원히 변화하는 것들이 있는가 하면 변하지 않고 그대로 있는 것들도 있다. 대표적으로 성경을 들 수 있다. 성경에 내재한 비밀은 하나님의 청사진으로 만들어진 것이다. 이 비밀은 확고하여 변함이 없다. 그리고 우리는 변화의 시간 속에서 이 비밀, 이 원리에 의지해야 한다.

우리는 변화를 늘 마주하게 된다. 변화는 편재한다. 어디에나 있다. 오늘날 세계의 변화 속도는 점점 더 빨라지는 느낌이다. 우리가 보는 변화는 역사 속 가장 가까운 시대에 비교해 보더라도 전례가 없을 만큼 빠르다. 거리에서 공중전화 부스를 마지막으로 본 것은 언제인가? 다이얼이 달린 전화기는? 오늘날 우리는 '전화기'를 연상할 때 집에 놓인 유선전화가 아니라 휴대전화를 생각하게 된다. 몇몇 독자들에게는 놀랍게 느껴지겠지만, 오늘날 젊은이 중에 유선전화를 쓰는 사람은 거의 없다. 대부분의 사람이 오직 휴대전화만 쓴다. 이런 변화는 좋은 것이다. 기술이 발전한다는 뜻이고, 이런 변화는 영원히 유지될 것이다. 그냥 들여다보고 있으면 수십 년 전의 사진도 쉽게 찾아볼 수 있다. 그때의 건물, 자동차, 사람들이 입은 옷, 사람들이 들고 다니던 기구들까지 다 자세히 볼 수 있다.

어떤 변화는 끊임없이 계속되며 영원하다. 느리지만 끊임없이 전진하는 시간의 흐름과도 같다. 변화하는 것들은 크게 세 가지 부류로 나눌 수 있다. 이 세 가지 부류가 서로 삼각형을 그리는 형태라고 생각하면 될 것이다.

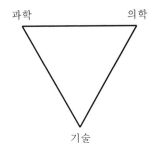

과학, 의학, 기술은 변화한다. 경력, 커리어도 변화한다. 사람 그 자체도 변화한다. 인간의 발전과 개인의 진전은 놀랍고도 신나는 것이다. 그리고 이러한 영역의 발전은 커다란 기회를 낳게 된다. 그러나 동시에 거대한 혼란을 불러일으키기도 한다. 그래서 그러한 변화가 두렵기도 하다. 변화는 좋은 것이든 나쁜 것이든 불확실성을 낳는다. 다행인 점은, 절대 변하지 않을 것들에 대한 지식을 바탕으로 우리가 편안함을 느낄 수도 있다는 것이다. 또한 이러한 변하지 않는 진실 속에서 에너지와 힘, 지혜, 통찰, 용기를 얻을 수 있게 된다. 우리는 이런 불변의 것들을 이용해 수없이 많은 변화에서 그 흐름을 타고 견딜 수 있어야 한다.

2000년대 초반 닷컴버블 시기에 투자자와 비즈니스 전문가들은 급성장하는 인터넷 속에서 새로운 비즈니스 기회를 찾을 생각에 들떠 있었다. 새로운 웹사이트와 닷컴 스타트업 기업들이 매일같이 쏟아져 나왔다. 시장 규모도 엄청난 속도로 성장했다. 그러나 이들은 이런 웹사이트들의 동력이 달러가 아니라 사람들의 눈이라는 사실을 깨닫지 못했다. 투자자들은 웹사이트의 구독자 수에 열광했다. 그러나 이들을 통해 수익을 창출할 수 있다는 사실에는 관심이 거의 없었다. 사이트에 눈이 더 많이 갈수록, 방문객 수가 늘어날수록 사업의 성공 가능성은 커졌다. 모든 것이 새로웠다. 웹사이트, 웹 트래픽, 인터넷까지! 이 모든 것들은 비즈니스의 방식에 커다란 변화를 불러온 것들이다.

하지만 모든 사업이 그렇듯, 돈을 벌 필요가 있다는 사실은 변하지 않았다. 돈, 즉 가치를 창출하는 것은 비즈니스의 근간이다. 사람들은 먹어야 한다. 입을 옷도 사야 한다. 기본적인 자기 몫의 책임을 져야 한다. 웹사이트를 가지고 있는 사람들조차 마찬가지다. 안 그러면 생사가 위태로워질 수도 있다. 운영비를 내는 것은 돈이지 '페이지 조회 수'가 아니다. 페이지 조회 수로 집의 불을 켤 수도 없고, 우유나 빵을 살 수 없다. 이것으로 살 수 있는 것은 없다. 바로 이것이 산업계와 주식시장의 핵심 문제였다. 사람들이 대량의 자금을 모든 종류의 웹사이트에 투자했는데, 이들은 사람들의 시선을 끄는 것은 성공했지만, 사람들의 시선을 현금화하는 방법은 찾지 못했다. 사람들은 온라인에 접속했지만, 아무런 대가도 지불하지 않고 떠났다. 시장이 이 사실을 깨달았을 때는 수많은 사람이 이미 돈을 잃은 뒤였다. 주식시장의 거품이 사라지면서 수많은 웹사이트가 문을 닫고 소유주나 운영자들은 업계를 떠났다. 이렇게 사라진 회사들의 주식을 가지고 있던 주주들도 말 그대로 하룻밤 사이에 전부 사라졌다.

이 닷컴 버블은 변하지 않는 것을 잊었다. 변화에 적응하지 못하고 실패했을 때 일어날 수 있는 결과를 미처 예측하지 못한 전형적인 예다. 이때 사람들이 잊었던 절대 변하지 않는 한 가지 사실은, 수익을 내지 않는 비즈니스는 유지될 수 없다는 것이다. 비즈니스 소유자라면 누구나 이 사실을 가슴에 새겨야 한다. 이제 막 비즈니스를 시작할 때는 투자자본과 대출로 떠오를 수 있지만, 결국은 수익으로 전환될 수 있어야 한다. 부의 창출은 모든 사회의 근간을 이루며, 사회와 개인이 언제나 원하는 긍정이다. 사회가 존립하려면 부의 창출은 꼭 필요하다. 한쪽이 없으면 다른 쪽도 존재할 수 없다. 유대인들은 이 원리를 잘 이해하고 있었다. 하나님의 언어에 이 원리가 깃들어 있기 때문이다. 히브리어로 부는 O SH R로 쓸 수 있는데, 발음은 '오셔'에 가깝다.

하나님의 언어를 이해하려 할 때, 당신이 기억할 점이 한 가지 있다. 어떤 의미를 지닌 중요한 단어가 있다면, 반대로 읽으면 반대의 의미가 된다는 것이다. 예를 들어 히브리어로 쓰레기를 뜻하는 단어를 영어 알파벳으로 옮기면 R P SH가 된다. 이를 반대로 돌리면 SH P R이 되는데, 이 단어의 뜻은 'Super'이다. 보다시피, 대단함, 굉장함, 좋은 것을 뜻하는 단어이다. 그래서 쓰레기를 뜻하는 단어의 글자를 반대 순서로 쓰면 굉장한 것, 혹은 가치 있는 것이라는 단어가 된다. 쓰레기라고 할 수 있는 것은 가치 있는 것, 굉장한 것의 반대편에서 있기 때문이다. 글자 순서를 반대로 쓸 때 의미가 반대로 뒤바뀌는 단어는 고대 히브리어에서 흔히 찾아볼 수 있다. 이런 단어는 서로 대척점에 선 의미 사이에는 극적인 연결성이 있다는 사실을 보여준다.

그러면 '오셔', 즉 부의 반대말은 무엇일까? 가난, 빈곤이 바로 생각날 것이다. 하지만 틀렸다. 부자의 반대말은 빈자가 맞다. 그러나 히브리 단어의 '오셔'는 부를 일종의 개념으로 정의한다. '오셔'는 부의 원리이다. 그렇다면 부의 원리 반대에 있는 것은 어떤 뜻일까? '오셔'를 반대로 쓰면 R SH O가 되고, 현대에 재구성한 히브리어 표기법에 따르면 'RaSHaO'라는 단어가 된다. 이 단어는 '악'을 뜻한다. 즉 '부'의 반대말은 '악'이다. 이렇게 고대 히브리어는 하나님께서 건강하고, 활기차고, 성공적인 사회를 창조하시려는 의지가 있음을 보여준다. 이런 사회가 들어서기 위해서는 부가 필요하다. 부는 선한 것이기 때문이다. 앞서 하나님께서 선행에 대한 보상으로 부를 주신다고 말했던 것을 기억하자. 만약 부가 창조되지 못한다면 악이 행해지고 있는 것이다. 이는 곧 사람들의 행동에 실수가 있다는 뜻이다. 사람들이 선한 선택, 좋은 선택을 한다면, 다른 사람을 섬기기로 한다면 부가 창조된다. 그러므로 사회적인 수준에서 부가 존재하지 않는다는 것은 선한 것, 좋은 것이 존재하지 않는다는 것을 뜻한다.

이러한 이해가 우리의 비즈니스 이행 방식에 굉장히 심오한 영향을 준다. 당신도 이제는 부가 좋은 것이라는 사실을 알았을 것이다. 모두가 부를 원한다. 그러나 아직 당신이 깨닫지 못한 사실이 하나 있다. 부가 부족한 것은 선이 부족한 정도의 사건이 아니라는 것이다. 부가 부족한 것, 그것은 곧 악이라고 정의할 수 있다. 다시 정리하자면, 하나님이 생각하신 이상적인 사회는 모든 구성원이 부를 창조해야 한다는 것이 기본 조건이다. 하나님께는 이것이 너무도 자연스러운 일이다. 빈곤은 사회가 실수를 했기 때문에 나타난 결과물이며, 하나님의 계획을 따르지 않았기 때문에 일어나는 일이다. 번창하지 못하는 사회가 있다면, 해서는 안 되는 행동을 하는 것이다. 아니라면 하나님께서 부로써 보답하셨을 것이다. 그리고 확실하게 밝히는 바이지만, 내가 지금 하는 말은 절대로, 절대로 돈 한 푼 없는 사람은 악하다는 소리가 아님을 강조하려 한다. 돈이 없어 재정적 어려움을 겪고 있는 사람들을 덕이 부족한 사람으로 취급하는 일 같은 것은 절대 없어야 한다. 여기서 내가 논하는 공식은 기본적으로 사회, 혹은 경제 영역에 광범위하게 적용되는 것이다. 경제가 흔들리고 부가 창출되지 못하고 있다면, 그 원인은 예전 소비에트 연방에서 말하듯 날씨에 있는 것이 절대 아니다. 거의 항상 경제가 부패하고, 파괴적인 경제 모델을 따랐기 때문에 이런 일이 일어난다.

이유는 모르겠지만, 유명한 문학 작품이나 대중문화에서는 가난을 미덕으로 묘사하는 경우가 꽤 많다. 하지만 이는 잘못되었다. 빈곤과 덕을 연관 지어서는 안 된다. 가난 속에서 사는 사람들은 성스럽고 선한 사람들일 것이라는 막연한 생각에서 벗어나야 한다. 실제로는 정반대인 경우가 많기 때문이다. 만약 사회가 경제적으로 축복받지 못한 것 같다면, 이들이 해야 할 일을 제대로 행하고 있는지 그 사회를 면밀하고 주의 깊게 관찰할 필요성이 있다. 다시 말하지만 나는 빈곤에 처한 개개인이 악한 사람들이라고 하는 것이 아니다. 이렇게 가난한 개개인은 사실 자신들이 할 수 있는 최선을 다하고 있다. 하지만 이들이 사는 곳이 부를 축적하지 못할 정도로 가망이 없고, 타락한 사회나 지역, 혹은 동네에 살고 있어서 이렇게 가난에 허덕일 때가 많다. 가난 자체는 악이 아니다. 빈곤, 즉 부의 부재가 악인 것이다. 마찬가지로 가난을 미덕으로 보는 것처럼 성공한 부자를 악한 사람으로 볼 때가 많다. 1934년까지는 이런 풍토가 없었다. 매튜 조셉슨이라는 이름의 사나이가 자기 책에서 미국 전역의 마을에 도서관을 만들어 기부한 앤드루 카네기 같은 사람을 '악덕 자본가'라고 부르면서 부자들을 악한 사람으로 취급하는 분위기가 만들어지기 시작했다. 그전까지만 해도 이런 대자본가, 기업가들은 존경을 받고 흠모할 가치가 있는 훌륭한 사람들로 취급되었다. 당연하지만 19세기 부의 창조자들을 악덕 자본가라고 중상하는, 그러나 자신들은 아무것도 하지 않는 질투에 가득 찬 사람들은 자신들이 왜 부를 강탈당한 사람들인지, 또는 그들이 어떻게 부를 강탈했는지 직접적인 이유를 제대로 설명하지 못하고 있다.

그리고 이제 당신도 보다시피, 성경은 부야말로 지금까지, 그리고 앞으로도 사회의 근간이 될 것이라는 사실을 우리에게 보여주고 있다. 이 사실은 절대 변하지 않는다. 비즈니스를 이행하기 위한 도구가 발전하고, 발전한 기술을 받아들여 활용함으로 많은 변화와 성장이 있다고 하더라도 이 사실만큼은 그대로 남을 것이다. 물론 변하지 않는 사실은 이외에도 여러 가지가 있다. 변하는 것과 변하지 않는 것의 차이를 어떻게 알고 설명할 수 있는지 궁금한 사람들도 있을 것이다. 그런 분들을 위해 내가 간단히 설명해 드리도록 하겠다. 이 세상에서 살아가기 위해서는 세 가지를 갖추면 충분하다. 이 세 가지를 두 번째 삼각형으로 생각해보자.

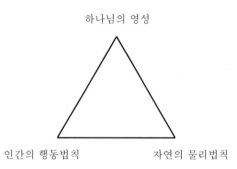

변하지 않는 것은 인간과 하나님의 영성, 그리고 우리가 지구라고 부르는 이 행성의 환경에 관련된 모든 것이다. 인간 각자의 삶이나 날씨와 같은 지상 환경 등은 당연히 변한다. 하지만 인간 행동이나 이 세상의 작동방식은 변하지 않는다. 이 두 가지에 하나님의 영성을 더해 변하지 않는 것들의 삼각형, 즉 세 지점을 형성한다. 당신은 이 세 가지 요소를 완전히 이해해야 한다. 맹렬하고 끊임없는 세상의 변화를 헤치고 당신의 방향을 잡는 데 굉장한 힘이 되는 도구들이기 때문이다. 최대한의 노력을 기울여 찾고 이해해야 당신을 굳건히 지지하는 기둥이 되어줄 수 있다. 그러기 위해서는 성경 속 원리가 필요하다. 이렇게 불변하는 것들에 대한 인간의 지식 또한 변하지 않는다. 물론 개개인의 수준에서는 이들에 대한 공부와 지식을 쌓기 위한 노력이 필요하다. 실로, 이것은 한 사람의 성장과 변화의 과정이라 할 수 있다. 나의 삶을 지배하는 변하지 않는 원리를 이해하면서 성장하고 변화하게 되는 것이다.

앞으로 시간이 흐르면서 계속해서 배우고 익히게 될 과학과 기술,

의학에 대한 인간의 집단 지성과는 달리, 하나님과 인간, 지구에 대한 인간의 집단 지성은 그 상태를 유지하고 있다. 이 영역에 대해서 가능한 한 많이 배우고 익혀서 이를 바탕으로 더 나은 삶을 살아가는 것은 각자에게 달려 있다. 그러나 지금 와서 과거의 어느 때보다 배울 것이 더 많아진 것은 아니다. 이미 유대인의 옛 문헌에서 이 모든 것을 찾을 수 있다.

예를 들어 당신의 지식과 당신의 조부모님의 지식을 한 번 비교해 보자. 과학과 기술에 대해서는 분명 당신이 조부모님보다 아는 것이 많을 것이다. 하지만 '아이를 키우는 것'에 관해서는 조부모님이 더 많은 것을 알고 있을 가능성이 굉장히 크다. 수십 년 전의 가족이 결혼생활에 대한 이해가 더 높을 수 있다. 지금의 당신보다 더 오랜 시간과 더 많은 노력을 결혼생활에 투자했을 가능성이 훨씬 더 높기 때문이다. 그러나 아직 발명되지 않은 기술에 대한 지식을 먼저 알 수는 없다. 만약 우리가 육아에 관한 지식이 부족하다고 해 보자. "지금은 달라! 예전보다 더 복잡할 거야!"라고 말하면서 스스로 위안을 얻으려 할지도 모른다. 하지만 바로 이 부분이 쟁점이다. 우리 인간의 과학, 기술, 의학에 대한 지식이 늘어날수록, 인간 개개인은 혼란에 빠지거나 길을 잃지 않기 위해 변하지 않는 지식을 쌓아야 하는 부담도 커지게 되었다. 아이를 올바르게 키우는 법을 배우지 않은 것에는 변명의 여지가 없다. 필요한 모든 지식은 이미 다 존재한다. 과거에도 그랬고, 지금도 달라진 것이 없다. 하지만 새로운 지식의 홍수 속에서 그런 불변의 지식을 찾아 익히는 것은 당신의 노력에 달렸을 뿐이다.

그러니 당신이 보는 바와 같이, 변하지 않는 것과 변하는 것들은 변함없이 이어져 있다. 이들을 서로 쌓아 올릴 때 우리가 얻게 될 것이 어떤 것인지 한번 살펴보자.

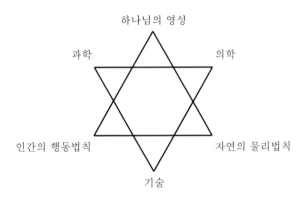

여기서 우리는 두 삼각형이 수렴하는 모습을 볼 수 있다. 그리고 서로 다른 두 지식의 영역, 변화와 불변의 영역을 발견하게 된다. 이제 만들어진 이 육각형의 별을 당신은 '유대인의 별', 혹은 '다윗의 별'이라 부르는 도형이 된다. 이 상징은 3천 년도 더 지난 과거, 모세가 시나이산에서 신비와 기적의 정보를 들고 내려온 날부터 이어져 왔다. 삼각형은 위대한 권능과 힘의 상징이다. 그래서 다리를 지을 때 삼각형 트러스 구조를 적용하고, 지붕 트러스 또한 삼각형을 이룬다. 삼각형은 공학, 특히 토목건축에서 굉장히 중요한 역할을 하는 도형이다. 3면으로 이루어진 도형으로, 매우 튼튼하고 안정적이며 무게로 인한 부하가 걸려도 쉽게 무너지지 않기 때문이다.

위 그림에서 두 삼각형이 어떻게 우리 존재의 완전성을 이루는 지식을 한데 모으는지 볼 수 있다. 영성 세계의 하나님, 인류, 그리고 물리적 환경이 모여 있다. 우리가 보는 것은 절대 변하지 않는 강한 삼각형이다. 시나이산에서 우리 인류에게 주어진 기초 원리 위에 세워진 삼각형이다. 이 삼각형은 변화하는 것들인 과학, 의학, 기술의 두 번째 삼각형을 보강하는 역할을 한다. 두 삼각형을 겹쳐 놓으면 '다윗의 별'이라 불리는 강력한 구조가 만들어진다. 변하는 것들이 변하지 않는 것들과 서로 맞물린다. 이런 보강 구조는 변하는 것들이 많아질 때, 절대 변하지 않는 것들에 우리가 어떻게 의지해야 하는지 보여주고 있다. 이 구조는 대단히 강하고 지탱하는 힘이 매우 크다.

이제 삼각형의 각 끝부분에 위치한 지식을 들여다보자. 이미 설명했던 대로, 세계에는 변하는 것과 변하지 않는 것에 대한 두 가지 지식이 존재한다. 하지만 한 집단은 그대로 있는데 다른 한 집단은 계속 변하는 이유가 무엇일까?

시간에 따라 변화하는 지식의 영역을 막을 수는 없다. 이러한 지식은 시간의 흐름 속에서 자연스럽게 축적되기 때문이다. 기술은 이 영역에 속한다. 의학과 과학도 마찬가지다. 오늘날의 사람들은 과거 조부모 세대의 시절에 비해 더 많은 의학적 지식을 축적했다. 전자제품에 대해서도 더 많이 안다. 컴퓨터에 대해서도 마찬가지고, 원자력 발전과 대체에너지에 대한 지식도 더 풍부해졌다. 우리는 과거 세대의 사람들이 알지 못하는 많은 것에 대해서 알고 있다. 그렇기 때문에 우리가 그들보다 훨씬 더 똑똑하다고 생각하기에 십상이다. 새로운 지식, 빠르게 확장되는 영역의 지식에 대해서 더 많은 것을 안다는 사실 때문이다. 하지만 우리가 이런 것들을 더 많이 아는 이유는 단순하다. 알아야 할 것들이 더 많아졌기 때문이다. 우리는 과거의 과학자들과 사상가들이 쌓은 성취를 바탕으로 더 많은 것을 배우게 된다. 이들 영역이 발전, 확장되어 변화했기 때문이다. 기술에 대해서는 항상 더 배울 것이 나타난다. 새로운 형태의 컴퓨터와 도구가 계속해서 개발되고 발명되기 때문이다.

이제는 변하지 않는 영역의 지식, 즉 하나님의 지식, 인간에 대한 지식, 지구에 대한 지식을 살펴보자. 하나님께서 오래전 창조하신 이 모든 것들에 대한 지식이다. 이들은 변하지 않는다. 우리 인간 한 사람 한 사람이 원하는 대로 영성에 대한 탐구와 연구를 하면서 더 많이 배울 수는 있지만, 인간 전체로 보았을 때 밝혀져야 하고 알려져야 할 지식은 이제 더는 없는 영역이다. 이 영역의 근간을 이루는 원리는 항상 같기 때문이다. 과거에도 똑같았고, 앞으로도 똑같을 것이다.

다시 육아를 예로 들어보자. 아이를 응석받이로 버릇없이 키우는 게 좋게 받아들여질 일은 절대 없다. 당신이 비벌리 힐스에 살면서 21세기의 첨단기술로 만들어진 물건들을 쓰든, 1800년대 몬태나주의 시골에 살면서 조랑말과 얼음사탕을 쓰든, 시대를 망라하고 그때나 지금이나 아이를 응석받이로 키우는 것은 좋은 생각이 아니다. 아이들에게 정당하게 받는 방법을 알려주며 키워야 한다. 그렇지 않으면 아이를 망칠 수도 있기 때문이다. 그게 전부다. 어느 세대, 어느 시대, 지구상 어떤 곳에서든 아이를 잘못 키울 수 있다. 아이를 키우는 방법에 관한 우리의 지식을 변화시키는 기술적 정보 같은 것은 존재하지 않는다. 아이를 키우는 것은 도덕의 문제이기 때문이다. 이것은 영적인 문제인 셈이다. 그렇기 때문에 불변의 원리인 유대의 가르침이 이 영역을 지배한다. 9세기에도 21세기에도 이 원리를 그대로 적용할 수 있다.

이 원리가 모든 영적 문제를 지배한다는 사실을 당신이 이해하고 나면, 휴대전화와 자동차, 개인용 컴퓨터의 존재로 인해 아이와 부모 사이의 상호교류 원리에 변화가 발생하지 않으리라는 사실을 알 수 있을 것이다. 현대 사회가 과시적인 요소로 형제자매 사이의 관계 방식을 변화시키는 것도 아니다. 두 사람이 서로 사귀고, 결혼하고, 함께 가족을 만드는 과정도 변하지 않는다. 기술은 이런 영적 문제에 대한 근본적인 영향력이 없다. 유대 전승은 이런 영역에 과거에도 그랬듯이 앞으로도 항상 변함없이 적용될 것이다.

그러나 그렇다고 해서 현대 기술이 이들 문제를 복잡하게 만들지 못하는 것도 아니다. 오늘날의 아이들은 인터넷 속에서 비도덕적인 자료를 너무나도 쉽게 찾는다. 오늘날의 부모들은 이 부분을 반드시 신경 쓸 수밖에 없다. 결혼한 사람들이 다른 결혼한 사람들을 만나 혼외 관계를 맺도록 주선해 주는 웹사이트들도 존재한다. 물론 긍정적인 변화도 있다. 휴대전화는 이제 우리 아이들이나 비즈니스 파트너들과 더욱 긴밀하게 연결될 수 있게 해준다. 비즈니스 세계에서 우리는 기술 발전에 따른 급격한 변화를 맞이하고 있다. 이제 우리는 스마트폰을 가지고, 스카이프로 회의하며, 온라인으로 투자 거래를 하고, 온라인 구직 시스템을 이용할 수 있으며, 전자상거래도 할 수 있다. 그외에도 비즈니스를 진행하는 방법에 굉장히 많은 변화가 일어났다. 그러나 우리가 알아야 할 것들을 이렇게 복잡하게 만드는 현대 기술도 우리가 인생이나 비즈니스에서 해야 할 것과 하면 안 되는 것에 근본적인 영향을 주지 못한다. 이런 기술적 발전은 그런 행동의 방식과 가능성에만 영향을 끼칠 뿐이다. 이는 내가 하는 옳은 행동이나 잘못된 행동은 궁극적으로 비물질적이라는 뜻이다. 나무 몽둥이든, 현대식 소총이든, 직접 만든 컴퓨터 바이러스든, 나의 맨손이든, 도구와는 상관이 없다. 내가 한 행동이 올바른지 아니면 잘못된 것인지가 진짜로 중요하다. '어떻게' 그런 행동을 했는지는 그다지 중요하지 않다.

다행히 우리는 기술이 불러오는 극적인 사건과 변화에 잘 적응하게 해 주는 도구, 깨지거나 녹슬지 않고 구식이 되지도 않는 도구를 가지고 있다. 바로 성경 속 원리라는 도구이다. 그리고 이 원리는 불변하는 삼각형 꼭대기에 놓여있기 때문에 당신을 실망시키는 일 같은 것은 전혀 없다. 이 변치 않는 지혜의 기둥을 이용하여 우리 삶의 각 영역과 끊임없이 요동치는 변화에 잘 적응할 수 있기를 바란다. 그러므로 우리는 변하는 것들에 적응하기 위해 변치 않는 것에 의존해야 한다. 우리가 과거의 가르침을 되새긴다면 다가올 미래도 의연함으로 마주할 수 있다. 현대 세계를 이해하기 위해 성경의 지혜가 필요한 이유가 이 때문이다.

내일도 중요하다. 내일은 미래다. 우리가 미래를 밝고 긍정적이고 신나는 것으로 바라본다면, 현재인 오늘 밤에 편안히 잠들 수 있어야 한다. 그러나 미래를 두려운 것으로 바라본다면 우리의 태도도 완전히 달라질 것이다.

돈이란 인간의 모든 창조적인 에너지를 수량화한 것이다.

당신의 돈은 당신의 모든 능력을 표현한 총체이며,

얼마나 사람들을 돕고 섬겼는지 측정하는 수단이다.

돈을 버는 것은 종종 새롭고 독창적인 길을 탐색하게 만든다.

올바른 방법을 택해 돈을 버는 것은 욕심이 아니다.

부의 추구란 이기적이고 부도덕한 행동이 아니라,

모든 선행의 기반이다.

Secret # **25**

미래가 불투명해도 끊임없이 전진하라

이제 당신의 미래가 변화를 일으키리라는 사실, 그러나 성경의 지혜를 가르침으로 삼는다면, 미래에 무슨 일이 있어도 당당히 맞서 나아갈 수 있다는 사실을 이해하게 되었을 것이다. 신명기 28장에는 "네가 네 하나님 여호와의 말씀을 삼가 듣고 내가 오늘 네게 명령하는 그의 모든 명령을 지켜 행하면 네 하나님 여호와께서 너를 세계 모든 민족 위에 뛰어나게 하실 것이라. 네가 네 하나님 여호와의 말씀을 청종하면 이 모든 복이 네게 임하며 네게 이르리니"라는 구절이 있다. 성경에서는 이 대목 뒤로 우리가 받을 수 있는 모든 보상을 읊고 있다. 번창하고, 행복하고, 성공하고, 충만하여 더 바랄 것도 없고 더 걱정할 것도 없는 삶이 보상으로 주어질 것이라고 말한다. 그러나 바로 뒤이어 말씀을 따르지 않을 경우, 우리를 이끄는 불변의 원리인 성경을 돌아보지 않을 경우 우리에게 닥치게 될 좋지 못한 일들에 대한 경고가 나온다. 우리가 기쁨과 환희로 하나님을 섬기는 것에 실패한다면, 이러한 일에 직면하게 될 것이라고 말씀하신다. 이 즐거움, 행복, 긍정,

낙관의 감각은 비즈니스와 인생에서 새로운 변화에 직면할 때 절대적으로 필수적인 것들이다.

한 가지 주의할 점은, 이 지식을 당신의 영혼을 인도하는 부표로 삼아 변하지 않는 것들에 의존한다고 하더라도, 그러한 것들이 반드시 당신의 앞길을 밝혀주는 것은 아니라는 사실이다. 이 말은, 성경 속의 비밀을 마음에 품고 새겨서 어둠을 헤쳐나갈 수 있게 되더라도, 미래에 대한 불확실성이 완전히 사라지는 것은 아니라는 것이다. 성경 속의 비밀은 당신이 불확실성을 당당히 마주할 수 있게 돕는 역할만 할 뿐이다.

출애굽기 14장에서 모세는 홍해를 갈라 유대인들을 이집트 밖의 안전한 곳으로 이끌어야 한다는 사명을 받았다. 이 이야기는 우리가 미래를 어떻게 마주해야 하는지에 관한 매우 귀중한 가르침을 준다. 나는 이들 중에서도 특히 두 구절에 집중할 것을 권한다. 출애굽기 14장 15절은 "여호와께서 모세에게 이르시되... 이스라엘 자손에게 명령하여 앞으로 나아가게 하고"라고 되어 있으며, 출애굽기 14장 16절은 "지팡이를 들고 손을 바다 위로 내밀어 그것이 갈라지게 하라"라고 되어 있다. 여기서 포인트는 모세가 그의 사람들에게 바다를 향해 나아가라고 명령한 후에 지팡이를 들고 바다를 가르라는 지시를 받았다는 것이다. 이스라엘인들은 이미 물속으로 들어갔다. 물이 목까지 차는 곳에 당도한 자들이 있었을 정도였다. 그런데도 계속 앞으로 나아가라는 명령만 있었을 뿐, 물은 아직 갈라지지 않았다. 그러나 그 누구도 불평하거나 익사할 수 있다는 두려움을 갖지 않았다. 하나님의 말씀이 너무나도 명확했기 때문이다. 물로 걸어 들어가면 바다가 갈라지리라 말씀하신 것이다. 만약 물이 먼저 갈라지기를 기다렸다면, 그들은 오랜 시간을 기다려야 했을 것이다. 아마 영원히 물이 갈라지는 모습을 보지 못했을 수도 있다. 그들 스스로 기적을 일으킨 것이다. 이해하기 힘든 이 두 구절의 명령에서 우리가 추정할 수 있는 진실이 한 가지 있다. 이 기적이 우연이 아니라는 것이다. 성경에는 우연이 없다.

삶과 비즈니스 모두에서 성공을 거두기 위해서는 그들이 홍해로 당당히 나아갔듯, 당신도 미래를 당당하게 마주하며 나아가야 한다. 지금 움직여라. 다리가 놓일 때까지 기다릴 시간이 없다. 지금 당장 앞으로 나아가면 길이 스스로 모습을 드러낼 것이다.

우리는 해결된 문제를 미리 바라볼 필요가 있다. 이런 믿음의 도약은 문제를 한결 가볍게 한다. 당신은 어떻게든 그 바다, 그 강, 그 장애물, 그 난제를 극복할 수 있으리라는 믿음을 가져야 한다. 직장생활을 하는 동안 마땅한 해결책이 없는 수많은 고난과 시련을 마주하게 된다. 이런 난관은 우리를 멈춰 세워 고민하게 한다. 무엇을 해야 할지 방황하며 시간을 보낼 것인가? 아니, 움직여야 한다. 모든 문제는 생각만으로 해결되지 않는다. 움직여서 실천해야 한다. 그 누구도 생각만 가지고 문제를 해결한 적은 없다. 당신은 결국 움직여서 실천에 옮겨야 한다. 기왕이면 바로바로 실천해야 한다. 그렇지 않으면 주변의 비슷한 경쟁자들이 당신을 앞서기 때문이다. 걸으면서도 생각은 할 수 있다. 생각은 멈추고 나아가서 가설을 시험해 보자. 시행착오를 겪으면서 길을 찾아야 한다. 길을 찾으려면 탐사를 해야 한다. 울창한 숲속을 가로지르는 길은 만드는 것이지 발견되는 것이 아니다. 지금 마주한 문제가 언제, 어떤 방법으로 해결될지 정확히 모르더라도 어떻게든 극복하고 해결되리라고 믿어야 한다. 문제 해결이 오후에 될 수도 있고, 내일 될 수도 있다. 다음 주, 아니 내년에 될 수도 있다. 어쨌든 시간은 걸리게 될 것이다. 이것은 사실이다. 하지만 멈춰서서 생각하느라 미적거린다고 더 빨리 해결되는 것은 아니다. 해결책은 도중에 자연스럽게 나타날 것이다. 문제에 접근하는 방식치고는 반직관적으로 보일 수 있지만, 시간의 복잡성을 안다면 그렇지 않다는 사실을 알게 될 것이다.

하나님께서 우리를 위해 창조하신 물리적 세계는 4개의 기본 차원으로 구성된다. 우리 인간은 이 네 가지 물리적 특성을 측정할 수 있다. 길이와 무게, 온도, 시간이 그 네 가지 특성이다. 우리가 말하고자 하는 목적을 위해, 길이는 모든 물리적 측정에 포함한다. 길이만 단독으로 측정할 수도 있다. 2차원 공간의 너비를 구하기 위해 길이와 폭을 측정할 수도 있다. 3차원 공간의 부피를 측정하기 위해서 높이를 추가로 측정할 수도 있다. 무게와 온도는 각각 무언가가 '얼마나 무거운가'와 '얼마나 뜨겁고, 얼마나 차가운가'를 측정하는 것이므로 직관적이다. 네 번째 특성인 시간 또한 직관적으로 보인다(하지만 곧 알게 되겠지만 전혀 그렇지 않다). 시간은 초, 분, 시, 일, 년, 세기 등의 단위로 측정한다.

이 네 가지 특성, 즉 네 가지 기준을 이리저리 결합해서 우리가 사는 물리적 세계의 중요한 다른 지표도 측정할 수 있게 된다. 예를 들어 길이와 시간을 결합하면 물체가 얼마나 빨리 움직이는지 측정할 수 있다. 당신이 고속도로를 달리는 동안 제한속도가 시간당 70마일

(약 112km/h)이라는 표지를 보면 당신은 길이와 시간을 동시에 측정하는 기준을 사용하는 것이다. 밀도는 부피(3차원 축 각각의 길이)와 무게로 계산한다. 납은 물에 넣으면 가라앉는다. 밀도가 더 높기 때문이다. 밀도가 더 높다는 것은 같은 길이일 때 무게가 더 나간다는 것을 뜻한다. 나무는 물 위에 뜬다. 나무의 부피당 무게가 물보다 가볍기 때문이다. 이러한 계측 기준이나 치수는 비행기, 배, 자동차, 다른 기계류를 만들 때 매우 중요한 역할을 한다.

이 네 가지 기준을 단독으로 사용하거나 결합하여 사용하면 우리가 살아가는 물리적 세계에서 알아야 하는 모든 것들을 알 수 있게 된다. 이들 기준을 측정하기 위해 다양한 도구를 사용할 수 있다. 물론 대부분의 사람은 직관적으로 어느 정도 정확하게 이런 기준의 측정치를 느낄 수 있다. 눈썰미가 좋은 사람이라면, 테이블과 문틈을 한눈에 보고 테이블이 문을 쉽게 통과할지, 방 안으로 들이기 위해서는 기울여야 할지, 아니면 아예 못 들어갈지 하는 사실을 알 수 있다. 무게는 눈대중으로 알기 어렵지만 참고할 만한 것들이나 기억을 바탕으로 어느 정도의 무게가 나갈지 가늠할 수 있다. 당신도 책이나 벽돌의 무게가 어느 정도인지 대략 추측할 수 있을 것이다. 보는 것만으로 몇 킬로그램인지, 몇 그램인지 정확하게 알 수 없지만, 손에 들었을 때의 느낌으로 대충 알 수 있을 것이다. 온도 또한 상대적으로 판단하기 쉽다. 나가자마자 "오늘 기온은 25도군"하고 딱 잘라 말할 수는 없지만, 대충 느껴지는 대로 "그래도 한 20도는 넘겠는데"라고 말할 수 있을 것이다.

그러나 시간이라는 한 가지 특성만큼은 다른 것들에 비해 직관성이 떨어진다. 시간은 너무나도 주관적이기 때문에 직관적으로 판단하기가 쉽지 않다. 같은 시간이라도 상황이나 조건에 따라서 그 길이가 다르게 느껴질 수 있다. 여름방학을 기다리는 아이는 하루하루가 지루해 죽을 것만 같다. 하지만 여름방학이 되어서 하루하루를 즐기며 살 때는 하루가 1초처럼 느껴진다. 하지만 진짜로 시간이 빠르게 흘러가는 것은 아니다. 그냥 그렇게 느껴질 뿐이다.

비슷하게 우리도 나이가 들어가면서 한 해 한 해 흘러가는 속도가 다르게 느껴진다. 열 살 아이에게 1년이란 참으로 긴 시간이다. 당연히 그렇게 느껴지지 않겠는가? 그 나이의 아이에게 1년이란 살아온 시간의 10분의 1이나 된다. 하지만 그 아이가 50대가 되면 한 해가 그렇게 길게 느껴지지 않는다. 같은 길이의 시간이지만 지금까지 살아온 시간의 2%에 불과하기 때문이다. 우리가 나이를 먹을수록 1년이라는 시간은 우리가 살아온 시간에 비해 점점 작은 수가 되어간다. 그래서 1년이라는 시간에 대한 우리의 주관적인 느낌도 변해서 점점 짧게 느껴지는 것이다. 1년이라는 시간의 길이는 변하지 않는다. 그런데 우리의 지각이 변하는 것이다.

다시 말해 다른 기준에 비해서 시간을 직관적으로 느끼기가 가장 어려운 이유는 그 기준이 훨씬 더 복잡하기 때문이다. 아인슈타인은 빛의 속도를 연구하면서 시공간의 특이한 왜곡에 대한 설명을 내놓았다. 빛의 속도는 초당 약 30만 킬로미터이다. 매우 압도적인 속도이다. 잴 수 있는 속도처럼 보이지만 이 속도에 다가갈수록 시공간에 왜곡이 발생하기 시작한다. 너무 기술적인 이야기로 들어가지 않는 선에서 설명하자면, 무언가가 움직일 때 그 속도가 빠를수록 시간도 더 크게 왜곡된다. 그 어떤 것도 물리적으로는 빛의 속도로 여행할 수 없다. 그 속도에 이르도록 따라갈 수도 없고, 도달하는 것도 불가능하다. 앞서 말했던 허수 'i'의 개념과 같다. 빛의 속도는 최소한 우주여행 측면에서만큼은 도달할 수 있는 속도가 아니라, 이론적 구조에 더 가깝다고 할 수 있다. 아인슈타인은 또한 두 사람이 동일한 시간에 일어나는 사건을 똑같이 경험하는 것은 불가능한 일이며, 전자의 속도와 위치를 동시에 정확하게 측정하는 것 또한 불가능하다고 밝혔다. 여기에서 양자역학이 시작되었다. 이 개념은 무한대의 개념과 같이 인간이 이해하거나 시각화하기 매우 어려운 것들이다. 시간은 온도나 길이, 무게와 달리 매우 복잡한 개념이기 때문이다.

비디오테이프나 DVD 재생을 일시정지 시켜 본 경험이 있는가? 당신이 보게 되는 것은 멈춘 경치나 장면일 것이다. 모든 것이 움직이지 않는다. DVD의 정지된 장면을 시간이 멈춘 사진처럼 볼 수 있다. 이제 음악이나 라디오 쇼를 듣다가 일시정지해 보자. 무엇을 들을 수 있는가? 아무것도 들을 수 없다. 당연하게 느껴진다. 우리에게 익숙한 현상이니까. 하지만 이런 차이를 만드는 것이 무엇이란 말인가? 이미지는 멈출 수 있으면서 소리는 멈추지 못하는 이유가 무엇일까? 우리는 이 현상에 너무나 익숙해진 나머지 이를 당연한 것으로 받아들이고 더 깊이 생각하지 않는다. 하지만 잠시 시간을 들여 생각해 보자. 멈춘 영상은 사라지지 않는데, 재생 중인 소리를 멈추면 사라져버리는 것에 굉장한 의문이 든다. 이미지는 그 자리에 여전히 있고 계속 볼 수 있다. 움직이지도, 연속적이지도 않고, 시간이 흘러도 그 자리를 지킨다. 하지만 라디오의 일시정지 버튼을 눌렀을 때 음악을 계속 보거나 들을 수 없는 이유는 무엇일까? 이는 시간의 특이성 때문이다. 음악과 말은 시간의 흐름 없이는 아무 의미도 가질 수 없다. 음악에서 리듬과 박자가 중요한 이유가 여기에 있다. 음악에서 시간의 요소를 지워 버리면 음악의 다른 모든 면은 의미가 없어지게 된다. 박자 없이는 음도 선율도 존재하지 않는다. 시간과 음악은 불가분의 관계이다.

단어와 대화도 마찬가지다. 한창 말이 나오는 중간에 문장이 사라지지 않게 일시정지를 시킬 수 있겠는가? 열 개의 단어로 이루어진 문장은 읽는 데 몇 초면 충분하지만, 이를 1년에 걸쳐 읽으려 한다면 의미가 없게 된다. 사람의 귀로는 들을 수 없는 아주 낮은 울림만이 남을 것이기 때문이다. 이번에는 읽은 문장을 고도로 압축해 보자. 너무 짧고, 사람의 귀로 듣기에는 너무 높은 소리가 되어 알아들을 수 없게 된다. 시간은 말과 음악에서 절대 떼어낼 수 없다. 만약 여기서 우리가 시간의 개념을 제대로 이해하지 못한다면, 언어나 의사소통도 완전히 이해하기 어렵다는 사실을 알 수 있다. 사실상 시간을 경험하지 않고서는 존재의 완전성과 인간의 경험을 완전히 이해할 수 없다.

우리 인간은 세상에 와서 삶의 각 단계를 거치며 인생을 살아가게 된다. 인간은 젖먹이 아기로 세상에 처음 도착해 시간이 흐르면서 자라게 된다. 걸음마를 배우는 아이에서 10대로, 성인으로 성장한다. 시간의 흐름이란 우리 일상의 존재와 너무나도 단단히 얽혀 있어서 때로 이를 전혀 눈치채지 못할 때도 있다. 우리 자신의 존재에 대해서 심드렁한 기분이 들 때가 꽤 자주 있지 않은가? 지루함을 느낀다. 시간과 시간의 흐름을 인지하지 못할 때가 생긴다. 그러나 여기 한 예를 들어 보자. 성경의 에덴동산에 살던 아담의 경험에 관한 이야기이다. 아담은 성경의 시작부터 등장한다. 하지만 우리와 다르게 완전히 자란 남성으로 이 세상에 툭 떨어지게 된다. 아담은 한순간에 모든 완전한 창조의 영광을 누린다.

당신이 아담이라고 해 보자. 하나님이 손가락을 한 번 튕긴 어느 순간 25세의 다 자란 성인으로 세상에 갑자기 나타난 존재가 되었다. 그 이전의 기억은 하나도 없고, 처음으로 창조되어 주변을 둘러보게 된 것이다. 모든 것이 거칠고 믿기 어렵게 느껴진다. 뭐가 뭔지 이해할 수 없고, 의미도 알지 못한다. 내가 누구인지, 여기가 어디인지, 이런 기본적인 질문에 대한 답조차 찾기 어렵다. 바로 이것이 아담에게 일어난 일이다. 모든 것, 심지어는 우리가 당연하게 받아들이는 지극히 일상적인 것조차 더없는 행복이자 놀라움이요, 경탄스러운 것이다. 하나님께서 아담에게 딸기를 주셨다. 그 맛과 느낌은 설명할 수 없는 것이었으리라. 우리에게 딸기란 지극히 흔한 과일일 뿐이다. 하지만 막 세상에 내려온 아담에게 딸기는 말 그대로 이전까지 경험해 본 적이 없는 어떤 것이었으리라.

당연하지만 오늘날 우리는 이렇게 창조되지 않는다. 우리는 세상에 어린 아기로 태어나 천천히 펼쳐지는 창조의 경험을 느끼며 살아간다. 우리가 처음으로 딸기를 맛보았을 때는 유아식이나 모유를 먹는 등, '음식을 먹는다'는 비교할 만한 비슷한 경험을 이미 한 뒤이다. 우리가 25세가 되면 그간 쌓은 경험 덕분에 뭐가 나타나도 둔감해지게 된다. 그런데 이 때문에 우리 코앞에서 펼쳐지는 아름다움과 경이로움을 놓치게 된다. 이게 얼마나 놀라운 것인지 인식하지 못하는 것이다. 25세가 되었을 때 우리에게 딸기는 그냥 딸기다. 별다를 게 없다. 그렇지 않은가? 우리에게는 그렇지만 아담에게는? 전혀 그렇지 않다. 아담은 그런 즐거움을 지금까지 느껴본 적이 없었다.

아담은 이전까지 공포를 느껴 본 적도 없다. 아담이 처음으로 자기 그림자가 길어지고, 해가 낮아지는 것을 보게 되었을 때, 하나님께 무슨 일이 일어나고 있는지 물었다. 어둠이 깔리게 되자 두려움을 느꼈다. 그가 이제 막 마주했던 아름다운 세상이 어둠 속으로 사라져 버렸다. 그리고 이때 아담은 자신이 사는 세계는 멈춰선 세계가 아니라는 사실을 이해하게 된다. 아담이 사는 세상은 끊임없이 움직이고 요동치는 세상이었던 것이다. 그러면서 아담은 급작스럽게 시간을 인식하게 된다. 급작스러운 변화를 마주하게 된 것이다. 이제 그는 이런 변화에 적응하는 법을 배워야 했다. 아담은 우선 시간이 세상에 끼치는 영향을 이해하고 다루는 법을 익혀야 했다.

나의 사랑하는 독자 당신도 마찬가지다. 당신도 시간이 세상에 끼치는 영향을 이해하고 배워야 한다. 당신은 아담에게서 배울 수 있게 될 것이다. 거기서 한 걸음 더 나아가 나는 당신이 아담과 같이 되기를 원한다. 당신이 시간에 대처할 수 있게 되는 데 그치지 않고, 시간을 온전히 인식할 수 있게 되기를 원한다. 당신이 시간을 온전히 인식할 수 있게 되면 마치 모든 것을 처음 보고, 처음 경험하는 듯 받아들일 수 있게 될 것이다. 시간이 어떤 것인지 온전히 받아들이게 되면, 지각력에 따라서 시간을 바라보는 우리의 시선이 얼마나 왜곡된 것인지 이해하게 된다. 이제 우리는 자신이 처한 상황과 역사 그리고 지각력의 한계로 인해 생겨난 시간의 왜곡을 극복할 수 있다.

우수한 비즈니스 감각을 키우려면 이런 이해가 필수적이다. 우리는 모든 것을 아담과 같이 마치 처음 보는 듯한 신선한 시각으로 바라볼 수 있어야 한다. 그래야 우리가 바라보는 것의 진실한 모습을 볼 수 있게 된다. 적절한 비즈니스 상호작용과 정확한 경제 분석은 어떤 것이 변화하는가를 정확히 인지하고 이해하는 능력에서 시작된다. 따라서 변화를 이해하기 위해서는 시간과 그 흐름에 따라 변화하는 과정과 이에 대한 비직관적인 이해가 필요하다.

과거에는 세계 경제에서 철이 매우 중요한 역할을 했다. 철의 제련은 매우 커다란 사업이었고, 아메리카와 유럽 대륙 등 한창 개발 중인 지역은 제철소가 엄청나게 들어섰다. 그러던 어느 순간 강철이 개발되었다. 혁명적인 혁신이었다. 철에 탄소와 니켈, 다른 여러 원소를 섞어 강철이 만들어졌다. 그냥 순수한 철에 비해서 훨씬 더 우수하고 유용한 특성을 가진 합금이 만들어진 것이다. 강철은 수많은 제품과 도구의 제조 과정에 혁명을 일으켰다. 예를 들어 그 시점까지 대포는 순철로 만들어졌다. 그러나 순철은 강도가 떨어졌기 때문에 포를 쏘면 쏠수록 균열이 생기거나 갑자기 폭발하는 사고로까지 이어졌고, 적군 대신 아군의 포 조작요원들의 목숨을 앗아갈 위험이 매우 컸다. 하지만 강철은 강도가 훨씬 더 우수했기 때문에 모든 군대에서 훨씬 더 안전하게, 끊임없이 대포를 쏠 수 있었다.

하룻밤 새 수많은 제철소가 문을 닫았다. 새로운 기술이 금속 산업계를 통해 세상에 등장했고, 철 제조사들 대부분이 문을 닫아야 했다. 강철이 미래가 된 것이다. 아니, 한동안은 그렇게 보였다. 그러나 초기의 제강소들도 곧 문을 닫았다. 이전보다 더 좋은 새로운 강철 합금이 만들어졌기 때문이다. 언제나 이런 식이었다. 어떤 최신 기술과 이를 공급하는 사람이 등장하면 이전의 기술과 그 기술자들의 자리는 사라진다. 이 일이 계속해서 반복된다. 1900년대 미국에서는 25만 명에 달하는 미국인이 말 관리업에 종사했다. 말 편자나 마구 제조, 말채찍 제조에 종사하거나, 미국 전역의 도시를 가로지르는 거리에서 말의 배설물을 치우는 일을 했다. 그러나 1908년, 포드에서 모델 T 자동차를 내놓았다. 헨리 포드의 첫 양산 자동차였다. 1914년이 되었을 때 모델 T 자동차의 생산량과 생산 속도가 어마어마하게 빨라졌고, 하룻밤 사이에 말과 마차 관련 산업이 사라지게 되었다.

수십만 명의 사람이 한순간에 길거리에 나앉은 것이다. 참으로 거대한 비극이 아닌가? 아니다! 어떤 사람들은 변화가 온다는 사실을 알았다. 이 사람들은 마지막 순간까지 마차 바퀴나 마구를 살 사람을 찾는 데 시간을 낭비할 수 없었다. 이들은 즉시 말과 마차 산업을 버리고 자동차 부품과 석유제품을 공급하는 사업을 시작했다. 새로운 기계류에 관해서 공부하는 사람도 생겼고 최초의 정비소를 차리는 사람들도 나왔다. 주유소와 여행 센터를 여는 사람들도 나타났다. 도로포장 및 수리를 배우는 사람들도 있었다. 이렇게 성공을 거둔 사람들 사이에서는 '하지 않은 것'이 공통으로 존재했다. 말편자 박는 법을 공부하지 않았다는 것이다. 말과 마차는 이제 과거가 되었다. 자동차가 사업의 미래가 된 것이다.

당연하지만 이런 과정은 모델 T 자동차에서 끝나지 않았다. 지금까지도 계속되고 있고, 앞으로도 멈출 일은 없을 것이다. 시간은 계속 흐르고, 성공적인 비즈니스 전문가들은 이 사실을 이해하고 있으며, 따라서 언제나 미래를 바라본다. 성공적인 비즈니스 전문가들은 너무

흔해지기 전에 새로운 길을 개척하려 한다. 시장을 장악하는 방법이란 이런 것이다. 처음부터 뛰어드는 것이다. 민첩한 비즈니스 전문가는 대중이 눈치채기도 전에 새로운 서비스와 공급할 다음 제품을 준비해 놓고 기회를 물색한다. 다시 눈을 돌려 비유적으로 말한다면, 바다가 열릴 때까지 기다린다면 이미 때는 늦는다. 그때는 이미 경쟁자들이 자리를 잡고 있을 것이다. 성공하기 위해서는 앞길이 불명확하고 눈에 보이는 것이 전혀 없어도 앞으로 나아갈 수 있어야 한다. 우리는 시간을 쥐고 그 기묘한 흐름을 이해해야 한다. 시간을 지각하는 우리의 관점을 제어할 때, 앞길이 안 보여도 담대하게 나아갈 수 있다. 우리는 시간의 지배하에 존재할 필요가 없다. 우리는 우리의 시간을 지지자이자 동맹으로 만들 수 있어야 한다.

하나님의 언어 히브리어에서 시간을 뜻하는 단어는 'ZeMaN'이라고 쓴다. 이 단어는 '초대'를 뜻하는 단어와 연관이 있다. 이 초대 덕분에 우리는 시간의 흐름, 곧 시간의 활용과 효과적인 관리, 세상의 작동 방식에 대해 이해하게 된다. 시간의 실상을 진실하고 정확한 인식으로 접목하여 상기할 수 있게 하는 초대인 것이다.

Secret # 26

두려움에 정복당하지 마라

먼저 분명히 할 것은, 미지의 길을 가는 것이 쉽다고 말하는 것이 아님을 밝히는 바이다. 내가 하고 싶은 말은, 앞이 공포로 가득 차 있다고 해도 비즈니스와 인생 양면에서 성공하기 위해서는 반드시 계속 나아가야 한다는 것이다. 그럼 우리는 공포를 어떻게 통제할 수 있을까?

사실 답은 "그럴 수 없다"이다.

모세와 이스라엘 사람들처럼, 당신은 바다가 갈라지기 전에 바다에 발을 들여놓아야 한다. 하지만 진짜 이스라엘 사람들이 물이 목까지 찼는데도 두려움이 전혀 없었다고 말할 수 있을까? 당연히 무서웠을 것이다. 그래도 그들은 굳세게 앞으로 나아갔다.

아무도 성경의 비밀을 따르면 공포를 이겨내고 두려움이 사라진다고 말하지 않는다. 쉬운 삶을 약속한 사람도 없다. 삶이 무섭지 않다고 믿는 사람은 거의 없다. 누구든 삶을 살았던 사람이라면 두려움을 경험했을 것이다. 그렇다고 우리가 쉽게 두려움을 극복할 수 있는 것도 아니다. 진정한 영웅에게는 잘 알려지지 않은 비밀이 하나씩 있는데, 사실 이들도 두려움을 없애는 방법으로 극복하지 않았다. 이들은 두려움에 대처하는 법을 배웠다. 두려움을 없앤다고 용기가 생겨나는 것이 아니다. 그러나 능력을 갖춘 상태에서 두려움을 마주한다면, 행동하고 나아갈 수 있는 용기를 얻게 된다.

소방관들을 생각해 보자. 소방관들이 불타는 집 속으로 걸어 들어가는 것에 대한 두려움을 극복했다고 생각하는가? 소방관이 생존 감각이 없지 않은 한 극복했다고 할 수 없으리라! 불타는 집 안으로 걸어 들어가는 것은 두려운 일이고, 당연히 두려워해야 한다. 용감한 소방관은 그 위험을 알지만, 두려움을 마주했을 때 대처할 수 있는 능력을 갖추었으므로 용감한 것이다. 당신이 두려움을 느낀다고 해서 스스로 작다거나 약하다고 느낄 필요는 없다. 당신이 좋지 못한 상황을 명확하게 인지하고 있다는 신호다. 용기란 상황의 심각함을 이해하고 어떻게든 앞으로 나아가려는 것이다.

물류 산업 이야기를 하나 해 보자. 나는 말했다시피 뱃놀이를 좋아하기 때문에 꽤 많은 시간을 물 위나 근처에서 보낸다. 아내와 나는 화물 컨테이너를 높이 쌓아 올린 거대한 배들이 지나가는 모습에 익숙해져 있다. 우리 부부는 이 컨테이너들이 무섭다. 하나라도 배 위에서 떨어지면 수면이나 수면 밑에서 떠다니며 위험한 물건이 되기 때문이다. 특히 어두운 밤에는 더욱 위험할 것이다. 그리고 이런 컨테이너선은 사방에 널려 있다.

하지만 언제나 이랬던 것은 아니다. 과거에는 부두 하역 노동자들이 화물을 직접 선적했고, 그래서 엄청난 시간이 걸렸다. 그냥 시간만 오래 걸린 것이 아니다. 화물을 **빼돌려** 팔아먹는 사람들이 있었기 때문에 원래 선적해야 하는 양보다 실제 화물의 양이 줄어드는 일도 비일비재했다. 이렇게 **빼돌려**지는 화물의 손실은 해적으로 인한 손실보다 훨씬 컸다. 그리고 1956년, 말콤 맥린이라는 사람이 해결책을 내놓았다. 그는 표준화된 화물 컨테이너를 개발했다. 이 컨테이너는 창고나 공장 안에 문을 잠가 둔 상태로 보관하다가 트럭 위에 얹어 항구로 보낼 수 있는 것이었다. 항구에서는 이 컨테이너를 크레인으로 들어 올린 다음, 바로 선적하면 끝이었다. 다시 열 필요 따위는 없었다. 잠긴 컨테이너 안에 뭐가 들어있든, 누구도 그 안의 내용물을 만질 일은 없었다.

곧 전 세계 화물의 압도적인 수가 맥린의 컨테이너를 이용해 운송하기 시작했다. 부두 노동자들은 이 상황을 어떻게 받아들였을까? 당연히 썩 좋지 않은 일이다. 배에 화물을 선적하는 시간은 엄청나게 줄어들었다. 인부 수백 명이 달라붙어야 했던 일을 한 명의 크레인 조작자가 전부 해낼 수 있게 되었다. 문자 그대로 항만 노동자의 90%가 과거 말채찍을 만들던 사람들과 똑같은 상황에 처했다. 더는 항만 노동자들이 필요치 않게 되었다. 새로운 시대, 새로운 세상이었다. 이 사람들은 두려움에 질렸다. 그리고 당신도 상상할 수 있겠지만, 처음 화물 컨테이너를 발명했던 말콤 맥린은 시랜드라는 회사를 차렸다. 우리가 '물류 산업'이라고 알고 있는 모든 것들은 그가 시작한 것이다. 항만 노동자들은 즉시 퇴출당했다. 정말 커다란 변화였다. 두려웠다. 하지만 이런 엄청난 변화 덕분에 굉장한 기회가 찾아오기도 했다.

이렇듯이 변화는 필연적이다. 우리가 변화를 막을 수 없는 노릇이니 결국 변화를 이해하고 대처하는 법을 배워야 한다. 하나님께서 아담에게 보여주셨던 것을 기억하자. 이 세상은 멈춰 선 세계가 아니다. 그러면 어떻게 해야 두려움과 공포를 대면할 수 있을까? 단순하다. 그냥 대면하면 된다. 옛날 전설이나 설화와 달리 실제로 공포로 인해 죽은 사람은 없다. 현실에서 변화를 마주할 때 언제나 불편함과 공포를 경험하게 된다. 우리는 안정적이고 변화가 없는 상황에서 편안함을 느끼지만, 이런 상황이 영원히 지속되는 일은 없고, 이 사실을 받아들여야 한다. 물론 다른 사람들보다 변화를 더 잘 받아들이는 사람들도 있다. 하지만 변화와 공포를 마주하고 우리 자리를 지키는 법을 배워야 하는 것은 누구나 다 마찬가지고, 모두 그럴 능력을 갖추고 있다. 우리는 이미 더 나은 인간이 될 충분한 역량을 지니고 있다.

인간과 동물 사이의 가장 확실한 차이 중 하나는 소, 고양이, 낙타, 캥거루 같은 동물은 5년이 지나도 그대로라는 것이다. 달라지는 것을 찾기 어렵다. 그러나 인간은 다르다. 우리는 달라질 수 있다. 우리는 반드시 달라져야만 한다. 삶의 즐거움은 변화를 통해서 오며, 성공적인 비즈니스 역시 변화할 수 있는 능력과 변화에 대응할 수 있는 능력에서 온다. 그러므로 변화는 두려운 것이지만 필연적이라는 사실을 알았으니, 이제 두려움을 극복하는 방법을 배워야 할 차례다. 내가 이전에 말한 대로, 답은 간단히 두려움에 맞서 이겨내라는 것이다. 하지만 어디에서 그럴 힘과 용기를 얻을 수 있단 말인가? 당연하지만 성경에서 지혜를 얻을 수 있다.

창세기 37장은 요셉의 삶에 대해서 다루고 있다. 당신도 요셉의 형제들이 아버지가 가장 사랑하는 아들 요셉을 질투하여 미디안 사람들에게 노예로 팔았다는 이야기를 기억할 것이다. 37장의 마지막 절은 미디안 상인들이 요셉을 이집트로 데려가 바로의 친위대장 보디발에게 팔았다는 이야기이다. 하지만 성경을 살펴보면, 팔려 간 요셉의 지위가 급격히 상승하는 이야기가 바로 다음 장으로 이어지지 않는다. 우리가 다시 이집트에 사는 요셉의 이야기를 보게 되는 것은 39장을 펼쳤을 때이다. 38장에는 요셉의 형 중의 하나인 유다의 이야기, 완전히 다른 이야기를 보여준다. 유다는 요셉에게 아무 짓도 하지 않은 형제이다. 요셉의 이야기가 커다란 방해를 받는다. 창세기 37장을 끝내면서 막 흥미가 생긴 우리의 흐름을 끊는다. 그러나 창세기의 내용은 요셉의 이야기를 그대로 따라가는 대신, 38장을 할애하여 유다의 삶과 결혼, 결혼하면 안 되는 여자와의 사이에서 생겨난 사회적 문제에 대한 당혹감을 다루고 있다. 이러한 당혹감으로 성서의 두 번째 쌍둥이가 탄생했다.

왜 성경이 이야기의 초점을 이렇게 갑자기 바꾼 것일까? 38장의 이야기도 중요하지만 바로 전 37장의 이야기와 비교했을 때 맥락에서 크게 벗어나는 듯 보인다. 하지만 실제로는 창세기 37장과 38장의 이야기는 서로 굉장히 비슷한 모습을 보인다. 야곱의 아들들이 아버지를 속이기 위해 무엇을 했는가? 이들은 특정한 동물, 즉 염소의 피를 이용했다. 요셉의 겉옷에 염소의 피를 묻힌 다음, 야곱에게 보여주며 요셉이 죽은 것이 틀림없다고 말했다. 그리고 유다의 며느리에게는 무슨 일이 일어났을까? 유다는 그때 그 사실을 몰랐지만, 그녀는 그를 속였다. 그리고 이때 등장하는 동물은 무엇인가? 여기서도 염소가 등장한다. 성경에서 염소가 등장하는 경우는 매우 드물다. 하지만 창세기 37장과 38장에서는 연속으로 등장하고 있다. 이는 곧 두 장의 이야기 속에 유사점이 있다는 것이다.

더 나아가 우리는 야곱이 두 아들을 잃는 모습을 보게 된다. 요셉은 그냥 이집트로 팔려갔을 뿐이지만 야곱에게는 요셉이 죽은 것으로만 보였다. 나중에 요셉은 자기 신원을 숨기고 시므온을 감옥에 가두었다. 이때 야곱은 또 다른 아들까지 잃어버리게 된다. 그리하여 그는 셋째 아들인 베냐민을 구하기 위해 최선을 다했다. 광기에 찬 이집트의 지배자(정확히는 정체를 숨긴 그의 아들 요셉)가 베냐민을 이집트로 데려오라고 강요했기 때문이다. 야곱 자신도 두려움 속에서 베냐민과 함께했다. 그럼 이번에는 유다의 이야기로 가 보자. 유다 또한 두 아들을 잃었다. 하나님께서 엘과 오난을 거둬들이셨다. 그리고 유다는 셋째 아들의 목숨을 구하기 위해 노력하기 시작한다. 이처럼 두 이야기는 비슷한 점이 많다.

그럼, 여기에서 우리가 알 수 있는 사실은 무엇일까?

야곱은 요셉만 편애했고, 여기에서 온갖 문제가 터져 나왔다. 유다도 무언가 잘못한 것이 있었다. 그래도 이 두 사람은 잘못을 바로잡기 위해 노력했다. 야곱의 경우, 그의 실수로 인해 요셉이 이집트의 재상 자리에 오르게 되었으며, 야곱의 가족들 모두가 목숨을 구할 수 있었다. 이 덕분에 이스라엘 민족이 탄생하게 되었고, 그 이후는 모두 역사가 되었다. 이들의 행동이 실수라고 판단하기는 어렵지 않다. 그럼 그들이 정말로 실수한 것일까? 그렇다. 실수했다. 하지만 길을 완전히 잃지 않았다는 점을 기억해야 한다.

사람들은 실수를 두려워한다. 만약 하나라도 실수하면 모든 것을 잃고 인생을 망치게 되리라고 생각한다. 사소한 실수가 모든 것을 끝장내는 것이다. 하지만 고맙게도 삶은 그렇게 흘러가지 않는다. 우리는 항상 죄를 짓지만, 일부러 마음먹고 죄짓는 것은 아니다. 실수도 마찬가지다. 우리는 실수를 원하지 않는다. 그냥 실수할 뿐이고 누구나 실수할 수 있다. 당신은 인생과 비즈니스에서 실수할 수 있다는 사실을 받아들여야 한다. 때때로 잘못된 일을 할 수도 있고, 무언가 나쁜 일이 일어날 수도 있다. 하지만 이런 실수와 그로 인한 영향을 두려워해서는 안 된다. 만약 우리가 그것들을 두려워한다면, 우리는 미래에 대한 두려움에 갇혀서 아무 행동도 할 수 없다. 어쩌면 실수에서 벗어나는 길을 영원히 개척하지 못한 패배자로 남을 수도 있다.

전도서 7장 20절에서 솔로몬 왕은 "선을 행하고 전혀 죄를 범하지 아니하는 의인은 세상에 없기 때문이로다"라고 말했다. 솔로몬은 '의인이 없다'라고 말하려 한 것이 아니다. 의인은 사실 많다. 그가 하려던 말은 '죄를 짓지 않는 의인'이 없다는 것이다. 당신은 무언가를 이루기 위해서 반드시 세상과 상호작용을 해야 한다. 그리고 그 과정에서 반드시 무언가 죄를 짓게 된다. 그리고 실수도 하게 된다. 우리 모두 잘못된 행동을 하게 되기 때문이다. 잘못된 행동을 하지 않는 방법은 그냥 아무것도 안 하면 된다. 가족도 만들면 안 되고, 비즈니스도 시작하면 안 된다. 동굴 속에 자신을 가두고 아무것도 하지 않아야 한다. 이렇게 하면 내가 보건대 당신은 아무 죄도 짓지 않고 홀로 죽어갈 것이다. 물론 당신 자신을 동굴에 가두었다는 죄는 남겠지만. 그러나 아무것도 하지 않는 것, 실수하지 않으려 하는 것 또한 죄라고 할 수 있다. 나는 개인적으로 이렇게 아무것도 하지 않는 것이 가장 큰 죄라고 생각한다. 사람들을 위하고 섬기는 일을 하지 않겠다고 선택했다는 뜻이기 때문이다.

당신이 세상을 열정적으로 살고, 삶에 책임을 느끼고, 열정적으로 가족과 이웃을 위해 헌신하고, 당신의 커리어와 비즈니스에 헌신한다면, 마침내 실수하게 될 것이다. 실수하는 일이 벌어질 수밖에 없다. 그래서? 그게 어떻단 말인가! 실수할 것이고, 계획에 차질이 생겨 골치가 아플 것이지만, 결국 극복하고 경험을 통해 더욱더 현명한 사람이 될 것이다. 앞길을 두려워할 이유 같은 것은 없다. 실수할 수 있다는 사실에 대한 두려움을 지우고 앞으로 나아가야 한다. 전문가로서, 아내나 남편으로서, 아버지나 어머니로서 할 수 있는 최선을 다한다면 결국은 빛을 보게 될 것이다.

두려움을 친구로 만들어야 한다. 두려움은 열정과 창의력으로 가득 찬 삶의 일부분이기도 하다는 사실을 이제 느낄 수 있을 것이다. 이제 잠언의 두 구절을 살펴보자. "너는 갑작스러운 두려움도... 두려워하지 말라(잠 3:25)", 그리고 "항상 경외하는 자는 복되거니와...(잠 28:14)" 솔로몬 왕은 이 잠언을 통해 이 원리를 전하고 있다. 우리는 공포로 인해 우리 스스로 마비되는 일이 생기지 않도록 해야 한다. 일상적인 두려움은 일상적이기 때문에 정상이라는 뜻이다. 당신이 두려움으로 공포에 빠지는 일이 없게 해야 한다. 나아가 두려움 속에서 행복을 찾는 방법을 아는 것이 중요하다. 두려움은 당신이 식물이 아니라는 증거이다. 당신이 목표를 향해 앞으로 나아가지 않고, 꿈도 없는 사람이라면 두려움도 크지 않을 것이다. 두려움이 존재하기 때문에 얼굴에 작게나마 사사로운 미소를 띨 수 있게 된다. 무슨 일이 일어나고 있는지 알고 있고, 그 일로 얼마나 높이 올라갈 수 있는지 알고 있기 때문이다.

Secret # 27

고요함 속에서 직관의 소리를 들어라

때로 가족들이 먼저 잠자리에 든 날, 홀로 늦은 밤에 산책하러 나갈 때가 있다. 그때는 집에서 나만 깨어 있는 상태다. 사방이 모두 조용할 때, 부엌 식탁에 홀로 앉아 있을 때가 있다. 공부하고 일하기 위해서 훌륭한 사무실을 하나 꾸몄지만, 늦은 밤에는 식탁에 앉아 있는 것을 좋아한다. 우리 가족이 있다는 것을 느낄 수 있기 때문이다. 이 식탁 의자는 우리 가족 존재의 핵심이다. 나는 가족들의 사랑이라는 보호막에 둘러싸여 지지를 받는 것을 느낀다. 한창 바쁜 낮 시간처럼 가족들이 부산스럽게 돌아다니며 내는 소음을 밤에는 견딜 필요가 없다. 그래서 나는 늦은 밤 식탁에서 두 세계의 가장 좋은 면만을 즐긴다.

내가 항상 경험하는 일은 식탁 의자에 앉아 고요를 즐기며 명상하다가 갑자기 냉장고의 응축기가 작동하는 소리를 듣게 되는 것이다. 응축기가 켜지면서 배경에 윙윙대는 소리가 깔리게 된다. 엄청나게 시끄럽지는 않지만, 고요로 가득 찬 집을 산만하게 만들기에 좋은 소리다. 하지만 낮에는 응축기가 작동하는지 아닌지 알아챈 적이 한 번도 없었다. 낮에도 돌아간다는 사실 자체는 알지만, 그 소리를 들은 적은 거의 없다. 당신도 비슷한 경험이 있을 것이다. 누구나 그럴 것이다. 왜 밤에만 냉장고가 작동하는 소리를 들을 수 있을까? 당연하지만 한낮의 집안은 북적이고, 주변이 부산스럽게 움직이는 가족들의 소음으로 가득 차면서 냉장고나 다른 가전제품이 내는 낮은 소음이 묻히기 때문이다. 가전제품의 소음이 완전히 가라앉는 것이다. 한낮의 소동 속에서 이 소음이 묻히는 정도가 아니다. 아예 눈치채지도 못할 정도로 진짜로 들리지 않는다. 낮에는 냉장고의 소음이 전혀 드러나지 않는다. 하지만 모든 것이 조용해지면 각각의 소음이 이전보다 훨씬 잘 들린다. 작은 차이도 듣고 느낄 수 있게 된다.

이 원리는 우리의 삶에도 적용이 가능하다. 소음이 커지면 주변 환경의 작은 변화도 눈치채지 못할 가능성이 커진다. 그러나 사방이 고요하다면, 다가오는 사건의 희미한 발소리를 들을 수 있게 된다. 때로는 이런 일을 겪는 것이 건강하다고도 할 수 있겠다. 우리가 세상을 바라보는 관점을 상기시켜주기 때문이다.

그래서 나는 당신에게 주기적으로 모든 것과 차단하고 고요를 즐기는 시간을 가지라고 권하려 한다. 당신 스스로와 약속을 해야 한다. 꼭 많은 시간이 필요한 것은 아니다. 대부분은 1주일에 한 번 정도로도 충분하다. 오랜 시간도 필요하지 않다. 10~15분 정도면 충분하다. 나를 산만하게 만드는 것이 전혀 없는 15분은 꽤 길게 느껴진다. 그래서 긴 시간이 필요하지 않다. 하지만 반드시, 완전히 홀로 있어야 한다. 말 그대로 주변에 아무도 없어야 한다. 누군가를 볼 일도, 누군가가 당신을 방해하리라는 걱정도 전혀 할 필요가 없을 정도로 완전히 떨어져 있어야 한다. 컴퓨터에서 멀어져라. 전화기의 알람도 꺼 놓아야 한다. 당신이 주변과 완전히 차단되어 혼자가 되는 것이 생각보다 굉장히 어려운 일이라는 사실을 곧 알게 될 것이다. 계획을 짜야만 가능할 수도 있다. 최소한 1주일에 한 번씩, 당신의 주변에 아무도 없고, 방해도 없고, 문을 두드려 당신을 찾을 사람도 없는 장소로 갈 수 있는, 10~15분의 시간을 찾는 것이다.

혼자 조용히 있을 수 있는 적당한 시간대, 적당한 장소를 찾았다면 앉아서 귀를 열어 보자. 아무것도 하지 않고 고요를 즐기는 것이다. 불을 꺼서 어둡게 하는 것이 좋다. 시각적 자극을 최소화하는 것이 좋기 때문이다. 그리고 나 자신의 시간을 즐겨 보자. 바쁜 사람에게 이만큼 훌륭한 경험은 또 없다. 우리 중 누구도 이런 시간이 필요하다고 가르침을 받은 적이 없다. 고등학교나 대학에서도 가르쳐주지 않고, 부모님들도 가르쳐주지 않는다. 아무도 알려주지 않았지만, 당신은 스스로 앉아서 귀와 마음을 여는 법을 배워야 한다. 당신이 마지막으로 본 영화나 마지막으로 읽었던 책을 생각하는 것도 그만두려고 노력해야 한다. 누군가와 논쟁을 하고 있었다면 이제 그 논쟁도 잊어야 한다. 마음을 완전히 비워야 한다. 100% 수용하는 상태로 진입해야 한다. 당신의 삶에 매우 큰 도움이 되는 시간이 될 것이다. 이 시간은 옛 히브리인들 전체가 지키던 안식일의 정수를 취하는 열쇠가 될 것이다.

사실 이것이야말로 '안식일'의 진짜 의미이다. 네 번째 계명을 지키는 것은 우리가 안식일에 아무것도 하면 안 된다는 뜻이 아니다. 안식일을 지킨다고 해서 토요일(기독교인이면 일요일)에 아내의 부탁을 받아 가구의 위치를 바꾸는 일을 하면 안 된다는 뜻이 아니다. 아무 일도 할 수 없게 금지되는 날이 아니다. 히브리어에서 '멜라하 Melachah'라 부르는 것을 하면 안 된다는 것이다. 히브리 단어 '멜라하'의 의미는 사람이 세상을 변화시키기 위해 자신의 에너지와 재주로 하는 특정한 창조적 '일'을 일컫는다. 그러므로 비즈니스도 여기에 포함된다. 만약 아내의 부탁으로 집안의 가구를 옮기는 일을 한다면 '멜라하Melachah'에 포함되지 않는다. 실제로 세상에 변화를 일으킨 것은 없기 때문이다. 집안의 가구를 옮기는 것은 비즈니스가 아니다.

안식일은 매주 일상에서 잠시 물러날 수 있도록 25시간을 주는 역할을 한다. 아무것도 세상으로 내보내지 않는다. 받아들이기만 하는 시간이다. 하지만 평상시 수용하는 데 익숙하지 않은 대다수 사람에게는 이런 모드 전환이 쉽지 않다. 안식일에 수용하는 데에만 집중하기 위해서는 약간의 연습이 필요하다. 그러니 내가 지금 당신에게 권하고 싶은 것은 며칠에 한 번, 혹은 1주일에 한 번씩 10~15분 정도 방안에서 혼자 불을 끄고 아무런 방해 없이 머릿속으로 생각이 들어올 수 있게 하라는 것이다. 다가오는 사건의 희미한 발소리에 귀를 기울여 보자. 나를 위해 들이는 이 몇 분의 시간은 정말 특별하게 다가온다. 전화기도, 인터넷도, 팩스도, 아무것도 없다. 나는 모든 것을 받아들이는 상태가 되었지만, 내 주변에는 아무것도 없다. 나는 진정으로 홀로 남아 주변에 신경 쓰지 않을 수 있게 된 것이다.

1970년대에 벤 코언Ben Cohen과 제리 그린필드Jerry Greenfield라는 친한 친구들이 함께 사업을 시작했다. 두 사람은 포괄적인 사업 계획을 세우고, 모든 것을 준비한 다음 첫 사업으로 베이

글 배달 사업을 시작했다. 이제 당신에게 한번 묻고 싶다. 벤 앤 제리스Ben & Jerry's에서 베이글을 사 본 적이 있는가? 아마 없을 것이다. 첫 사업은 수익성이 그리 좋지 못했다. 그렇게 두 사람은 다른 일을 해야 한다는 사실을 깨달았다. 그래서 주변을 둘러보았다. 이들은 버몬트주에서 사업을 시작했다. 주변에 소가 많았고, 그만큼 우유도 풍부했다. 아마도 그러한 주변 여건이 두 사람으로 하여금 아이스크림 브랜드를 만들기로 결정한 이유일 것이다. 이유야 무엇이든, 새로운 아이스크림 브랜드는 곧 세계에서 가장 크게 성공한 아이스크림 전문기업 중 하나로 성장했다. 여기서 한 가지 기억할 점은 이 두 사람이 처음부터 아이스크림을 만들자는 아이디어를 낸 것이 아니라는 점이다. 처음에 이들은 베이글 배달 사업을 시작했다. 하지만 사업이 잘 안되었고, 두 사람은 곧 변화를 받아들였다. '본질적 본능' 같은 것이 있다면, 벤과 제리는 이 본능에 귀를 기울였다고 할 수 있다. 우리는 항상 우리의 본능, 특히 동물적 본능이라면 더더욱 믿으려 하지 않는다. 하지만 우리는 우리의 본능적 직관을 신뢰하기 원하고, 때로는 길을 바꾸는 것도 수용하기 원한다.

이런 성공담은 벤 앤 제리스 아이스크림에서만 찾아볼 수 있는 것이 아니다. 20세기 초 일본에서 살았던 토요타 씨는 직물 제조 회사를 세웠다. 일본의 생활수준이 오르고 있다는 사실을 알았기 때문이다. 그는 앞으로 사람들이 더 좋은 옷을 찾으리라 생각했다. 그는 더욱 우수한 품질의 직물을 제조하기 위해 연구를 거듭하고, 또 새로운 직물도 발명했지만 큰 이익을 얻지 못했다. 그렇게 시간이 흐른 뒤 1937년 어느 날, 토요타 씨는 공장에서 방직기를 모조리 철거하고 차를 만들기 시작했다. 세계 최대의 자동차 제조업체로 자리 잡은 토요타 자동차는 이렇게 완전히 실패해버린 섬유직물 사업의 잿더미 속에서 태어났다. 위글리 껌에 대한 이야기도 한 번쯤 들어봤을 것이다. 윌리엄 위글리는 처음에 베이킹소다와 비누를 파는 회사를 창업하며 사업을 시작했지만 이득을 보지 못했다. 그래서 그는 대신 껌을 만들어 팔기로 방향을 바꿨다.

이 사람들은 한 가지 부분에서 공통점이 있다. 변화를 향해 마음을 열고, 직관의 소리를 들었다. 가끔 아무것도 없는 공중에서 우리를 긍정적인 방향으로 인도하는 속삭임을 들어 본 적이 있는가? 우리가 듣는 이 속삭임은 수동적이고 간접적인 것이 아니다. 우리 자신의 열정, 격정, 헌신과 책임에 대한 반응이다. 우리가 노력하면 신성한 메시지를 받게 된다. 원한다면 영감이라고 불러도 된다. 기업가의 뮤즈라고 해도 좋다. 하지만 확실한 것은 내 영혼의 속삭임처럼 느껴지고 들린다는 것이다. 이런 소리가 들린다면 귀를 기울여 듣자. 우리에게 이 속삭임이 들릴 때 우리는 방향을 바꿀 의지가 있어야 한다.

이런 속삭임은 비즈니스 분야에만 국한되어 나타나는 것은 아니다. 때로 관심이나 이해가 부족하여 부부관계가 흔들릴 때도 이런 속삭임이 들리기도 한다. 이때 결혼생활의 방향을 바꿀 필요가 있다는 사실을 깨닫게 된다. 제대로 할 수만 있다면 분명 굉장히 좋은 결과를 낳을 것이다. 때로 부부 사이가 틀에 박혔다는 사실을 깨달을 때도 있다. 결혼관계에 자연스러움이 사라진 것이다. 아마도 서로 열정을 키워 주지 않았기 때문일 수도 있다. 이럴 때 긴 하루를 끝내고 마주 앉은 부부의 눈에서 더는 사랑의 빛이 보이지 않는다는 사실을 알게 된다. 좋지 않은 징조다. 이런 일이 생길 때 현명한 부부라면 시간을 내서 상의할 것이다. "이제 우리 결혼생활을 재설계할 때가 됐어. 방향을 완전히 바꿔야 할 것 같아." 내가 말하는 것은 결혼생활을 유지하면서 방향만 바꾸라는 것이다. 배우자와 의사소통하고 교류하는 방식을 바꾸는 셈이다. 제대로 진행된다면 매우 즐거운 과정이 될 것이다. 물론 두려울 수도 있다. 변화는 언제나 두려운 것이니까. 고통스러울 수도 있다. 하지만 고통은 우리 삶의 일부다. 당신은 고통과 두려움을 경험하는 것을 피하지 않아야 한다. 그래야 큰 변화를 끌어낼 수 있다. 인간이 천성적으로 갖고 있는 현실 안주와 관성에 대한 본능에 스스로 굴복하지 않게 해야 한다. 변해야 하는 부분이 있다면 변해야 한다. 아무리 두렵고 극적인 변화라도 변해야 한다.

'아프리카의 여왕The African Queen, 주연: 험프리 보가트, 캐서린 헵번'이라는 영화가 있다. 존 휴스턴이 1951년에 발표한 영화다. 보가트가 맡았던 캐릭터는 증기선 아프리카의 여왕을 모는 술고래다. 어느 날 그는 술 취한 채로 배에서 눈을 떴고, 그때 선교사(헵번)를 만나게 된다. 선교사는 배에 있던 술을 몽땅 버린다. 그는 그녀에게 화를 내며 혼자 내버려 두라고 말했다. "취하는 건 내 본성이라오"라고 선장이 선교사에게 말한다. 선교사는 선장을 바라보면서 "너틀리 씨, 본성이란 우리가 더 높은 곳으로 올라가기 위해 만들어진 거예요"라고 답한다. 이보다 완벽한 답이 어디 있을까? 내가 영화에서 가장 좋아하는 부분이기도 하다. 두려움을 갖는 것은 우리의 본성이며, 기본 조건이다. 인간은 두려움을 느끼고, 그러므로 관성에 따르고 지금에 안주하려 한다. 용기는 막대한 영적 에너지가 필요하다. 우리는 변화에 대한 두려움을 마주하고 극복할 수 있어야 한다. 오늘의 두려움을 극복해야 내일에 영향을 줄 수 있다. 그러면 어떻게 해야 할까? 여기서 성경은 우리를 인도하는 매우 중요한 원리를 하나 가르쳐준다.

창세기 28장에서 야곱은 집을 떠나 새로운 운명을 향해 나아갔다. 창세기 28장 10절은 "야곱이 브엘세바에서 떠나 하란으로 향하여 가더니"라고 전한다. 이 구절에서 우리는 이미 야곱이 브엘세바에 있었다는 사실을 알고 있다. 왜 그냥 "야곱은 하란으로 향하여 가더니"라고 하지 않았을까? 왜 꼭 "야곱은 브엘세바를 떠나 하란으로 향했다"라고 말했던 것일까? 참조할 만한 구절은 많다. 창세기 26장 23절만 보더라도 야곱이 이미 브엘세바에 있었다는 사실에 의심의 여지가 없다. 왜 성경은 꼭 야곱이 브엘세바에 있었다는 사실을 강조해서 말을 반복한 것일까? 단어를 줄이는 것은 언제나 좋은 선택이 아니던가? 그러나 유대 전승은 토라에서 불필요한 단어나 글자는 하나도 없다고 원리를 밝히고 있다. 토라, 즉 모세 5경의 모든 글자, 모든 단어는 그만한 이유가 있어서 존재한다. 당연히 모든 단어나 문장에는 그 이유가 담겨 있다. 그러므로 "야곱이 브엘세바에서 떠나"라고 말하는 문장은 의미 없이 글자 수만 늘린 것이 아니다. 그러면 여기서 우리가 알 수 있는 것은 무엇일까? 이를 통해 알 수 있는 정보란 어떤 것인가? 말하자면 이 문구는 당신의 새로운 운명을 시작하기 전에 예전의 운명은 벗어던질 수 있어야 한다고 가르치고 있다. 브엘세바를 떠날 마음이 없다면, 하란에 도착할 수도 없기 때문이다.

두려움은 모든 것을 놓아두고 떠나는 것을 어렵게 만든다. 두려움은 우리가 익숙한 것을 움켜쥐게 만든다. 두려움은 우리에게 새로운 것을 찾지 말고 이미 가진 것에 머무르라고 말한다. 하지만 진정으로 새로움을 원한다면 오래된 것을 버리고 최대한 멀리 떠날 수 있어야 한다. 작은 계곡을 가로지르는 줄다리를 건넌다고 생각해 보자. 당신은 든든한 땅을 떠나기 싫어 한 발을 다리 위에 머뭇거리며 올린다. 이러면 다리가 흔들리기 시작한다. 그러면 아마도 "아니야, 나는 건널 수 없어"라고 말하게 될 것이다. 하지만 두 발을 모두 다리에 올리면 다리가 오히려 안정된다. 모든 것이 쉬워지고, 길도 명확하게 드러난다. 하지만 그러기 위해서는 첫발을 단단한 땅에서 떼어 앞으로 내밀 수 있어야 한다.

우리 몸만 그런 것이 아니다. 우리의 마음, 가슴, 영혼도 똑같다. 다른 심리학적 장소에 도달하기 위해서는 이전에 머무르던 장소를 떠나야 한다. 하지만 우리의 가슴은 원래 있던 곳에 머무르려고 한다. 우리에게 익숙한 곳, 자신감과 편안함을 느끼는 곳에 머무르기를 원한다. 하지만 당신이 세계관을 넓히지 않는다면 비즈니스에서 성공할 가능성은 없다. 이 느낌, 이 두려움을 극복하는 것이 비즈니스와 인생의 과정에서 마주하게 되는 가장 큰 장애물이다. 우리는 이를 창세기 28장 10절에서 볼 수 있다. 야곱은 자신을 기다리는 훌륭한 것들, 결혼, 부, 가족, 미래를 향해 나아가기 직전의 상태였지만, 먼저 브엘세바를 떠나야만 했다. 그런 후 그는 하란으로 향해야 했다. 하란으로 향하는 것은 단지 몸만을 말하는 단순한 상징의 의미가 아니다. 야곱은 이를 마음으로 받아들여야 했고, 그가 하란에 진정으로 당도하려면 브엘세바를 머리에서 지워야 했다. 완전히 뒤에 놓고 떠나야 했던 것이다. 함축적으로 이 구절을 패러디해 보겠다. 브엘세바에서 사람을 꺼내는 것이 사람에게서 브엘세바를 꺼내는 것보다 훨씬 쉽다. 진정으로 어떤 곳에 도달하기 원한다면, 우선 지금 있는 곳을 뒤에 남길 수 있어야 한다. 이는 우리의 본능이나 본성에 반하는 것이다. 그러면 여기에 무슨 말을 할 수 있을까?

나라면 "너틀리 씨, 본성이란 우리가 더 높은 곳으로 올라가기 위해 만들어진 거예요"라고 하겠다.

다소 저속해 보일 수도 있겠으나(저속한 것이 아니라 솔직한 것으로 느끼기 바란다), 우리는 언제든 우리가 원할 때 우리의 본성을 드러낼 수 있다는 점을 잊지 마시길. 당신의 본성을 드러내는 것은 그냥 자연스러운 것이다. 그러나 문명화된 사회에서 인간으로 살아가기 위해, 우리는 본성을 드러내기 알맞게 설계된 적절한 방에 들어가기 전까지 기다려야 한다. 이렇게 본성을 극복하는 것이다. 아기를 문명화한다는 것은 아기가 이런 본성을 극복할 수 있게 훈련하는 것이라 할 수 있다. 아기의 본성은 원하는 것을 얻어내기 위해 얼굴이 새파랗게 질릴 정도로 큰 소리로 우는 것이다. 아기들은 이렇게 한다. 그렇기 때문에 아기를 문명화하는 것, 아기에게 영적 존재가 되는 법을 가르치려면, 아기 스스로 자기 본능을 극복하도록 해야 한다. 이 훈련은 남녀노소를 가리지 않고 적용되는 필수적이고 기본적인 훈련이다. 우리는 자신의 자연 본능에 의해 잘못된 길로 이끌릴 때가 많다. 여기에 저항해야 한다.

우리는 삶을 살아가면서 선입견 없이 앞으로 나아갈 수 있어야 한다. 이것만이 진정으로 삶의 무수한 가능성을 여는 것이라 할 수 있다.

민수기는 "여호와께서 시내 광야 회막에서 모세에게 말씀하여 이르시되"라는 구절로 시작한다. 여기에서 하나님은 모세에게 이스라엘 사람의 수를 세고, 회중이 어떻게 자리 잡을 것인지 정하라 하셨다. 이는 하나님께서 이스라엘 사람들이 광야에서 40년을 보내야 할 것이라고 선언하시기 전의 일이다. 이스라엘 사람들은 3일 내로 약속의 땅에 도착하기로 예정되어 있었다. 이 시기에 약속의 땅에 곧 도착할 수 있다는 이스라엘 사람들의 믿음과 별개로, 민수기는 사막 한가운데에서 사람들의 수를 세고 위치를 잡는 과정에 상당한 양의 지면을 할애하고 있다. 이해가 되지 않을 수도 있다. 이렇게 시간을 낭비할 이유가 무엇이란 말인가?

여기서 우리가 알아야 하는 것은 이때 이스라엘 자녀들에게 그들의 운명을 향한 벡터가 가해졌다는 것이다. 벡터는 기하학적 원리로, 방향과 움직임을 모두 포함한다. 벡터는 힘의 방향을 보여준다. 예를 들어 바람이 북서쪽으로 시속 16km 정도의 속도로 분다면 이를 벡터라고 할 수 있다. 인간과 인간의 운명에도 이를 적용할 수 있다. 이스라엘 사람들은 약속의 땅이라는 목표를 향해 어느 방향으로, 얼마나 빨리 가야 한다는 말을 들었다. 앞으로 어디로 갈 것인지 예측하라는 것이다. 여기서 우리는 이들에게 문자 그대로 운명을 향한 물리적 벡터가 존재했다고 할 수 있다.

그러나 또 잊으면 안 되는 점이 있다. 이들은 이때 건조하고 사람이 살기 어려운 사막 한가운데 있었다. 당연하지만 시간이 부족했다. 벤치라도 찾을 셈이란 말인가! 그런데도 하나님께서는 이 중요한 정보를 사막 한가운데 있던 이스라엘 사람들에게 전하셨다. 나나 당신이라면 별로 좋은 때가 아니라고 생각했을 것이다. 이스라엘 사람들

역시 별로 좋아하지 않았을 것이라고 나는 생각한다. 그러나 하나님께서 이 중요한 정보를 주시기 위해 사막을 선택했던 것에는 이유가 있다. 유대인에게 사막은 그냥 건조하고, 뜨겁고, 선인장과 사방에 모래만 깔린 삭막한 장소가 아니었다. 사막은 완전히 텅 빈 공간과 모든 것으로부터의 단절을 상징이다. 사막에서는 어떤 것도 자라거나 살아갈 수 없다. 성경에서 사막이 등장하는 구절을 제대로 이해하려면 사막이라는 장소의 비유적 중요성, 즉 텅 비어있음을 우선 이해해야 한다. 사람은 새로운 미래로 나아가기 위해서 모든 것을 뒤에 남겨야 한다. 우리가 과거의 비전을 계속 붙들고 있다면 다른 잠재력, 기회, 무한한 가능성으로 가득 찬 운명을 계획할 수 없게 될 것이다. 사막 한가운데의 이스라엘 사람들 이야기로 돌아가서, 사막은 텅 비어 방해할 만한 것이 아무것도 없는 곳이다. 그리고 이스라엘 사람들은 사막에서 과거 자신들의 삶, 그리고 다소 역설적으로 보일 수도 있겠지만, 새로운 미래를 받아들일 수 있는 개념도 버릴 수 있게 되었다.

당신이 미래를 꾀하려 할 때, 꼭 애리조나까지 먼 길을 갈 필요는 없다. 우리가 말하는 사막은 비유라 할 수 있다. 한밤중 조용한 방 한가운데 놓인 깨끗하게 치워진 책상도 당신의 삶에 대해 사색하고, 새로운 비즈니스를 계획하고, 새로운 기업가 정신을 그리기 위한 공(空)의 장소가 될 수 있다. 당신이 비즈니스 계획을 갖추고 새로운 사업을 시작하려 할 때, 혹은 새로운 직장을 잡으려 할 때, 아니면 그냥 일하는 방식을 완전히 바꾸려 할 때는 항상 과거의 방식을 버려야 한다. 이런 것들을 머리에서 비워야 온전히 미래에 집중할 수 있기 때문이다.

Secret # 28

단어, 문장, 질문의 힘을 사용하라

우리가 좀 전에 이집트의 노예였던 이스라엘이 탈출하여 약속의 땅으로 구제되는 과정은, 어둠에서 빛으로, 억압에서 행복으로, 절망에서 약속으로 변하는 가장 극적인 순간이라고 성경은 이야기한다. 이 사건은 매우 은유적이다. 문자 그대로 공(空)의 공간, 텅 빈 공간인 사막으로 그들을 이끄셨다. 그러나 사막은 단순히 텅 빈 장소가 아니다. 그것은 이야기의 절반에 불과하다. 성경은 사막에 대해서 더 많은 것을 내포하고 있다.

하지만 먼저 우리가 '유월절Passover'이라 부르는, 혹은 이집트 탈출을 기념하는 기념일의 어원적 의미에 대해서 다뤄야 할 것 같다. Passover라는 단어는 히브리어 Pesach를 번역한 말이다. 하지만 하나님의 언어가 항상 그렇듯, 영어로 옮기는 중 이 단어의 다른 많은 뜻이 희석되었다. Pesach는 유월절이라는 뜻만 있는 것이 아니다. '말하는 입'이라는 뜻도 있다. Pe는 '입'을 뜻한다. Sach는 '말하다'를 뜻한다. 합치면 '말하는 입'이 된다.

그럼 이 단어가 구제와 무슨 상관이 있는가를 다뤄야 한다. 출애굽기 14장에서 이스라엘 사람들은 이집트 국경을 벗어난 뒤 비하히롯 Peh HaChirot에 잠시 멈춰 섰다. 이 단어는 '자유의 입'이라고 번역할 수 있다. 유대인들은 이미 알고 있겠지만, 우리는 유월절 축하연을 열어 유월절을 기념할 때 하가다Haggadah라는 책에 정해진 규칙을 따른다. 하가다 또한 히브리어로 '대화', '말하기', 또는 '이야기하다'라는 뜻이다. 유월절 축하연의 의식은 보통 누군가, 주로 어린이가 질문을 던지는 것으로 시작된다. 물론 유대인의 식탁에 어린이가 없으면 성인이 질문을 한다. 절대 질문을 건너뛰면 안 된다. 축하연의 필수 과정이다.

옛 유대인은 우리에게 시간을 보여준다. 그리고 다시 한번 질문을 한다. 이것은 매우 중요하다. 모든 관계는 질문으로 시작된다. 대화를 시작하기 위해서 가장 먼저 하는 말이 질문이 아닌 적이 몇 번이나 있는가? 대부분의 비즈니스 거래가 "무엇을 도와 드릴까요?"나 그 비슷한 다른 질문으로 시작되지 않는가? 질문은 대화와 의사소통을 낳는다. 그리고 대화와 의사소통은 인간의 상호 교류와 비즈니스의 근간이 된다. 질문은 거부할 수 없는 힘이 있다. 뱀이 이브를 어떻게 유혹했는지 보자. 뱀은 금지된 과일을 먹으라고 바로 이야기하지 않았다. 이브에게 "왜 동산에 있는 과일을 먹으면 안 되냐"고 물어보았다. 이브는 궁금증에 가득 찬 시선을 과일에 두고 천천히 다가가기 시작했다. 이때는 이미 갈등이 끝난 뒤였다. 질문은 저항할 수 없는 힘을 갖고 있다. 하가다의 가장 중요한 부분은 대화를 이끌어내기 위해 정확히 네 개의 질문으로 시작한다.

이제 나는 당신에게 사막의 두 번째 의미를 소개하려 한다. 히브리어로 사막을 뜻하는 말은 미드바르Midbar이다. '빈 공간'만 뜻하는 것이 아니라 '말하다'라는 뜻도 있다. 의미가 수렴되는 것이 보이는가? 자유의 입, 말하는 입, 말하기, 유월절과 대탈출에 관련된 모든 것, 노예 상태에서 구원으로의 궁극적인 전환은 모두 대화와 말하는 것이 중심이 되어 일어났다. 우리의 입이 중심이다. 입은 우리를 노예 상태에서 자유로운 인간으로 만드는 매우 핵심적인 도구이며, 어둠에서 빛으로 인도하는 가장 중요한 기관이다. 우리가 앞서 이야기했듯이, 입은 리더십에서 가장 중요한 역할을 한다. 그리고 당신도 이제 그 이유를 알게 되었을 것이다. 말하는 것으로 우리는 내면의 사막, 고독의 사막에서 나올 수 있다.

최근 우리나라에서는 전체 학생들의 학업 능력을 개선하기 위한 목적으로 연구가 진행되고 있다. SAT는 고등학생들의 학업 성적을 객관적으로 평가하기 위해 가장 널리 사용되는 시험이다. SAT 점수가 대학 입시에서 매우 중요한 역할을 하는 만큼, SAT 성적에 관한 방대한 연구가 진행되고 있다. 연구자들은 높은 SAT 점수를 예측할 수 있게 하는 가장 중요한 요소가 어떤 것인지 따로 뽑아내려고 노력하고 있다. 당신은 가장 중요한 요소가 어떤 것인지 추측할 수 있는가? 학생을 가르친 교사의 능력? 아니다. 좋은 학구? 아니다. 그 요인은 집에서 가족이 함께 모여 식사하며, 어른과 아이가 자유롭게 대화에 참여하는 것이다. 가족 간의 교류는 SAT 고득점과 가장 강한 비례관계를 보였고, 이는 IQ가 높은 것보다도 상관성이 훨씬 더 컸다. 물론 가족이 모여 식사하는 것만으로는 부족하다. TV 소리가 배경을 가득 채운 가족의 식사, 혹은 가족 구성원이 각자의 휴대전화만 쳐다보는 식사는 효과가 적다. 부모와 자식, 형제간에 진정한 상호 교류가 이루어지는 가족의 식사자리가 아동의 미래 학업 성적에 매우 중대한 영향을 끼치고, 또 나아가 인생에 커다란 영향을 끼치는 것으로 나타났다.

이 사실을 알고 있는 관심 있는 부모가 대화를 시작할 만한 주제 목록 없이 가족을 모아 식사하는 것은 꽤나 안타까운 일이다. 부모로서 먼저 시작할 것을 권한다. 이런 주제가 질문의 형태로 시작되면 가장 좋다. 질문에 저항할 수 있는 사람은 없기 때문이다. 질문은 아이들도 말할 기회를 주고, 말할 수 있게 자리를 마련해주는 역할을 한다. 부모는 가족들에게 던질 4~5개 정도의 훌륭한 질문을 마음속에, 혹은 따로 메모해서 가지고 다니다가 저녁식사 자리에서 풀어놓으면 된다. 질문을 선정할 때는, 아이 안에 있는 비유적 사막에서 아이가 자신의 단단한 껍데기를 깨고 바깥세상으로 나오도록 유도할 수 있는 것으로 해야 한다. 어느 면에서는 자극이 없는 것도 사막이라고 할 수 있다. 사막은 아무것도 일어나지 않는 당신의 내면이다. 완전한 공동 외에는 아무것도 없는 곳이다. 사막은 도와주는 사람 없이 당신을 감싼 껍질을 깨고 자신을 드러내도록 홀로 남겨진 곳을 뜻한다.

대화 중 갑자기 조용해지는 순간을 견디는 것이 얼마나 어려운지 당신도 잘 알 것이다. 대화가 갑작스레 끊기면 정말 거북하고 불편한 느낌이 든다. 매우 불안정하다. 바로 이것이 이 원리를 내면화하여 당신의 비즈니스 생활에 직접적, 현실적으로 적용할 수 있는 지점이다. 당신의 전문적인 혹은 개인적인 대화 중에 이런 침묵은 피해야 한다. 이 불편한 침묵은 당신이 효과적으로 의사소통을 못하고 있다는 신호이다. 상대방에게 와 닿지 않고 상대방으로 하여금 귀와 마음을 열라고 독려하지 못하는 것이다. 영업사원들은 어느 특정한 순간에 말을 끊고 조용히 있어야 한다는 교육을 받는다. 이 침묵의 순간은 상대로 하여금 말을 시작하게 만드는 거대한 압박으로 작용한다. 이것이 사막의 침묵이다. 이렇게 하면 상대방의 말을 이끌어낼 수 있게 된다. 만약 상대가 고객이라면 당신이 유리한 위치에 서게 되는 것이다. 고객이 당신을 더욱 가까이하게 만든다.

말은 우리가 구제할 수 있도록, 희망과 낙관적 자세를 갖출 수 있도록, 그리고 의사소통하고 거래할 수 있도록 해주는 능력을 지니고 있다. 아무런 대화나 소통 없이 시작된 금융 거래나 교환은 존재하지 않는다. 휴대전화와 인터넷은 멀리 떨어진 상대와도 대화할 수 있는 매우 편리하고 놀라운 능력을 가졌지만, 나는 개인적으로 아직까지도 얼굴을 맞대고 대면하는 것을 대체할 수 있는 것은 없다고 생각한다.

그렇기 때문에 오늘날까지도 비즈니스 클래스 승객들을 모시기 위해 항공업계가 활발한 모습으로 노력하고 있는 것이다. 물론 항공업계는 연휴가 성수기라 제일 바쁘다. 하지만 항공업의 요체는 1년 내내 전 세계를 돌아다니며 온갖 회의에 참석하는 비즈니스 전문가들을 태워 나르는 것이다. 사람들은 지극히 세계화된 현대 비즈니스 환경에서도 사람을 직접 만나기 위해 이곳저곳으로 다니고 있다. 영상 채팅과 휴대전화를 사용해도 충분히 대화가 가능하지만 한계가 있다. 오늘날의 휴대전화는 매우 훌륭한 도구임이 틀림없지만, 중요한 비즈니스 거래를 마지막으로 분석하고 교환하기 위해서는 두 명 이상의 대표자들이 서로 얼굴을 맞대고 앉아야 한다. 양쪽 모두에 이익과 발전을 가져다주는 귀중한 거래는 언제나 방해가 안 되는 테이블을 사이에 두고 양쪽에 각각 두 명 이상의 대표자들이 앉은 상황에서 진행된다. 이래서 대화가 중요하다. 우리는 대화의 힘을 이해해야 한다. 기술이 아무리 발전하더라도 서로 만나 대화하는 대면 의사소통을 완전히 대체할 수 있는 것은 존재하지 않을 것이다.

단어, 문장, 질문은 대화를 쌓는 벽돌이며, 모든 일을 할 때 우리가 사용할 수 있는 가장 강력한 도구들이다. 단어와 문장은 계획과 아이디어를 짜기 위한 벽돌이다. 우리는 언어 덕분에 온갖 사물에 의미를 부여할 수 있고, 우리의 생활과 세계에 질서를 구축할 수 있다. 우리의 계획을 단어를 이용해 기록하는 것으로 시간을 제어할 수도 있다. 당신이 장기간에 걸친 비즈니스 계획을 짜든, 그냥 일과를 계획하든, 당신의 하루, 당신의 삶에 질서를 구축하기 위해 문자 언어를 활용할 수 있다. 이를 시간의 흐름에 따라 삶의 계획을 짜는 과정으로 생각해 보자. 계획을 짜면 시간을 끌지 않고 할 일에 집중할 수 있게 된다. 하나님께서 이스라엘 사람들에게 그러하셨듯이, 당신 또한 자신의 에너지를 단 하나의 계획된 방향으로 집중 시켜 자신의 운명에 벡터를 부여할 수 있게 된다. 길을 잃지 않고 계속 나아갈 수 있는 가장 좋은 방법은 당신의 목표와 할 일을 따로 써 놓는 것이다.

당신의 목표는 계획한 활동을 책임지고 헌신하여 완전히 끝내는 것이다. 내러티브를 구성하는 일련의 활동이 필요하다. 하나의 활동을 했다면 반드시 구체적인 후속 활동도 진행해야 한다. 이런 활동이 꼭 거창한 프로젝트여야 할 필요는 없다. 우리는 사람을 달나라로 보내려는 것이 아니니까. 그냥 우리의 일상과 하루하루의 계획을 짜는 것뿐이지 않은가. 물론 목표를 거창하고 크게 잡아도 된다. 다만 그 목표에 도달하기 위해서는 수많은 중간단계를 거쳐야 한다. 그리고 각 단계는 더 세분된 '이행 가능 과업'으로 나눌 수 있다. 당신의 장기 비즈니스 계획이 어떤 것이든, 계획을 충실히 따르기 위해서는 작은 한 걸음 한걸음을 내디뎌야 한다. 대규모 프로젝트의 본질이란 이러하다. 크고 거창해 보이지만 결국 더 작은 단위가 모여 구성된다. 아무도 하루 만에 성공적인 비즈니스를 일굴 수 없다. 그렇다고 당신의 목록에서 '성공적인 비즈니스 찾기'를 배제할 수도 없다. 내가 권하고 싶은 것은 당신이 며칠 정도를 투자하여 새로운 사업의 잠재적 시장을 충분히 조사해 보라는 것이다. 그다음 날에 비즈니스 계획을 세울 수도 있겠다. 그다음 주에는 이제 하루에 한 가지씩 비즈니스를 시작할 가게의 위치를 찾거나 계획을 실행하며 다니면 된다. 적절한 입지를 찾을 때까지 이를 반복한다. 그리고 다른 날에 공급자 목록을 작성하고, 개업일이 되면 개업을 하고, 첫 달에는 하루에 열두 명 정도를 상대하고, 그런 식으로 조금씩 나아가는 것이다.

입으로 의사소통하는 것 또한 문자만큼 중요하다. 당신의 비즈니스 프로젝트가 구체적으로 어떤 것인가는 상관없다. 비즈니스를 한다면 말하는 입, 유월절의 원리를 이용해야 한다. 모든 비즈니스 거래는 우리가 의사소통하는 것과 같은 방식으로 진행된다. 하나님께서 우리에게 내려주신 금전적 번창이라는 모든 시스템은 사람과 사람이 소통할 때 가장 잘 작동한다. 경제는 우리가 서로 이야기하고, 소통할 수 있도록 무대를 만들어 주기 위해 존재한다.

15세기 스페인, 카스티야-아라곤 연합 왕국의 페르난도 2세와 이

사벨 1세 아래에서 재정장관으로 일했던 이삭 아바르바넬은 유명한 중세 유대교 지식인 중 한 사람이다. 그는 고대 유대인의 지혜를 전달하는 데 큰 역할을 했다. 1492년 스페인의 유대인들은 아주 짤막한 고지문과 함께 스페인에서 추방되었는데, 그들이 그때까지 쌓았던 재산은 모두 몰수당했다. 아바르바넬과 같은 고위직 유대인들도 예외는 아니었다. 그리하여 유대인들은 입고 있는 옷과 등에 질 수 있는 짐 정도를 뺀 모든 재산을 잃고 길바닥으로 내몰렸다. 유월절이 다가올 무렵 아바르바넬은 난민이 되어 도착한 이탈리아 제노바에서 친구 한 사람 없이 홀로 외로이 다니고 있는 자신을 발견했다. 그는 홀로 유월절 의식을 행했다. 질문을 생략했을까? 아니다. 앞서 말한 대로, 자리에 아이가 있든 없든 질문은 절대 생략하면 안 된다. 의식에 참석하고, 의식을 진행하는 사람이 당신 한 사람뿐이라도 당연히 자신에게 질문해야 한다. 그러나 아바르바넬은 야심이 큰 사람이었고, 그는 네 개의 질문에서 그치지 않고 수백 개의 질문을 던졌다. 나중에 이 질문을 책으로 정리했다. 이 책은 내가 좋아하는 책 중 하나이다. 위대한 아바르바넬의 하가다는 이스라엘 사람들이 이집트에서 탈출하던 시절에 관해 골똘히 생각하게 만드는 백여 개의 질문으로 이루어져 있다. 나는 이런 질문을 생각지도 못했다. 그리고 그는 이 100개의 질문에 모두 답했다. 주변에 그를 지키는 사람이 아무도 없었지만, 그는 유월절 의식을 홀로 치렀다. 대화를 시작하는 질문의 힘을 보여주는 것으로 이보다 더 대단한 행동이나 업적이 있을까? 그는 외로움이라는 사막 한가운데서도 여전히 스스로 질문을 써 내려가는 것으로 번창의 대화를 할 수 있었다. 물론 그는 그 이전에도 자신과 대화했다.

절대 그 힘을 경시하면 안 된다. 당신의 입으로 말하는 것을 당신의 귀로 듣고 있을 때, 그 단어는 당신의 영혼 속 깊은 곳까지 침투한다. 크게 소리 내어 말하는 것은 그냥 생각만 하는 것과 다르다. 사람들 앞에서 말하는 법을 연습하기 가장 좋은 방법이 실제로 그렇게 소리 내어 말하는 것이다. 돌아다니면서 생각만 하는 것은 그냥 단순한 사색에 지나지 않는다. 당신의 생각을 말로 낼 수 있어야 한다. 설령 그 말을 듣는 것이 당신뿐이라도 생각에 질서를 세워야 한다. 입으로 말하는 언어에는 시간의 흐름과 규칙이 있어야 한다. 그리고 그냥 당신이 생각하는 바를 입으로 소리 내어 말하는 것만으로도 생각을 체계화하는 데 큰 도움이 될 것이다. 당신의 생각을 '말로 쓰는' 셈이다.

생각을 체계화하는 데는 언어가 중요하기 때문에 메모할 때는 단어만 쓰지 말고 완전한 문장으로 쓸 것을 권장한다. 당신이 생각하는 바를 입 밖으로 내어 말할 때도 완전한 문장을 사용하자. 연설을 준비할 때, 종이에 쓰든 직접 말하든 완전한 문장을 써야 한다. 당신이 하루에 할 일을 플래너에 쓸 때나 해야 할 일의 목록을 만들 때도 완전한 문장을 사용해야 한다. 단순하게 앞에 점만 찍어서 구분하는 것도 피해라. 완전한 문단을 이루어야 한다. 만약 집에 갈 때 우유를 사 가야 한다면 그냥 '우유'만 쓰고 끝내지 말아야 한다. '우유 사 가기'로 쓰자. '회의 9:00'라고 쓰면 안 된다. '아침 아홉 시에 회의 있음'이라고 써야 한다. 우리 마음은 단어를 문장과 문단으로 구성하는 것에 익숙해져 있다. 그리고 그 과정에 우리의 계획과 생각에 질서를 부여한다. 그렇게 대단한 노력을 할 필요가 없는 일이니 한번 꾸준히 실천해 보자. 당신은 곧 당신의 메모지가 전보다 더욱 유용해졌을 뿐만 아니라,

당신의 머릿속 생각도 정리가 잘 된다는 것을 느끼게 될 것이다. 시간을 들여 생각을 마음에서 끄집어내고 써서 정리했기 때문이다. 일기나 플래너, 달력을 보기 시작하면 이제 모든 것이 전보다 훨씬 나아지게 된다. 당신의 행동 속에 담긴 의미가 글로 명확히 쓰인 것을 보게된다. '우유'만 써 놓으면 그게 무슨 의미란 말인가? 누가 알겠는가? 이틀 전에 써 놓았던 메모인데? 하지만 '우유 사 가기'라면? 다른 생각도 들지 않고 그 자리에서 바로 우유를 사 가야 한다고 이해하게 될 것이다. 당신의 의도를 기억해내고, 마음속에서 문장을 재구성하려는 과정은 당신의 행동을 느리게 만들고, 에너지를 약화시키는 원인이 된다. 나아가 그냥 낭비다. 정신노동을 두 번이나 해야 하기 때문이다. 사소한 일 같겠지만, 매번 이런다면 쓸데없이 낭비되는 시간이 기하급수적으로 늘어나게 된다. 그러니 처음부터 완전한 문장을 쓰는 것이 좋다.

지금까지 설명한 것들을 당신이 주기적으로 할 수 있다면, 당신의 스케줄이나 달력이 훨씬 더 직관적으로 보이게 될 것이다. 이를 바탕으로 더욱 생산적인 사람이 될 수 있을 것이며, 나아가 당신의 목표에 더욱 집중할 수 있게 될 것이다. 앞에 놓인 길이 명확하고 계획이 잘 짜여 있다면 당신의 동기도 더욱 강해진다. 단어로 이루어진 목록 대신 여러 문장이 적절한 순서로 나열된 것을 보면 우리도 행동의 동기를 느끼게 된다. 문장과 문단은 행동과 지시, 방향을 갖추고 있기 때문이다. "나가서 우유 사올 것." 들리는가? 당신 자신에게 명령하는 것이다. 문장은 우리 영혼과 마음에 스며든다. 그러나 단순히 나열된 단어는 그러지 못한다. 단어는 문장을 구성하는 매우 효과적이고 강력한 벽돌이지만, 단어만 사용하면 내러티브가 없고, 그래서 초점도 잃게 된다. 하나님께서 인간을 만드실 때 숨을 코로 불어넣어 생명을 깃들게 하셨다(창 2:7). 성경을 보면, 이 생명의 숨결은 말할 수 있는 능력으로 해석된다. 당신의 말하는 능력을 소중히 여기고 계속 발달시키기 위해 노력해야 한다. 사람들이 거의 종교적인 수준으로 체육관에서 운동하는 것은 이해할 만한 일이다. 말하는 능력을 훈련시키는 과정을 열심히 진행하는 것은 운동보다는 이해하기 어렵지만, 운동만큼이나 필수적인 과정이다.

미래에 대한 변화와 두려움, 실수는 필연적이다.

변하는 것들에 적응하기 위해 변치 않는 것에 의존해야 한다.

두려움을 극복하기 위해 대처하는 법을 배워야 한다.

인생과 비즈니스에서 실수할 수 있음을 인정해야 한다.

변화, 두려움, 실수를 극복하기 위해 용기가 필요하다.

용기는 막대한 영적 에너지를 필요로 한다.

유대인이 성경을 통해 공급받은 에너지는,

"너는 강하고 담대하라(chazak v'ematz)"이다.

Secret # **29**

돈에 대한 옳은 생각이 옳은 행동을 낳는다

뉴욕 여행을 갔다고 해 보자. 뉴욕은 매우 크고 넓은 도시이고, 밤에 혼자 걷기에 위험한 곳이라는 사실을 당신은 알고 있다. 나쁜 소식 하나. 밤에 혼자 걸어야 하는데, 하필이면 좋지 않은 동네에서 걷게 되었다. 비즈니스에 필수적이라 피할 수도 없다. 한밤중에 위험한 곳으로 갈 생각이 없다면 비행기표 예약도 취소해야 할 것이다. 하지만 당신은 책임감 있는 비즈니스 전문가로서 그 길을 가기로 선택했다. 대비하면 된다는 믿음을 가진 책임감 있는 사람이었기에 근처 서점에 들러 자기방어술에 관한 책도 한 권 샀다. 이 책은 모든 무술을 바탕으로 자기방어 기술을 상세히 설명하고 있다. 칼로 공격당할 때, 총으로 위협당할 때, 다수가 공격할 때, 뒤에서 공격할 때 등 거의 모든 상황에 따른 방어기술을 제공한다. 매우 긴 책이다. 개요만 보아도 20여 개 이상의 장으로 구성되어 있지만, 어쨌든 이 책을 사기로 했다. 뉴욕의 위험한 거리를 한밤중에 천천히 돌아다닐 때, 아무 대비도 없이 위험한 상황에 처하기는 싫었기 때문이다. 서류가방에 책을 넣고 서

점을 나섰다.

하지만 슬프게도 좋지 못한 순간이 당신의 생각보다 훨씬 더 빨리 찾아왔다. 주차장에 세워 둔 차로 걸어가는데 등 뒤에 총이 닿았고, 이어서 들려오는 목소리가 "돈을 내놓든지, 아니면 여기서 죽든지"라고 말한다.

이런 상황에 당신은 어떻게 대응할 것인가? 당신의 가방 속에 있는 책에는 이 상황에 대처하는 방법이 있다. 당신을 공격하는 사람에게 그 부분을 찾아 읽어볼 때까지 기다려 달라고 할 것인가? 그럴 가능성은 거의 없지 않은가. 당신이 막 사온 새 책의 17장에는 '등 뒤에서 총을 겨누고 위협하는 사람에게 대처하는 법'이 완벽하게 설명되어 있을 수도 있다. 하지만 지금 상황에서 그게 얼마나 큰 도움이 된단 말인가? 이미 일이 터졌으니 너무 늦었다. 바로 등 뒤로 돌아서 총을 낚아채고, 다리를 걷어차 눕힌 다음에는 무언가 달라질 수도 있을 것이다. 하지만 지금 당신은 그렇게 하는 법을 모른다. 당신이 새로 산 책은 훌륭한 지침서임에 틀림없지만, 쓸 일이 생기기 전에 미리 공부해야 실전에서 쓸 수 있다. 지금 이 책은 쓸모가 없다.

그뿐만이 아니다. 이 책은 다음 주 뉴욕 여행 중에 별 도움이 되지 못할 것이다. 자기방어 기술과 같은 것은 의식적으로 쓸 수 있는 것이 아니다. 본능에 따른 순간적 반응이어야 효과가 있다. 생각은 행동을 느리게 만들고 실수를 유발한다. 이런 빠른 반응 운동은 몸과 영혼이 합일해야만 가능하다. 또한 이런 합일은 반복 연습을 통해서만 습득할 수 있다. 그리고 무술과 같이 복잡한 것을 연마하기에 1주일은 부족한 시간이다. 공격당했을 때 빠르게, 확실하게, 적절히 반응하려면 자기방어술을 내면화해야 한다. 반복 연습을 통해 무술 지식을 머리에서 꺼내 몸과 영혼에 새길 수는 있지만, 결국 충분한 연습이 필요하다는 사실은 변하지 않는다.

마음과 영혼이 몸에 움직이라는 명령을 내리기 전에 몸이 먼저 반응하도록 연습해야 한다. 지금 우리가 말하는 것은 머리 꼭대기에서 심장까지의 거리 약 46cm에 관한 것이다. 이 거리를 줄일 필요가 있다. 이런 상황, 혹은 다른 모든 상황에서 당신은 이 46cm를 즉시, 자동으로 타고 내려가야 한다. 이게 가능해야 원리나 규칙을 진정으로 내면화했다고 할 수 있다. 마음으로 느끼고 생각하는 것 없이 즉시 적절한 행동을 할 수 있어야 한다. 당신의 영혼이 먼저 나서서 몸을 움직이게 만들어야 한다. 당신은 이런 상황에 무엇을 해야 하는지 '결정'하지 않는다. 무엇을 해야 하는지 느낀다. 그리고 상황에 알맞은 행동을 하도록 공부와 훈련을 반복적으로 연습하여 자신의 것으로 만들어야 한다.

이 원리는 비즈니스에서도 매우 중요한 역할을 한다. 이 원리의 교훈은 당신이 어떤 문제에서 빠져나갈 길을 '생각하면' 안 된다는 것, 해결책으로 향하는 길을 '느껴야' 한다는 것이다. 비즈니스 전문가로서 우리는 돈에 대해 옳게 '생각하는 것'에서 더 나아가 돈에 대해 옳게 '느껴야' 한다. 우리의 마음이 그 지식을 자연스럽게 느끼지 못한다면, 돈을 어떻게 바라보고 다뤄야 하는지를 정확하고 충분하게 안다고 할 수 없다. 이 진실은 확고하다.

자기가 받은 서비스에 대한 대가를 지불하면서 드러날 정도로 불편해하는 사람을 본 적이 있는가? 젊은 사람 중에서 특히 이런 모습이 많이 나타나지만, 나이나 경험 여부와 상관없이 이런 사람들이 어딘가에 꼭 있다. 많은 사람이 돈에 대해 나쁘고 잘못된 느낌으로 세뇌되어 있다. 서비스를 받고 돈을 지불한 사람은 상대가 자신에게 신세를 졌다고 생각하여 상대를 제압하고 무시하려 한다. 반대로 돈을 받은 사람은 자신이 일한 대가로 돈을 받는다는 사실을, 남의 것을 강탈하는 것처럼 느낀다. 그래서 쓸데없는 사과를 한다. 이들은 모두 돈에 대한 잘못된 관념을 가지고 있다. 이런 잘못된 고정관념으로 인해 불쾌함을 드러내고, 수치심을 느낀다. 그러나 그러지 않아야 한다. 당신도 마찬가지다.

돈에 대해서 별로 안 좋은 느낌이나 생각을 가지고 있다면 이를 극복해야 한다. 돈이 잘못된 것이라는 생각은 오해다. 이 오해 때문에 당신의 직업생활이 어려움을 겪을 수도 있다. 돈에 대한 잘못된 관념을 가지고 있다는 것은 곧 당신이 비즈니스 세계를 제대로 이해하지 못하고 있다는 뜻이기 때문이다. 어느 쪽이든, 당신이 도달하게 될 목표로는 썩 좋은 것들이 아니다. 당신이 할 일은 자기방어술을 연습할 때와 같다. 돈에 대해서 옳게 느끼고 생각하는 법을 배우고, 이 원리를 당신의 느낌으로 내면화할 때까지 연습하고 학습해야 한다. 돈에 대한 감각이 올바르게 잡히면 이제 돈에 대해서 의식적으로 생각할 필요가 없게 된다. 의식하지 않아도 이미 무의식적으로 생각하기 때문이다. 돈을 옳게 느끼게 되면 이제 행동도 올바르게 변한다. 다른 모든 것들과 마찬가지로 비즈니스에서도 똑같이 지켜야 한다. 바로 이것이 비즈니스 감각의 시발점이다. 좋은 비즈니스 감각은 연습을 통해 얻어낸 직관이다.

예를 들어보자. 나는 멋진 자동차를 가지고 있다. 12기통 BMW이다. 나는 세계 모든 남자가 일생에 한 번쯤은 12기통 자동차를 갖고 싶다는 생각을 품고 있으리라 확신한다. 내 차는 속도가 112km 이하로 떨어지면 별로 기분이 좋지 않아 보인다. 이유 없이 그냥 그렇다. 그리고 나는 행복한 자동차가 행복한 운전자를 만든다고 생각하고 있다. 그래서 때때로 내 차를 몰고 워싱턴주 서부나 눈을 도로에 계속 두기 힘든 뛰어난 풍경이 있는 곳으로 길게 드라이브를 간다. 커브를 돌 때 내 차의 속도는 120~128km 정도 된다. 그 느낌은 이루 말할 수가 없다. 차는 절대 노면을 놓치지 않는다. 어쨌든 위험한 행동이니 당신은 가급적 이러지 않기를 바란다. 그래도 솔직히 말해서 나는 이런 운전을 즐긴다.

이제 어느 날, 내가 홀로 드라이브를 나갔다가 길가에서 갑자기 경찰차를 마주쳤다고 해 보자. 당신은 이 상황이 그냥 가정이 아니냐고 말할 수도 있겠다. 경찰은 어느 불행한 운전자를 길가에 세워 딱지를 떼려 한다. 이때 내가 할 일은 무엇일까? 속도를 줄여야 할까? 당연히 아니다. 내 머릿속으로는 이미 계산이 끝났다. 과속하는 사람을 잡기 위해 주변에 경찰차가 몇 대나 배치되어 있는지는 모르지만, 경찰차의 수에 한계가 있다는 사실은 알고 있다. 굉장히 넓은 시골 지역이기 때문에 아마 세 대, 많아도 다섯 대 정도가 끝일 것이다. 정확히는 모르지만. 그러나 지금 이곳에는 레이더를 설치해 놓고 기다리는 차 한 대뿐이라는 사실을 나는 안다. 내가 딱지를 떼일 가능성은 사라졌다. 가속 페달을 끝까지 깊게 밟는다. 내 갈 길을 간다. 나는 굉장히 세심하게, 논리적으로 계산을 끝마쳤다.

그런데 다음 커브 길에서 사고가 난 것을 보게 되었다. 경찰차와 구급차가 현장에 깔려 있다. 굉장히 방해되는 느낌을 받는다. 그러면 여기서 어떻게 운전을 해야 할까? 천천히, 조심해야 한다. 그런데 잠깐, 지금 여기에 사고가 났으니 주변 지역 경찰차들은 전부 한창 바쁠 때가 아닐까? 그럴 것이다. 하지만 나는 거기에 신경 쓸 겨를이 없다. 나는 굉장히 불안한 장면을 보고 상당한 충격을 받은 상태다. 차를 거칠게 몰면 어떤 일이 일어나는지 방금 봤기 때문에 이제 천천히 운전해야 할 것 같다는 느낌이 들었다.

이제 당신은 내 잘못된 행동에 내 생각이 어떻게 더 큰 동기를 부여했는지 볼 수 있을 것이다. 내가 행동을 바꿔야 한다는 사실은 알았지만, 그래야 한다는 느낌은 들지 않았기 때문에 그냥 하던 대로 계속했다. 행동을 바꿔야겠다는 생각이 들 때까지. 바로 이 점이 세상을 채운 여러 차이를 만들어낸다. 그리고 이 결정이 사실상 자동으로 이루어졌다는 사실도 보일 것이다. 나의 영혼은 나의 발에 속도를 더 내라고 명령했다. 마음은 아무런 역할도 하지 않았다.

돈을 대하는 우리의 행동도 이와 다르지 않다. 우리 심장이 돈에 대한 올바른 느낌이 들도록 해야 한다. 그러지 않으면 돈에 대한 행동이 잘못될 수 있고, 결국 부를 창출하는 것은 불가능하게 된다. 그냥 생각만 한다고 실제로 할 수 있는 일이 아니다. 일자리를 잡을 기회나 사업 기회가 바로 나타났을 때, 이를 분석할 무한한 시간이라는 사치를 항상 누릴 수 있는 것은 아니다. 직관력을 길러야 한다. 올바른 행동이 어떤 것인지 느낄 수 있어야 한다. 당신은 돈을 편안하게 '생각하는' 것이 불가능하다. 이게 무슨 소리냐, 당신의 마음 깊은 곳에서는 돈을 불편하게 느끼면서 의식적으로 '돈은 좋은 것이다'라고 자신을 속일 수가 없다는 것이다. 이 사실을 진실로 받아들이고 내면화해야 한다. 그래야 중요한 순간이 왔을 때 '돈을 버는 것은 좋은 일이다'라고 자신을 설득할 필요가 없게 된다.

지난 수십 년간 과학자들은 인간의 유전자를 분석하고 유전자 지도를 만들기 위해 노력했고, 굉장히 놀라운 결과를 얻어냈다. 과학자들은 DNA를 더 잘 이해하여 인간 자체에 대한 이해를 높이려 했다. 그들의 연구 결과에 따르면 침팬지와 인간의 유전자는 95%의 유사성을 보인다. 인간이 침팬지에서 진화했다는 증거로 받아들일 수도 있다. 당신이 이 문제에서 어느 쪽을 택할지는 모르겠지만, 인간과 고래의 DNA는 97%의 유사성을 지닌다는 사실을 귀띔해주고 싶다. 사실 유전자 기준으로 나를 비롯한 모든 남성은 여성보다 고래에 훨씬 더 가까운 존재이다. 이 문제는 그만큼 복잡한 것이므로, 절반의 사실만 가지고 결론을 건너뛰는 일은 없도록 해야겠다.

물론 우리가 누구인가를 규명하는 과정에 유전학만 힘을 쓰는 것은 아니다. 과학자들이 확인한 또 다른 중요한 요인은 '후생유전학'이라고 알려진 분야이다. 모든 유전자에는 표현 여부를 결정할 수 있는 일종의 스위치가 달려 있고, 어느 유전자는 볼륨조절기같이 슬라이드 스위치를 사용한다. 덕분에 유전자의 발현 강도를 조절할 수 있다. 당신이 태어나 살면서 받게 되는 후생적 영향이 유전자의 작동을 판가름하는 요소가 되는 것이다. 마치 천연 회로차단기와 같다. 결론적으로 말해 당신이 하나님의 다른 창조물들과 DNA를 상당 부분 공유한다고 해도, 실제 활성화되어 기능하는 유전자를 기준으로 본다면 공유하는 비율이 줄어들게 된다. 인간의 DNA를 동물의 DNA와 구분하는 것은 그냥 유전자만이 아니다. 후생성 또한 영향을 끼친다. 아직 발견한 지 얼마 되지 않아 어떤 영향으로 이런 후천적 유전자 발현이 이루어지는지 명확하지는 않지만, 매우 신선하고 흥미로운 분야이다. 무엇이 유전자를 작동시키고 멈추는 것일까?

나도 나름대로 이 분야를 연구하다가, 매년 3개월씩 남극에 베이스캠프를 차리고 다른 사람들과 교류를 끊은 뒤 연구에 매진하는 한 연구자의 이야기를 발견했다. 그는 집에 돌아갈 준비를 하기 2~3일 전부터 갑작스레 수염이 자라는 속도가 빨라진다는 사실을 알게 되었다. 그와 그의 동료들은 즉시 이 특이한 현상에 관한 연구를 시작했고, 곧 테스토스테론 분비량이 달라지면서 나타나는 현상이라고 결론을 내렸다. 여성과의 신체적 접촉에 대한 기대는 수염을 비롯한 남성의 2차 성징에 영향을 주는 호르몬인 테스토스테론 분비량 증가로 이어졌다. 테스토스테론이 진짜로 수염을 자라게 만든 것이다.

하지만 진짜 놀라운 사실은 따로 있다. 앞서 말한 활동이 테스토스테론 분비를 자극할 뿐만 아니라, 성관계에 대한 상상만으로도 테스토스테론 분비량이 늘어나고, 수염이 자라기에 충분하다는 사실이다. 이 연구자에게 일어난 현상을 정리하자면 다음과 같다. 그가 집으로 돌아가 아내를 만나게 되리라 기대하면서 마치 이미 아내와 함께하는 것처럼 테스토스테론 분비량이 늘어난 것이다. 여기에서 특정한 유전자가 켜지거나 꺼지고, 테스토스테론의 분비량이 조절되면서 수염이 자라는 속도가 달라진다는 사실을 유추할 수 있다. 다시 말해 그의 몸은 그의 속, 그의 영혼 속에서 일어나는 어떤 현상에 반응한다는 것이다. 참으로 놀라운 사실이 아닌가! 이 이야기를 보면 우리의 느낌이 우리의 몸 상태에 어떤 영향을 끼치는지 감을 잡을 수 있다. 나아가, 호르몬이 우리의 감정과 행동을 제어하는 역할을 하므로, 우리가 생각하고 느끼는 것 또한 우리 상태에 더 큰 영향을 끼친다고 할 수 있겠다. 이 과정에서 피드백 루프가 형성된 것이다. 당신이 스스로 웃음 짓도록 강제하다 보면 어느 순간 웃을 때 행복함을 느끼게 되고, 진심으로 웃게 된다는 사실을 알아챈 적이 있는가? 이 또한 비슷한 현상이다. 사물에 대한 우리의 느낌은 우리의 마음과 몸이 그 사물에 반응하는 방식에 영향을 끼친다. 그래서 우리의 기분과 느낌을 제어하는 것이 중요하다. 느낌을 제어할 수 있다면, 생각과 몸도 제어할 수 있기 때문이다.

'무지한 상업화Crass Commercialization'라는 단어를 들어 본 적이 있는가? 나는 이 문구를 별로 좋아하지 않는다. 이 단어는 비즈니스와 관련된 것들을 전부 불공평하고 부정적인 함의로 덮어씌운다는 사실을 보여주는 여러 예 중 하나이다. 부에 대한 부정적인 시선은 현대 사회에서 흔히 찾아볼 수 있는 모습이며, 그래서 별로 놀라운 사실도 아니다. 하지만 이로 인해 돈을 부정적인 것으로 느끼고 생각하게 된다. 그러나 돈은 부정적인 것이 아니다. 우리가 이미 앞서 선언한 대로, 부는 누군가를 선하게 섬긴 대가로 내려주는 하나님의 보상이다. 우리가 살아가는 현대 사회는 부를 부정적인 것, 나쁜 것, 심지어 악으로 받아들이게 만드는 여러 정치적, 사회적 세력이 넘쳐난다. 다행인 것은, 당신과 나는 유대교의 지침인 성경 덕분에 진정한 악이란 부와 반대되는 것이라는 사실을 알게 되었다. 하지만 이 사실을 모두가 아는 것은 아니다. 부에 대한 부정적인 인식이 사람들에게 내재하면 비즈니스에 제대로 임하지 않게 된다. 그 이유는 너무나도 명백하다. 비즈니스 포인트는 많은 사람의 필요를 채워 부를 창출하는 것에 있다. 결국 당신이 부를 나쁜 것으로 받아들이고, 주머니에 있는 동전 하나, 지폐 한 장을 모조리 증오하고 돈을 가지고 있다는 사실에 한탄한다면, 제대로 된 비즈니스를 못하게 될 것이다.

결론은 돈에 대한 올바른 마음가짐을 갖는 것이 최고의 비즈니스 전문가인지 아닌지를 나누는 기준점이라는 것이다.

모든 올림픽 출전 선수들은 인간 신체 능력의 정점에 이른 사람들이다. 자기 종목에서 최고의 자리에 오른 선수가 아니면 올림픽에 참가하는 것조차 불가능하다. 이들의 능력, 체격조건, 재능의 차이는 무시할 수 있는 수준이다. 그들의 신체조건은 극한에 도달해 있고 그 차이가 크지 않기 때문이다. 가장 빠른 달리기 선수들의 경기는 1,000분의 1초 단위로 우승자가 갈린다. 모든 경기자가 같은 수준의 신체적 완벽함을 가졌기 때문이다. 그리고 연령대 또한 경기를 진행하기에 적절하다. 훈련 수준도 완벽하다. 모든 것을 정확하게, 정석대로 할 수 있다. 모든 경쟁 선수들은 금메달을 가지고 집으로 돌아갈 합당한 자격을 갖추고 있다. 그럼 등수를 결정하는 것은 무엇일까? 코치나 베테랑 선수들은 금메달을 목에 걸고 돌아가는 선수들은 몸 상태가 최선이었기 때문이 아니라, 정신적으로 준비된 사람들이었기 때문에 금메달을 딸 수 있었다고 답한다. 우승자는 자신의 완벽한 몸 상태를 더 잘 이용할 심리적 준비가 되어 있는 사람이었다는 뜻이다. 이 정도 수준의 경기라면 참가자 모두 몸 상태가 완벽할 것이다. 그러나 우승자는 완벽한 몸과 함께 올바른 정신, 몸의 능력을 조금 더 끌어낼 수 있는 정신을 갖춘 사람이다.

비즈니스도 마찬가지다. 오랫동안 훈련하고, 공부하고, 연구할 수 있다. 최고 프로그램을 통해 MBA를 받을 수도 있다. 괜찮은 비즈니스 모델을 통해 배울 수도 있고, 포춘 500대 기업에서 인턴 과정을 진행할 수도 있다. 이 과정에 당신의 비즈니스 기술과 지식은 계속해서 가다듬어질 것이다. 그와 함께 당신의 성공 가능성도 올라간다. 하지만 당신이 활동하는 업계에서 더 높은 수준으로 오르기 위해서는 당신의 정신도 가다듬어야 한다. 올바른 비즈니스 정신을 길러야 한다. 그러기 위해서는 어느 정도 돈에 대한 가치관을 바로잡을 필요가 있다. 돈을 탐욕의 산물이 아니라 창조와 섬김의 산물로 바라보아야 한다. 돈을 100% 완벽하게 이해해야 한다.

그럼 돈이란 무엇일까? 물리적으로 돈은 비즈니스 거래를 촉진하는 부의 경제 지표이다. 하지만 영적 감각으로 바라본 돈은 어떤 것일까?

돈을 뜻하는 히브리 단어 dahm에는 '피'라는 뜻도 있다. 앞서도 말했지만 하나님의 언어에서 한 단어가 두 가지 뜻을 갖는 것은 전혀 우연이 아니다. 이런 두 뜻 사이에 숨겨진 연결성의 암시는 통일된 개념을 제시하는 형태로 결합한다. 그러면 히브리 단어 dahm의 경우, 피와 돈 사이에 어떤 연결이 있을까?

이제 연구해 볼 때다. 돈과 피 사이에는 어떤 비슷한 점이 있을까? 우선 둘 다 은행이 있다. 혈액은행과 금융 업무를 담당하는 은행이다. 당연하지만 둘 다 영양분을 운반한다. 피는 몸속을 돌며 영양분을 운반한다. 돈은 경제 체계를 순환하며 경제활동을 위한 양분을 운반한다. 둘 다 각각의 순환시스템 기능에 매우 필수적인 역할을 한다. 피와 돈의 또 다른 유사점은 둘 다 불가산 명사라는 것이다. 아무도 "돈 좀 가질 수 있나요(Can I have a money)?"라고 묻지 않는다. 아무도 "피가 필요하다(I need a blood)"라고 말하지 않는다. 피와 돈은 무한하고 정해진 형상이 없어서 단수형이 존재하지 않는다(한국어로 '돈들', '피들'이라 칭하지 않는 것과 같음). 당신의 신체조건만 맞는다면 무한한 양의 피를 헌혈할 수 있다. 비슷하게 기부나 비즈니스를 하면서 돈을 쓰면 항상 더 큰 보답이 돌아오게 된다. 이런 형태의 투자는 더 많이 일할 조건을 갖추게 하고, 더 많은 돈을 벌 수 있게 한다.

마지막으로 피와 돈은 둘 다 대체 가능한 것들이다. 다시 말해 서로 교환이 가능하다는 것이다. 내가 당신의 차를 빌려 간 다음 다른 차를 대신 돌려줬다고 해 보자. 기분이 굉장히 안 좋을 것이다. 물론 더 비싸고 좋은 차라면 이야기가 달라지겠지만. 자동차는 대체할 수 없기 때문이다. 반대로 내가 당신에게서 20달러를 빌렸다고 해 보자. 내가 돈을 갚을 때 당신은 그게 지폐인지, 동전인지, 지폐면 몇 달러짜리인지 신경 쓰지 않는다. 무엇으로 받든, 일단 20달러를 받는다면 아무 문제가 없다. 이것이 바로 '대체 가능'하다는 뜻이다. 마찬가지로 피도 대체할 수 있다. 사고로 크게 다쳐서 수혈이 시급한데 지난달에 당신이 뽑아서 혈액은행에 보관해두었던 피를 찾느라 시간을 들일 필요가 없다. 혈액형만 같다면 헌혈한 사람이 어떤 사람인지는 상관이 없다. 물론 대조적으로 몸속 장기는 대체 불가능한 것으로 취급한다. 이식이 굉장히 어렵기 때문이다. 새로운 장기를 이식하고 적응시키는 매우 복잡한 과정이 없다면, 몸이 대체된 장기를 거부한다. 그러나 돈은 우리 몸의 장기가 아니라 피와도 같다. 만약 당신이 수백만 명의 사람들로부터 돈을 받을 수 있다면 그 근원은 상관이 없다.

이런 모든 특징은 돈과 피 사이에 매우 심오한 유사성과 연관성을 말해 준다. 이에 대한 이유는 간단하다. 경제에서 돈은 피와도 같기 때문이다. 돈은 당신의 삶을 구성하는 구성요소 중 하나가 아니다. 돈은 우리가 하는 모든 일에 필요 불가결한 요소이다. 나는 지금 돈이 당신의 인생에 유일한 가치라는 말을 하려는 것이 아니다. 하지만 실제로 돈은 항상 당신의 삶을 이루는 중요한 가치 중 하나이므로 중요한 자리에 위치한다. 당신이 골프 치는 것을 좋아해서 매주 수요일에 골프 치는 일이 정말 중요할 수도 있다. 하지만 당신의 인생이나 생각 속에서 다른 요일에 골프 치는 것은 크게 중요하지 않을 수 있다. 그러므로 골프는 생혈이 아니다. 하지만 돈은 생혈이다. 언제나 중요하기 때문이다. "수요일에는 테니스를 치고 목요일에는 돈에 관심을 좀 가져야지"라고 말하는 사람이 어디 있단 말인가? 테니스, 우표 수집, 영화 관람, 독서, 그 외에 생각할 수 있는 모든 취미생활은 당신이 그 활동을 할 때만 중요하다. 하지만 돈은 당신의 마음속에서 맨 앞에 나와 있지 않더라도 항상 중요하다. 우리 몸의 피처럼, 돈도 매일같이 관심이 필요하다. 경제활동을 촉진하고, 경제활동의 연료가 되어주며, 우리가 전문가로서, 그리고 개인으로서 성공했는지를 가늠할 수 있는 핵심 지표가 되기 때문이다.

창세기 2장 12절에서 하나님께서는 "그 땅의 금은 순금이요"라고 말씀하셨다. 하나님께서 말씀하시는 땅은 어디일까? 주기적으로 경제활동이 이루어지는 땅일 것이다. 그곳에서 금이 만들어지기 때문이다. 성경 속에서 금은 모든 형태의 돈을 뜻하는 은유이다. 성경이 기록될 당시에는 황금이 돈의 역할을 대신했기 때문이다. 그래서 금은 언제나 동전을 만들 때 많이 쓰였다. 백금 같은 다른 금속은 동전 제조에 쓰지 못하는 이유가 있다. 우리가 금을 이용해서 우리의 가치를 저장하는 것은 하나님께서 "그 땅의 금은 순금이요"라고 말씀하시며 금을 부의 상징으로 삼으셨기 때문이다. 그러므로 하나님께서 하신 말씀은 "그곳의 돈은 좋은 돈이다"라고 하신 셈이다.

이 교훈을 내면화하라. 돈은 좋은 것이다. 돈이 많거나, 돈을 번다는 사실을 부끄러워할 필요가 없다. 당신이 고객에게서 돈을 받을 때는 고객을 섬긴 대가로 받는 것이다. 고객에게 호의를 베풀었기 때문에 그에 따른 합당한 보상을 받은 셈이다. 따라서 여기에 수치스러워할 것도, 부도덕하다고 생각할 것도 없다. 돈을 버는 기본적인 방법이 사람들을 돕고 섬기는 것이다. 부를 축적한 사람은 세상에 그만한 선을 행했기 때문에 보답을 받은 것이다. 이 교훈을 가슴에 새기고, 이를 진심으로 느끼게 된다면 당신과 세상, 고객 그리고 다른 비즈니스 전문가 사이의 관계가 더 나은 쪽으로 변화하게 될 것이다.

Secret # 30

돈에 대한 이해는 부를 창출하는 시작점이 된다

이제 돈이 무엇인지, 돈이 창조에 어떤 역할을 하는지, 경제란 어떤 것인지 잘 이해하게 되었을 것이다. 나와 당신 같은 비즈니스 전문가들은 돈을 확실하게 이해하면 상당히 큰 이득을 볼 수 있다. 돈을 이해해야 우리가 찾는 것을 궁극적으로 이해할 수 있기 때문이다. 돈뿐만 아니라 다른 모든 것들도 마찬가지다.

내가 낚시에 관한 조언을 하려는 것은 아니지만, 브리티시 컬럼비아에서 뱃놀이를 할 때 나는 굉장히 긴 시간을 낚시질보다 낚시하는 방법에 투자했다. 찾기도 힘든 치누크 연어를 잡으려는 도전이 좌절로 끝날 즈음에 기적의 낚시 방법을 발견하게 되었다.

나는 몇 주를 낚시 도구 사는 데 들였다. 해가 뜨기 전 쪽배의 노를 저어 가족들이 함께 타고 있던 배에서 떨어졌다가, 몇 시간 뒤 신선한 연어를 한가득 싣고 돌아와 가족들과 요리해 먹는 원시적인 느낌은 참으로 만족스러울 것 같았다. 딱 한 가지, 내가 생각한 대로 흘러가지 않았다는 게 문제지만. 나는 훌륭한 낚싯대와 펜Penn 사의 명품 릴,

전자식 어군 탐지기, 낚시용품점 점원이 진지하게 그 효과를 증명한 형형색색의 루어를 완비한 상태였다. 금방이라도 연어가 조지아 해협의 물을 박차고 뛰어올라 저녁 식탁에 오를 것만 같은 낚시 교습 책도 여러 권 챙겼다. 그러나 나는 빈손으로 배로 돌아왔다.

낚시 가이드 빌을 알게 된 것은 그때였다. 그가 가지고 있는 것은 그냥 단순한 낚싯대가 전부였다. 대단해 보이는 부분도 전혀 없었다. 그러나 그가 대단한 것은 연어를 잘 알았다는 것이다. 그의 안내를 받아 갔던 곳에서는 어김없이 물고기를 낚을 수 있었다. 매우 만족스러웠다. 하지만 그보다 더 중요한 사실도 함께 깨달았다. 사냥감에 대한 지식이 우수한 장비보다 훨씬 더 중요하다는 것을 그때 깨닫게 된 것이다.

비슷하게 돈에 대해서 완벽하게 이해하면 부를 훨씬 더 잘 축적할 수 있게 될 것이다. 우리는 비즈니스 전문가로서 돈을 완벽히 이해해야 한다. 당신은 여기까지 읽으면서 돈은 좋은 것이며, 당신의 생혈이라는 사실을 이해하게 되었을 것이다. 그렇다면 돈을 구성하는 것은 대체 무엇일까?

당신은 본능적으로 돈이란 주머니에 들어 있는 금속 조각과 지갑 속에 들어 있는 녹색 종이 몇 장이라고 생각할 수도 있다. 신용카드 뒷면의 검은 선이나 통장에 찍힌 숫자라고 생각할 수도 있다. 그렇다면 누군가 당신에게 수표를 써 준다면? 그것도 돈이라고 할 수 있을까? 만약 누가 다가오는 금요일에 100달러를 주겠다고 약속했다면? 차용증을 돈이라고 할 수 있을까? 친구끼리 돈을 빌리면서 쪽지 하나 남기는 정도로 지급을 약속했다면, 이 쪽지를 100달러 지폐나 100달러 가치의 국채와 같은 것으로 취급해야 하는 걸까?

답은 이 모든 것을 돈으로 취급할 수 있다는 것이다.

돈은 거래를 촉진하는 수단이다. 돈은 당신이 사람들을 돕고 섬길 때, 그 사람들도 당신을 똑같이 섬긴다는 징표로서 주어지는 것이다. 지붕 수리공이 지붕을 수리하고 20달러 지폐 한 묶음을 성과에 대한 증명서로 받았다면, 그는 그 돈으로 근처 서프앤터프 레스토랑에 가서 가족들과 꽤 근사한 저녁식사를 할 수 있다. 레스토랑 소유자는 그에게 식사 제공의 대가로 똑같은 증명서를 요구한다. 돈을 벌지 않은 사람은 다른 사람을 돕거나 섬긴 적이 없는 사람이다. 사람들은 이를 명확하게 생각하지 않는다. 하지만 무의식적으로 이런 관계가 성립한다는 사실을 이해한다. 돈 버는 것을, 섬김의 가치로 이해하는 자만이 들어갈 수 있는 엘리트 클럽의 입장권이라고 생각해 보자. 당신이 경제 활동을 할 때, 이 훌륭한 클럽의 일원이 될 자격이 주어진다. 이 클럽은 서로를 돕는 것에 행복을 느끼는 사람들이 모여 창설한 곳이다. 달러도, 신용카드도, 수표도, 모든 것이 누가 누구를 도왔는지 추적할 수 있게 해 주는 징표인 셈이다. 이 징표가 많을수록 돈이 더 많이 쌓이게 되고, 다른 사람들도 역시 당신을 돕기 원하게 된다. 돈은 대표권이다. 일을 했다는 증거이다. 돈은 당신이 다른 사람들을 도우려고 노력한 사실을 증명하는 증명서이다.

유일하게 지켜야 하는 규칙은, 제공받은 서비스나 제품에 대한 선의의 대가로 돈을 전달해야 한다는 것이다. 그 과정이 정당하지 않다면 당신은 아무도 섬기지 않은 것이며, 당신의 지갑 속에 들어 있는 것은 가치 있는 돈이 아닐 확률이 높다. 아니, 돈이 아니라 잘못된 방식으로 얻은 산물이며, 결국 이런 산물을 취한 자는 하나님과 주변 사람들에게 단죄의 대상이 될 수 있다.

　하지만 이 부분은 우리가 지금 이야기하는 주제에서 벗어났다. 우리가 이야기하는 것은 당신이 정당하게 번 돈이다. 도둑질, 강도, 사기, 불법적인 강압 행위, 혹은 비도덕적인 행위에서 온 돈은 여기에 속하지 않는다. 이런 이유가 아닌 정당한 사유로 당신의 주머니에 몇 장의 지폐를 넣게 되거나, 은행 잔고가 오르게 되었다면 이는 누군가를 만족시킨 대가로서 받게 된 보답일 것이다. 물리적 형태와 상관없이 당신이 자발적으로 지불한 지폐는 곧 상대방이 일을 잘했으며 성과도 만족스러웠음을 입증하는 증명서가 된다. 보통은 고객이 돈을 준다. 말썽부리지 않았다고 가족 구성원에게 용돈을 받은 것은? 그 또한 여전히 돈을 벌었다고 할 수 있다. 누군가가 그렇게 돈을 준다는 것은 당신이 누군가에게 굉장히 가치 있고 큰일을 했다는 것을 뜻한다. 최신 제품을 팔았을 수도 있다. 혹은 고장 난 제품을 새것처럼 고쳐 주었을 수도 있다. 혹은 학교에서 말썽부리지 않고 수업을 잘 들어서 부모님께 용돈을 받은 것일 수도 있다. 어느 쪽이든 돈을 받은 사람은 누군가에게 만족을 선물했기 때문에 그 돈을 받을 자격을 얻었다고 할 수 있다. 그렇지 않다면 그 돈을 줄 이유조차 없지 않겠는가? 하나님은 이 시스템을 좋아하신다. 하나님의 자녀 중 누군가에게 서비스를 제공했고, 그 보답으로 돈을 받을 수 있게 해 주신다. 이런 과정을 통해 협력을 유도하신다.

　돈이 만들어지고 존재하게 되는 과정을 이해했다면, 당신은 돈을 이해한 것이다. 이 부분을 조금 더 자세히 설명하기 위해 라핀 할아버지의 이야기를 들려주려고 한다. 그는 실존 인물이지만 내가 지금부터 하려는 이야기는 그의 삶을 다소 소설화한 것이다. 그러나 이야기의 정신에는 진실이 그대로 남아 있으며, 그가 실제로 살았던 삶의 이야기를 담고 있다. 나는 교육적 목적으로 인상적인 느낌을 주기 위해 그의 경력과 일생을 하루로 압축했다.

라핀 할아버지는 행상인이었다. 한때 행상은 매우 좋은 직업이었다. 행상은 1800년대부터 1900년대 초까지 미국으로 이주한 수많은 유대인이 생활비를 벌기 위해 택한 직업이었다. 구세계에서 배웠던 거래의 원리를 실습하는 과정이기도 했다. 간단히 말해 행상인들은 움직이는 가게이다. 집에서 집으로, 마을에서 마을로 돌아다니며 물물교환을 하거나 상품을 팔고 이익을 보았다.

그리고 어느 날, 라핀 할아버지는 한 집의 문을 두드려 사람을 불렀고, 한 여자가 집에서 나왔다. 할아버지는 혹시 집에 더 쓰지 않는 물건이 없냐고 물어보았다. 여자는 오래되어 흔들거리는 테이블을 밖에 내놓을 예정이라고 했다. 흔들리는 테이블은 아무런 가치가 없는 물건이다. 하지만 그녀가 살던 도시에서 그 테이블을 치우려면 마차삯으로 5달러를 내야 했다. 라핀 할아버지는 좋은 생각이 있다고 했다. 할아버지가 5달러를 그녀에게 주고 테이블을 가져가겠다고 한 것이다. 당연히 그녀도 기쁘게 동의했다.

잠시 멈춰서 계산해 보자. 라핀 할아버지가 찾은 집의 여자는 얼마나 이득을 보았을까? 그녀는 이제 시청에 5달러를 안 내도 된다. 여기에 할아버지의 주머니에서 나온 5달러도 그녀의 돈이 되었다. 그러므로 라핀 할아버지가 문을 두드린 결과 그녀는 10달러의 이득을 본 셈이다. 이 점을 기억하고 넘어가자.

라핀 할아버지는 오래된 테이블을 가져왔다. 철물점에서 약간의 돈을 주고 나사와 다리에 붙일 버팀대, 광택제를 사왔다. 테이블이 흔들리지 않게 잘 수리하고 광택제를 발라 마감한 뒤 다니면서 테이블이 필요한 집을 찾았다. 얼마 가지 않아 다음 주에 결혼할 아들을 둔 남자가 나타났다. 아들 부부가 살게 될 아파트에 둘 가구가 필요하다고 말했다. 아들이 곧 가구점으로 가서 20달러짜리 식탁을 살 예정이라고 했다. 라핀 할아버지는 새것처럼 수리된 정말 괜찮은 테이블이 트럭에 하나 있다고 했다. 그냥 10달러면 가져갈 수 있다는 말도 덧붙였다. 그 남자는 테이블을 찬찬히 훑어본 뒤, 신혼부부가 처음 사용할 가구로 꽤 괜찮은 물건이라는 점에 동의했다. 테이블을 산 것이다.

그러면 이 신혼부부는 얼마나 이득을 보았을까? 이들이 가구점에 가서 새 테이블을 샀다면 20달러를 내야 했을 것이다. 그러나 새것처럼 상태가 좋은 중고품을 10달러에 살 수 있었다. 그러니 10달러를 아낀 셈이다. 그리고 원래 테이블 주인이던 여자도 10달러 이득을 보았다. 이 동네는 라핀 할아버지가 돌아다니면서 장사하는 과정에 총 20달러의 이득을 본 것이다. 그런데 잠깐, 중간에 들렀던 철물점도 1달러 이득을 보았다. 테이블 수리하는데 드는 재료를 팔았으니까. 이 마을은 그렇게 총 21달러의 이득을 보았다. 여기까지가 라핀 할아버지가 하룻밤 자기 위해 호텔을 잡고, 먹을 음식을 사는 데 들어간 돈을 계산에 아직 넣지 않았을 때의 이득이다. 그리고 할아버지는 계속해서 다른 집을 찾아 문을 두드리고 다니며 거래를 한다. 할아버지의 존재감이 주변 동네 경제 속에서 메아리치는 것이다.

물건을 사고파는 과정에서 생겨난 차익을 잊지 말자. 당연하지만 라핀 할아버지의 주머니에도 처음보다 더 많은 돈이 들어있다. 테이블 사는데 5달러, 고치는데 1달러가 들었지만 사서 고친 이 중고 테이블을 10달러에 팔아 4달러의 이득을 보았다. 동네 전체에 21달러의 부를 창출할 수 있도록 도우면서 라핀 할아버지도 4달러의 이득을 보았다. 이 모든 것이 새로 창출된 것이다. 그럼 이 돈은 어디에서 온 것일까? 나는 약을 팔려고 하는 것이 아니다. 바로 이것이 경제가 부를 창출하고 분배하는 방식이다. 꽤나 일상적이면서도 기적적이고, 간단하면서도 완벽하다. 하나님께서 설계하신 경제의 작동 방식이다. 돈은 서로 도울 때 창조된다. 경제적 거래는 돈을 창조한다. 우리는 문자 그대로 다른 사람을 섬기면서 돈을 만드는 것이다.

아직도 회의적인 사람이 있는가? 복잡한 현대 경제에는 이 단순한 이야기가 적용되지 않는다고 생각하는가? 다시 한번 생각해 보자.

첫날부터 돈을 벌기 시작한 몇 안 되는 인터넷 기업 중에서 대표적인 기업을 꼽자면 온라인 경매 사이트인 이베이eBay를 들 수 있다. 이들은 첫 사업을 시작한 때부터 이득을 보기 시작했다. 반면, 다른 유명한 인터넷 상거래 사이트인 아마존은 흑자로 돌아서기까지 몇 년간 상당한 손실을 보아야 했다. 물론 지금은 상당한 매출을 자랑한다. 그러면 이베이가 이렇게 성공할 수 있었던 이유는 무엇일까? 간단히 말하면 수십만 명의 라핀 할아버지가 동시에 일했기 때문이다. 수천 명의 행상인과 상인들이 대중과 거래한다. 이베이의 판매자들은 사람들이 필요로 하지 않는 것을 사들이고, 이를 필요로 하는 사람들에게 되팔아서 이익을 남긴다. 이 물건들을 판매자에게 파는 사람들은 물건보다는 돈을 원하는 사람들이다. 이 물건들을 사들이는 사람들은 돈보다 물건이 필요한 사람들이다. 그리고 판매자, 중개자, 행상인들은 이 거래를 중개하면서 그 과정에서 이익을 볼 수 있다. 심지어는 이베이와 주주들 또한 매번 거래가 이루어질 때마다 조금씩 돈을 벌 수 있다.

이베이가 이렇게 큰 성공을 거둔 가장 큰 이유는, 거대한 경제구조의 축소판 역할과 기능을 성실하게 수행했기 때문이다. 우리가 다른 사람들을 위해 무언가 한다면, 모두가 이득을 볼 수 있다. 이것이 하나님의 경제원리이다. 하나님께서 내게 부자가 될 것이라고 약속하신 적은 없지만, 우리가 다른 사람의 욕구와 필요를 충족시키는 것에 몰두하는 세상을 통해 부를 창출하도록 만드셨다. 하나님은 우리가 다른 사람을 돕는 것에 집중하기 원하신다. 우리가 이런 종류의 경제활동에 참가한다는 것은 하나님의 의지를 따르는 셈이다. 하나님이 세우신 인간 경제의 전반적인 계획은, 다른 사람과의 협력과 상호작용을 통해 서로 도울 때 보상을 받게 하는 것이다. 선하신 사랑의 하나님이 우리에게 주시는 보답은, 여기에 참가한 모든 사람에게 풍성함과 번창함으로 축복을 누릴 권리를 주시는 것이다.

Secret # 31

돈을 재고 셀 수 있어야 한다

체중 감량은 참으로 어려운 것이다. 체중계 없이 다이어트를 한다고 해 보자. 몸무게가 얼마나 줄었는지 어떻게 알 수 있단 말인가? 아니, 그전에 몸무게가 늘지 않고 줄어들었다고 확신할 수 있을까? 항상 이를 추적할 시스템이 필요하다. 대부분의 개인 트레이너와 영양사들은 항상 같은 시간에 체중을 재고 기록하여 진행 상황을 파악한 후 다이어트 방법을 평가하라고 권한다. 속여서도 안 된다. 현실을 기록하는 것이 아무리 두려워도 반드시 진실을 써야 한다. 아니, 두려울수록 더더욱 그렇게 해야 한다. 이 두려운 현실이 당신에게 동기 부여가 될 것이다.

그리고 매일 다이어트하기 위해 열심히 운동해야 한다. 고지방 고탄수화물 식품은 피하고, 유산소 운동과 근력 운동을 해야 한다. 일이 잘 풀리면 매일 조금씩 체중이 줄어들게 될 것이다. 이보다 더 좋을 수가! 하지만 진행 상황을 계속 추적하지 않으면 분명 길을 잃게 된다. 당신이 몸무게를 400g 줄인 것으로도 충분히 용기를 얻어 계속 다이어트를 할 수 있다. 다음날 또 조금 줄어들었다. 1주일 동안 1kg을 넘게 줄였다. 앞으로도 계속 그렇게 하는 것이다. 확연히 보이는 숫자는 우리를 격려해 주지만, '조금씩 나아진다'라는 일상적인 말은 막연하고 확신하기 어렵다. 숫자는 당신이 잘 진행하고 있다는 것을 명확하게 보여주는 증거의 기능을 한다.

부를 창출하는 것은 다이어트를 하기보다 훨씬 쉽다. 하지만 둘 다 상당한 수준의 지속적인 노력이 필수적이다. 돈을 저축하는 것 또한 상당한 결과물을 얻기 위해서는 비슷한 수준의 지속적인 노력을 요구한다. 매일 조금씩 돈을 저축한다. 하루에 저축하는 돈의 양만 따지면 그리 큰돈이 아니지만 분명 돈의 액수는 늘어난다. 어떻게 알 수 있을까? 매월, 그리고 매년 결과를 보면 당신이 저축한 돈이 계속해서 늘어나고 있다는 사실을 곧 알 수 있다.

사람들은 대부분 저축보다는 쓰는 편을 택하기 때문에 돈을 저축하기란 쉽지 않은 일이다. 당신이 돈을 쓸 때는 즉시 긍정적인 피드백이 돌아온다. 200달러를 주고 편안하고 멋져 보이는 좋은 가죽 구두를 바로 살 수 있다. 하지만 같은 200달러를 은행에 넣으면, 음... 그냥 은행 계좌에 들어간 200달러일 뿐이다. 이 돈을 손에 들고 자랑할 수는 없는 노릇이다. 물론 돈을 안전하게 보관하는 동시에 나중에 사업을 시작할 자본을 축적한다는 장점이 있다. 저축의 중요성을 알지만, 결국 당장 보이는 것에 더 끌려 저축보다는 쓰는 쪽을 택하게 된다.

200달러를 은행에 넣고 쓰지 않는 것은 별로 신나는 일은 아니다. 하지만 얼마나 저축했는지 계속 살펴보면서 상당한 즐거움을 느낄 수 있다. 지금 내게 돈이 얼마나 있는지 정확하게 확인해 보자. 저축이자를 계산해서 더해보자. 그렇게 시간이 흐르면서 늘어나는 당신의 부를 직접 세 보고, 기록하고, 추적하면서 저축을 계속할 동기를 얻게 된다. 계속해서 돈에 관심을 쏟기 때문이다. 돈을 저축하고 잊을 필요가 없다. 저축했다면 계속 투자해야 한다. 돈이 당신을 위해 일할 수 있도록 보관하자. 저축한 돈을 다루면서 더 많이 저축해야겠다는 당신의 욕망도 늘어나게 될 것이다. 저축한 돈이 추상적인 개념에서 벗어나 현실이 되었기 때문이다.

인간은 규칙과 순서를 중요시한다. 우리가 목록을 그렇게나 좋아하는 이유이다. 유명 코미디언인 데이빗 레터맨은 이 목록에 대한 사랑을 유머를 위한 투자라고 언제나 이야기한다. 책은 목차에 따른 구조를 갖춘다. 당신이 지금 손에 들고 있는 이 책도 마찬가지다. '목록형 기사Listicle'는 전통적인 기사와 목록을 결합한 새로운 형태의 저널리즘이다. 온라인 미디어들은 '무엇을 해야 하는 이유 10가지', '비즈니스 영향력이 강한 사람 100명', '무엇과 무엇에 대해 당신이 알아야 할 10가지' 등의 기사로 가득 차 있다. 우리가 이렇게 목록과 순서를 좋아하는 이유는 정보의 질서와 효율성을 크게 개선해주기 때문이다. 당신은 '남자가 저지르는 결혼생활의 실수'라는 제목의 기사와 '남편이 할 수 있는 10가지 최악의 실수'라는 제목의 기사 중 어느 쪽을 더 읽고 싶은가? 당연히 후자일 것이다. 목록과 제목으로 당신이 알아야 하는 10가지가 있다는 사실을 알리고 있으며, 기사를 쓴 사람이 당신을 위해 정보를 정리했다는 사실도 쉽게 알 수 있다.

히브리어에서는 수를 '세다'를 뜻하는 단어가 총 다섯 개 있다. 이 단어들 각각 미묘한 뉘앙스로 서로 구분된다. 그런데도 전부 어떤 형태로든 무언가를 '세다'라는 뜻으로 해석할 수 있다. 하나님의 언어에 '세다'라는 뜻의 단어가 이렇게나 많고, 또 뉘앙스가 각기 달라 다르게 해석한다는 점에서 우리는 세는 것이 매우 중요한 개념이라는 사실을 알 수 있다.

이제 히브리어의 '세다'라는 단어에 대해서 의논해 보자. Pokaid라는 단어는 수를 세는 가장 전통적인 방식, 목록을 만드는 것에 해당한다. 하지만 동시에 '강력한 공권력'을 뜻하기도 한다. Nosay라는 단어 또한 '세다'로 번역할 수 있다. 민수기 1장 2절에서 하나님이 모세에게 "각 부족을 명수대로 계수하라"라고 명하실 때 사용된 단어이다. 이 단어에는 '왕자' 혹은 '회장/사장'이라는 뜻도 있다. Sophair라는 단어 또한 '세다'로 번역할 수 있지만 '유명한 학자/선생'이라는 뜻도 있다. Moneh 또한 '세다'라는 뜻으로 해석할 수 있지만 '중요한 임명직 공무원'이라는 뜻도 있다. '세다'를 뜻하는 다섯 번째 히브리 단어는 Hoshave라고 쓴다. 이 단어는 이스라엘에서 통용되는 현대 히브리어에서도 사용하고 있으며, '회계사'라는 뜻이다. 고대 히브리어에서 이 단어는 '매우 중요하고 권위 있는 자'라는 뜻을 지니고 있다.

여기에 어떤 패턴이 보이지 않는가?

하나님의 언어에서 세는 것과 '중요함'이 서로 자꾸 연결되고 있다. '세다'의 개념과 '중요함'의 개념을 분리할 수 없다. 무언가를 센다는 것은 그것이 중요하다는 의미를 내포하기 때문이다. 중요하지도 않은 것이 얼마나 있는지 굳이 세어볼 필요가 뭐란 말인가? 그 누구도 해변에 모래 알갱이가 몇 개인지 세느라 시간을 낭비하지 않는다. 아무도 해변에 모래알이 몇 개나 있는지 궁금해 하지 않기 때문이다. 당신도 물에서 수영을 할 수도 있고 모래사장에 누워 쉴 수도 있지만, 모래알의 수가 몇 개나 되는지 생각하는 데 시간을 투자하지는 않을 것이다. 삶에 별로 중요하지 않으니까.

하지만 돈은 우리가 앞서 말한 대로 우리의 생혈이다. 그래서 돈을 세고, 우리의 재정상태를 점검하는 데 상당한 시간을 투자하게 된다. 물론 나는 내 몸무게도 굉장히 중요하게 생각한다. 그래서 주기적으로 체중계에 올라간다. 내가 체중을 재는 것으로 내 체중의 중요성이 강해진다. 당연히 내가 체중을 재는 데도 시간을 들이게 된다. 이제 다시 돈, 앞서 이야기하던 섬김의 증표에 대한 이야기로 돌아오자. 돈은 체중보다 더 중요하다. 돈을 세고 기록하는 데는 더 오랜 시간을 투자해 꼼꼼하게 처리해야 한다. 당신이 체중계 없이 다이어트하기 어려운 것처럼, 적절한 도구와 노하우 없이 돈을 세려고 하면 안 된다. 그렇기 때문에 나는 당신이 자신의 재무상태 설명서를 읽고 이해하는 법을 배우라고 권하고 싶다.

"나는 진짜 숫자랑은 친하지 않아요."라고 말하는 사람도 분명히 있을 것이다. 그런 사람들에게 충고하자면, 숫자와 친한 사람이 되도록 노력해야 한다. 당신은 얼마든지 당신이 원하는 '종류의' 사람이 될 수 있다. 나는 16살 때 10대 소년 치고 여드름이 많았다. 그래서 어떻게 했을까? 내가 그냥 "다니엘 라핀은 여드름쟁이야"라고 단정했을까? 물론 아니다. 제때 세수를 했다. 아르바이트하면서 모은 돈과 용돈으로 화장품을 사서 여드름을 없애기 위해 노력했다. 당신도 마찬가지다. 지금은 숫자하고 친하지 않을 수도 있지만, 내일도 그러리라는 법은 없다. 간단한 산수 실력과 관찰하는 습관, 재무상태 보고서와 기타 문서에 관한 약간의 지식만 있으면 된다. 회계방법에 익숙해지는 데 시간이 조금 걸릴 수도 있다. 그러나 이런 지식을 갖춘다면 당신이 비즈니스 전문가로서 성공하는 데 큰 도움을 받을 수 있다. 물론 재무제표 보는 법을 알게 되는 즐거움도 덤으로 경험하게 될 것이다.

나를 믿어도 좋다. 금융 문맹에서 벗어나는 과정에 큰 기쁨을 느끼게 될 것이다. 이 부분은 자랑스러워해도 좋다. 대차대조표나 현금흐름표를 볼 수 있다는 것은 참으로 멋진 일이다. 기본적인 금융 및 재무 관련 문서와 당신의 직업이나 비즈니스에 관련된 기타 문서를 보는 법도 이해하면 더 좋다. 누구든 은행 입출금 내역서와 신용카드 내역서, 투자자금 내역서를 보고 이해할 수 있어야 한다. 매우 중요하고 또 귀중한 문서들이기 때문이다.

여기에 당신이 돈을 매우 진지하게 받아들인다는 사실을 인정하면, 마음 한편이 가벼워지는 효과도 낳을 수 있다. 그리고 무엇보다도 당신이 생각하는 것만큼 어렵지 않다. 재무제표나 재무상태 보고서를 읽는 법을 배우는 것은 더하기 빼기를 배우는 것보다 조금 더 복잡하다. 이런 문서에는 좀 더 복잡한 형태의 계산과 금융 개념이 더해지기 때문이다. 하지만 로켓 공학처럼 머리가 터질 정도는 아니고, 누구든 적당히 시간과 노력을 들이면 이들 문서를 볼 때 필요한 개념과 원리를 완전히 익힐 수 있다. 당신이 공부하면서 궁금한 것에 관한 설명을 찾아볼 수 있는 책이나 웹사이트도 매우 많다. 당신의 은행도 굉장한 도움을 줄 것이다. 주변 은행의 창구 직원들은 분명 당신에게 몇 가지 관련 사항을 무료로 설명하고 상담도 해 줄 것이다. 이런 도움을 잘만 활용한다면 당신은 곧 재무 및 금융을 아는 전문가가 될 수 있다.

그 후에 당신이 돈을 적절하게 세는 법을 이해하게 된다면, 분명 당신의 돈과 사업을 더욱 잘 관리한다는 느낌을 받게 될 것이다. 실제로도 더욱 잘 관리하게 되는 것은 당연하다.

성공적인 비즈니스를 위해 단어, 문장, 질문의 힘을 이용하라.

단어, 문장, 질문은 대화를 쌓는 벽돌이며, 가장 강력한 도구들이다.

모든 관계는 질문으로 시작된다.

대화의 시작이 질문이 아닌 적이 몇 번이나 있는가?

질문은 대화와 의사소통을 낳고, 비즈니스의 근간이 된다.

질문은 저항할 수 없는 힘을 갖고 있다.

또한 상대방의 말을 이끌어낼 수 있게 한다.

만약 상대가 고객이라면 당신이 유리한 위치에 서게 된다.

Secret # 32

돈은 영적인 것이다

　나는 이 책에서 지금까지 여러 번 돈의 영적 특성에 관해서 이야기했다. 당신은 이미 세상의 영적 요소와 물질적 요소에 차이가 있다는 것을 알고 있다. 우리는 앞서 육체적 욕구와 영적 욕구의 차이에 대해서 논했으며, 세계가 이러한 욕구를 영적, 물질적으로 충족시키는 방식에 관해서도 이야기했다. 우리는 돈을 완전히 영적인 영역에 속하는 것으로 정의했다. 돈은 경제 참여의 징표이기 때문이다. 우리는 돈이 사람들을 섬김에 대한 보상으로 주어지는 것이자, 다른 사람을 섬기도록 동기 부여의 수단으로 사용되는 것임을 알고 있다. 이제 나는 이것이 정확히 무엇을 의미하는지 더욱 심도 있는 내용으로 다루려한다. 비즈니스 전문가인 당신이 돈이 진정으로 영적이라는 사실을 인지할 수 있도록 하려는 것이다. 현재 안건과 함께 얻어야 하는 것과 버려야 하는 것을 살펴보자. 이제 나는 앞서 다루었던 모든 개념과 성경 속 비즈니스 비밀을 모두 끌어내어 돈에 관한 통일된 이론을 빚어내려 한다.

가장 먼저 확실하게 정하고 싶은 조건이 있다. 이번 이야기에서 말하는 돈은 개념으로써 돈, 부를 의미하는 돈에 관한 것이다. 지폐인 달러나 동전에 관한 것이 아니다. 실체가 있는 물건의 특징은 한 곳에만 존재한다. 지폐와 동전은 이렇게 존재한다. 지금 당신 손에 들린 이 책도 그렇다. 이런 물건들은 한 번에 한 곳에만 존재할 수 있다. 명백히 실체가 있는 물질이기 때문이다. 하지만 우리가 이번에 다룰 돈은 이런 '실체가 있는 물질'이 아니다. 우리가 말하려는 돈은 달러나 다른 모든 법정 통화를 대표하는 영적 구조이다. 펜이나 책에는 영적 토대가 없지만, 법정 통화는 다르다. 달러는 한 번에 한 곳에만 존재할 수 있지만, 그 달러가 대표하는 가치는 사람의 피와 같이 경제를 순환시킨다. 돈, 즉 부의 영적 측면은 무한하다. 5달러를 들고 있던 라핀 할아버지가 교환과 거래의 마술을 부려 30달러의 가치로 바꾼 다음 9달러는 자신이 갖고 21달러를 동네에 돌려주었다는 사실을 잊지 말자.

지폐나 동전 같은 물리적 통화와 돈의 영적 측면 사이의 구분은 단순한 의미나 교묘한 속임수 수준에서 그치지 않는다. 이 구분은 실제로 의미가 있다. 당신이 돈을 단순한 물체로만 볼 경우, 돈이 유한하다는 사실을 받아들여야만 한다. 돈이 유한하다면, 당신이 돈을 모을 방법은 다른 사람에게서 빼앗는 방법밖에 남지 않는다. 그러나 품격 있는 인간이라면 아무도 그렇게 행동하지 않는다. 라핀 할아버지의 이야기와 시장경제 개념에서 볼 수 있듯이, 당신이 부자가 되고 싶다고 굳이 다른 사람에게서 강탈하는 일을 할 필요가 없다. 사실 당신이 부자가 되면 될수록 다른 사람들에게도 혜택을 베풀게 된다. 돈이 물질이며, 그래서 유한하다는 잘못된 믿음을 가지고 비즈니스를 하는 사람은, 부를 쌓는 것을 타인에게서 **빼앗는** 것으로 보는 폐쇄계 경제이론을 받아들였다는 논리가 성립한다. 만약 돈이 물질적인 것이라면 사회주의만큼 정답에 가까운 사회체계도 없을 것이다. 그리고 실제로 초기 사회주의 이론가들은 세상을 똑같이 나누어야 하는 유한한 양의 파이와도 같은 것으로 보았다. 이들 이론가는 자유시장의 자본가들이나 유대인들이 이미 이해하고 있는 사실, 즉 파이를 더 크게 키워 다른 사람들에게도 나누어줄 수 있다는 사실을 인정하지 않았다. 더 이상 파이 나누기 문제로 옥신각신할 이유는 없지만, 이 사실이 진실이 되기 위해서는 돈은 영적이며, 무한하여 하나님과 같이 한 번에 여러 곳에 있을 수 있다는 사실을 받아들여야 한다.

돈이 물리적 실체에 그친다는 믿음은 품격 있는 인간사회에서 매우 끔찍한 재앙이자 최악의 단점이라고 할 수 있다. 이런 믿음은 당신이 윤리적인 비즈니스에 참여할 수 있는 능력을 강탈한다. 좋은 소식은 당신이 이 사실을 믿을 필요가 없다는 것이다. 돈은 유한한 것이 아니기 때문이다.

돈은 제품이나 서비스로 대체할 수 있는 것이 아니다. 서로 교환할 수는 있지만, 대체하는 것은 불가능하다. 가격과 가치는 같은 개념이 아니기 때문이다. 예를 한 가지 들어보자. 내가 동네 가게에서 25달러를 주고 신발을 샀다. 몇 주를 이 신발을 찾아 헤맸고, 드디어 손에 넣은 것이다. 친구가 새 신발 산 것을 축하하며 가격이 얼마인지 물었다. 그래서 나는 25달러라고 말했는데, 친구가 내게 25달러를 줄 테니 신발을 팔라고 했다. 당연히 나는 싫다고 답했다. 내가 신기 위해서 샀기 때문이다. 친구의 제안은 일견 논리적이고 이성적이다. 이 신발의 가치는 25달러인가? 아니, 내가 지불한 가격이 25달러였을 뿐이다. 하지만 내게 이 신발의 가치는 25달러를 훨씬 뛰어넘는 것이다. 친구가 30달러를 준다고 했다. 하지만 여전히 팔고 싶지는 않다. 5달러 받자고 다른 한 켤레를 찾아서 온 동네를 다시 헤매고 싶지 않았기 때문이다. 친구가 50달러를 준다고 한다. 이에 조금 거래해 볼 마음이 생겼다. 원래 신발 가격에 25달러가 더 생긴 셈이고, 이제 나가서 더 좋은 신발을 살 수도 있기 때문이다. 내가 대차대조표를 작성하는 사람이라면 아마 25달러 이익을 계상할 수 있었을 것이다. 내 친구는 어떤가? 내가 산 25달러짜리 신발에 그는 50달러를 제시했다. 그렇다면 그에게 이 신발의 가치는 50달러에 상당하는 셈이다. 그러므로 그도 50달러를 주고 신발을 손에 넣을 수 있으니 행복할 것이다. 신발가게 주인은 어떠할까? 그도 이익을 보았다. 총 매출에서 신발 생산 및 유통에 든 비용과 가게 주인이 가게를 운영하는 데 드는 비용을 뺀 나머지만큼의 이익을 보게 된 것이다. 손해를 보는 사람이 없다. 경제적 파이는 전보다 더 커졌고, 우리 모두 거래를 통해 이득을 보았다. 당연하게 받아들여질 수도 있다. 왜냐하면 우리가 잠시 멈춰 서서 이런 거래의 기적에 대해서 생각해본 적이 없기 때문이다. 하지만 이런 경제적 원원을 이룩하는 거래는 참으로 기적이라고 할 만하다. 말 그대로 허공에서 부를 창출한 것이기 때문이다.

히브리어에서 가게, 거래가 일어나는 근본적 장소를 가리키는 단어는 Chanut이다. 이 단어는 히브리 단어 Chen에 어원이 있는 단어로, Chen은 '하나님의 은혜'를 뜻하는 단어이다. 이는 하나님께서 인간의 경제적 상호작용과 사업체, 기업 등에 미소를 짓고 계신다는 것을 뜻한다. 경제적 상호작용이 강압적이지 않은 한, 거래에 참여하는 모든 사람은 거래하기 전보다 더욱 행복하고 부자가 될 것을 확신할 수 있다. 경제활동에 참여하면 문자 그대로 돈을 창조하게 된다.

그렇기 때문에 증시가 오르락내리락 할 수 있는 것이다. 물론 시장 조정이 있기는 하지만 전체적인 경향은 끊임없는 경제성장이라고 할 수 있다. 그렇기 때문에 중앙은행이 새로운 화폐를 인쇄하고 주조한다. 부가 영적이고 무한한 것이기 때문에 돈의 실체 지표가 되는 화폐 또한 이런 영적 거래에 따른 부의 성장에 맞추어 계속 만들어져야 한다. 세계 각국 정부는 이런 부의 성장 추세를 정확하게 예측하여 필요한 만큼의 법정통화를 유통하기 위해 최선을 다하고 있다. 통화량이 너무 많으면 인플레이션이 일어난다. 통화량이 너무 적으면 디플레이션이 일어난다. 이 둘 사이의 균형을 맞추는 것은 어려운 일이다. 물체로써의 돈, 즉 화폐는 유동적인 속도로 성장하는 영적 부의 창조를 보여주는 지표에 불과하기 때문이다. 돈의 영적 성장은 완벽하고 절대적이며, 모든 경제적 거래로 창조되는 모든 선을 대표한다. 하지만 지폐와 동전을 비롯한 물체는 이런 방식으로 작동하지 않는다. 영적인 것만이 이런 작동이 가능하다. 따라서 인플레이션과 디플레이션은 돈의 물질적 측면과 영적 측면에서 생기는 격차를 증거로 삼을 수 있다. 이런 현상은 돈의 징표, 화폐를 창조하는 것은 물질적이지만, 돈의 가치 창조는 영적이라는 사실을 증명한다. 당신은 말 그대로 물리적인 것과 영적인 것 사이의 긴장을 수량화할 수 있는 용어로 관찰할 수 있게 된 것이다.

예를 들어보자. 음악의 곡조 또한 영적 창조물이다. 색소폰은 실체가 있는 물질, 즉 악기이다. 만약 당신이 내 색소폰을 가져간다면 나는 색소폰을 잃어버렸기 때문에 매우 슬플 것이다. 하지만 곡조를 가져간다면? 내게서 그 곡조가 사라진 것은 아니기 때문에 나와 당신 모두가 곡조를 즐길 수 있다. 내 마음을 상하게 하는 일도 없다. 그 이유는 창작자에게 좋은 곡조는 그대로 남아 있고, 당신은 진실로 내게서 빼앗아 간 것이 없기 때문이다. 무한하게 다시 사고팔 수 있다. 돈 또한 무한하게 거래할 수 있다. 당신은 돈을 표시하는 물리적 실체와 돈이 대표하는 영적 개념을 분리할 수 있어야 한다. 돈을 한 사람이 다른 사람에게 혜택을 베풀었다는 섬김의 증거로 생각해야 한다. 이런 혜택은 무한하며, 그 효과가 기하급수적으로 불어난다. 그러므로 부가 성장할수록 이를 추적하기 위해 더 많은 지표를 만들어야 한다. 물론 이들 지표는 단순히 거래를 촉진하기 위한 것에 불과할 뿐이다. 부의 창조야말로 진정한 기적이다.

돈을 뜻하는 히브리 단어를 알파벳으로 표현하면 Ke Se F가 된다. 고대 히브리 단어의 구조는 항상 각 글자의 의미를 바탕으로 한다. 단어의 영적 의미는 각 글자의 의미와 순서를 분석해서 알 수 있다. 이 단어의 첫 글자와 마지막 글자를 붙여 쓰면 Kuff로 표현할 수 있는데, 히브리어에서 이 단어는 손바닥, 발바닥을 뜻한다. 대체 무슨 뜻일까? 손의 바깥쪽인 손등은 무언가를 때리거나 주먹질할 때, 다시 말해 방어와 공격을 위한 용도로 사용된다. 그러나 손바닥은 조금 다르다. 손가락은 손바닥 쪽으로 굽혀 들어간다. 그래서 우리는 손바닥으로 일하고 무언가를 창조할 수 있다. 따라서 손바닥은 창조와 연관된다. 발바닥은 우리가 움직이고, 물건을 나를 때 사용하는 부위이다. 우리 손바닥이 무언가를 창조하고 우리 발바닥이 우리의 창조물을 시장으로 옮길 때, 우리는 비로소 가치를 창출할 수 있게 된다. 모래 한 양동이는 별 가치가 없다. 하지만 우리의 손을 이용해 이 모래를 실리콘 칩으로 만들고, 발로 뛰어 시장으로 가져가서 팔면 가치를 창출하게 되고, 돈이 따라오게 된다.

이 세상에서 돈을 만드는 가장 주된 방법 두 가지가 바로 창조와 운반이다. 알래스카의 빙하는 모래 한 바구니만큼 별 쓸모가 없다. 하지만 냉장고가 발명되기 전 시대의 사람들은 빙하를 작은 얼음조각으로 잘라 따뜻한 지방으로 운송했다. 아이스박스에 이 얼음을 사용할 수 있었기 때문이다. 빙하를 그 자리에 두면 그냥 빙하일 뿐이다. 빙하를 사막으로 보내면 이제 귀중한 식수를 얻을 수 있게 된다. 운송과 창조를 통해 자연에서 가치 창출을 할 수 있게 된 것이다.

케세프KeSef, 히브리어로 '돈'은 순환하는 형태라는 사실에 주목해야 한다. 이 글자는 "그 땅의 금은 순금이다"라고 선언하신 하나님께서 그 땅을 두르는 강을 설명하면서 처음 등장한다. '순환'의 뜻을 가진 글자가 돈의 땅, 하윌라 땅, 하나님께서 말씀하고 계시는 땅을 둘러 흐르는 강물을 이야기할 때 처음으로 언급되었다. 여기에서 '두른다'는 표현은 끝없이 주변을 감싸고돈다는 뜻으로, 돈이 경제를 따라 순환한다는 진리를 여기에서 찾아볼 수 있다. 금, 돈. 이 모든 것들이 가치를 얻기 위해서는 경제를 통해 순환해야 한다. 돈은 계속해서 순환해야 한다. 돈을 저축하는 것도 좋은 일이지만 경제는 돈을 써야 돌아간다. 그래야 돈이 순환하면서 불어나기 때문이다. 사회 구성원 전부가 돈을 침대 매트리스 아래에 꿍쳐놓기로 한다면 경제가 무너지게 될 것이다. 비즈니스 거래도 사라지고, 부도 더는 창출되지 않을 것이다. 모든 경제 시스템은 돈의 순환에 의존한다.

반대로 사람들이 당신을 돕게 하면, 이 역시도 돈을 계속 순환시키는 역할을 수행하는 것이다. 나는 원한다면 직접 잔디를 깎을 수도 있지만, 솔직히 말해 이 일은 몇 시간이나 걸리는 지루하고 허리 아픈 일이다. 하지만 혈기왕성한 근처의 10대 소년에게 20달러를 주면 그는 아마 한 시간 내로 이 일을 끝낼 것이다. 이때 나는 20달러를 그냥 잃어버린 것일까? 아니다. 나는 이렇게 누군가를 고용해서 귀중한 3시간을 벌게 되었다. 누군가가 나를 돕게 하여 나와 그들의 상황과 조건을 더 좋게 개선한 것이다. 이처럼 사람들이 우리를 돕도록 기회를 만들어 돈이 계속 순환할 수 있게 해야 한다. 이렇게 하면 우리의 전문 직업을 바탕으로 우리도 다른 사람을 도울 수 있는 시간이 늘어나게 된다. 이 거래는 매우 바람직하며, 최상의 선을 주고받는 과정이다. 이 과정은 당신의 부의 성장에도 크게 관여한다. 무언가 할 일이 있을 때, 그 일을 더 잘하는 사람을 고용해서 시간을 아끼도록 하자. 좋은 비즈니스 감각의 비밀 중 매우 중요한 부분이라 할 수 있다. 전문화된 기술과 그에 따른 직업이 있는 사람을 고용해서 당신을 섬기게 하면 시간에서 이득을 볼 수 있으며, 이렇게 얻게 된 귀중한 시간을 자신의 전문적인 일에 집중 투자할 수 있게 된다.

창세기 32장 32~35절에서 야곱은 그의 가족에게 시내를 건너게 하고 홀로 반대편으로 다시 가서 약간의 남은 재산을 살펴보았다. 그런데 한 번도 본 적 없는 사람이 반대편에서 건너와 야곱 앞에 섰고, 서로 밤새도록 씨름을 했다. 굳이 돌아올 필요가 있었을까 하는 생각도 들 것이다. 남은 재산은 사소한 것들이다. 하지만 여전히 야곱의 것이었다. 우리의 소유는 우리의 돈을 대표한다. 그리고 우리는 우리의 소유를 지켜야 한다. 당신의 자동차나 라디오, 지갑을 누군가가 훔쳐 가는 것은 매우 중대한 사건이다. 그들은 당신 삶의 일부를 훔친 것이기 때문이다. 부를 축적하는 데는 시간이 걸린다. 당신이 자동차용 스테레오라디오를 사기 위해서 들인 노력은 당신 삶의 어느 순간이다. 꼭 자동차용 라디오가 아니더라도 다른 어딘가에 투자할 수 있었던 시간이다. 그러므로 누군가 그 라디오를 훔친다면 당신 인생의 시간을 훔친 셈이다. 이는 명백한 절도 행위이므로 법으로 다스려야 한다. 그냥 가벼운 꾸지람은 이제 통하지 않는다. 보통 절도는 경범죄 취급을 한다. 우리 개개인은 자신의 돈과 자산을 매우 소중히 여기지만, 사회 전체적으로는 돈이나 자산을 그렇게 존중하지 않기 때문이다. 돈이 우리 삶과 경제에서 매우 중요한 역할을 한다는 사실을 이해한다면, 사람들은 분명 전보다 돈을 더 존중할 것이다. 돈은 우리의 생혈이다. 당신이 누군가의 돈이나 재산을 훔쳤다면 곧 그 사람 인생의 어느 순간을 훔친 것과도 같다.

이제 내가 가상의 시나리오로 당신의 법적 의견을 들어 보려 한다. 마천루에서 누군가 떨어지는 장면을 본 사람이 있다고 해 보자. 이 사람은 사격을 좋아하고 사격 연습을 즐겨 한다. 스키트 사격은 그의 취미생활이다. 이 사람은 떨어지는 남자를 보면서 어차피 죽을 사람인데 사격 연습이나 하자고 생각하며 총을 쏘았다. 사법체계는 이 사람에게 어떤 처분을 해야 할까? 총을 맞은 남자는 스스로 목숨을 끊으려한 것이었고, 그의 인생은 잘 해 봐야 몇 초 정도밖에 남지 않은 상태였다. 사실이다. 그는 곧 확실히 죽게 될 테니까. 하지만 그렇다고 해도 건물 밖으로 몸을 던진 이 남자가 땅에 떨어지기 전에 누군가에게 '살해당했다'는 사실은 변하지 않는다. 그러면 우리 사회는 어떻게 반응할까? 총을 쏜 사람을 살인죄로 기소하여 법정으로 끌고 온 다음, 다른 살인자들과 마찬가지로 재판을 거쳐 수감하게 될 것이다. 세계 어느 나라나 이러한 행위를 한 사람을 징역형이나 사형에 처할 것이다. 피해자의 수십 년, 수 년, 수 분, 아니면 지금처럼 몇 초라는 시간을 훔쳐도 살인은 살인이다.

그러면 왜 절도죄는 무거운 처벌을 받지 않는 것일까? 내가 몇 년 동안 열심히 일해서 좋은 차를 샀는데, 누군가 그 차를 훔쳐갔다. 가해자는 방금 우리가 했던 이야기 속 몸을 던진 남자의 남은 시간보다 훨씬 더 긴 나의 시간을 훔쳐갔다. 하지만 여전히, 몸을 던진 남자의 몇 초를 빼앗은 사람이 몇 년의 시간을 내게서 빼앗아간 사람보다 더 강한 처벌을 받는다. 말이 안 된다. 잘못된 정의 구현을 하고 있다. 물론 나는 사소한 물건을 훔친 그 사람을 영원히 교도소에 감금해야 한다고 말하는 것이 아니다. 그저 절도 또한 매우 악랄한 범죄라는 사실을 인식해야 한다고 말하는 것이다. 절도는 살인과 크게 다르지 않다. 정도의 차이가 있을 뿐, 종류의 차이는 없다.

출애굽기 22장 1절의 내용을 정리하자면 "누군가 네 재산을 훔치는 자가 있을 때, 그가 네 재산을 훔치는 모습을 보면 그를 쳐 죽이라"는 말이 있다. 살인인가? 아니다. 하나님께서 말씀하시기를, "도둑이 뚫고 들어오는 것을 보고 그를 쳐 죽이면 피 흘린 죄가 없으나(출 22:2)"라고 하셨다. 범죄를 저지르는 도둑을 죽이는 행위는 정당방위이다. 도둑질과 살인은 모두 누군가의 인생을 훔치는 행동이다. 당신의 스테레오라디오를 훔치려는 사람을 쐈다면 그냥 라디오만 지키려는 것이 아니다. 당신이 투자한 시간을 지키려는 행동이다. 돈은 그만큼 중요하다. 돈은 우리의 생명이다. 돈은 우리 자신의 일부이다. 돈은 우리가 창조한 모든 것을 대표하는 것이다. 당신의 돈은 당신의 시간, 경험, 노력, 근면함, 헌신, 인내심의 총체를 대표하는 것이다. 당신의 돈은 이렇듯 성스럽고 영적인 것이다. 돈을 이해하고 존중하는 것 또한 우리가 돈을 더 잘 끌어들이고 창조할 수 있게 하는 유익한 효과를 지닌다.

유대인들이 오래전부터 알고 있는 부의 비밀 중 하나가, 돈을 준 사람에게 돈이 돌아오는 자선활동의 힘이다. 꽤나 비직관적인 개념이다. 하지만 내가 당신에게 보여줄 수 있는 성경 속의 비즈니스 비밀 중 가장 가치 있는 것에 속한다. 매출과 이익을 더욱더 높이기 위해서, 잠재수익을 극대화하기 위해서, 그리고 더 많은 부를 당신의 주머니에 쌓기 위해서 가장 좋은 방법은 그렇게 열심히 일해 번 돈 중 일부를 꺼내 당신의 주변을 맴돌게 하고 통제하는 것이다. 내가 지금 말하는 것이 전통적인 방식대로 자선단체에 돈을 기부해야 한다고 하는 것이 아님을 유념하기 바란다. 돈을 투자하는 것 또한 돈을 기부하는 방식 중 하나로, 선을 행한 사람이 보상받기에 좋은 방법이다.

물론 당신에게 절대 자선단체에 기부하지 말라고 하는 것이 아니다. 사실 나는 이 책의 나머지 부분에서 자선단체에 기부를 많이 하라고 이야기할 생각이다. 그리고 왜 그래야 하는지도 자세히 이야기할 것이다. 하지만 그 전에 당신이 자선단체에 수표를 써내지 않고, 모금

함에 돈을 넣지 않고, 자선행위를 전혀 하지 않더라도 열심히 일해 부를 창출하는 것만으로도 사회를 위해 선을 행하고 있다는 사실을 이해하기 바란다. 이렇게 하는 것만으로도 당신은 이미 경제 전체에 분배되는 서비스 활동에서 부를 창출하고 있다. 단 한 푼도 기부하지 않았어도 여전히 최전선에서 돈을 만들어 사회에 선을 행하고 있다고 할 수 있다. 당신의 다양한 경제적 거래를 통해 돈이 허공에서 생겨나고, 경제 전반에 이 돈이 퍼지면서 사람들 사이를 흐르게 된다. 당신이 버는 모든 돈은 당신이 주변 사람들을 위해 일한 증표로 받게 된 것들이다. 그 돈을 당신이 가지든, 기부하든 마찬가지다. 돈을 만드는 활동을 한다는 사실을 정당화하기 위해서 꼭 기부할 필요는 없다. 당신이 정당화할 것은 전혀 없다. 돈을 만드는 것 자체가 이미 숭고한 행위이기 때문에 하나님께서 이를 좋게 바라보신다. 내가 너무 인색하다고 생각하지 않았으면 좋겠다. 나는 개인적으로 상당히 기부를 많이 하는 편이다. 하지만 내가 돈을 번다는 사실을 정당화하기 위해서 기부하는 것은 아니다. 부를 창출하는 것은 그 자체로 이미 선한 것이다. 가치 있는 이유로 기부하는 것은 케이크 위의 초콜릿 장식품과 같다. 한 가지, 내가 버는 것 중 10%는 내 것이 되지 않는다는 사실을 귀띔하는 바이다. 또는 다른 말로 표현하자면, 하나님은 의뢰비의 90%를 부하직원이 갖게 해 주시는 흔치 않은 상사인 셈이다.

여러 회사와 기업이 자선활동과 기부를 통해 자신들의 선행을 대중에게 알리려 한다. 나는 이게 잘못된 행동이라고 생각한다. 이사회에서 주주들의 돈을 자선활동이나 그들이 믿는 다른 명분을 위해 돌리는 것이다. 그냥 듣기에는 좋은 일 같지만 주주로서 나는 모든 주식

배당금을 온전히 받기를 원한다. 그래야 감사하게도 내 몫의 이익을 누구에게, 어떻게 기부할 수 있을지 직접 결정할 수 있기 때문이다. 나는 분명 자선활동을 할 것이다. 그리고 다른 어떤 회사가 하는 것보다도 내가 기부하는 비율이 훨씬 높을 것이다. 그러니 기부할 대상자를 선택하는 것은 이사회가 아니라 내가 되어야 한다. 우리 모두 나름대로 원하는 자선활동 방식을 선택할 자유를 누려야 한다. 나는 정부나 사기업이 나를 대신해 내 돈을 기부하는 것을 원치 않는다. 내가 가지고 있는 확고한 믿음은, 돈을 기부해야 할 곳을 확실하게 아는 사람은 그 누구도 아닌 자신이라 것이다.

우리가 이 주제에 관해서 이야기를 계속 이끌어가려면 이제 '가치 있는 자선활동'을 고르는 법을 배워야 한다. 각각 다양한 가치를 보여주는 여러 명분이 있고, 수많은 사람이나 기관들이 당신의 기부금을 원한다. 그러면 기부활동에 내재한 가치를 어떻게 평가할 수 있단 말인가? 몇 가지 방법이 있다. 성경은 거의 모든 상황에 적용할 수 있는 매우 유용한 원리를 내포하고 있다. 신명기 22장 4절은 "네 형제의 나귀나 소가 길에 넘어진 것을 보거든 못 본 체하지 말고 너는 반드시 형제를 도와 그것들을 일으킬지니라"라고 되어 있다. 성경은 우리에게 필요한 것이 있는 사람을 보면 바로 행동하라고 말한다. 우리가 본 일을 무시하고 자신을 기만하며 지나치면 안 된다. 반드시 멈춰 서서 도와야 한다. 다만 이 구절에서 유의할 것이 있다. 성경에서는 우리가 이 사람을 '도와서' 나귀나 소를 다시 세우라고 말하고 있다. 우리가 그 사람 '대신' 나귀나 소를 세워주는 것이 아니다. 이 구절은 매우 구체적이다. 우리는 다른 사람이 하는 일을 '도우라'는 명령을 받았다. 다른 사람 대신 그 일을 하라는 명령이 아니다.

당신이 출근하는 중에 타이어가 펑크 나서 길가에 서 있는 차를 보았다고 해 보자. 그리고 당신이 성경 말씀에 따라서 차를 세우고 도우려고 한다. 그런데 차를 세우니 운전자가 와서 차 열쇠를 던지며, "스페어타이어랑 잭은 트렁크에 있어요!"라고 말한다. 그리고 차 뒷좌석에 앉아서 기다린다. 당신에게 타이어 교체가 끝나면 알려달라는 말만 남기고. 이러면 당신의 시간을 정당하게 쓰는 것이 아니다. 이때 당신이 할 일은 그 운전자에게 열쇠를 돌려주고 그 자리를 떠나는 것이다. 성경 말씀은 매우 구체적이다. 당신은 그 사람을 도와주어야 할 뿐, 그 사람 대신 그 일을 해줄 필요는 없다. 가치 있는 자선활동이란 사람들을 돕는 것이다. 가치 없는 자선활동은 돈 받을 사람 대신 완전히 그 일을 해주는 것이다. 이런 자선활동은 사람들의 독립성을 강탈하고, 그들의 인간적 존엄성을 위태롭게 만든다.

이 원리는 모든 자선활동에 적용하여 그 타당성의 명분을 입증할 수 있다. 자선 활동은 스스로를 돕는 사람을 돕는 것을 목적으로 해야 한다. 사람들의 모든 것을 대신 관리하는 것이 자선활동이 된다면, 문제를 해결하기는커녕 오히려 더 큰 문제를 일으키게 될 것이다. 이런 경우 당신의 기부금을 받을 만한 가치가 없을 가능성이 크다. 만약 자선활동이 주기적으로 지원금을 주는 방식이라면 지원금을 받는 사람들에게 큰 도움이 되지 않는다고 할 수 있다. 이렇게 돈을 받는 사람들은 이 돈에 의존하게 되면서, 자신이 당연히 그 돈을 받아야 한다고 인식하게 된다. 그러니 사람들에게 돈을 버는 방법을 가르쳐주는 자선단체에 기부하는 편이 훨씬 좋을 것이다.

당신이 어떤 자선단체를 선택하든, 그것을 선택할 자유는 당신에게 있다는 사실만큼 중요한 것은 없다. 그 누구도, 심지어는 정부나 기업도 당신을 대신해 선택하고 판단할 자격이 없다. 당신의 돈이다. 당신이 누군가를 섬겨 받게 된 돈이다. 그러니 결정권은 온전히 당신에게 있다.

사회는 개인의 돈을 사용하는 방식을 대중이 결정하는 것이 최선이라는 믿음과 함께 타락한다. 이 믿음은 거짓된 것이며, 비윤리적이다. 누군가에게 '돈을 이렇게 써'라고 간섭하는 행위는 그 돈을 훔치는 것과 같고, 그 돈을 훔치는 것은 앞서 말한 대로 그 사람 인생의 일부를 훔치는 것과 같다. 당신이 훔치거나, 강제하거나, 사기를 치는 잘못된 행동이 아닌 정당한 방식으로 돈을 버는 한, 그렇게 번 돈을 사용하는 방식의 결정권은 당신에게 있다. 왜? 당신 자신이 다른 사람을 돕고 섬기며 그 돈에 대한 자격을 얻었기 때문이다. 당신의 자격을 강탈하는 것이기 때문이다. 그러니 당신이 원하는 대로, 당신이 보기에 알맞은 방식으로 그 돈을 쓸 자격이 있다. 물론 당신이 그 돈을 누군가에게서 빼앗지 않고 정당하게 벌었을 때의 이야기지만.

그러면 여기서 '빼앗다'는 말은 무슨 뜻일까?

빌 게이츠는 세계 최고의 부자이다. 그가 돈을 빼앗았는가? 아니다. 당신에게 마이크로소프트의 소프트웨어 제품을 사라고 머리에 총을 들이대는 사람은 없다. 당신은 원한다면 애플의 제품을 살 수도 있었을 것이다. 돈을 내기 싫었다면 리눅스 OS를 설치할 수도 있었다. 당신이 마이크로소프트 윈도우 제품을 구입했다면, 윈도우를 구입해서 당신의 삶이 어떤 방식으로든 조금 더 나아질 것이라고 믿었기 때문이라고 해석할 수 있다. 따라서 빌 게이츠는 이미 당신의 삶을 개선하는 데 도움을 준 셈이고, 그렇기 때문에 그는 더는 기부하지 않아도 된다. 물론 당신이 매주 그에게 엽서를 보내 감사인사를 해야 한다고 말하는 것도 아니다. 이미 빌 게이츠와 마이크로소프트의 주주들에게 '제품 구매'로 보답하지 않았는가? 빌 게이츠는 자선단체에 기부하는 가? 아마도. 실제로도 그는 빌 앤 멜린다 게이츠 재단을 통해 상당한 재산을 기부했다. 하지만 그가 이미 세상에 베푼 혜택에 비하면 이 돈은 작은 일부에 지나지 않는다. 빌 게이츠는 이미 당신을 포함한 수백만 명의 사람들에게 그의 전체 순자산에 준하는 혜택을 주었다. 다른 사람들을 그만큼 섬겼기 때문에 그가 그만한 돈을 벌 수 있었다. 그가 세상에 선을 행하지 않았다면 그렇게 큰돈을 벌 수도 없었을 것이다. 그는 이미 사람들에게 번 만큼 돌려준 것은 사실이다. 바로 이것이 경제 거래의 핵심 원리이다. 우리는 우리가 얻기 전에 먼저 상대에게 준다. 항상. 빌 게이츠는 당신에게 이미 마이크로소프트 윈도우를 주지 않았던가? 그가 윈도우 제품을 제작하기 위해 노력했기 때문에 당신이 그 제품을 구입하고 그에 따른 돈을 지불하게 된 것이다. 여기에 오류가 있는가?

위대한 영국인 새뮤얼 존슨의 말을 빌리자면 "자기 소득을 늘리기 위해서 노력하는 사람보다 더 순수한 사람은 없다."고 한다. 자신의 소득 수준을 높이기 위해 노력하는 사람은 다른 사람을 해치지 않는다. 만약 해치려 든다면 자신의 고객들을 잃는 행위가 된다. 이런 사람은 나의 삶을 더 좋게 만들 방법을 찾기 위해 최선을 다할 것이고, 나는 그에게 그런 고민을 던지는 대신 더 많은 돈을 줄 것이다. 그래서 나는 사람들이 나와 대화할 때 인생의 목표가 더 많은 돈을 버는 것이라고 해도 걱정하지 않는다. 반면, 사람들이 공공에 봉사하기를 원한다고 할 때 굉장히 걱정한다. 다른 누군가의 손이 내 지갑으로 다가온다는 뜻이기 때문이다. 하지만 누군가 그냥 돈을 벌고 싶다고 말한다면, 나는 그가 앞으로 계속 다른 사람들을 도울 것이라고 확신할 수 있다. 그렇지 않다면 그는 돈을 잘 벌지 못할 것이기 때문이다.

지금까지 이야기한 것처럼, 사람을 돕는 것과 돈을 버는 것은 공존한다. 돈의 원천은 영적 특성을 지닌다. 영적인 것은 움직인다. 돈에는 세상을 움직이게 해 주는 놀라운 힘이 있다.

Secret # 33

수입 이상으로 소비하지 마라. 수입 이상으로 베풀라

제목을 다시 읽어보자. 내가 지금까지 말했던 모든 것들이 얼굴 앞의 파리처럼 느껴지지 않는가? 당신이 놀라지 않았기를 바란다. 놀랄일도 아니고, 놀라서도 안 된다.

나는 바로 전 주제에서 사람이 돈을 벌고 있다면, 자선단체에 얼마를 기부하든, 혹은 기부를 전혀 안 하든, 여전히 세상에 선을 행하고 있다고 몇 페이지에 걸쳐 장황하게 말했다. 하지만 그 결론이 '자선단체에 기부하면 안 된다'로 이어지는 것은 아니다. 우리는 기부해야 한다. 자선단체에 기부하는 것은 건강한 행동이다. 버팔로 대학교 연구진에 따르면, 자원봉사 활동은 심한 스트레스로 인한 삶의 사건과 죽음 사이의 연관성을 크게 줄인다는 사실을 발견했다. 사람은 다른 사람들을 위해 베풀고 봉사할 때, 고통에 더 잘 대처할 수 있게 된다.

여기에 또 한 가지 알려줄 사실이 있다. 자선단체에 기부하는 것이 우리가 돈을 벌 때 사용할 수 있는 핵심 도구 중 하나라는 사실이다. 내게는 데이빗이라는 친구가 있다. 의료업계에서 꽤 잘 알려진 기업가로, 고향인 캘리포니아 남부에 몇몇 대형 교회를 건축하는 데 도움을 준 것으로도 유명하다. 데이빗은 처음에 교회 건설에 2백만 달러를 기부하겠다고 말했다. 그가 그 돈을 벌기도 전에 그렇게 약속했다는 말을 들으면 미쳤나 싶을 것이다. 주임목사가 그에게 교회를 짓기 위해 돈이 필요하다고 말했다. 데이빗은 그에게 도울 수 있다면 참 좋겠지만 지금은 돈이 없다고 대답했다. 하지만 목사는 그래도 결심하고 약속하라고 했다. 왜일까? 목사는 우리가 얻기 전에 먼저 줘야 한다는 사실을 이해했기 때문이다. 당신이 세상에서 돈을 버는 방식이기도 하다. 돈을 쓰면 당신에게 배당금이 돌아오게 된다.

데이빗은 목사에게 기부금을 내겠다고 약속했다. 사실 스스로 그 약속을 지킬 방법은 없다고 생각했지만, 지금 당장 그 돈이 있는 것도 아니므로 큰 부담 없이 약속에 동의했다. 지금 당장은 돈이 없기 때문에 2년 내로 기부하기로 정했다. 그가 약속하고 얼마 지나지 않아 그의 사업이 잘 풀리기 시작했다. 그 순간부터 그의 재정 상황이 완전히 변하기 시작했다. 그는 결국 2년 내에 2백만 달러 기부 약속을 지킬 수 있었고, 이후로도 계속해서 상당한 매출을 기록했다. 그는 감사함을 표할 수밖에 없었다. 목사가 그의 삶을 완전히 바꾼 것이다. 어찌 보면 다소 무리할 수도 있겠지만, 당신이 성경을 이해한다면 충분히 받아들일 수 있는 상황이다. 나는 이 이야기를 전해 들었을 때 놀라지 않았다. 당신은 돈을 벌기 전에 먼저 베풀어야 한다. 성경에서 찾아볼 수 있는 가장 큰 역설이지만, 항상 통한다.

히브리어에서 '십일조', 혹은 기부 행위를 뜻하는 말은 Ashar이다. 전에 했던 이야기를 기억하고 있다면 아마 이 단어에 '부'라는 뜻도 있음을 알 것이다. 하나님의 언어가 다시 한번 이 두 개념 사이에 불가분한 관계가 있음을 보여주고 있다. 이번에 우리가 이야기하는 의미 관계는 특히 더 비직관적으로 느껴진다. 부의 순수한 개념은 돈을 버는 것과 관련된 것인데, 자선 활동은 거칠게 말하면 돈을 뿌려버리는 것이 아닌가. 부유해지지 않는 가장 확실한 방법이 어떤 것인가 생각한다면 아마 돈을 여기저기 줘 버리는 것을 생각할 것이다. 하지만 실제로는 그렇지 않다. 우리는 먼저 베풀어야 얻을 수 있다. 그렇기 때문에 돈을 벌기 위한 가장 좋은 도구 중 하나가 바로 기부인 것이다.

당신 또한 내 친구 데이빗처럼 기부에 대한 생각이 바뀌기를 바라기 때문에 하는 말이다. 지금 당장의 내 관심은 빈자들에게 있지 않다. 또한 당신의 돈을 필요로 하는 가난한 사람들에 대한 것도 아니다. 선한 명분에 필요한 자금이 융통되고 있는가에 관한 관심도 잠시 보류한다. 물론 내가 빈자들을 걱정하지 않는 것은 아니다. 돈을 주느냐 마느냐는 당신이 결정할 일이다. 선한 명분을 세우는 기반은 기부하는 사람이 만드는 것이며, 여기에 대해서는 더 적절한 때 적절한 곳에서 다룰 것이다. 이 책은 당신이 부자가 될 잠재력을 펼치는 데 도움이 되는 성경 속의 비즈니스 비밀들을 밖으로 꺼내기 위한 책이다. 지금 나의 관심사는 당신의 돈 버는 능력을 강화시켜 주는 것이다. 당신이 기부에 대한 생각을 바꾸어야 하는 이유가 여기에 있다. 우리는 받은 다음에 베풀지 않으려 한다. 하지만 우리는 베풀어야 받는다. 이 주요 핵심 원리는 당신이 돈을 벌기 위해서 열심히 일해야 하는 이유를 보여주지만, 꼭 그 돈을 쓸 필요는 없다. 다만 당신이 기부하는 것으로도 혜택을 받을 수 있다는 것을 말하고자 함이다.

돈을 쓰면 기분이 좋다. 그렇기 때문에 사람들이 쇼핑하러 다닐 때 '쇼핑 테라피'라는 농담 섞인 이름을 붙인다. 원하는 곳에 돈을 쓸 때 기분이 좋다는 사실에 의문을 제기할 사람은 없다. 다만 월말에 신용 카드 청구서가 집으로 날아오기 전까지만 기분이 좋다. 만약 버는 것 보다 쓰는 것이 더 많다면 별로 유쾌하지 않다. 하지만 그렇다고 해서 무언가를 살 때의 이로움과 즐거움의 느낌이 완전히 퇴색되어 사라지 는 것은 아니다. 그 기분도 여전히 귀중하다. 반면, 당신이 기부로 돈 을 쓸 때의 느낌은 어떨까. 이 역시 돈을 소비하며 얻는 좋은 기분을 완전히 똑같이 느낄 수 있다.

기부 행위는 당신의 기분을 좋게 만들 수 있는 훌륭한 행동이다. 다른 사람들이 당신을 바라볼 때 더 큰 호의를 보이게 만드는 행위이 기도 하다. 이 부분이 비즈니스에 유리하다는 사실에는 당신도 동의 할 것이다. 돈을 만드는 행위는 언제나 사람과의 상호작용을 필요로 한다. 우리가 본 것과 같이 이러한 상호작용은 반드시 부를 창출하게 된다. 이 상호작용은 당신을 관대하고 고결한 사람이나 이기적이고 부패한 사람이나, 혹은 수많은 보통 사람들과 같이 이 두 극단 사이의 어딘가에 위치한 사람으로 만든다. 사람들은 다른 사람을 평가할 때 는 매우 민감하고 눈과 귀가 밝은 존재가 된다. 다른 사람의 동기와 의 도에 대한 직관을 매우 잘 발휘한다. 끊임없이 이를 연습하기 때문이 다. 낮에 깨어있는 내내 다른 사람과 상호작용을 한다. 그래서 다른 사 람을 읽는 데 익숙하고, 또 잘하게 된다. 실제로 다른 사람들을 판단하 는 것을 너무나 잘하는 나머지, 사람들에 대해 한순간에 판단을 내리 는 것에 거리낌 없는 자신감을 보인다.

그렇기 때문에 첫인상이 중요하다. 어머니나 선생님이 "아무도 첫인상을 두 번 만들지 못한다."라고 말할 때 지루함을 느꼈을 수도 있다. 진부한 클리셰처럼 느껴질 수도 있겠지만 그만큼 자명한 사실이기 때문에 진부하게 느껴지는 것이다. 사람들은 당신을 처음 본 짧은 순간에 당신을 빠르게 평가한다. 보통 여러 가지를 놓고 판단하게 되는데 이 중 가장 중요한 것은 바로 안색과 행동이다. 이기적이고 소유욕이 강하며, 자신의 안녕만 생각하는 사람들은 언제 어디를 가든 얼굴과 행실로 이런 부정적인 태도를 드러내게 된다.

반면, 당신이 빛나는 미소와 관대한 태도로 주변 사람들을 대하면 주변 사람들도 당신이 긍정적인 사람이라는 사실을 알고 긍정적으로 대할 것이다. 우리는 고객이자 비즈니스 전문가로서 이런 직관과 사람들의 성격을 바탕으로 앞으로 단골이 될 곳, 함께 비즈니스를 할 사람을 결정하려 한다. 당신이 사람들을 진심으로 걱정하는 선하고 관대한 사람으로 비치면, 그들도 당신과 함께 사업을 하려고 할 것이다. 모든 선의가 당신이 만든 첫인상에서 시작된다. 우리가 항상 공정한 것은 아니지만, 서로에게 관련된 것들을 직관적으로 대체로 잘 판단한다고 할 수 있다. 따라서 당신이 부정적인 사람으로 비친 상태라면, 당신은 당신과 일하기 원치 않는 사람을 비난할 수 없다.

사람들이 당신의 첫인상을 판단하는 것을 비난할 수 없다. 당신이 만약 부정적인 사람으로 비친다면 실제로도 그럴 가능성이 높다. 물론 다른 사람들을 속이는 데 천부적인 재능이 있는 반사회적 사기꾼들도 있다. 하지만 사회를 이루는 대부분의 보통 사람들은 내면의 진정한 자신을 꽤나 확실하게 드러내기 때문에 그를 보는 사람들이 어떤 생각을 하는지, 어떤 기분인지 금방 알 수 있다. 인간은 서로를 굉장히 빨리 파악한다. 투덜대는 사람이나 우울해하는 사람을 찾아내기는 어렵지 않다. 보통 그런 모습을 잘 드러내기 때문이다. 긍정적이고 관대한 사람을 찾기도 어렵지 않다. 그런 사람이라면 처음부터 당신을 기꺼이 도우려는 모습을 보일 테니까.

가진 것 이상으로 쓰면서 살 때는 이기적인 인간이라는 은은한 신호를 내보낸다. 하지만 우리가 가진 것 이상으로 베풀 때는 자신감과 용기, 동정심을 발산한다. 중요한 면접이 있을 때, 면접장에 들어가기 전에 자신감을 키우고 생기를 발산할 수 있는 가장 좋은 방법은 괜찮은 자선 단체에 수표를 써서 면접 보러 가는 길에 부쳐 기부하는 것이다. 마치 사람들을 어떻게 섬겨야 하는지 아는 사람과도 같은 모습으로 면접에 들어가는 것이다. 그러면 그런 생각과 자세가 겉으로 드러날 것이다.

그 반대도 똑같이 적용된다. 부정적인 기분도 밖으로 드러나게 된다. 될 대로 되라는 식으로 행동하는 영업사원과 일해 본 불쾌한 경험을 한 적이 있을 것이다. 이런 경험은 당연하지만 불편하고, 불쾌하다. 영업사원들은 욕심도 크고, 궁색하다. 당신도 알다시피, 이 사람들은 무언가를 팔아야 한다. 따라서 이들은 당신을 섬기는 것보다 실제로 무언가를 팔아서 얻는 가시적 성과에 더 큰 관심을 보인다. 망건 쓰고 세수하는 꼴이 아닌가? 돈은 섬김의 결과물로 받게 되는 것이지 돈을 받았기 때문에 섬기는 것이 아니다. 이런 영업사원들은 마음속에 자신의 이익만을 품고 있다. 당신도 느낄 수 있을 것이다. 그렇다고 해서 그 사원이 반드시 나쁜 사람이라는 뜻은 아니다. 그저 내 입장에서 정이 안 갈 뿐이다. 물건을 팔아야 집세도 내고 먹을 것도 살 수 있기 때문에 필사적이다. 그런 모습이 겉으로도 드러난다. 그래서 불편하다. 나는 비즈니스를 하려고 할 때 이런 감정적 압박을 좋아하지 않는다. 당연히 나를 비롯한 대부분의 사람은 자신감을 발산하는 사람과 사업을 하고 싶어 한다. 자신감 넘치는 영업사원은 필사적이라는 느낌이 덜하고, 진심으로 자신의 이익보다 고객의 이익을 우선한다는 느낌이 들게끔 한다. 고객은 당신이 영업에 성공하는지는 관심이 없다. 당신의 섬김이 필요할 뿐이다.

당신이 진정으로 누군가에게 도움을 주고, 누군가를 섬기려고 노력한다면 이 모든 것이 당신을 위한 혜택으로 돌아오게 된다. 우리의 이런 자세는 사람들과의 거래를 잘 풀리게 한다. 도저히 속일 수 없는 이런 성격과 겉모습이 드러나게 하려면, 진심 어린 노력이 필요하다. 자선 활동은 당신을 훈련하는 좋은 도구이자 방법이 될 것이다.

Secret # 34

기부는 자신감과 삶의 가치를 높여 준다

자유롭게 쓸 수 있는 돈이 있다는 것은 참으로 좋은 일이다. 이렇게 따로 쓸 수 있는 돈이 남는다는 사실은 우리에게 자신감과 쓸모 있다는 느낌을 준다. 더 나아가 열심히 벌어 남은 돈을 불운한 이웃을 위해, 혹은 선의로 기꺼이 돕는 데 쓰려고 품은 의지는 참으로 훌륭하다. 남는 돈은 우리를 부자가 된 느낌이 들게 해 주고, 고결하고 관대하게 주변에 돈을 퍼뜨리도록 유도한다. 부자가 된 기분이 왜 이렇게 좋을까? 자신에게 질문해 보자. 돈이란, 날 때부터 좋은 것이기 때문에 이 질문의 답은 참으로 기본적이다. 이 질문은 보라색이 왜 보라색이냐고 묻는 것과 같다.

당신이 부자이고, 또 부자라는 느낌을 드러낸다면 주변 사람들이 당신을 존중하고 당신의 말에 귀를 기울일 것이다. 잠언에서 솔로몬 왕은 "지혜로운 자의 재물은 그의 면류관이요"라고 말했다. 냉소적인 말로 들릴 수도 있겠지만, 보통 재정적으로 성공한 사람의 말에 귀를 더 기울이게 되지 않는가? 대부분의 사람은 더 부유한 사람의 의견을 존중하는 경향을 보인다. 이미 우리의 마음속 깊은 곳에서는 돈을 잘 벌기 위해서 사람들과 성공적인 상호작용을 할 줄 알아야 한다는 사실을 깨닫고 있기 때문이다. 성공한 사람들은 의사소통을 잘할 뿐만 아니라, 보통은 좋은 사람들이다. 그러므로 우리가 성공했다는 사람을 만나면 그 사람에 대해서 더 잘 알려는 경향이 있다. 상당한 돈을 번 사람의 주변에는 그 사람을 신뢰하고 좋아하는 사람들로 가득하다. 우리도 이 사실을 알고 그런 사람의 친구가 되려고 한다. 그리고 대부분은 그런 사람에게서 배울 점이 있다고 생각한다. 실제로도 그렇다. 결국 모두가 다 맞는 말이다. 모든 사람이 대단하다고 생각하는 사람은 실제로 무언가 대단한 점이 있게 마련이다. 그래서 우리도 그런 사람들과 가까이하려는 것이다. 이 말은 알랑거려야 한다는 게 아니다. 그 사람들에게 아첨하고 아부할 필요는 없다. 내가 지금 말하는 것은 성공한 사람, 즉 많은 사람을 돕고 섬긴 사람에게 사람들이 관심을 보인다는 사실이다. 자연스러운 일이기 때문에 충분히 기대할 만한 일이다.

사람들의 이런 시선을 원하는 사람이 당신일 수도 있다. 당신이 목표를 이루어 성공한다면, 당신의 성공을 자랑스럽게 밝힐 수 있다. 그러면 주변 사람들이 당신에게 끌리게 된다. 그리고 당신의 부를 드러내는 가장 좋은 방법은 당신의 돈에 관해 관대해지는 것이다. 자선사업과 투자는 성공했음을 보여주는 가장 멋지고 확실한 방법이다. 꼭 비싼 차를 사고, 비싼 정장을 사 입고, 비싼 장신구를 맞출 필요는 없다. 순금으로 된 롤렉스나 크고 호화로운 집 같은 것도 필요하지 않다. 눈에 잘 띄게 돈을 뿌려서 과시할 필요도 없다. 자선을 베푸는 관대한 사람이 되면 그만이다. 이 사실을 마음에 새기면 삶을 바라보는 관점이 달라지고 자신감도 커진다. 이때의 당신은 앞서 말한 대로 사람들을 빠르게 파악할 수 있는 기민한 사람들에게 매우 긍정적인 모습으로 비칠 것이다. 관대한 사람이 되었을 때는 당신 자신을 위해 행동할 때보다도 훨씬 더 큰 부자가 된 것과 같은 기분을 느낄 수 있게 된다.

다른 사람에게 비치는 우리의 모습은 비즈니스 거래에 상당한 영향을 끼치게 된다. 우리가 대리인을 고용할 때 고려하는 것들이 몇 가지나 되는지 생각해 본 적이 있는가? 우리가 집을 팔거나 살 때 항상 부동산 중개업자나 부동산 전문가를 고용한다. 아마도 "굳이 중개수수료로 돈을 낭비할 필요가 있을까?"라는 생각이 들 수도 있다. 일반적으로 부동산 중개업자의 수수료는 6%이다. 만약 당신이 집을 사는 입장이라면 이 돈을 아끼기 위해 판매자와 직접 협상할 수도 있을 것이다. 그러면 되지 않을까? 파는 사람은 집을 팔고, 나는 집이 필요해서 사려고 한다. 중개자가 왜 필요하단 말인가? 판매자와 구매자 모두 수수료 3%씩을 아낄 수 있을 텐데! 그런데도 여전히 부동산 중개업자들이 많이 활동하고 있다.

부동산 중개업자들이 이렇게 많은 이유는 중개업자나 대리인 없이 직접 협상을 하면 대개 파탄이 나기 때문이다. 구매자와 판매자의 직접 거래는 서로의 지나친 감정이입으로 인해 거래 과정이 좋지 못하게 흐를 가능성이 크다. 구매자나 판매자나 손해가 되는 거래는 하고 싶지 않고, 손해를 볼까 봐 전전긍긍하며 거래 협상을 하게 된다. 적절한 협상을 이끌어내기에 생각할 것들이 너무 많은 것이다. 그 과정에 감정도 격해질 수 있다. 그래서 부동산 중개업자가 필요하다. 중간에서 중재해 줄 사람이 필요한 것이다. 이들은 판매자와 구매자 사이에서 감정의 완충지대 역할을 하면서 매번 수수료를 받는다. 좋은 부동산 중개업자는 중개자로 최선을 다하며, 구매자의 절박함과 판매자의 필사적인 노력을 숨겨 원만한 협상이 가능하게 한다. 이들이 거래 과정에서 감정을 배제할 수 있도록 도움을 주는 것이다. 물론 이들 자신도 거래 자체에 상당한 관심을 갖고 있다. 거래를 완수해야 수수료를 받을 수 있기 때문이다. 중개업자들은 협상 테이블에 구매자와 판매자가 모두 만족하여 받아들이기 좋은 공정한 거래 제안을 올려놓는다.

그러나 구매자와 판매자가 직접 협상할 때는 이 단계까지 도달하기 어렵다. 거래에 투자하는 것들이 과도하게 많아지기 때문이다. 협상 과정에 점점 자신의 이익을 중시하게 되며, 결국 서로 비즈니스를 할 수 없게 된다. 만약 이 두 사람이 서로 더욱 관대한 모습을 보인다면 부동산 시장 시가에 비해 훨씬 더 나은 거래를 할 수도 있을 것이다. 다행히 우리는 사이에서 완충 역할을 해 주는 부동산 업자가 있다. 하지만 당신과 당신의 고객 사이에는 이런 완충 작용을 해 주는 사람이 없다. 그러므로 당신의 진심 어린 관심과 관대함을 직접 고객에게 보여주는 것을 매우 중요하게 생각해야 한다.

신명기 15장 4절은 모두가 하나님의 규칙을 따르는 사회에는 가난한 자가 없으리라 말하고 있다. 바로 뒤, 신명기 15장 7절에서는 "가난한 자에게 항상 베풀라"라고 말하고 있다. 굉장히 흥미로운 구조이다. 성경은 우리에게 가난한 자가 없을 것이라고 말하면서 언제나 가난한 자에게 베풀라고 했기 때문이다. 완전한 모순은 아니다. 하지만 빈곤을 완전히 없애는 데 집중해야 할 때 왜 가난한 자를 위해 우리의 시간과 자원을 낭비해야 한단 말인가? 여기에 대한 답은 그 뒤에 따르는 신명기 15장 11절에서 찾아볼 수 있다. "땅에는 언제든지 가난한 자가 그치지 아니하겠으므로" 앞의 구절과 완전히 모순되는 것처럼 보인다. 성경은 제일 먼저 우리가 항상 하나님의 규칙을 따른다면 가난한 자가 없을 것이라고 말하고 있다. 다음으로, 우리는 항상 가난한 자에게 베풀어야 한다고 말하고 있다. 그다음으로, 항상 가난한 자가 있으리라고 말한다.

대체 무슨 일이 일어나고 있는 것일까? 성경은 그 누구도 스스로가 가난하다고 생각해서는 안 된다고 말한다. 우리 자신이 가난하다고 생각할 권리가 없다는 것이다. 그러니 이 규칙과 다른 모든 규칙을 따른다면 가난한 자가 존재하지 않게 된다. 이렇게 생각해 보자. 당신이 5만 명의 군중들에게 가난한 사람이 있다면 손을 들라고 했다. 그러나 아무도 손을 들지 않았다. 그러면 당신은 당연히 이들 중에는 가난한 사람이 없다고 결론을 내릴 것이다. 어째서? 가난이란 주관적인 개념이기 때문이다. 아주 극단적인 경우를 제외하고 당신 자신이 가난하다고 정할 수는 없다.

단, 가난하다고 생각하면 안 된다는 의미가, 다른 사람보다 운이 좋거나, 더 부유하다거나, 가진 것이 많다거나, 자선이 필요치 않음을 뜻하지는 않는다. 자기 자신은 가난하다고 생각할 권리가 없지만, 다른 사람이 보기에는 도움이 필요한 사람일 수 있다. 누군가에게 도움이 필요하고, 내가 그 사람에게 도움을 줄 수 있는 상태라면 그 사람을 도와야 한다. 내게 그런 사람이 가난해 보일 수 있고, 나는 그런 사람을 지원해야 한다. 바로 이것이 '항상 가난한 자가 있으리라'는 말의 본래 의미이다.

당신은 스스로 가난한 자가 되어서도 안 되고, 될 수도 없다. 하지만 우리 주변에는 가난한 사람이 있을 수 있다. 차이가 보이는가? 이것이 말하는 바는, 누구도 자선을 받을 자격을 논할 수는 없지만, 여전히 나보다 운이 좋지 못한 사람을 도와줄 책임은 우리에게 있다는 것을 뜻한다. 이는 부와 빈곤이 상대적이기 때문이다. 절대적인 의미에서 '가난한 사람'은 없다. 누구도 스스로 가난하다고 정할 수 없기 때문이다. 그러나 그렇다고 해서 나보다 가진 것이 없는 자에게 베풀고 돕는 것도 금지된 것은 아니다. 상대적으로 나보다 금전적 상태가 좋지 못한 사람을 찾기란 어렵지 않다.

그래서 우리가 신명기 15장에서 볼 수 있었던 모순은 모순이 아니다. 그렇다고 역설이라고 하기도 힘들다. 이런 역설은 하나님의 신비로움을 전하는 말이지만, 동시에 우리 인간들의 경제적 상호작용에 관한 위대한 계획을 드러내는 말씀이기도 하다.

당신 자신을 가난하게 보지 않아야 한다. 자신을 가난하게 보는 것은 동물과도 같은 것이다. 개는 매일 먹을 정량의 사료가 필요하다. 사람이 개에게 필요한 사료를 제때 주지 못하면 그 개는 가난하다고 할 수 있다. 생명을 유지하는 데 필요한 자양분을 얻지 못하기 때문이다. 하지만 인간은 훨씬 더 복잡한 소망과 욕구, 의무를 지니고 있어서 개와 다르다. 여기에 두 사람이 있다. 한 명은 남는 재량소득을 아이들을 사립학교에 보내는 데 쓰고 있고, 다른 한 명은 비싼 레스토랑에서 음식을 사 먹는 데 쓰고 있다. 이 두 사람이 한 달에 얼마를 벌거나 쓴다면 부자가 된다거나, 가난해지리라 예측할 방법은 존재하지 않는다. 근본적으로 불가능하다. 왜냐하면 모든 인간은 각자 나름의 열망과 욕망, 꿈을 품고 있기 때문이다. 사회가 어떤 사람에게 가난하다는 딱지를 붙이는 것도 말이 안 된다. 부유함은 상대적이기 때문이다. 하지만 도움이 필요한 사람을 찾기는 매우 쉽다. 당신이 자발적으로 그런 사람을 도울 수 있는 위치에 있다면 도와야 한다. 바로 이것이 신명기 15장의 "땅에는 언제든지 가난한 자가 그치지 아니하겠으므로"라는 구절의 진정한 의미이다. 이 구절을 더 정확하게 표현하자면, 우리 주변에는 자신을 가난하다고 생각하든 안 하든 상관없이, 항상 나의 관대함으로 도움을 줄 수 있는 사람이 있다는 뜻이 된다. 그러니 이렇게 도움이 필요한 사람들에게 당신이 지닌 도울 수 있는 힘으로 최대한 도움을 주면 된다. 하지만 특정 기준에 따라서 당신이 반드시 돕지 않으면 안 되도록 정해진 빈곤계층이 있으리라는 생각은 접는 것이 좋다. 당신이 이렇게 다른 사람을 도우면 도움을 받는 사람뿐만 아니라 당신 자신도 돕게 되는 것이다. 상대방은 필요한 것을 얻을 수 있고, 당신은 상대를 도우면서 자신의 도덕성을 지키고 자아 존중감을 만족할 수 있기 때문이다. 당신이 스스로 자부심을 느끼게 된다면 주변에서 당신을 바라보는 시선도 전보다 훨씬 더 나아질 것이다.

'거래하는 사람들은 서로 싸우지 않는다.'는 히브리 속담이 있다.

제2차 세계대전 이후로 분쟁이 적었던 원인 중 하나가

급속히 세계화된 시장이 긴밀하게 연결되어 있기 때문이다.

무역은 전쟁의 가능성을 크게 낮추는 역할을 한다.

국가 간의 비즈니스는 서로의 이익을 목적으로 한다.

정상 간에 맞잡은 손에서 거래와 평화가 시작된다.

Secret # 35

내가 나를 보는 시선은 사람들이 나를 보는 기준이 된다

앞서 말했듯, 사람들은 당신의 감정과 기분을 매우 자연스럽게 캐치한다. 그렇기 때문에 그들에 대한 당신의 느낌은 그들이 당신을 바라보는 시선에 상당한 영향을 주게 된다. 그들에 대해 느끼는 감정 또한 그들이 당신에 대해 느끼는 감정에 영향을 준다. 이는 "남에게 대접을 받고자 하는 대로 너희도 남을 대접하라"라는 황금률의 연장이라고 할 수 있다. '대접을 받고자'가 '느끼는'으로 바뀐다는 점만 빼면 다를 것이 없다. 왜냐하면 일반적으로 당신의 얼굴과 행동을 보면서 다른 사람들에 대한 당신의 태도와 자신에 대한 태도를 금방 파악할 수 있기 때문이다. 심지어 그들은 당신이 당신 자신을 바라보는 것처럼 당신을 바라보게 된다.

웨스트사이드 스토리라는 이름의 뮤지컬에서 마리아라는 캐릭터가 "난 정말 예뻐, 정말 예뻐. 난 예쁘고 재치 있고 밝지. 오늘 밤 내가 아닌 여자는 불쌍해웨스트사이드 스토리, I feel pretty"라는 노래를 부르는 대목이 나온다. 나는 이 가사가 마음에 든다. 마리아의 노래가 성경 속의 비밀을 떠받치는 원리를 강조하기 때문이다. 마리아는 스스로가 예쁘다고 느끼기 때문에 다른 사람들이 보기에도 멋진 여자로 보인다는 사실을 잘 알고 있다. 대부분의 사람은 때로 이런 기분을 공감한다. 간혹 자신이 그렇지 못하다고 생각하는데 배우자가 "오늘 참 예쁘다", "멋지다"라고 말하는 것을 들은 경험이 있을 것이다. 당신이 오늘 입고 있는 옷이나 당신의 스타일, 혹은 방금 전 미용실에서 한 머리가 마음에 들지 않아서 신경 쓰고 있을 때, 이런 말을 듣는다면. 우리 자신이 매력적이지 못하다고 느낀다면, 우리 배우자나 주변 사람이 우리의 기분을 바꾸기 위해서 해줄 수 있는 말은 없다. 여기서 유념할 점은 이 기분이 완전한 착각은 아니라는 점이다. 꼭 자존심이나 자부심이 땅에 떨어져 있다는 것을 의미하지도 않는다. 아마도, 우리 자신을 정확하게 보고 있을 수도 있다. 왜냐하면 내가 참 못나 보인다는 생각은 자기실현적 예언이기 때문이다. 웨스트사이드 스토리의 마리아는 예쁜 사람이다. 스스로 예쁘다고 자각하고 있기 때문이다. 만약 마리아가 스스로 매력적인 사람이 아니라고 생각했다면, 다른 사람들도 마리아를 침울하거나 자신감이 없는 사람으로 보았을 것이고, 결국 그녀가 실제로 매력이 없는 사람이 되었을 것이다.

이 현상은 모세가 약속의 땅에 보냈던 정탐꾼들이 돌아와 보고하는 내용을 온 이스라엘 사람들이 듣는 장면을 묘사한 민수기 13장에서도 찾아볼 수 있다. 이들은 매우 무시무시한 보고를 올렸다. 약속의 땅에 사는 사람들은 무시무시하고 호전적인 거인들이라는 보고였다. 정탐꾼들은 이 거인들을 몰아낼 방법이나 희망이 없다며 애통해했다. 이들의 보고로 인해 이스라엘 사람들은 영원히 사막에서 벗어나지 못하리라는 절망감을 안게 되었다. 정탐꾼들은 이 덩치 큰 민족을 보며 "우리는 스스로 보기에도 메뚜기 같으니 그들이 보기에도 그와 같았을 것이니라(민 13:33)"라고 전했다. 정탐꾼들이 이 덩치 큰 민족들과 한 마디의 대화도 해 보지 않았다는 점을 기억하자. 그러면 이들은 이 거인들이 자기를 보는 시선을 대체 어떻게 알았던 것일까? 주제넘게 남의 생각을 단정한 것일까? 전혀 아니다. 정탐꾼들이 스스로를 작다고 보았기 때문에 거인들도 그들을 그렇게 보았으리라고 생각한 것이다. 그래서 모세가 '거인들이 어떻게 느끼는지 어떻게 알았냐'라고 되묻지 않은 것이다. 그 또한 이 원리를 이해했기 때문이다.

그러니 당신도 그와 같아야 한다. 이 성경 속의 비즈니스 비밀은 당신의 직업적 삶에도 직접적인 영향을 끼친다. 당신이 당신을 바라보는 시선은 다른 사람들이 당신을 바라보는 시선에도 영향을 끼친다. 물론 당신의 고객과 비즈니스 파트너도 영향을 받는다. 자신을 바라보는 시선은 은연중에 겉으로 드러나고, 다른 사람들이 이를 느끼게 된다. 만약 스스로 부자가 될 자격이 없다고 생각하거나, 선을 행할 자격이 없다고 생각한다면 주변 사람들도 당신을 그렇게 볼 것이다. 나아가 이는 자기실현적 예언이 된다. 이런 생각은 잠재적 고객이나 파트너와 거리를 두게 만들고, 당신의 비즈니스에 전혀 도움이 되지 않는다. 돈을 버는 것은 사람 사이의 상호작용에 달렸기 때문이다.

당신의 아이들이 내 아이들의 어린 시절과 같다면 항상 과자를 달라고 조를 것이다. 하지만 개인적으로는 그 크고 순진무구한 눈동자가 설득력 있다고 생각하지는 않는다. 아이가 당신을 보면서 "아빠, 과자 좀 먹으면 안 돼요?"라고 묻는다고 하자. 생각하기도 전에 말이 먼저 튀어나간다. "안 돼"라고. 이렇게 자기 이익을 우선하는 요청에 답하기란 세상에서 가장 쉬운 일이다. 하지만 좀 더 나이가 들고, 책임감도 생긴 아이가 자기 여동생을 돌보고 자기 방 청소도 마친 다음 당신을 보면서 "과자 좀 먹어도 돼요?"라고 묻는다고 해 보자. 이럴 때 "안 된다"라고 하기는 정말 어렵다. 이 아이는 자신이 과자를 먹어도 되리라고 생각한다. 부모도 이 사실을 알고 있고, 습관처럼 허락하게 될 것이다. 아이가 이미 과자를 많이 먹은 뒤라도 마찬가지일 것이다.

만약 당신이 어떤 것을 갖거나 얻을 자격이 있다고 믿는다면, 그것을 추구하는 과정에서 당신의 자신감은 엄청날 것이다. 열심히 일했기 때문에 더 높은 직위에 올라갈 수 있으리라 믿으면, 상사의 눈을 똑바로 바라보며 원하는 것을 이야기할 자신감이 생긴다. 이제 스스로 윤리적으로 잘못되었다고 생각하는 누군가와 비교해 보자. 이런 사람들은 상사와 눈 마주치기를 어려워한다. 상사가 이 사실을 모르리라고 생각하면 안 된다. 반드시 알아챈다.

비즈니스에서 성공하려면 단순히 선한 사람, 도덕적인 사람이 되는 것에서 그치면 안 된다. 스스로 확고한 신념을 가져야 한다. 거만하거나, 우쭐해 하거나, 독선적인 인간이 되어서는 안 된다. '당연히 내 것이다'라는 마음을 가지라고 하는 말도 아니다. 나는 당신이 이기적이고 혐오스러운 인간이 아니라, 뿌리 깊은 굳은 신념을 갖기 원할 뿐이다. 돈을 버는 것이 수치스러운 일이 아니라는 사실을 이해하기 바란다. 돈을 버는 것은 덕망 높은 행위이자 자랑스러워해도 될 일이다. 이러한 이해의 힘은 헤아릴 수 없이 막대하다. 당신의 성공에 자신감을 갖기 바란다. 그래도 떠벌리고 다니는 것은 피하는 것이 좋겠다. 당신의 당당한 성격과 자부심이 자연스럽게 겉으로 드러나게 될 것이다. 만약 당신이 하나님과 이 세상, 그리고 당신의 돈과 조화를 이루고 있다고 생각하고 느낀다면, 주변 사람들도 당신을 그렇게 보게 될 것이다. 물론 그 뒤에는 당신을 향한 호의적인 시선도 따르게 될 것이다.

Secret # 36

기부는 자연스러운 유대관계를 맺게 한다

지금까지의 이야기를 가슴에 새긴 당신은 이제 자신의 커리어와 건강한 경제체제를 유지하기 위해서 다른 사람과 유대를 맺어야 한다는 사실을 이해하게 되었을 것이다. 기부 등의 자선 활동은 나와 사람들을 연결해 주는 매우 훌륭한 도구이다. 아마 사용할 수 있는 카드 중 최상일지도 모른다.

레위기 4장은 27절에 걸쳐서 누군가 죄를 지었을 때 어떻게 해야 하는지 다섯 가지로 나누어 설명하고 있다. 첫 번째 누구든지 잘못을 저질렀을 때(4장 2절), 두 번째 제사장이 죄를 저질렀을 때(4장 3절), 세 번째 온 백성이 죄를 저질렀을 때(4장 13절), 네 번째 족장이나 왕이 죄를 저질렀을 때(4장 22절), 다섯 번째 평민의 한 사람이 죄를 저질렀을 때(4장 27절) 각기 행해야 하는 절차를 보여준다. 그중 마지막 사례가 꽤 흥미롭다. 첫 번째와 마지막은 어떤 차이가 있을까? 죄를 지은 '사람'과 죄를 지은 '평민의 한 사람' 사이에 어떤 구분이 있을까? 두 대상은 비슷하게 느껴지지만 전혀 비슷하지 않다. 최초 히브리어를 번역하는 과정에서 이 구분이 사라지게 되어 지금은 구별하기가 어려울 뿐이다.

'만약(If)'을 뜻하는 히브리 단어는 KeY, IM, ASHeR 이렇게 세 가지이다. 무언가 일이 있을 가능성이 높고, 실제로 일어날 확률도 높은 것은 KeY(키)를 써서 표기한다. IM(엠)은 있을 수는 있지만 실제 일어날 확률은 낮다고 할 수 있는 일에 사용한다. 마지막 단어, ASHeR(오셔)는 어떤 일에 대한 결과가 확실하게 나타날 때 사용한다. ASHeR는 매우 강력한 단어다. 확실한 일이라는 조건이 붙어있기 때문에 어떤 일이 일어났을 때 반드시 나타나는 결과이기 때문이다. ASHeR를 대부분 '언제(when)'로 해석하는 것도 이 때문이다.

이제 다시 레위기 4장으로 돌아가 보자. 사람이 죄를 짓는다면 어떻게 될 것이라고 말하는 부분에서는 단어 KeY가 쓰였다. 이제 우리가 살아가면서 무언가 죄를 지을 가능성이 크다는 것을 알기 때문에 이 문장도 이해할 수 있다. 그러나 특정한 순간에 반드시 죄를 지을 것이라고 확실하게 선언하는 문장은 아니다. 하지만 우리가 우리의 경력, 가족, 혹은 인생을 쫓는 과정에서 언제 어느 때든 나도 모르게 죄를 지을 수 있다고 말하는 문장이다. 제사장이나 온 백성이 죄를 지을 것이라고 말할 때 사용된 IM을 이제 한 번 비교해 보자. 이 단어를 사용했다는 것은 죄를 지을 가능성이 그다지 크지 않다는 점을 내포한다. 매우 끈끈하고 긴밀한 연대의 주축이 되는 제사장들은 하루 대부분을 타인과 함께 보내며, 성전에서 타인을 위해 봉사하는 활동을 한다. 물론 이들 스스로 그 과정에서 죄를 지을 수도 있겠지만, 제대로 된 제사장이라면 그 가능성은 한없이 낮다. 마찬가지로 함께 모인 회중들도 죄를 지을 가능성은 크지 않다. 수많은 사람의 집단, 특히 경건하고 독실한 신자 집단이 일치단결해서 합의한 가운데 죄를 지을 가능성은 매우 낮기 때문이다. 그리고 성경에서는 족장, 혹은 왕이 죄를 지을 경우를 설명하면서 ASHeR라는 단어를 사용했다. 이는 곧 족장이 반드시 죄를 짓게 될 것이라고 말하고 있다. 이는 권위가 권력을 낳고 권력이 가져오는 유혹에 저항하는 것이 거의 불가능하기 때문이다. 대부분의 통치자가 죄를 범하게 된다. 우리는 모두 이 사실을 알고 있다. 우리는 투표하러 가면서 죄를 제일 덜 지을 것 같은 통치자와 대표자에게 투표를 할 수 있다는 사실에 행복을 느낀다. 나는 선거철이 될 때마다 이를 느낀다. 둘 중 덜 악한 쪽을 지지하면 되겠지! 왜냐하면 나는 통치자나 지도자는 어느 정도 수준의 죄악을 결국 저지를 수밖에 없다는 사실을 알기 때문이다. 권력은 부패한다.

그리고 다섯 번째이자 마지막 사례를 살펴보자. 성경에서 "평민의 한 사람"이라고 말하고 있다. 여기에서 사용된 단어는 IM이다. 곧 평민의 한 사람이 죄를 지을 가능성은 낮다는 것이다. 한 사람에 대하여 이야기할 때 단어 KeY를 쓴 것과는 대조적이다. 이 대목은 죄를 지을 가능성이 높은 사람도 집단 속의 한 사람이 되면 죄를 지을 가능성이 낮은 사람으로 변한다는 것을 말해준다. 논리적이지 않은가? 사람이 다른 사람들과 떨어져 고립되어 있을 때는 죄를 짓기 쉬워진다. 집단 속에서 느낄 수 있는 책임감과 유대감을 전혀 느끼지 못하기 때문이다. 우리가 속한 집단을 떠나면 잘못된 행동을 할 가능성이 커진다. 하지만 집단에 속한 인간은 서로를 고양하고 책임감을 확인하며 유대를 다질 수 있다.

집단에 속한다는 것은 매우 강력한 의미를 지니며, 유대관계 또한 매우 중요시된다. 반드시 종교 집단이어야 할 필요는 없다. 교회의 일원이 될 수도 있고, 비즈니스 그룹이나 정치 집단, 전문가 집단, 기타 여러 집단의 일원이 될 수도 있다. 무슨 집단이든, 집단에 속한 개인은 집단의 다른 구성원과 연대하게 된다. 따라서 홀로 있을 때보다 죄지을 가능성이 작아진다. 집단에 속한다는 것은 그 구성원으로서 당신에게 가장 선하고 도덕적인 책임을 요구한다는 것을 뜻한다. 만일 당신이 기부를 한다면 덕망 높은 사람들, 기부하는 사람들의 집단에 속하게 된다. 스스로 선택하여 이런 자선단체에 속하게 되면 고결한 자가 된 사람들 사이에 설 수 있게 된다. 그렇기 때문에 기부가 중요한 것이다.

당신이 가입할 수 있는 자선단체는 많다. 이런 자선단체에 가입하면 항상 다른 사람과 유대를 맺게 된다. 물론 직접 베푸는 것도 베풂을 받는 사람과 유대가 이루어진다. 그러나 자선단체와 연관되어 활동하면 이에서 그치지 않는다. 더욱 광범위한 자선 공동체나 사회적 공동체, 비즈니스 공동체와도 유대의 기회를 얻게 된다. 몇 차례 자선 활동과 기부 활동을 한 당신은 공식 행사나 갈라쇼, 모금 행사, 기타 여러 행사에 초대받게 될 것이다. 돈을 베푸는 것으로 당신은 바람직한 사람이 되면서 사람들이 당신 주변에 모이게 된다. 그들은 당신과 공동체 형성을 원할 수도 있다. 이 과정에서 자선 활동의 효과는 기하급수적으로 커지게 된다.

비즈니스에서 매우 중요한 사항인 셈이다. 당신의 커리어이자 생명줄은 당신이 구축한 긴밀한 유대관계에 의지하기 때문이다. 우선 지금 내가 하려는 말이 다소 천박하게 들릴 수 있음을 이해해주기 바란다. 다른 사람들이 보는 혜택과 기부 활동의 도덕성에 관해서, 반드시 기부해야 하는 확실한 몇 가지 이유가 있다. 이런 이유는 기부의 중요성을 잘 알려 주는 것들이다. 하지만 이 책은 성경 속의 비즈니스 비밀에 관한 것이고, 유대인의 고증을 활용해 당신의 돈 버는 능력을 강화시켜 주는 것을 목적으로 하는 책이다. 그리고 이 목적에 비추어, 나는 기부한 결과물이 다시 기부자에게 돌아오는 것에 중점을 두고 이야기를 더 끌어갈 예정이다. 이런 자선활동에 참여하면 당신에게 돌아오는 것은 훨씬 더 많다. 무엇보다도 당신이 다른 기부자들과 어울리게 되면, 결국 이들과 유대집단을 형성하게 된다는 것이다.

물론 다른 방식으로도 이를 이룰 수 있다. 비즈니스 클럽에 가입하면 된다. 하지만 열심히 일하는 전문가들은 시간이 부족하다. 무슨 뜻인지 이해가 갈 것이다. 그러므로 비즈니스 클럽에 가입하는 것은 미루는 것이 좋다. 비즈니스 클럽이 무엇인지 모르는 사람들을 위해 설명하자면, 여러 전문직업인이 모여 서로 주기적으로 만나 명함을 주고받는 집단이라고 할 수 있다. 간단히 말해, 평소에 잘 어울리지 않는 다른 직업군의 사람들과 아이디어를 공유하며 인간관계를 쌓는 것을 목표로 하는 것이다. 이럴 경우 당신은 현역 전문가들과 다양하게 교류하며 개인적인 친분을 쌓고, 공동체를 구축해서 상당한 이득을 볼 수 있다. 이론적으로는 굉장히 좋은 생각이다. 그리고 나 역시도 이런 종류의 그룹이 도움이 된다고 생각함을 확실하게 밝히는 바이다. 다만, 당신이 선택할 수 있는 것 중에서 가장 이상적인 것이 아닐 뿐이다.

비즈니스 클럽은 자선단체나 기관에 비해 순수성이 크게 떨어지며, 인적 네트워크를 구축해도 실질적인 이점이 전혀 없다. 비즈니스 클럽에 들어오는 사람들은 보통 자신의 이익을 극대화하는 것을 목표로 한다. 이 그룹에 속한 사람들이 명함을 주고받는 이유는 상대방이 자신들과 일할 것을 먼저 요청하기를 바라기 때문이다. 물론 이게 잘못이라는 이야기는 아니다. 다만 여기에 가입한 사람들의 동기가 매우 명백하고 확실하다는 것이다. 그들은 각자의 이득을 원한다. 이 과정에서 당신도 다소 부패한 사람이 될 수 있다. 이런 이유로 인위적인 비즈니스 클럽보다는 교회나 회당, 다른 종교시설이나 자선단체에서 자연스러운 유대관계를 통한 비즈니스를 권하는 것이다.

일부 목사나 랍비들은 자신들이 맡은 교회, 혹은 회당이 인간관계를 위한 수단으로 취급된다는 사실을 알고 다소 침울한 모습을 보이기도 하지만, 이 책을 쓰는 이 랍비는 전혀 그렇지 않다. 나는 사람들이 회당에 와서 덕망 있고 관대한 사람들에게 관심을 갖고 그 사람들을 만날 수 있다는 것은 매우 훌륭한 일이라고 생각한다. 비단 종교 모임뿐만이 아니다. 로터리 클럽 또한 이런 인간관계를 구축하는 데 큰 도움을 준다. 로터리 클럽에서도 상당히 다양한 비즈니스가 진행된다. 당신이 로터리 클럽에서 만나는 사람들은 당신과 마찬가지로 공동체를 위해 선행하기를 원하는 사람들이다. 덕 있는 두 사람이 사업을 위해 서로를 가까이하는 것은 자연스러운 현상이다. 하지만 비즈니스 클럽에서는 항상 이런 일이 일어나지는 않는다. 자기 자신의 이익에만 관심이 있는 사람들로 이루어진 인위적인 공동체이기 때문이다. 이런 종류의 그룹은 자선단체와는 다른 방식으로 구성원들을 분류한다.

기부는 당신이 만날 수 있는 가장 좋은 사람들을 가장 좋은 방식으로 만나게 한다. 그리고 이들과의 유대가 필수적이며, 순수한 유대가 형성된다. 기부집단이나 영성집단이 한 달에 한 번 명함을 주고받는다고 해서 이루어지는 것은 아니다. 로터리 클럽 행사나 교회 예배, 회당 예배에 자주 참여하면 그 사람들의 본모습을 알 수 있게 된다. 진정한 유대가 형성되고, '친분 있는 사람'이 아니라, 진짜 친구를 만들 수 있게 된다.

기부는 당신 주변에 '받기 전에 먼저 주라'는 근본 원리를 이해한다는 신호를 보내는 것이다. 비즈니스와 신용 양 측면에서 매우 중요한 원리이다. 비즈니스에서는 당신이 갖기 전에 무언가를 먼저 주어야 한다. 아주 간단하게 설명해 보자. 가게 주인은 당신이 물건값을 낸 뒤에야 당신에게 물건을 건넨다. 신용에서도 같은 원리가 더 증폭되어 적용된다. 당신이 책임감 있고 신뢰할 수 있는 사람이라는 것을 증명하면, 사람들은 기꺼이 당신이 원하는 것을 주게 될 것이다. 나중에 그에 대한 보상을 받으리라는 믿음이 있기 때문이다. 이러기 위해서는 당신의 신용 점수에 대한 관리가 필요하다. 과거 이력을 기록하여 정리하고 이를 높이기 위해 노력해야 한다. 당신이 받은 만큼 확실하게 베푸는 사람이라는 것을 증명하여 사람들의 신뢰를 얻어야 한다.

인터넷과 전자상거래 전문가들은 무료 배포를 통하여 상품을 알리는 것이 중요하다고 설파한다. 이러한 마케팅은 소비자들이 더 많은 물건을 사게 만들고, 더불어 광고효과도 볼 수 있게 한다. 하지만 이런 경향이 제품에만 국한되는 것은 아니다. 오늘날의 사업체들은 규모를 막론하고 블로그를 운영하며 내부의 지식을 무료로 조금씩 전파하고 있다. 이들은 이런 귀중한 정보를 공개하면 차후 더 많은 소비자가 제품과 서비스를 구매하러 돌아올 것이라는 사실을 알고 있다. 소비자 입장에서는 사업체가 귀중한 정보를 진심으로 선한 목적으로 제공한다는 사실을 알게 될 것이며, 따라서 해당 사업체를 애용하게 될 것이다. 보다시피, 받기 전에 주는 것은 비즈니스의 핵심 원리이다. 당신의 몸과 마음을 훈련하여 이런 행동을 편안하게 받아들이도록 해야 한다. 이것이 기부이고 기부가 작동하는 방식이다. 나중에 보답을 받게 되리라는 사실을 믿고 자유로운 선택에 따라 베푸는 것이다.

투자와 기부 사이에는 상당한 유사점이 있다. 두 활동 모두 무언가를 주면 무언가를 돌려받게 된다는 강한 믿음이 필요하다. 기부와 투자는 모두 같은 부류에 속한다. 주면 돌려받는다. 그리고 더 많이 주면 더 많이 돌려받는다. 투자도 마찬가지다. 대개의 경우 투자는 투자한 것보다 더 많이 돌려받게 되어 더 많이 투자할 수 있게 된다. 투자와 기부는 준 것보다 더 큰 보답으로 돌아오며, 더 큰 부를 창출하는 선순환 과정을 시작하는 역할을 한다.

물론 모든 재정투자 행위가 좋은 성과를 거두지는 못한다. 당신이 기부했던 것을 그대로 돌려받으리라는 보장도 없다. 그러나 일반적으로 투자나 기부를 했을 때 처음에 쓴 돈보다 더 많은 돈을 돌려받게 된다. 그러므로 당신은 이 시스템에 대한 믿음을 갖고 자선활동이나 투자활동에 광범위하게 돈을 사용할 수 있어야 한다. 평균적으로 말해 재정 투자나 기부 행위를 하면 그에 걸맞은 수익이나 보상을 받을 수 있다.

또한 이 두 과정은 서로 보완관계이기도 하다. 자선 활동을 하면 우리의 '베푸는 근육'이 발달하게 된다. 기부할 수 있는 근육을 가진 사람이라면, 투자할 수 있는 근육의 조건도 이미 갖추었다고 할 수 있다. 이런 훈련과정은 투자에 대해서도 현명한 판단을 내리게 한다. 이런 과정이 없는 사람은 돈 문제에 훨씬 더 인색해진다. 아무리 좋은 투자처라도 돈을 투자하기 부담스러워한다. 투자나 비즈니스가 잘 풀리기를 바란다면 기부자, 베푸는 자의 사고방식을 발달시켜야 한다. "돈 벌기를 원한다면 돈을 투자하라"는 속담이 있는 것도 이런 이유이다. 우선 베풀어야 받을 수 있다.

표면적으로 이 원리는 비직관적이다. 그래서 사람들이 이 원리에 따르는 것을 주저할 때가 많다. 내가 지금 당신에게 바라는 것은 당신 주머니 속의 귀중한 무언가를 꺼내 작별 인사를 하고, 자선 활동이나 투자 형태로 떠나보내는 것이다. 어느 쪽이든 당신의 주머니에서 빠져나간 돈은 당신의 통제를 완전히 벗어나게 된다. 만약 이런 신념에 따른 행동을 하는 것에 익숙하지 않은 사람이라면 이런 행동이 두렵고 불편할 것이다. 이 원리에 대한 강한 신념 없이는 이런 행동을 할 수 없기 때문이다. 당신도 마음속 깊은 곳에서는 지금 쓴 돈이 돌아오리라는 사실을 안다. 그리고 보통은 실제로 돌아오게 된다. 물론 매번 쓴 돈만큼 딱 맞추어 돌아오는 것은 아니다. 모든 투자가 성공하는 것도 아니고, 모든 기부 활동의 급부를 추적할 수 있는 것도 아니다. 어떤 고객이 당신을 계속 찾을 때, 그 사람이 왜 나를 자꾸 찾는지 모를 수도 있다. 당신의 관대함에 대한 이야기를 들었기 때문일 수도 있고, 아닐 수도 있다. 한 사람의 고객에 대해서 이야기할 때는 확신할 수 있는 것이 없다. 하지만 평균적으로 당신이 투자한 것보다 더 많이 돌려받게 된다. 이 부분은 당신이 믿어도 좋다. 하지만 일단은 판에 뛰어들어야 한다. 판에 뛰어들기 위해서는 우선 내가 가진 것을 먼저 베풀어야 한다.

경제 시스템의 구조 자체가 의도적으로 이를 촉진하는 형태라는 사실을 이해할 수 있어야 한다. 이를 이해하지 못하거나 무시한다면 당신에게 아무런 도움도 되지 않을 것이다. 하나님께서는 경제적 상호작용이라는 거대하고 신성한 체계 안에서 우리와 함께하신다. 하나님께서는 관대한 영혼을 격려하시며, 고결하고 관대한 사람이 될 수 있는 우리의 능력을 환영하신다. 이런 자선활동에 따른 보상은 우리의 경제 시스템에 이미 내재되어 있다.

어째서 악수가 전 세계적으로 우정의 상징으로 받아들여지는 이유를 알고 있는가? 왜 그런지 그 기원을 알면 꽤 놀라울 것이다. 히브리어로 손을 뜻하는 단어는 Yad(야드)로, 히브리어 철자를 알파벳으로 옮기면 Y-D로 쓸 수 있다. 히브리어에서 친구를 뜻하는 단어를 알파벳으로 옮기면 Y-D-Y-D가 된다. 친구는 손을 두 번 쓴 형태가 된다. 하나님의 언어에서 두 손을 맞잡은 것은 친구를 상징한다. 이제 친구의 우정을 상징하는 악수는 전 세계적인 언어가 되었다.

손바닥을 위로 하고 쭉 내민 손은 무언가 필요하거나 달라고 하는 신호이다. 우리는 도움이 필요할 때 손을 뻗어 도움을 요청한다. 반대로 손바닥을 앞으로 내밀면 이제 충분히 가졌으니 필요한 것이 없다고 말하는 것이다. 이쯤에서 흥미로운 사실은 히브리 단어로 '충분함'을 뜻하는 단어는 '손'을 뜻하는 단어를 거꾸로 쓰면 된다는 것이다.

손바닥을 위로 하고 뻗은 손은 가져가려는 것을, 손바닥을 반대로 하고 뻗은 손은 충분하다는 것을 의미한다. 두 손을 맞잡는 것은 곧 한 사람이 다른 사람에게 무언가를 주고 있다는 뜻이다. 이것을 다른 말로 뭐라고 부를 수 있을까? 그렇다. 거래다. 손으로 양쪽 당사자가 서로에게 필요한 물건을 주고받는다. 한 사람은 상품이나 서비스를 제공한다. 상대는 그 대가로 돈을 준다. 악수하는 두 손은 거래를 위해 함께 한다는 의미의 상징이다. 그래서 우리가 거래 계약서에 서명한 다음에 서로 악수하는 것이다.

'거래하는 사람들은 서로 싸우지 않는다'는 오래된 히브리 속담이 있다. 각 개인도 그렇지만 국가 단위도 마찬가지로 적용된다. 제2차 세계대전 이후로 지난 70여 년간 세계적인 거대한 분쟁이 적었던 원인 중 하나가 급속히 세계화된 시장에 있다. 핵 억지력만이 전쟁을 억제한 유일한 요인이 아니다. 전 세계의 경제가 이전 그 어느 때보다도 긴밀하게 연결되어 있으며, 경제적 유대관계 또한 매우 긴밀해졌다. 이로 인해 지난 반세기 동안 전쟁 발발 횟수나 전쟁의 위험성이 크게 줄어들었다.

통상하는 국가 간에 싸우지 않는 것과 같이, 거래하는 개인들도 서로에 대한 호의적 관심이 훨씬 더 높다. 가게 주인들은 단골 고객들을 더 잘 챙겨준다. 주기적으로 외식을 하다 보면 식당 주인에게 관심을 받는다. 놀라울 것 없다. 이 사람들은 정기적으로 다른 사람에게 혜택이 되는 비즈니스 활동을 했기 때문에 고객과 비즈니스 전문가 사이에 영적 유대가 생기게 된 것이다. 물론 이 외에도 비즈니스를 함께 하는 사람들이 서로 돕는 여러 놀라운 방법이 존재한다.

내 친구 중 한 명이 로스앤젤레스에 산다. 공장을 운영하는 친구인데 몇 년 전 한밤중에 화재로 인해 공장이 완전히 무너지는 일이 생겼다. 그는 벌어진 사태에 충격을 받고 굉장히 낙심하고 있었다. 더 이상 그의 공장에서 고객들의 제품을 수리하는 것은 불가능했다. 당장 다음 날 아침부터 그의 고객들은 불편을 겪어야 했다. 트럭이 와서 수리가 필요한 전자기기들을 내려놓을 터인데, 그는 그 물량을 처리할 장비를 몽땅 잃어버렸기 때문에 정말 막막했을 것이다. 하지만 곧 같은 업계의 경쟁자들에게서 전화가 왔다. 그들은 친구에게 공장을 다시 세워 가동하기 전까지 그가 맡았던 물량을 대신 처리해 주겠다고 제안했다. 중요한 부분이다. 이들은 모두 경쟁자이다. 하지만 때때로 함께 비즈니스를 하는 동업자이기도 했던 것이다. 친구는 제품을 싣고 오는 트럭을 경쟁자들의 공장으로 보냈고, 한숨을 돌릴 수 있었다. 경쟁자들은 기꺼이 그 물량을 받아 처리했고, 나중에 그들의 경쟁자인 내 친구에게 고객들을 다시 보내주었다. 이 경쟁자들이 그를 돌보고 도와주어 다시 일어설 수 있게 한 것이다. 그리고 친구의 공장이 복구되자 곧 선의의 경쟁자 관계도 복구되었다. 이것이 바로 비즈니스이다. 악수하는 것. 서로 손을 잡는 것. 진정한 친구들은 서로 주고받고, 교환하고, 거래한다. 가장 믿을 수 있는 우정은 이런 것이다. 서로 주고받을 수 있기 때문이다. 그리고 이 우정은 서로 주고받기 위해 맞잡은 두 손에서 시작한다.

Secret # 37

히브리어에 없는 단어라면, 그 의미도 존재하지 않는다

몇 년 전 나는 나의 오랜 꿈이었던 태평양 횡단을 할 기회가 있었다. 우리 부부와 아이들은 배를 타고 서해안에서 하와이로 떠났다. 하와이까지는 22일이 걸리는 여정이었다. 가장 어려운 부분은 밤에 일어나 상황을 지키는 것이었다. 밤새 깬 상태로 다른 배나 배에서 떨어진 화물 같은 것과 부딪치지 않게 조심해야 했다. 로버트 레드포드의 2013년 영화 '올 이즈 로스트All Is Lost'의 주인공에게 무슨 일이 일어났었는지 끊임없이 나 자신에게 상기시켜야 했다. 야간 감시는 눈에 부담이 크기 때문에 돌아가면서 감시를 맡았다. 반쯤 도착했을 때 나는 완전히 지쳤고, 눈도 피곤해 제대로 뜰 수가 없었다. 이때쯤 식수에 대한 걱정도 심해졌다. 어린아이들도 배에 함께 타고 있었기 때문에 우리가 가진 식수가 충분한지 걱정되었다. 나는 매일 청수 탱크를 살펴보며 물을 너무 많이 쓰는 것은 아닌지 확인했고, 계량봉을 이용해서 물이 얼마나 있는지 재보는 일을 반복했다.

그러던 어느 날, 물이 하나도 남지 않았다는 사실을 알게 되었다.

전부 다 써버린 것이다. 가장 먼저 든 감정은 공황이었다. 물이 샜는지, 아니면 펌프가 고장 나서 물이 전부 빠져버렸는지 알 수가 없었다. 어이가 없어 미친 듯이 웃음만 나올 뿐이었다.

상황이 이렇게 좋지 못한데 왜 웃음이 나올까? 미국 독립 선언문은 모든 사람이 생명과 자유와 행복을 추구할 권리가 있다고 명시했다. 내가 처한 이 심각한 상황에서 볼 때, 그 선언문은 매우 부조리하게 느껴졌다. 모두가 잠든 깊은 밤중이었고, 나는 이 배의 바닥에 앉아 이 엄중하고 진지한 선언문의 터무니없음에 웃음이 나왔다. 독립 선언문이 나의 삶을 보장하던가? 그렇다면 그건 참으로 대단한 것이 아닌가. 그러나 현실은 망망대해 한가운데를 떠다니고 있다. 괜찮다면 이 순간에 그 권리에 한번 기대 보자. 내 삶을 보장할 생각이라면 해군 함정이라도 보내서 나를 구해야지. 나는 계속 헛웃음이 나왔다. 우릴 어떻게 찾겠다고? 뭐 하러 찾는단 말인가? 아무도 요트 타고 바다로 나가라고 한 적이 없지 않았던가. 그런 생각이 들어 웃었다. 그럼 생명을 추구할 '권리'란 대체 무엇을 의미할까?

그때 나는 이 '권리'라는 말이 완전히 무의미하다는 사실을 깨달았다. 말이 나온 김에, 누구든 아는 사람이 있다면 이 권리를 충족시킬 의무가 있는 자가 누구냐고 묻고 싶다. 누군가 당신에게 무엇이든 할 권리가 있다고 말한다면, 그 사람을 의심할 필요가 있다. 그렇다면 그 권리를 충족하기 위해서는 누구를 불러야 하느냐고 그 사람에게 물어보라. 당신이 그 권리를 행사했을 때 누군가 이를 받아들이는 사람이 없다면, 당신에게 그 권리는 없는 것이나 진배없다. 당신이 그 권리를 행사하는 것이 불가능하다면 있으나 마나 한 것이다. 그러므로 '권리'

라는 단어도 완전히 무의미하다. 그 자체로는 아무것도 의미하지 않는다. 권리 행사에 따른 의무를 이행할 다른 누군가가 없다면, 어떻게 당신에게 그 권리가 있다고 보장할 수 있단 말인가?

시간이 조금 지나서 청수 탱크에 물이 없는 것이 확실한 것인지 다시 확인해 봐야겠다는 생각이 들었다. 천만다행으로 물은 아직 충분히 있었다. 너무 피곤했던 나머지 남은 물의 양을 재는 계측봉의 눈금을 잘못 읽었던 것이다. 당황스러웠지만 우리가 아직 죽을 것은 아니라 생각하니 이보다 기쁠 수가 없었다. 모든 것이 이전처럼 좋게 흘러갈 것이다. 하지만 이런 순간적 오판 덕분에 나는 교훈을 얻을 수 있었다. 영어라는 언어에는 완전히 무의미한 단어가 엄청나게 많다는 사실을 다시금 깨달았다. 개념을 정의하는 이런 단어들은 실제로는 존재하지 않는다.

하나님의 언어에는 '권리'를 뜻하는 단어가 없다. 그와 비슷하게 해석할 수 있는 단어조차 없다. 그리고 당신은 여기서 한 가지를 확실하게 짚고 넘어가야 한다. 만약 하나님의 언어에 존재하지 않는 단어가 있다면, 그 단어가 뜻하는 것도 존재하지 않는다는 것이다. 실재하는 것이 아닌 셈이다. 그렇지 않다면 하나님께서 이름을 내려 주셨을 것이다.

당연하지만 그 시절에 없었던 새로운 현대 기술 분야의 개념을 설명하는 단어에는 이 원칙이 적용되지 않는다. 히브리 성서에는 헬리콥터나 전화기를 뜻하는 단어가 존재하지 않는다. 그때는 없었던 것들이니까. 하지만 현대 사회에서 헬리콥터와 전화기는 실제로 존재한다. 애초에 그럴 필요도 없이 당신도 잘 알고 있겠지만, 현대 히브리어에는 전화기를 뜻하는 단어가 있다. 전화기를 뜻하는 히브리 단어를 영어 철자로 옮기면 Telefon이라 쓰게 된다. 하지만 히브리어 성서에는 이런 단어가 없다. 이런 것들은 지금 우리가 하려는 이야기의 주제가 아니다. 헬리콥터와 전화기는 변화하는 것들의 영역에 속한다. 우리가 앞서 논했던 기술과 의학, 과학의 범주에 드는 것이다. 이번에 우리가 이야기할 것은 인간, 하나님, 영성, 지구와 같이 변하지 않는 것에만 해당하는 이야기이다. 이런 '변하지 않는 것들'에 속하는 것 중, 고대 히브리어에 그 사물이나 개념에 해당하는 단어가 존재하지 않는다면 그 사물이나 개념도 존재하지 않는 것으로 보아야 한다.

그러니 '권리'라는 단어는 잊어버리는 것이 낫다. 이 단어는 존재하지 않을뿐더러, 그에 상응하는 사물도 존재하지 않는다. 이제 당신 차례다. "하지만 라핀 선생님, 무슨 소리를 하시는 건가요? 저는 정말 많은 권리를 가지고 있습니다. 권리 장전만 보더라도 그래요. 권리 장전에 전부 다 나열되어 있는데요." 현대에서는 소위 권리라는 것들이 전염병처럼 번지고 있다. 특히 미국에서는 그런 경향이 더 심한 것 같다. 인간에게는 정말 많은 권리가 있다고들 한다. 하지만 의무는? 이 권리를 행사하려면 그대로 이루어지도록 보증하는 사람은 누구인가? 보증하는 자가 없는데 권리가 의미가 있을까? 정부는 소위 이런 권리를 보장하기 위해 세워졌다지만 정부의 능력 범위 내에서, 정부가 내키는 수준으로만 보장하고 있을 뿐이다. 만약 이런 권리의 보장이 중단될 수 있다면 권리라고 부를 수 있을까? 박탈 불가능한 권리의 개념은 완전한 허구다. 아이디어 자체는 괜찮지만 허울뿐인 셈이다.

토라의 613개의 계명 중 그 어떤 곳에서도 무언가에 대한 권리를 서술하는 부분을 찾아볼 수 없다. 토라에는 권리에 대한 부분이 전혀 없다. 토라에는 의무만 존재한다. 가난한 사람들이 자선을 받을 권리가 있는가? 당연히 아니다. 나는 자선활동을 할 의무는 있지만, 누군가 가난하다는 이유로 무언가를 그냥 줄 수는 없다. 그리고 나는 아무리 가난한 자라도 혐오스럽고 역겨운 인간이라면 절대 호의를 베풀지 않는다. 나는 내가 베풀고 싶은 사람을 직접 선택한다. 아무도 당신에게 호의를 베풀지 않는가? 안타깝지만 내가 상관할 바는 아닌 것 같다. 하나님은 우울하고 부정적인 인간을 원치 않으신다. 따라서 당신이 그런 사람이라면, 나에게 돌아오는 보상이 없더라도 하나님도 나도 아무것도 베풀지 않을 것이다. 부정적인 시스템이 이미 확고하게 세워진 곳에서는 누구도 혜택을 볼 수 없다.

'권리'나 '자격' 같은 것은 존재하지 않는다. 그 누구도 무언가에 대한 권리나 자격을 받지 못했기 때문이다. 만약 당신이 이웃들의 관대함에 의지해서 살아가기로 했다면, 이웃들이 당신을 돕고 싶어 하도록 스스로 사랑받는 인간이 되려고 노력해야 한다. 당신이 태어나 살아간다는 단순한 이유로 누군가의 돈을 받을 권리가 생기는 것은 아니기 때문이다. 아무도 그런 권리 같은 것을 받지 못했다. 그런 것이 존재하지 않기 때문이다. 우리는 모두 의무를 지고 있지만, 성경 속의 어느 누구도 무언가에 대한 권리를 지닌 자는 없다. 어떤 단어가 히브리어에 존재하지 않는다면 그 단어는 세상에 존재하지 않는 것이다. 누군가 당신에게 그런 권리를 제공하라고 강압했다면? 그것은 '자발적 베풂'이라는 자선활동의 기본적 의미에 비추어 참다운 자선이라고 할 수 없다. 당신더러 누군가에게 돈을 주라는 압박이 있다면, 그것은 자선활동이 아니라 그냥 절도 행각이다.

또한 히브리어에는 '우연'을 뜻하는 단어가 없다. 우연이라는 개념은 하나님의 계획과 완전히 반대되는 것이다. 무언가를 '우연의 일치'라고 부르는 것은 잘못된 것이다. 하나님께서 이 세상을 주관하신다는 사실을 숨기기 때문이다. 이 세상에는 우연도, 우연의 일치도 없다. 그저 당신이 보지 못할 뿐이다. 하나님께서 당신에게 무언가를 전할 때, 당신이 이를 알아차리지 못한다고 해서 하나님의 전언이 우연으로 격하되는 것은 아니다. 우리가 '우연의 일치'라고 생각하는 것들은 대부분 하나님께서 그 목적을 숨기신 것뿐이다. 나타나는 모든 일은 다 각자의 이유가 있다. 당신 스스로 시간을 내서 생각해 보자. 어떤 일이 일어났을 때 '우연의 일치', 존재하지 않는 어떤 개념에 목을 매는 대신, 그 정확한 이유를 알아내려고 노력해 보는 것이다.

히브리어에는 또한 '공평함'이라는 단어가 존재하지 않는다. 하나님의 언어에는 그러한 단어가 존재하지 않는다. 누군가는 불평등한 모습을 보았을 때 공평함을 들먹일 것이다. 당신이 무언가를 두 개 가지고 있을 때, 아무것도 가진 것이 없는 누군가는 이를 불공평하다고 말할 수 있다. 당신이 가지려고 열심히 일하는 동안 그들은 가만히 있었을 수도 있다. 그러면서 우리 모두가 무언가를 똑같이, 똑같은 양만큼 가지고 있어야 하는 이유는 무엇인가? 이 말도 안 되는 공평함의 개념을 아이들은 아주 어릴 때부터 내면화한다. 이 책을 읽는 당신이 부모라면 무슨 뜻인지 잘 알 것이다. 아이가 "하지만 엄마, 아빠, 그건 불공평해요."라고 얼마나 자주 말하던가? 때로 내가 생각한 대로 일이 흘러가지 않거나, 다른 사람이 가진 것을 탐하고 있는 나 자신을 발견했을 때, 인생이란 참으로 불공평하다고 생각할 수도 있다. 나도 똑같은 이야기를 아이들에게 해 준다. 맞아. 참 불공평하지. 왜냐하면 사람이 보기에 인생이란 불공평한 것이거든.

삶만 불공평한 것은 아니다. 사실 공평한 것이란 존재하지 않는다. 공평이라는 개념이 존재하지 않기 때문이다. 의무가 있다. 규칙도 있다. 체계나 시스템도 있다. 상품과 임금, 서비스의 공정한 분배가 있다. 하지만 이런 분배는 그 어떤 '공평한 시스템'으로 분배되는 것이 아니다. 상품과 서비스는 돈으로 사는 것이고, 돈은 벌어야 한다. 우리 중 누구도 돈에 대한 권리를 가지고 있지 않다. 모두가 돈을 벌어야만 한다.

고대 히브리어에 비슷한 개념도 없는 또 다른 현대 단어로는 '휴가'를 들 수 있다. 마찬가지로 하나님의 눈에는 이러한 것이 존재하지 않는다. 당연한 일이다. 하나님께서는 우리 인간이 서로를 더 잘 섬기길 바라신다. 그러려면 우리는 일을 해야 하는데, 휴가는 우리가 일하지 못하게 막는다.

대체 우리가 일을 멈춰야 하는 이유는 무엇이란 말인가? 현대 사회에서는 이제 하루 동안 아무 일도 안 하며 엄격하게 안식일을 지키는 것도 없어졌고, 성경 속의 축일을 정기적으로 지키는 일도 거의 사라졌다. 현대인의 삶이란 다소 고된 면이 있다. 그리고 나도 현대를 살아가는 인간으로서 휴가를 좋아한다. 그래서 삶에 휴가가 없다면 얼마나 단조로워질 수 있는지 나도 잘 알고 있다. 하지만 동시에, 오랜 시간 모든 일에서 벗어난다는 느낌이 본질적으로 건강하지 못하다는 사실도 느끼고 있다. 휴가란 건강한 것이라는 현대적 관념의 병폐를 차츰 깨달았기 때문이다. 개인적으로 나는 휴가를 다녀오면 다시 일을 시작하기가 어렵다고 느낀다. 다시 말해 휴가를 즐겼다고 하더라도 그렇게 떠나는 게 별로 좋은 일은 아니었을 수도 있다는 의미이다. 하나님은 세상에 우리를 보내실 때 서로를 도우라고 보내셨다. 그러나 우리가 휴가를 떠나면 서로를 돕지 못하게 되고, 그래서 영적으로 건강하지 못하다는 느낌을 받게 된다.

이 사실을 바탕으로 생각하면, 고대 히브리어에 '은퇴'라는 단어의 개념이 전혀 존재하지 않는다는 사실도 그다지 놀랍지는 않으리라. 이 개념은 상대적으로 최근에 나타난 개념이다. 석기시대의 사람들은 은퇴하지 않았다. 중세에도 은퇴는 존재하지 않았고, 르네상스 시대에도, 빅토리아 시대에도 다를 바는 없었다. 은퇴라는 개념이 처음 등장한 것은 1883년 독일의 재상이었던 오토 폰 비스마르크가 은퇴 연령을 65세로 정하여 공표했을 때였다. 이때는 이 정도로도 큰 문제가 없는 사회였다. 사람들 대부분이 그렇게 오래 살지 못했기 때문이다. 영아 사망률도 높고, 페니실린도 존재하지 않았을 때였으니까. 하지만 현대 사회에 적용하기에는 좋지 못하다. 현대인들은 65세 정도는 가볍게 넘겨 산다. 하지만 서구 문화를 받아들인 사회는 비스마르크의 선례를 따라 전부 65세 전후를 은퇴 연령으로 정해버렸다. 하지만 1883년 전까지는 '은퇴'라는 것이 존재하지 않았다. 정부가 그저 나이가 들었다는 이유로 일하지 않는 사람들에게 돈을 줘야 한다는 이상한 사회적 관념이 처음으로 세워진 것이 바로 이때였다. 사실, 그 전까지는 은퇴 없이도 별문제 없이 다들 잘 살았다. 하지만 이제는 은퇴 때문에 온갖 문제가 튀어나오는 모습을 보게 된다. 미국의 사회보장제도는 은퇴자를 위한 복지후생계획으로 국가 재정을 파탄 내고 있다. 대체 무엇을 위해서 사람들을 돕는 일을 그만두도록 하기 위해 사회적 재정 파탄을 감수해야 한단 말인가? 말이 안 된다. 이들 프로그램은 대가가 너무 크다. 이런 프로그램은 하나님께서 설계하신 시스템에 맞지 않기 때문이다.

때로 은퇴란 사회적 의무라고 말하는 경우도 찾아볼 수 있다. 다음 젊은 세대의 노동력이 편입될 수 있도록, 노인들이 은퇴하여 자리를 만들어 주라는 것이다. 하지만 이 주장도 잘못되었다. 이렇게 생각해 보자. 사람들이 65세에 은퇴하여 젊은이들이 쉽게 일자리를 찾게 하는 게 그렇게 좋은 아이디어라면, 왜 50세에 은퇴시키지 않는 것인가? 그냥 30세에 은퇴하여 21살 청년들이 일자리를 찾을 수 있게 하면 더 좋지 않은가? 인간의 부유함에는 확실하게 정해진 한계가 없기 때문에 이 말도 말이 안 된다. 사람들이 일을 그만두면 생산을 그만두는 것이다. 이는 더 이상 건강하지 못하고 바람직하지 못한 결과로 나타난다.

일하는 자는 자신이 소비하는 것보다 더 많은 것들을 생산한다. 당신이 사는 주변 동네만 둘러보더라도 알 수 있다. 누군가가 하수도를 설치했기 때문에 오수가 길가로 넘쳐흐르지 않는다. 당신은 들판이 아니라 집에서 살고 있다. 숲에서 어렵게 구한 음식이 아니라 슈퍼마켓에서 돈 주고 산 음식을 먹는다. 당신은 거래를 통해 얻은 것으로 누리며 즐긴다. 이 모든 것이 가능하게 하려면 당신의 잉여생산물이 필요하다. 우리와 같은 현대인들이 누리는 편의성과 우리가 버는 재량소득은 우리가 실제로 소비하는 것보다 더 많이 생산한다는 사실을 증명한다. 이는 전 세계 선진국 사람들 대부분에게 해당하는 말이다.

그럼 생산적인 사람들이 일을 더 못하게 막아야 하는 이유가 무엇인가? 이게 무슨 도움이 된단 말인가? 누군가를 자동으로 쓸모없게 만드는 것은 아무리 생각해도 의미가 없다. 모두가 기여해야 한다. 누군가는 다른 사람보다 더 많이. 이쯤에서 모두의 참여를 이끌어낼 방법이 필요하다. 사회에 기여하는 것에 나이는 상관이 없다. 우리가 기여하는 데 쓸 수 있는 능력은 나이에 따라서 변할 수 있다. 하지만 나이가 많다고 줄 수 있는 것, 섬길 방법이 한 가지도 없다고 단정할 수는 없다.

민수기를 보면 남들이 하기 싫어하는 일을 떠맡게 된 제사장들의 이야기를 볼 수 있다. 이 제사장들은 동물 사체를 끌어다 희생 번제를 치르고, 불만 많은 백성이나 예배자를 다뤄야 하는 일을 맡았다. 민수기 8장 24~25절에서 하나님은 모세에게 이들 제사장에 대해 "레위인은 이같이 할지니 곧 이십오 세 이상으로는 회막에 들어가서 복무하고 봉사할 것이요, 오십 세부터는 그 일을 쉬어 봉사하지 아니할 것이나"라고 말씀하셨다. 성경에서 은퇴를 말하는 것일까? 아니다. 민수기 8장 마지막에서 하나님께서는 이 나이 든 제사장들이 "그의 형제와 함께 회막에서 돕는 직무를 지킬 것이요"라고 말씀하셨다. 나이가 든 뒤에도 여전히 중요한 직무를 담당하며 그에 따른 보수를 받는다고 하고 있다. 이는 단지 업무가 바뀌었음을 뜻한다.

하나님께서는 무거운 동물 사체를 이리저리 끌고 다니는 육체노동이 50세 먹은 노인에게는 적절하지 못하다는 사실을 알고 계셨다. 이런 일은 이들의 육체적 능력을 벗어나며, 이들의 품위를 떨어뜨리는 일이다. 이 나이 많은 제사장들은 더 높은 자문역을 맡도록 안배되었다. 고위 성직자가 되는 것이다. 하지만 손에서 일을 떼는 것은 아니다. 성경에는 일정한 나이에 우리 모두가 일을 그만둬야 한다는 개념이 존재하지 않는다. '은퇴'라는 개념은 상대적으로 새로운 개념이고, 굉장한 문제를 일으키고 있다. 은퇴가 직업인의 인생에 절대 핵심 원리로 작용해서는 안 된다. 우리는 은퇴 후에 원하는 일을 하고, 다른 사람들을 섬기는 일은 그만두겠다는 '은퇴'의 개념을 떨쳐야 한다. 만약 하나님께서 이러한 것을 계획하셨다면 분명 여기에 이름을 붙이셨을 것이다. 그리고 히브리어에는 은퇴를 뜻하는 단어가 없으니, 하나님께서 이런 것을 계획한 적이 없다는 사실을 알 수 있다.

Secret # 38

은퇴는 심신을 병들게 한다

　나는 빨리 은퇴하기만을 기다리는 사람들을 많이 만나보았다. 평생을 열심히 일한 사람들이었고, 육체적으로도 정신적으로도 매우 건강한 사람들이었다. 이들 전부 65세가 되자마자 은퇴했다. 금시계를 차고, 은퇴 기념 파티를 즐긴 다음 일을 그만두었다. 그 이후로는 사회보장제도와 저축했던 돈을 쓰며 살아갔다. 거의 동시에 건강상태도 나빠지기 시작했다. 은퇴한 사람 중에는 깊은 우울감에서 벗어나기 위해 다시 일을 시작한 사람도 있다. 그들은 일할 때처럼 사람들을 만나기 위해 방법을 찾았다. 이런 사람들은 곧 건강이 다시 회복되는 모습을 보였다.

　이 이야기의 요지는, 은퇴는 육체적으로나 정서적으로 혹은 영적으로 건강한 선택은 아니라는 것이다.

　뉴잉글랜드 의학 저널에서는 지난 수년간 믿음과 기도, 그리고 건강함 사이의 상관관계에 관한 연구결과를 여러 차례 실었다. 실제로 이 둘 사이에는 확실한 상관관계가 있었다. 은퇴한 사람들에게는 썩 좋은 소식이 아닌 것 같다. 당신이 일하지 않으면서 하나님께 건강을 지켜달라고 바라기란 어려운 일이기 때문이다. 사람들을 돕기 위해 매일 최선을 다하지 않는 삶을 살면서 하나님께 도움을 간청하고, 건강을 지켜 달라고 바랄 수 있는 근거가 어디에 있는가? 하나님이 원하시는 시스템에 위배된다. 일을 그만둔 사람들의 삶이 전보다 악화되고, 일을 통해 얻을 수 있었던 체계와 규율이 사라지는 일은 흔하게 일어난다. 또한 이들은 삶을 이어가는 동력과 사람들을 돕기 위해 무언가를 생산할 때 오는 즐거움도 잃게 된다. 그렇기 때문에 이들의 육체만 약해지는 것이 아니다. 영혼도 함께 약해진다.

많은 사람이 자원봉사로 일을 대체한다. 아무것도 하지 않는 것보다는 낫지만, 제대로 돈을 받고 일하는 커리어에 비해서는 아무래도 그 의미가 약하다. 훌륭한 일을 하는 자원봉사 단체는 많이 찾아볼 수 있다. 그리고 누구든 어느 정도는 자원봉사 활동을 하는 것이 좋다. 고결하고 선한 행동이기 때문이다. 하지만 실제로 내가 돈을 받고 하는 일 이외의 활동으로 해야지, 일 대신 자원봉사를 하면 안 된다. 자원봉사의 가장 큰 문제는 우리가 원할 때만 일한다는 점이다. 책임도 없고, 그래서 수양도 규율도 없다. 당신이 자원봉사자로 적십자사에 지원해 일요일마다 봉사활동을 한다고 해 보자. 그런데 일요일 아침에 눈을 떠 보니 낚시 가기 정말 좋은 날씨가 아닌가. 후회를 뒤로하고 호수로 떠나는 것을 막을 만한 것이 어디에 있을까? 당신과 같은 위치인 자원봉사자들이 당신을 해고할 수 있는 그런 모임도 아니지 않은가. 원하는 대로 왔다가 갈 뿐이다. 사실 대부분의 사람이 하는 자원봉사는 하고 싶던 것을 원할 때 하는 것과 같다. 물론 자원봉사를 일처럼 여겨 자신의 의사와 상관없이 매일 봉사활동을 하는 사람들이 있다는 사실을 나도 인정한다. 이런 사람들은 돈을 받는 직업인들처럼 일한다. 기분이 좋지 않거나, 내키지 않을 때도 봉사현장에서 일한다. 하지만 이런 자원봉사자들은 극히 드물고, 극히 일부이다.

우리 대부분은 경제적 인센티브와 함께 행정적 감독이 필요하다. 개인이 원하는 것과 욕구를 극복하도록 강제하는 상황에서 더 나은 성과를 낼 수 있기 때문이다. 은퇴는 원할 때 원하는 모든 것을 할 수 있도록 우리의 상황을 갑자기 변화시킨다. 온종일 침대에 누워서 뒹굴고 싶다면 뒹굴 수도 있다. 낚시하러 가고 싶다면 온종일 낚시터에 앉아 있어도 된다. 골프를 치고 싶다면 골프를 치면 된다. 전부 다 참으로 기분 좋은 일들이지만, 이런 일들이나 개인의 즐거움만을 쫓는 일은 별로 건강한 행위는 아니다. 직업이 없는 사람은 책임감도 규율도 잃게 된다.

인간은 성장하고 발달하면서 번창한다. 이러기 위해서는 규율이 필요하다. 규율과 책임감은 우리를 살아있게 한다. 일하는 것은 성장을 이끌어내고, 우리의 의지력을 강하게 하고 매일의 출근을 통해 우리 주변 사람들을 돕게 한다. 당신이 지금까지 이렇게 해 왔다면, 일어나 자랑스럽게 지난 수십 년간 하루도 빠짐없이 일했고, 앞으로도 할 수 있을 때까지 수십 년간 하루도 빠짐없이 일할 것이라고 말해도 된다. 그리고 이 책을 지금까지 읽어온 당신은 알겠지만, 이렇게 일하는 것은 좋은 것이다. 일한다는 것은 주변 사람들을 돕는다는 뜻이기 때문이다. 그렇게 하면 앞으로도 계속 육체적, 영적 건강이 좋을 가능성이 매우 높다. 당신이 하루도 빠짐없이 직장에 출근할 수 있었던 이유는 건강했기 때문이 아니다. 오히려 그 반대다. 당신이 하루도 빠짐없이 출근했기 때문에 지금까지 계속 건강한 것이다.

임금을 받고 일하는 대신 자원봉사를 할 때의 다른 문제점은 당신이 정말로 필요한 일을 하고 있는지 확신할 수가 없다는 것이다. 자원봉사자를 쓰는 기관들은 계속 자원봉사자를 유치하려 한다. 기관이 바쁠 때는 자원봉사자들이 매우 중요하다. 하지만 이런 기관들이 항상 바쁜 것은 아닌데, 이렇듯 한가할 때조차 자원봉사자의 수를 계속 유지하기 위해 불필요하거나 무의미한 일을 계속 시킬 때가 있다. 돈을 받고 일할 때는 급료를 받는다는 것 외에도 좋은 점이 있다. 당신이 누군가를 위해 어떤 좋은 일을 하고 있음을 확신할 수 있다는 점이다. 그렇지 않다면 당신이 돈을 받을 이유부터 없는 것이다.

당신이 일하고 돈을 받는다는 것은 당신이 최소한 한 명이라도 다른 사람에게 가치를 전한다는 것을 뜻한다. 물론 한 명이 아니라 훨씬 더 많은 사람에게 가치를 전할 때가 대부분일 것이다. 여기에서 당신이 계속 일해야 하는 궁극적인 이유를 찾을 수 있다. 은퇴란 건강에 매우 좋지 않다. 스스로 쓸모없다는 느낌이 들기 때문이다. 다른 사람을 섬기는 일은 우리를 쓸모 있고 가치 있는 삶으로 느끼게 해 준다. 자신이 원하는 것만 하는 사람들은 다른 사람들을 섬긴다는 사치를 누릴 기회를 잃게 되고, 곧 자신의 생명력이 약해지는 것을 느끼게 된다. 우리의 영혼이 손상되어 불완전하다는 느낌을 받게 되는데, 이는 정신 건강과 육체적 건강 양쪽에 모두 악영향을 끼친다.

선지자 사무엘이 아직 어렸을 때, 사무엘의 어머니가 그를 성전으로 데리고 가 그의 삶을 하나님께 헌신하도록 하였다. 사무엘상 2장

11절, "그 아이는 제사장 엘리 앞에서 여호와를 섬기니라"라는 구절에서 이를 엿볼 수 있다. 여기에서 사무엘은 이름조차 없다. 이 아이는 언젠가 이스라엘을 지도하는 선지자가 될 것이지만, 지금은 아주 낮은 자에 불과하다. 성전에서 막 자신의 커리어를 시작한 것이다. 사무엘상 3장 1절, "아이 사무엘이 엘리 앞에서 여호와를 섬길 때에는"에서 드디어 그의 이름이 나온다. 여기에서 비로소 그가 이름을 받았음을 알 수 있다. 여전히 '아이'라고 불리고 있지만, 이제 어엿한 이름이 붙었다. 그가 이제 자신의 커리어에서 발전하는 모습을 보이기 시작했다고 해석할 수 있겠다.

이제 나는 당신들에게 이들 구절이 히브리 원문에서 어떻게 표현되는지 알려주려 한다. 번역하는 과정에 잃어버렸던 의미도 함께 소개할 것이다. 히브리 단어 ET는 히브리어 알파벳의 첫 글자와 마지막 글자로 이루어진다. 포용, 수용, 괄호 등의 의미가 있다. ET를 이름 앞에 붙여 그 의미와 중요성을 크게 강조하는 경우를 쉽게 찾아볼 수 있다. 히브리 원문에서 사무엘상 2장 11절은 "그 아이는 ET 제사장 엘리 앞에서 ET 여호와를 섬기니라(And the lad served ET, the Lord and ET the face of Eli the priest)"정도로 표현할 수 있다. 여기에서 사용된 단어 ET는 사무엘이 집중하는 대상이 하나님과 그의 주인인 제사장 엘리로 나뉜다는 것을 의미한다. 둘 다 사무엘이 섬기는 대상이다. 하지만 사무엘상 3장 1절은 "아이 사무엘이 (엘리 앞에서) ET 여호와를 섬길 때에는(The lad Samuel was serving, ET God)"로 쓰여 있다. 히브리 원문을 기준으로 볼 때 이 구절에는 제사장에 대한 이야기도 없고, ET가 두 번 쓰이지도 않았다. 따라서 사무엘의 주인이었던 제사장 엘리에 대한 초점을 거두고 온전히 여호와 하나님을 위해서 일하기로 자세를 고쳤음을 알 수 있다. 사무엘에게 이는 당연하고 자연스러운 변화이다. 성전의 성직자로서, 자연스러운 커리어의 발전 과정인 것이다. 먼저 성전의 상급자를 섬기고 나중에는 신을 섬기는 것이다. 만약 사무엘이 점점 나이가 많아져 그의 주인을 섬기기 힘들다면, 이제 그를 성전 밖으로 내보내야 할까? 말도 안 되는 소리다. 사무엘은 여전히 줄 것이 너무나도 많고, 그가 섬길 방법도 무궁무진하다. 그저 원래 맡은 역할을 하지 못하게 되었을 뿐이다.

한 사람의 기술, 능력, 경험은 계속 발달하며 생애 내내 변화한다. 하지만 누군가 특정 직업에 더 이상 종사하지 못한다고 해서 그를 내보내야 한다는 뜻은 아니다. 사람은 누구나 쓸모가 있다. 그저 '어떻게' 쓸모가 있는지 바뀌었을 뿐이다. 노인이 쓸모없다는 관념은 너무나도 비생산적이고 파괴적인 현대 개념 중 하나이다. 각 개인에게 상처를 줄 뿐만 아니라, 경제 전체에도 해가 된다. 강제 은퇴는 기괴하고 부자연스러운 행동이다. 많은 회사에서 명퇴 연령을 정해서 운영하는데 이는 손실이다. 노인들도 여전히 베풀 수 있는 것이 많다. 만약 젊은이들에게 자리를 내어주고 싶다면 회사를 키우면 된다. 확장은 곧 성장이고, 전체 경제를 성장시키는 원동력이 되어 모두에게 좋은 영향을 끼친다. 누군가를 강제로 은퇴시키는 것은 아무에게도 좋은 영향을 주지 못한다. 회사도 퇴직자도 고통을 받고, 온 사회도 고통을 받는다. 모두가 잠재적 부와 충만함을 상실하여 어려움을 겪게 되는 것이다.

Secret # 39

미래에 대한 걱정이 오늘을 불행하게 만든다

미래에 대한 걱정만큼 성공가도를 달리는 사람의 발목을 잡는 것
은 없다. 하루를 잘 보내고, 침착하게 할 일도 다 하고, 사람들을 성실
히 돕고, 모든 것을 적절하게 잘 끝마친 뒤에 한창 기분이 좋은데 미래
에 대한 이 사소한 감정이 갑자기 들이닥친다. 이런 사소한 걱정은 가
장 끔찍한 형태의 영적 중력이다. 가장 치명적인 영향을 발휘하기 때
문이다. 모든 것이 한순간에 무너지지는 않겠지만 오래된 옷의 재봉
선이 뜯어지듯, 조금씩 바스러지는 느낌이 들 것이다. 이제 내일, 아니
면 다음 주에 꼭 해야 할 일이 무엇인지 계획하고 조바심을 내기 시작
한다. 그러다가 내년 걱정까지 하게 되고, 어느 순간에는 현재의 행복
도 놓치게 된다. 인간에게 미래에 대한 걱정은 굉장한 골칫거리이다.
미래에 대한 부정적인 생각은 오늘 우리의 영혼과 성과에 큰 악영향
을 끼친다. 그러나 이런 영향에 대한 결과는 예측할 수 있다.

당신 인생의 마지막 결과물은 바로 그 이전까지 쌓였던 것에서 파
생된 것들이다. 첫발을 내디뎌 끝까지 걷지 않고서 그 길 끝에 도달할

수 없다. 마지막 결과물이 안 좋은 것이라면 지금까지 우리가 걸었던 길이 잘못되었다고 할 수 있다. 우리는 그냥 '나쁜 결말'을 맞게 된 것이 아니다. 시작부터 잘못되었거나, 중간에 길을 잘못 들었을 수도 있다.

극단적인 예시지만, 당신도 황금시간대 범죄 다큐멘터리에서 아내를 살해한 남편들의 이야기를 몇 번 보았을 것이다. 보통 생명보험이나 유산이 이런 일을 일으키는 가장 큰 원인이 된다. 이런 이야기는 내가 말하고자 하는 핵심을 짚기 위해, 소름 끼치지만 한번은 언급할 수밖에 없는 것들이다. 나는 이런 다큐멘터리를 볼 때마다 아내를 비롯한 다른 가족들이 놓쳤던 경고가 무엇이 있을까 생각한다. 정말 살해당할 때까지 아무런 문제가 없었을까? 그랬으리라 생각하기 어렵다. 내가 보았던 가장 끔찍한 다큐멘터리는 남편이 신혼여행 도중 아내를 죽인 사건에 대한 내용이었다. 결혼 첫날이나 첫 주, 아니면 한창 좋은 부부관계가 이어지고 있을 때, 이제 막 결혼했을 뿐인데 남편이 보험금 때문에 아내를 죽일 가능성이 대체 얼마나 된단 말인가? 그럴 가능성은 없다고 봐야 하지 않을까. 실제로 남편이 아내를 죽이는 것을 그 자리에서 결심한 것이라고 보기 어렵고, 상당히 오랫동안 이 악행의 계획을 짰으리라고 확신할 수 있다. 그가 의식적으로 계획을 세우고 죽인 것이 아니더라도 분명 두 사람 관계에는 무언가 심상치 않은 기류가 흘렀을 것이다. 당연하지만 선한 사람들은 서로를 죽이지 않는다. 배우자라면 더더욱 죽일 생각을 하지 않는다. 이런 비극이 일어나기까지 결혼생활이 아무 일 없이 좋았을 가능성은 없다. 세상은 그렇게 흐르지 않는다. 좋은 때를 살아가는 선한 사람이라면, 절대 갑자기

이혼하려고 생각하지 않는다. 만약 그런 상황에 처한 상태라면 이 지경이 되기 전에 결혼생활에 무엇이 문제인지 스스로 물어볼 것을 권한다.

미래에 잘못된 행동을 하겠다는 계획을 하면, 내가 사는 지금 이 순간에도 그 부정적 영향이 미치게 된다. 결국에 배우자를 살해하거나, 이혼하겠다고 계획을 한다면 결혼생활을 좋게 유지하기 어려울 것이다. 행복한 결혼생활과 배우자에 대한 악행은 절대 공존할 수 없다. 은퇴 같은 좋지 않은 계획을 세울 때도 마찬가지다. 은퇴한 상태는 좋지 못한 상태이며, 은퇴를 선택하는 것은 좋지 못한 선택이라는 사실을 안다면, 그때까지 시간이 아무리 오래 남았더라도 지금을 사는 우리에게 부정적인 영향을 끼치게 된다. 나태한 미래를 계획하면서 오늘을 활기차게 살 수는 없다.

골프를 쳐 본 적이 있다면 골프에서 스윙이 가장 중요하다는 사실을 알 것이다. 정확히는 스윙이 골프의 전부다. 스윙하기 전에, 먼저 공에 다가간 다음 스윙 계획을 세우고 TV에서 선수들이 하듯이 몇 번 흔들흔들 턴 다음 클럽을 공 뒤에 대고 힘차게 때린다. 이다음에 무슨 일이 생길까? 공이 정확하게 날아가거나, 엉뚱한 데로 날아가거나, 둘 중 하나일 것이다. 클럽이 공에 닿아 페어웨이 저편으로 날아가는 동안에 잔디밭에 선 당신이 하는 일은 공에 아무런 영향을 끼치지 못한다. 클럽을 흔들거나, 춤을 추거나, 희망에 차서 공이 날아가는 방향을 따라 몸을 기울여도 결국 공은 날아가던 그대로 날아갈 뿐이다. 스윙과 공중을 가르고 날아가는 공의 움직임은 이어지는 같은 동작의 일부분이다. 마지막까지 스윙 계획을 제대로 짜고, 따르지 않으면 공은 그린에 제대로 안착하지 못한다. 프로 골프 선수들은 스윙과 팔로스루, 이어지는 두 동작에 심혈을 기울인다. 클럽으로 공을 때려 날리는 순간 외에는 자신의 행동이 공의 움직임을 제어하는 데 아무런 영향을 주지 않는다는 사실을 알기 때문이다. 여기서 우리가 알 수 있는 또 다른 사실은 공이 내가 생각했던 곳과 다른 곳으로 날아갔다면 시작부터 잘못되었다는 것이다. 스윙이 잘못되었거나, 팔로스루가 잘못된 것이다. 시작에서 팔로스루, 스윙의 마무리 동작은 전부 이어지는 한 동작으로 정확하게 나눌 수가 없다. 부드럽게 이어지는 하나의 움직임이다.

우리의 삶도 그렇다. 우리 인생과 커리어를 '완전한 은퇴'와 같은 바람직하지 않은 결말로 단정 짓고 계획한다면, 지금 우리가 사는 현재부터 잘못될 수밖에 없고, 우리가 보게 될 최종 결과도 좋지 않을 수밖에 없다. 미래를 현재에서 끊어낼 수도 없고, 현재를 과거에서 끊어낼 수도 없다. 시간은 그렇게 흐르지 않는다. 시간은 끊임없이 이어지는 하나의 움직임이다.

그러면 은퇴가 왜 그렇게 나쁜 일인가? 앞서 우리가 얘기한 건강 문제도 있지만 거기서 끝이 아니다. 은퇴로 인한 윤리적 문제도 불거진다. 은퇴하면 일을 할 수 없게 된다. 이제 사람들을 더 이상 돕지 않게 된다는 뜻이다. 이 윤리적 문제는 은퇴 자체만이 아니라 은퇴를 향해 이어지는 과정에서도 드러난다. 이런 문제는 은퇴 후에만 나타나는 것이 아니다. 지금 당신이 열심히 살아가는 하루에도 나타난다.

은퇴 계획은 당신의 커리어 전체를 주저앉힌다. 내가 이 책을 통틀어 몇 번이나 반복해서 강조했듯, 우리는 사람들을 섬기기 위해 일한다. 일의 즐거움은 사람들을 섬겨 돕는 것에 있다. 돈은 섬김에 따른 필연적인 결과물이다. 나는 돈을 좇지 않는다. 돈을 사랑하는 것도 아니다. 나는 사람들을 섬길 기회를 사랑한다. 하나님께서 사람들을 섬기고 그 결과로 돈을 벌도록 했다는 사실은 케이크 위의 과일 장식과도 같은 것이다. 오해하지 않았으면 좋겠다. 번창으로 얻어지는 풍성함은 매우 큰 축복이다. 하지만 나는 나의 원래 목표, 사람들을 섬기는 것에서 시야를 놓치지 않을 것이다. 그리고 내게 있어서 돈이란, 내가 수많은 사람을 섬겼다는 사실의 증거라는 관점도 거두지 않을 것이다. 돈은 최종 목표가 아니다.

여기에 은퇴 문제가 있다. 은퇴란 당신이 충분한 돈을 벌면 시스템에서 빠져나오는 개념이다. 일해서 받는 금전적 보상에만 집중한다면 사람들을 돕는다는 진정한 목표를 놓치게 된다. 은퇴하기를 원하는 사람은 다른 사람을 위해 일하는 것이 아니라, 그저 돈만 벌기 위해 일하는 것이다. 진정으로 사람들을 돕는 사람은 '충분히 봉사'했다고 은퇴하지 않는다.

은퇴는 하나님이 우리를 위해 세우신 계획이 아니다. 당신이 무언가를 얻는다는 것이 일의 전부가 아니다. 일이란 당신이 베푸는 것이다. 일이란 "무엇을 도와드릴까요?"라고 묻는 것이다. 당신이 65살 먹은 노인이 되었다고 이 질문을 멈출 이유는 없다. 일에 대한 집착과 강박, 일로 인한 즐거움과 흥분은 사람들에게 유익을 주는 데서 온다. 당신이 더 많은 사람에게 혜택을 줄수록 더 많은 돈이 당신에게 흘러들 것이다. 하지만 반대로 하면 반대의 결과를 얻게 된다. 당신에게 진정 중요한 것은 섬김이지 돈이 아니다. 당신이 돈에 관심을 가질수록 돈은 당신을 찾지 않게 된다. 일의 역설이란 바로 이러한 것이다. 그리고 이 역설은 언제나 통한다. 그래서 내가 당신에게 항상 받기 전에 베풀라고 하는 것이다.

내가 당신에게 은퇴하지 말라고 했다고 해서 저축도 하지 말라는 뜻으로 받아들이지 않기를 바란다. 필사적으로 돈을 벌기 위해 일할 필요가 없을 정도의 능력을 갖추는 것은 언제나 좋은 일이다. '이미 충분하다'는 것만큼 좋은 것을 찾아보기는 어렵다. 매우 훌륭한 일이다. 당연하지만 누구나 미래를 위해 저축하고 투자해야 한다. 하지만 일을 그만두는 것은 다른 이야기이다. 당신이 은퇴할 재력이 갖춰지면 바로 은퇴하겠다고 말한다고 해 보자. 이는 실제로 당신이 다른 사람을 위해 일하는 것이 아니라, 돈만 보고 일한다는 뜻이다. 나중에 내가 원하는 것을 하려고, 지금 당장 할 수밖에 없는 일을 한다고 선언하는 것과 같은 것이다.

정말 끔찍한 생각이 아닌가. 이 말은 지금까지 그저 돈을 벌기 위해서만 일했다는 것과 다른 점이 없다. 생각의 방향을 바꿔 보자. 일할 때는 다른 사람의 필요를 채우는 것을 목표로 해야 한다. 그래야만 돈이 당신에게 흘러들 것이다. 당신이 강박적으로 집착해야 하는 것은 돈이 아니라, 다른 사람의 필요와 욕망이다. 은퇴를 당신의 주된 목표로 삼는다면 '섬김'이라는 진짜 목표를 제대로 이행할 수 없게 된다. 은퇴에 초점을 맞추면 커리어 전반에 악영향을 끼치게 된다. 은퇴가 목적이라면, 일하는 목표가 은퇴를 위해 돈을 모으는 것밖에 되지 않기 때문이다.

목표를 은퇴로 잡았을 때 해로운 것만큼이나 반대로 긍정적인 측면에 집중했을 때 이로움도 크다. 예를 한 가지 들어보자. 나는 최근 댈러스의 코셔 식당에서 식사하던 도중 웨이트리스와 다른 손님 사이의 대화를 엿들을 수 있었다. 손님은 웨이트리스가 웨이팅 일을 하지 않을 때 무엇을 하는지 묻고 있었다. 웨이트리스는 최근에 이주한 사람이라 아직 다른 일을 찾지 못했다고 말했다. 손님은 미소를 지으며 "서비스가 굉장히 좋네요. 다른 사람들 피부관리를 도와주는 일은 어떻게 생각하시나요?"라고 말했다. 손님은 웨이트리스에게 텍사스에서 가장 큰 쇼핑몰의 화장품 전문 키오스크에서 판매 영업을 해 보지 않겠냐고 제안했고, 웨이트리스의 눈은 빛났다.

웨이트리스 고용이 문제가 아니다. 나라면 그 손님을 고용하고 싶을 것이다. 그는 그녀에게 생각한 말을 그대로, 예컨대 "지나가는 사람한테 핸드크림 권해서 돈 벌어보는 건 어때요?"라고 묻지 않아야 한다는 사실을 알았다. 그는 그 대신 조금 더 높은 목표를 제시해서 웨이트리스에게 동기를 부여했다. 주변 사람들을 더 잘 섬기는 것은 어떻겠냐고 물어본 것이다.

내가 부모로서 얻은 교훈 중 하나는, 나의 어린 두 딸에게 집안일을 자발적으로 하도록 열정을 불러일으키는 방법이다. 그 방법은 쉽고 간단하다. 딸들에게 일을 부탁하기 전에, 나의 아내이자 두 아이의 엄마가 우리를 위해 얼마나 많은 일을 하며, 우리가 엄마에게 얼마나 많은 빚을 지고 있는지 깨닫게 해주는 것이다. 깨끗한 접시와 청결한 바닥이 왜 중요한지 이야기하기 전에 조금 더 높은 목표를 주는 것이다. 흔한 전략이다. 미 육군 모병광고에서 "할 수 있는 한 최고가 되어라"라는 문구를 쓰는 것을 보았다. 이 문구를 사용한 마케팅 전문가들은 입대하는 미국의 용감한 젊은 남녀 대부분이 자유와 사랑하는 사람들을 지키기 위해 입대한다는 사실을 알고 있다. 모병관들은 받는 월급이나 근무조건을 논하는 대신 이런 속성을 특히 부각시킨다. 인간의 마음을 불타오르게 만드는 이런 동기부여는 많이 사용되는 전략이다.

굳이 말이 필요 없지만 불은 음식을 만들고, 난방하고, 자동차를 굴릴 수 있게 해 주는 원동력인 동시에 모든 것을 태워 파괴할 수도 있다. 도구가 강력하면 강력할수록 선하게든 악하게든 사용했을 때의 효과도 강력하게 나타난다.

비슷하게, 더 높아지려는 욕구를 가진 자들은 가치 있는 대의와 명분을 내세운다. 그 능력은 좋게 사용될 수도 있고, 또 악하게 사용될 수도 있다. 그들은 자신의 육체적 욕망을 대의와 명분 보다 앞세우지 않는다. 예를 들어 정치인들이 엄청난 세율을 부과하는 정책을 내세우면서 "모든 시민에게 무료 의료서비스를", 혹은 "아이들을 위한 더 나은 교육을", 혹은 "빈곤을 끝내기 위해"라는 대의를 내세워 선거에서 승리하는 것을 들 수 있다. 사실 이 정책을 적용하려는 목적이 다른 곳에 있을 수도 있다. 그러나 높은 세율을 정당화하기 위한 구실로 대중을 위한 대의와 명분이 훨씬 더 낫다는 사실을 아는 것이다.

바벨탑을 짓기 위해 모인 사람들을 노예로 만들었던 니므롯은, 모든 독재자가 그랬듯 사람들에게 "당신들을 노예로 만들 것이다. 나의 지위를 강화하기 위해 일하라"라고 말하는 것으로 사람들을 굴복시킬 수 없다는 사실을 알았다. 그는 사람들의 더 높은 대의를 향한 욕망에 호소했다. 창세기 11장 4절에서 니므롯은 "자, 성읍과 탑을 건설하여 그 탑 꼭대기를 하늘에 닿게 하여 우리 이름을 내고 온 지면에 흩어짐을 면하자"고 말했다. 사람들의 영적 욕구에 호소한 것이다. 탑이란 더 높은 대의를 향한 호소를 품은 비유였던 셈이다.

하나님의 언어 히브리어에서 탑을 뜻하는 말은 MiGDaL로 쓴다. 이 단어는 '위대함'을 뜻하는 단어 GaDoL에 가깝다. 탑이란 높고 위대한 건축물이다. 그러나 거기에 그치지 않고 우리 인간이 인생 속의 초월적 대의를 찾으려는 욕구를 물리적으로 대변하는 존재이기도 하다. 대기업들이 짓는 본사 건물들은 전부 높거나 넓어 웅장하다는 느낌을 준다. 이들은 단순히 업무공간이 필요한 것이 아니다. 자신들의 비전을 투영할 상징을 짓는 것이다. 인간은 누구나 하늘에 닿으려는 욕망이 있다. 마찬가지로 니므롯도 하늘을 향해 뻗어갈 자신의 계단을 웅변하며 "오라, 함께 더 높은 야망을 향해 가자"고 말한 것이다.

대부분의 인간이 더 큰 대의를 향한 호소에 마음속 깊은 곳에서부터 자극을 받는다. 이런 사실을 아는 것은 군이나 사업체, 가족을 관리할 때 굉장히 유용하다. 훌륭한 지도자는 해야 할 일을 쭉 나열하는 데서 그치지 않고 그 자신의 비전과 아이디어, 열정을 공유한다. 이 일상적이고 때로 지루하기까지 한 일들이 위대한 업적의 기반이 될 수 있기 때문이다. 장대한 계획의 목표를 상상할 수 있게 되면 아무리 어려운 일이라도 결국 성취할 수 있게 된다. 이렇듯 대의를 품은 사람은 걱정 대신 대안을 제시한다. 미래에 대한 걱정은 오늘을 불행하게 만들 수 있다. 이는 조직에만 해당하는 것이 아니다. 평범한 사람들도 마찬가지이다.

유대인이 말하는...

비즈니스란, 참여한 모두가 혜택을 받는 것이다.

리더십이란, 복종할 수 있는 능력을 갖춘 자의 것이다.

부의 원리란, 사람들의 니즈(Needs)를 많이 공급하는 것이다.

돈이란, 서로의 도움을 약속하며 사이에 두는 것이다.

기부란, 스스로 돕는 자를 돕는 것이다.

비즈니스 전문가란, 이 모든 원리를 마음에 새기고 행동하는 자이다.

유대인은 삼천 년간 비즈니스 전문가였다.

Secret # 40

인생은 비즈니스다

우리 사회의 노인 중 다수가 홀로 외로이 살아간다는 것은 참으로 불행한 사실이다. 이들 중 대부분은 이미 은퇴한 사람들이다. 근처에 사는 가족이 더 없을 수도 있다. 이들은 은퇴했기 때문에 함께할 동료들도, 직업적 인간관계도 더는 존재하지 않게 된다. 고객들을 매일 만나지도 않는다. 고객들과 쌓는 우정의 가치를 무시하면 안 된다. 내 인생에서 가장 가까운 관계 중 몇몇은 매우 귀중한 단골손님과의 관계, 그리고 내가 주기적으로 비즈니스를 함께 하는 사람들과의 관계이다. 내가 이 사람들을 주기적으로 도울 수 있기 때문에 이들을 매우 사랑하게 되었으며, 그래서 시간이 흘러도 굉장히 가까운 사이로 남아 있다. 바로 이것이 우리를 한데 묶어주는 섬김의 힘이다.

누군가는 은퇴한 이후에도 연락을 계속 이어갈 수 있을지도 모른다. 하지만 이런 연결은 한창 일할 때보다 훨씬 약하고 일시적이다. 아마 당신들 중에는 이미 은퇴해서 며칠이나 몇 주 정도 골프를 치러 다니는 사람이 있을 수도 있다. 당신은 골프 치는 것을 좋아한다고 해도 당신이 진정으로 원하는 것은 골프가 아니라 사람과의 유대이다. 그래서 매주 세 번씩 근처 골프장으로 가서 사람들을 만나 몇 라운드를 도는 것이다. 매일 똑같은 사람들을 만난다. 서로 잘 알게 되었다. 서로 잘 지내고, 골프도 재미있게 잘 친다.

그런데 그 전에 자신에게 물어볼 것이 있다. 만약 당신이 골프장에 더 안 나가게 된다면, 이 사람들이 나를 찾을까? 약간 궁금해하기는 할 것이다. 골프 치면서 제대로 경쟁하려면 네 사람이 필요한데 당신이 골프장에 나타나지 않았으니. 하지만 당신은 그저 골프를 함께 쳐주는 일하는 노동자에 가까운 사람이다. 완벽하게 대체 가능한 사람인 것이다. 당신이 함께 18홀을 돌기 위해 골프장을 찾지 않으면, 이 사람들은 그냥 당신을 대신할 다른 사람을 찾을 것이다. 여기에서 당신은 다른 사람으로 대체 가능한 사람이기 때문에 이 사람들과의 의사소통은 미약하고 피상적인 것에 불과하다. 하지만 당신이 일하면서 쌓게 된 관계를 둘러보자. 동료 직원, 전문 직업인, 고객, 판매자, 그리고 서로의 필요를 의지하는 사람들, 이들의 관계는 훨씬 더 깊다. 골프? 재미있다. 하지만 궁극적으로 의미 없는 행동이다. 일은 우리가 돈, 우리의 생혈을 얻는 과정이다. 그래서 우리가 일하는 과정에 쌓는 관계는 우리 인생에서도 매우 중요한 관계가 된다.

당신이 훌륭한 직원이라면 상사도 당신을 신뢰할 것이다. 그는 당신이 꼬박꼬박 출근해서 당신만의 노하우와 기술, 능력을 최대한 활용해 일하는 것을 필요로 할 것이다. 당신이 이런 사람이라면 직원이나 동업자로서 대체 불가능한 사람이 될 가능성이 매우 높다.

안타깝게도 일부 비즈니스 전문가들은 모든 직원이 대체 가능하다는 현대의 관념을 채택했다. 소위 '전문가'라는 사람들은 비즈니스가 기계처럼 작동한다고 생각한다. 비즈니스를 위해 일하는 직원들은 언제든 교체 가능한 톱니바퀴와 같은 존재로 여기고 고장 나면 바꾸면 된다고 생각한다. 명백히 잘못된 주장이다. 사업체를 운영한 경험이 있는 사람이라면 이 관념을 거부할 것이다. 그 누구도 대체할 수 없다. 보상, 봉급을 받고 일하는 사람은 누구나 반드시 필요한 일, 없어서는 안 되는 역할을 맡고 있다.

직원을 잃으면 전체 시스템이 고장 나서 멈춰버릴 것이라고 말하는 게 아니다. 그 사람이 그만둘 수도 있고, 다른 부서로 이동하거나 경영진으로 승진할 수도 있다. 일시해고나 완전해고를 할 수도 있다. 은퇴는 안 좋은 것이지만 어쨌든 은퇴하는 사람들도 있다. 자기 분야를 바꾸는 사람들도 있다. 그러나 이런 일들이 일어난다고 해도 비즈니스가 멈추는 것은 아니다. 비즈니스는 계속 나아갈 길을 찾을 것이다.

내가 말하려는 것은 사람을 잃으면 그만한 대가를 치르게 된다는 것이다. 그렇기 때문에 각 회사는 고용 유지율을 최대한으로 유지하기 위해 노력해야 한다. 직원들의 이직률이 높으면 직원이 계속 바뀌면서 신규직원의 훈련 및 교육비용이 더 들게 되고, 작업의 흐름이 깨지며, 고객 만족도도 떨어지게 된다. 임직원이 자주 바뀌는 회사는 브랜딩도 어려워진다. 구글과 마이크로소프트는 엄밀히 따지면 한밤중에 직원을 갑자기 해고할 수 있는 회사지만, 이런 회사들 또한 같은 능력의 새 직원을 고용해서 채우고 같은 회사 구조를 그대로 유지한다고 해도 사람을 해고하기 전의 회사와는 다른 회사가 될 것이다. 회사들 사이의 차이를 만드는 것은 바로 그 회사에 다니는 사람들이다. 기업들이 방금 막 졸업한 대학생이나 대학원생들을 고용하여 3분의 1 정도의 낮은 임금을 줘서 돈을 아낄 수 있음에도 불구하고 고위 임직원들에게 높은 봉급을 주면서 회사에 붙잡아 두는 이유를 생각해 본 적이 있는가? 오랜 시간 회사에서 일한 고위 임직원들은 회사에 가치를 더한다. 이렇게 더해진 가치는 보통 그들이 받는 봉급을 훨씬 초월하는 커다란 가치이다. 사람의 지속은 비즈니스의 지속이다. 이는 선을 행하는 것과 브랜딩의 핵심 가치이기도 하다.

이 때문에 전 세계의 고용주들과 연구원들이 오랜 시간과 자원을 들여 회사에 직원들을 붙잡아 둘 방법을 찾아 헤매는 것이다. 이들은 우수한 인간은 쉽게 대체할 수 있는 존재가 아니라는 사실을 알고 있다. 물론 '좋은 사람'에게만 적용되는 것이기는 하다. 제대로 자신의 역할을 수행하지 못한다거나, 충분한 성과를 내지 못하여 회사에 가치를 더하지 못하거나, 최종 성과를 올리지 못하는 사람은 대체해야 한다는 사실을 부정할 사람은 얼마 없을 것이다.

일하지 않으면 고립되기 쉬워진다. 아무도 당신과 연락을 계속해야 할 경제적 인센티브를 느끼지 못할뿐더러, 당신 또한 사람들과 연락해야 할 필요성을 느끼지 못하기 때문이다. 당신의 일상에서 사람들과 의사소통하고 유대 관계를 맺을 때, 당신의 직업으로 인한 의사소통과 유대의 비중이 어느 정도인지 생각해 보자. 당신에게는 직장 동료와 고객들이 있다. 그렇다면 당신은 직장 동료들과의 업무 협력 조직, 전문가 집단, 자기 수양 및 개발 프로그램 등에 참여하고 있을 것이다. 이 등식의 요지는 당신이 이 사람들을 주기적으로 만난다는 사실이다. 과학적 연구를 통해 인간이 서로 유대감을 키우기 위해서는 서로 가까워야 하며, 계획과 상관없는 사회적 상호작용이 반복되어야 한다는 사실이 증명되었다. 일하지 않는 삶 속에서는 유대 관계가 굉장히 어렵다. 우리는 일하는 사람으로서 더욱 거대한 활동의 대체 불가능한 일부분을 맡고 있다. 당신이 누군가와 주기적으로 연락하는 것이다. 그리고 당신은 사람들을 섬긴다. 그 결과로 나태한 행동으로는 일굴 수 없는 사람에 대한 사랑과 유대감이 만들어지게 된다.

당신과 함께 일하는 사람들 또한 당신이 좋은 동료라면 진심으로 걱정하고 있을 것이다. 만약 당신의 직장 동료 중 일할 때 항상 게으름을 부리거나, 아예 출근도 제대로 하지 않는 사람이 있다면 아마도 내 말이 무슨 뜻인지 알 것이다. 출근하는 것은 의미가 크다. 일할 자세를 갖추고 출근한다는 것은 의미가 훨씬 더 크다. 우수한 직원이라면, 결근하거나 직장을 바꾸거나 은퇴했을 때, 그 빈자리가 크게 느껴지고 모두가 그를 그리워하게 된다. 이런 직원이 자리를 비우면 회사에 진짜 문제가 생기고 한동안 곤란을 겪게 된다. 그러므로 당신이 직장에서 다른 사람과 유대하는 것은 그 자체로 이미 상당한 의미를 띠고 있다. 그 누구도 출근하지 않고, 노력하지 않는 사람과 함께 일하려 하지 않는다. 열의가 있고, 윤리적이고, 열정적이고, 섬기는 자세로 일하는 직원이 필요한 일을 완수한다면, 상사나 직장 동료, 고객들 또한 그 사람을 인정하고, 매우 가치 있고 중요한 자산으로 받아들이게 될 것이다.

앞서 우리는 성경에서 우정과 유대가 매우 중요하다는 이유로 '친구'를 뜻하는 히브리 단어 몇 가지를 살펴본 적이 있다. 여기서 나는 친구를 뜻하는 히브리 단어 한 가지를 더 소개해 주려 한다. 'Haver'이다. 이 단어의 중간을 기준으로 나누면 Hav라는 단어가 나오는데, 이 또한 우정의 정수를 구성하는 또 다른 단어이다. 히브리어에서 Hav는 '의무'를 뜻한다. 이는 곧 친구란 우리가 어떤 형태로든 의무를 지고 있는 사람이라는 것을 의미한다.

　의무감에 의해 관계가 강화된다. 당신 또한 현실적인 수준에서 새 친구를 사귀고 새로운 관계를 구축하는 데 이 원리를 활용할 수 있다. 누군가에게 호의를 베푸는 것만큼 친구 만들기 좋은 방법은 없다. 이는 사람들이 호의를 베푸는 사람을 좋아하기 때문만이 아니다. 누군가에게 호의를 베푸는 것은 다른 사람과 의무 관계를 구축하는 섬세하고 은은하지만 강력한 방법이다. 당신이 누군가에게 호의를 베풀면 그 사람들 또한 당신에게 호의를 베풀어야 한다는 의무감을 가지게 된다. 비즈니스를 함께 하는 사람 사이에는 호의를 베푸는 것으로 서로 유대감을 형성하고 계속해서 상호작용할 수 있는 단초를 만들 수 있게 된다.

　이 방법을 도구로 사용하여 친구를 만들고 비즈니스 관계를 구축하면 된다. 하지만 이를 절대 냉소적으로 받아들이거나, 이기적으로 해석해서는 안 된다. 사람들이 나를 좋아하도록 유도하고 조작하려고 일부러 호의를 베풀라고 하는 것이 아니다. 진심으로 사람들과 좋은 관계를 맺기 위한 목적으로 마음에서 우러나온 호의를 베풀라는 것이다. 냉소적으로 받아들이지 말라는 말 또한 같은 맥락이다. 하지만 실용적으로 접근할 필요성은 충분하다. 호의는 비즈니스 관계를 형성하고 강화하는 역할을 한다. 절대 이 사실을 무시하면 안 된다. 무시해야 한다고 정당화하는 행동을 해서도 안 된다. 다른 사람에게 호의를 베풀면, 그 사람들에게 비슷한 호의를 베풀어야 한다는 의무감을 지우게 된다. 반대로 베푼 호의를 일부러 돌려받기 위해 요구하면 안 된다. 이는 이기적인 행동이다. 당신이 호의를 베푸는 것은 '대화'를 끌어내는 것이 목적이다. 이렇게 서로 대화하면 오랜 기간 유대 관계를 형성할 수 있다. 다른 사람에게 호의를 베풀 때 즐거움을 느낄 수 있다. 양쪽 다 호의를 베푸는 과정에 참여하는 이유, 참여해야 하는 이유가 여기에 있다. 이 방법은 사람들이 서로 자연스럽게 가까워지게 만드는 훌륭한 방법이다. 바로 이것이 당신의 목표다. 당신이 누군가에게 호의를 베풀었을 때 얻을 수 있는 또 다른 편익은 그 사람에게 같은 수준의 호의를 베풀어야 한다는 의무감이 들게 한다는 것이다. 이 과정은 관계를 더욱 강화하고, 깊이 있게 만들어주는 선순환의 기초가 된다. 우정이란 이런 것이다. 서로 계속해서 충족하는 의무감의 재발생이다. 서로에게 아무런 의무감도 느끼지 못하는 두 사람은 친구라고 할 수 없다. 이 두 사람은 서로 아무런 관계도 맺지 않은 것이다.

서로 호의를 베풀고 의무감을 느끼는 우정 관계란 어떤 것인가? 가장 좋은 친구와 결혼하여 행복하다고 표현하는 사람들을 찾기란 어렵지 않다. 이들은 스스로 운이 좋다고들 말한다. 하지만 정말 운이 좋은 것일까? 아니면 자기실현적 예언일까? 나는 항상 후자라고 생각한다. 우정은 서로 의무감을 공유하는 사이를 뜻한다. 세상에 그 누가 배우자보다 다른 사람에게 더 많은 의무를 지고 있단 말인가? 당연히 없을 것이다. 그러므로 결혼한 부부가 서로를 가장 좋은 친구라고 생각하는 것은 그냥 자연스러운 일일 뿐이다. 혼인이란 당신이 다른 사람과 맺을 수 있는 가장 크고 강한 의무관계이다. 그리고 앞서 말했듯, 의무관계는 우정을 낳는다. 그러므로 결혼은 그 무엇보다도 깊고 오래가는 친구 사이를 형성하는 일이기도 하다.

하지만 의무와 우정은 결혼생활에만 국한되는 것은 아니다. '호의 경제'에서 다른 사람을 돕는 것 또한 그러한 깊은 관계를 만드는 방법의 하나라고 할 수 있다.

물론 친구를 만들기 위해 다른 사람에게 호의를 베푸는 것만이 이 원리를 이행하는 방법은 아니다. 친구를 만드는 가장 효과적인 방법이기는 하지만, 애초에 호의를 베풀 수 없는 사람을 만날 수도 있는 법이다. 개인적으로 혹은 직업적인 이유로 이런 사람과 친구 관계를 형성할 수도 있다. 그리고 이런 상황에서 당신은 의무감이 친구 관계를 형성하는 기반이 된다는 사실을 알고 있다. 그래서 이제 당신은 상대방에게 호의를 베풀어 그에게 의무감이 들게 하려고 최선을 다하지만, 상황이 어렵거나 당신의 능력 부족으로 그에게 제대로 호의를 베풀 방법이 없다는 사실을 알게 되었다. 당신이 그 사람에게 해줄 수 있는 것이 말 그대로 없는 것이다.

이럴 때는 어떻게 해야 할까? 당신이 누군가에게 호의를 베풀 수 없을 때는 반대로 하면 된다. 대신 그 사람들에게 호의를 부탁하는 것이다. 이 원리는 반대로도 작동한다. 그런 사람들이 얼마나 자주 "예"라고 말하는지 알면 놀랄 수도 있겠지만, 놀라면 안 된다. 좋은 사람들은 충분히 해줄 수 있는 호의라면 언제든 부탁에 따라 베풀 준비가 되어 있다. 사람들은 대부분 자기가 도와줄 수 있는 일이면 기꺼이 도와주려 한다. 단, 그런 요청이 합리적이고, 그들의 명성이나 인간관계에 문제를 일으키지 않는 것이어야 한다. 일반적인 사람이라면 누구든 합리적인 도움을 주려는 기회를 놓치지 않을 것이다. 그리고 누군가 당신에게 호의를 베풀었다면, 이제 서로 소통할 수 있는 관계가 만들어진 것이다. 이제 당신은 의무가 생겼고, 상대방에게 호의를 베풀기도 더욱더 쉬워지게 될 것이다. 여기서부터 서로의 호의와 선의를 주고받으면서 관계가 점점 강해지게 된다.

이런 관계가 당신의 삶과 직업생활의 전부라는 사실을 기억해야 한다. 다시 말해 당신의 커리어를 이어가도록 해 주는 생혈이고, 당신 개인의 삶을 유지하게 해 주는 근간이다. 그래서 은퇴를 피하라고 권하는 것이다. 은퇴는 이런 전문적 인간관계를 단절시켜 불가능하게 만든다. 은퇴를 택하는 사람은 은퇴 이후뿐만 아니라, 은퇴 이전의 커리어 중에도 고립되려는 경향이 생긴다. 은퇴 계획을 세우는 것은 당신이 돈만 보고 일한다는 신호를 발산하는 것에서 그치지 않는다. 눈치채지 못한 사이에 동료들과의 관계에서도 흥미를 잃게 만들 수 있다. 이들이 보기에 당신이 왜 부정적인 사람으로 비치는지 정확히 설명할 수는 없으면서도 당신과 함께하는 것에 미적지근한 태도를 보이게 될 것이다.

그 무엇보다도 고립은 우리가 돈을 벌고 번창할 수 있는 능력을 파괴하는 위험한 것이다. 이는 돈을 버는 것 그 이상과 관련된 심각한 문제이다. 당신의 봉급은 그냥 구매력의 측정단위에서 그치지 않는다. 돈이란 당신의 모든 창조적 에너지를 수량화하여 표현한 일종의 수단이다. 돈이란 당신의 시간과 기술, 인내, 도덕성, 인간관계 등등, 이 모든 것을 유지하고 관리하는 능력의 총체이다. 대개 강한 인간관계를 많이 구축한 사람이 돈이 많다. 높은 도덕적 기준이 있는 사람들은 비도덕적인 사람들에 비해 훨씬 더 부유한 모습을 보인다. 약속을 지키지 못하고 규율을 거부하는 방종한 삶을 사는 사람들은 재정적으로 문제가 많은 경우가 많다. 당신이 그런 식으로 산다면 절대로 번창할 수 없다. 번창하더라도 일시적일 뿐이다. 하나님의 법칙에 따라 사는 사람은 진정 영적으로, 정신적으로, 육체적으로, 재정적으로 번창할 수 있다.

하나님이 계획한 창조와 인간의 경제적 상호작용의 구심점이 되는 것은 돈이다. 돈은 우리를 목표의식과 결단력을 갖게 하고, 신중하고 계획적인 삶을 살게 한다. 이것이 돈을 이용해 우리의 삶이 재창조되기 원하시는 하나님의 방식이다. 여기에 돈과 경제의 아름다움이 있다. 모든 경제 및 사회적 상호작용의 한 가운데 돈이 있다. 서로에게 도움을 약속하며 사이에 두는 것이 돈이다. 돈은 확정적 이권으로 작용한다. 우리는 이 덕분에 그냥 흘러가듯 되는 대로 태평스럽게 살거나, 원하는 것을 얻기 위해 생각 없이 행동하는 삶에서 멀어질 수 있다. 명심해야 할 것은, 돈은 우리의 최종 목표가 아니라는 것이다. 부정한 돈이나 상품을 얻기 위해 노력하지 않아야 한다. 이런 생각이 퍼지면 수많은 사람이 빈곤하고 비참한 삶을 살 수밖에 없고, 서로 돕지 않는 고립된 삶을 살게 한다.

목적의식이 있고, 충분한 시험을 거친 신중한 인생을 살면 돈과 창조 과정에서 돈의 역할에 대한 올바른 가치관이 생겨난다. 새뮤얼 존슨의 감상을 기억하자. 그는 돈을 벌기 위해 노력하는 사람보다 순수한 사람은 없다고 말했다. 그저 돈을 더 벌려고 하는 당신에게 누가 해를 입힌단 말인가? 그런 일은 절대 없다. 제대로 된 비즈니스 전문가라면 돈을 벌기 위해서 반드시 사람들의 필요를 알아야 한다. 그냥도 아니고, 잘 알아야 한다. 누구든 그러한 필요를 간과하고 비즈니스를 하려 한다면, 결국 그 비즈니스는 실패하게 될 것이다. 그런 마음이 시작부터 없다면 현명하지 못한 생각이다. 똑똑한 사람이라면, 성공을 위해 무엇이든 시도할 것이며, 계속 노력할 것이다.

돈을 버는 것은 누구에게나 매우 선하고 건강한 활동이다. 누군가와 관계를 맺고 유지하도록 만들고, 그들에게 좋은 사람이 될 것을 강요한다. 돈을 벌겠다는 의지는 다른 사람을 돕겠다는 선택이다. 돈을 버는 것은 종종 새롭고 기발한 방법이나 독창적인 길을 탐색하게 만든다. 올바른 방법을 택해 돈 버는 것에 집중한다면, 이런 행위는 욕심이 아니라 정당하고 합리적인 삶의 근간이 된다. 당신이 지금까지 부의 추구란 이기적이고 부도덕한 행동이라는 소리를 들었다면, 이 이야기가 상당히 비직관적으로 들릴 것이다. 돈이란 모든 악의 뿌리라는 말을 들어보았을 것이다. 하지만 사실 돈이란 모든 선행의 기반이다. 돈은 인간의 상호작용을 끌어내는 원동력의 하나이다. 돈이 인생에서 가장 중요한 것이 아니라는 이야기를 끊임없이 들었을 것이다. 그렇다. 인생에서 가장 중요한 것은 아니다. 하지만 가장 중요하지 않은 것도 아니다.

때로 사람들은 "인생이란 전부 돈과 관련되었다"고 주장하는 나를 비난한다. 내가 돈 외에 아무것도 생각하지 않는 사람이라는 것이다. 하지만 전혀 그렇지 않다. 나는 돈에만 미친 사람이 아니다. 하지만 내가 돈에 대해서 생각하는 데 많은 시간을 들인다는 점은 인정하려 한다. 내 취미보다 돈이 더 중요한 것은 사실이기 때문이다. 우리가 돈을 벌 때는 적어도 한 명 이상의 사람을 위해 일한다고 할 수 있다. 인정할 것은 인정해야 한다. 날마다 돈에 대해서 생각하는 시간이 생기는 것이다. 나는 배 타는 것을 좋아하고, 좋은 음식도 좋아한다. 하지만 내가 매일같이 배를 타고 좋은 것을 먹는 것은 아니다. 매일 그것들만 생각하는 것도 아니다. 하지만 내가 돈에 대해서 아무런 생각도 하지 않는 그 하루, 안식일만 제외하고 다른 날은 다르다. 과연 내가 사람들을 위해 최선을 다하고 돈을 버는 것일까? 어떻게 하면 사람들을 도울 가장 좋은 기회를 찾을 수 있을까? 나는 끊임없이 자신에게 이런 질문을 한다. 이런 질문은 숨을 쉬는 것만큼이나 인생에 반드시 필요한 것이라고 생각한다.

돈을 벌고 돈에 대해서 생각하는 것은 단순히 더 나은 삶을 살기 위한 기반 정도의 수준이 아니다. 더 나은 사회로 나가기 위한 발판이기도 하다. 부의 창출에서 오는 선은 어떤 한 사람에게 이익이 되는 수준을 크게 초월한다. 돈을 버는 것이 나와 내 은행 계좌에 국한된 문제가 아니라는 것이다. 돈을 버는 것이란, 공동체나 사회, 국가를 더욱 번창하도록 건설하기 위해 적극적으로 돕는 것이다. 결국 자신과 자신의 돈에 집중하는 것은 자신과 우리, 그리고 하나님을 섬기는 가장 건강하고, 자연스러운 계획의 메커니즘이라고 할 수 있다. 나와 당신이 각자의 커리어에 집중한다면, 마침내 우리는 모두 더 좋은 경제, 더 건강한 경제를 건설할 수 있게 될 것이다.

이제 이 책을 끝맺기에 앞서 당신에게 내 인생에 관해서 이야기하려 한다. 나는 내가 정말 복된 사람이라고 생각한다. 나는 북서부 태평

양 연안의 아름다운 한 섬에서 살고 있다. 우리 가족은 행복한 가족이고, 원하는 것도 많지 않다. 참으로 편안하고 행복하게 살고 있다. 나는 매일 아침 이곳에서 이렇게 살 수 있게 해 주셨다는 사실에 진심으로 감사하는 마음을 담아 기도를 드린다. 하지만 여전히 나는 섬 한가운데 살고 있다. 해안가로 나가면 300가구 정도가 있다. 솔직하게 말하면 나는 이런 바닷가에 놓인 집에서 살고 싶다. 진심이다. 집 밖으로 나가면 바로 물이라니 참으로 놀랍지 않은가. 나만의 선창을 둘 수 있고, 현관을 열면 내 보트가 떠 있는 모습이 보인다. 바다를 사랑하는 이 랍비가 참으로 좋아할 만한 광경이 아닌가!

하지만 이렇게 바닷가에 놓인 집을 원하는 사람이 나만 있는 것이 아니다. 미국에 사는 수백만 명의 사람들이 바닷가에 있는 집을 원할 것이다. 하지만 여기에는 300채밖에 없다. 그렇다면 이 집을 얻기 위해서는 어떤 원칙이 필요할까? 이 문제를 해결하여 결정할 방법은 무엇이 있을까? 다섯 가지 방법이 있다. 이 다섯 가지 방법 사이에는 확실한 우열도 있다.

첫 번째는 로또를 사는 것이다. 결과는 순전한 운이다. 300명의 행운아만이 공짜로 집을 얻고, 나머지는 그냥 살던 대로 살아야 한다. 아주 끔찍한 생각이 아닌가? 실제로도 그렇다. 하지만 미국의 모든 주가 정부 주도하에 복권을 운영하고 있다는 사실을 잊으면 안 된다. 이들 전부 다 아주 끔찍한 생각을 하고 있다. 이런 복권은 순진하고 절박한 사람들에게 추가로 세금을 물리는 것과 다를 바가 없다. 때로 정부에서 여기에 좋은 명분을 붙여서 그럴듯하게 계획을 만들기도 한다. 예를 들자면, 복권 수익을 교육에 투자하거나 하는 식이다. 교육은 분명 훌륭하고 숭고한 행위이다. 하지만 학교에 자금을 대기 위해서라면 좀 더 공정하고 윤리적인 방법이 있지 않을까? 이런 복권은 돈을 버는 것이 아니라 따는 것 중에서도 아주 끔찍한 축에 든다. 도박은 사람들이 일하지 않고도 다른 사람들을 도울 때의 이득을 볼 수 있다고 생각하게 한다.

만약 복권이 별로 좋지 못한 생각이 든다면 두 번째 선택지를 생각해 보자. 폭력과 적자생존이다. 누구든 힘으로 집을 빼앗을 수 있는 사람이라면 가져갈 수 있게 하는 것이다. 수백 명의 건달을 모아 무장시키면 된다. 이 제안이 웃길 수도 있지만, 안타깝게도 여전히 이를 경제 시스템의 주축으로 굴리는 지역도 존재한다. 재산을 힘에 따라 나누는 것이다. 독재자가 이런 방식을 취한다. 부족 사회가 이렇게 한다. 범죄자들의 사회도 역시 마찬가지다. 폭정과 무정부 상태의 시스템이다.

다만 당신이 정말로 강한 사람이라면 바닷가의 집을 구하기 위한 참으로 좋은 방법이라는 생각이 들어 솔깃할 수도 있겠다. 단, 일단 집을 얻었다고 해도 지키기 위해서 최선을 다해 싸워야 한다는 사실을 잊으면 안 된다. 당신이 모집한 불량배 군단을 그대로 유지해야 누군가 당신을 쫓아내거나 죽이는 것을 막을 수 있다. 이런 경우, 가장 꼭대기에 있는 한 사람마저도 야만적이고 불편한 삶을 살아갈 수밖에 없다. 독재자, 갱단, 카르텔의 주인들이 이런 삶을 살고 있다. 이런 사람들은 쫓겨나거나 죽음을 맞이하리라는 끊임없는 위협 속에 늘 시달리게 된다. 나 같으면 내 목을 걸고 바닷가에 있는 집을 얻으려는 대신 섬 한가운데 작은 집에서 조용하고 평화롭게 살겠다. 이 방법도 단점이 있다. 하지만 집의 주인은 확실하게 정할 수 있다.

조금 더 문명화된 방법을 생각해 보자. 집의 소유권을 정하는 위원회를 세우는 것이다. 정치인 몇 명, 학자 몇 명, 관료 몇 명을 한 방에 모아놓고 씽크탱크를 구성하는 것이다. 이제 바닷가에 있는 집을 누구에게 줄지 정하도록 한다. 하지만 이 사람들이 고르는 사람이 진짜 그럴 자격이 있을까? 이들이 결정을 내리는 기준이 무엇일까?

이제 이들이 집주인을 순탄하게 전부 정했다. 참으로 놀라운 일이 일어났다. 세상에! 이 세계에서 바닷가의 집을 얻을 자격이 충분한 사람들이 이 위원회의 주변에 몰려 있었다. 이런 우연의 일치가 있나! 그리고 위원회의 위원 중 몇 명이 갑자기 부자가 되었다. 누군가 꽤 큰돈을 쥐여 주기라도 한 것처럼. 하지만 우리 모두 관료와 정치인들은 부패한 사람이 아니라는 사실을 안다. 당연히 아닐 것이다! 내 냉소적인 소리에 피식하는 사람들도 있겠지만, 이 세상 어딘가는 재산을 이런 식으로 분배하는 곳이 아직 남아 있다. 이런 편들기와 족벌주의는 전 세계에 존재한다. 미국에도 존재한다. 이 시스템의 문제는 사람들이 부패할 수 있다는 것이다. 권력은 부패한다. 절대 권력은 절대 부패한다.

아무리 봐도 지금까지 살펴본 방법은 전부 문제가 있어 보이지 않는가? 항상 이기는 사람이 있고 지는 사람이 있으니까. 만약 우리 모두가 바닷가에서 삶을 즐길 수 있다면 어떨까? 여기에서 네 번째 선택지가 나온다. 바닷가의 집을 몇 명에게만 주는 게 아니라, 모두에게 주는 것이다. 어떻게? 바닷가의 집을 전부 허물고, 섬 주변의 모든 바닷가를 공공 해변으로 만드는 것이다. 누구나 바닷가에 다가갈 수 있게 된다. 얼마나 멋진가. 하지만 집이 파괴되고 부가 사라지면서 근본적인 문제는 그대로 남게 된다. 바닷가의 집이 사라졌고, 그 땅은 공공자산이 되었다. 하지만 이런 바닷가에 놓인 집 근처의 집들은? 이제 이 집들이 섬에서 가장 가치 있는 집들이 될 것이다. 이 집들은 물에서 가장 가까울 뿐만 아니라, 항상 쉽게 해변으로 갈 수 있게 한다. 그럼 이런 집들은 어떻게 분배해야 할까? 우리가 모든 문명의 이기를 파괴할 생각이 아니라면 결국 문제는 원점으로 돌아간다.

지금까지 이야기한 방법은 전부 실제로는 아무 효과가 없게 된 셈이다. 이제 내가 아는 방법은 단 하나 남았다. 당신이 혹시 다른 방법을 생각했다면 귀띔해주었으면 좋겠다. 다음 책에 추가할 수 있을 것이다. 하지만 나 스스로는 이 방법이 정말 마지막이라고 생각한다. 이제 마지막 다섯 번째 방법이다. 돈이라 불리는 무언가를 발명하는 것이다. 이 돈은 우리 모두가 바닷가의 집을 얼마나 원하는지 정할 수 있게 해 준다. 우리가 가진 돈은 제한되어 있고, 더 많은 돈을 낼 수 있는 사람이 바닷가의 집을 얻을 수 있게 될 것이다. 이제 휴가, 좋은 차, 아이들을 위한 좋은 교육과 바닷가의 집 중 어느 쪽을 더 원하는지 정할 때가 된 것이다. 당신은 지금 커리어보다 집을 더 원하는지 생각해 볼 필요가 있다. 만약 집을 더 원한다면 지금 커리어를 그만두고 추가로 교육을 더 받은 뒤에 더욱 수익성 높은 커리어 영역으로 이직해야 바닷가의 집을 살 수 있게 될 것이다. 물론 돈을 쓸 수 있는 만큼 가격을 부르는 것도 나쁘지 않다. 얼마나 부를 것인지는 당신의 선택과 결정에 달린 일이고, 이는 다른 사람들에게도 모두 마찬가지다.

완벽한 시스템이지 않은가? 전혀 문제가 없는 것처럼 보일 수도 있다. 하지만 그렇게 생각하지 않는다. 나는 이 방법도 문제가 있다는 사실을 명확히 알고 있다. 하지만 다른 네 가지 방법을 제치고 바닷가 집에 대한 소유권이라는 매우 희소성 있는 자원을 배분하는 가장 좋은 방법이 되리라는 사실은 명백하다. 폭력도 없고, 운도 개입하지 않고, 부패할 일도 없고, 나누려고 하는 물건을 아예 없애는 일도 없다. 아주 직관적이고 직접적인 시스템이다.

당연하지만 이 시스템의 가장 좋은 점은 바닷가 집이든 당신이 원하는 것이든, 필요한 것을 살 수 있도록 유도한다는 점이다. 그러기 위해서 당신은 사람들을 위해 열정적으로, 열성적으로 헌신하고 일해야 한다. 아무런 문제도 찾아볼 수가 없지 않은가. 돈을 버는 것에는 다소 무신경한 태도도 있어야 한다고 생각하는 경우가 많다. 돈이란 더러운 것이라고 믿는 것이다. 돈을 비웃고 경멸해야 더욱 고결한 사람이 될 수 있다는 것이다. 잘못된 인식이다.

돈이란 하나님의 기적이고, 우리의 삶을 훌륭하고 건강하고 생산적으로 살아갈 수 있게 해 주는 수단이다. 돈은 우리가 적당히 시간을 보내며 시계나 달력을 하염없이 바라보게 하지 않는다. 돈에 대한 넓고 깊은 욕망은 우리로 하여금 끊임없이 다른 사람을 돕게 만든다. 이에 대한 보상으로 받는 감사장이 돈이다.

돈은 악한 것이 아니다. 오히려 세상에 커다란 선을 행하는 것이다. 우리는 사람들을 도우면서 가장 큰 즐거움과 가장 깊은 열정, 그리고 가장 심오한 환희를 느낄 수 있는 세상에 살고 있다. 우리가 일을 시작하는 순간부터 하나님의 집으로 초대되는 날까지, 쉼 없이 일하는 것은 보람되고 의미 있는 삶을 사는 가장 좋은 방법이다. 참으로 영광스럽고 장엄한 삶이 아닌가. 우리 삶의 시간은 유한하다. 돈을 번다는 것은, 우리의 하루하루를 영광스러운 일에 투자하여 우리만 잘사는 것이 아니라, 다른 사람에게도 선을 행하는 삶을 선물하는 것이다.

마지막 몇 마디

　이제 마지막이다. 당신에게 전할 교훈이 한 가지 남았다. 이 책에 담긴 지식을 모두 훑고 여기에 당도하니 마치 오랜 여정을 마무리 짓는 느낌이 든다. 하지만 이 책이 나아가야 할 길이 아직 하나 남았다. 나의 입에서 당신의 귀로 향하는 여정이 아니다. 이 여정은 이미 끝났다. 당신의 귀에서 당신의 뇌로 향하는 여정도 아니다. 그 여정도 이미 끝났다. 이제 당신은 무엇을 해야 하는지 다 알고 있을 것이다. 마지막 여정은 이제 이 책의 정보와 지혜를 당신의 머리에서 가슴으로 옮기는 것이다.

　이제 당신은 무엇을 해야 하는지 아는 것에서 떠나 당신의 의지로 할 일을 행하는 단계로 나아가야 한다. 그리고 그러기를 원해야 한다. 우리는 우리의 머리에서 해야 한다고 생각하는 일보다 가슴에서 하고 싶다고 느끼는 일을 더 쉽게 한다. 그러므로 이제 이 책에서 배웠던 것들을 당신의 머리에서 가슴으로 보낼 때 그동안 우리가 논했던 팁과 도구, 기술, 원리를 사용할 수 있게 될 것이다.

　유대인들을 성공시킨 성경의 비즈니스 비밀들은 당신이 생각하는 것과 아는 것에서 그치지 않고, 더 나아가 당신이라는 존재, 그리고 당신 삶의 방식 중 일부가 될 것이다. 이제 더 이상 돈 버는 것이 1주일에 40~50시간 일하면서 불화를 견뎌야 하는 일이 아니게 된다. 돈을 버는 것이 당신의 소명이 될 것이다. 당신의 영혼과 몸이 하나 되고, 당신의 가치와 일이 하나 되어, 매일 일하는 시간이 누군가에게 큰 유익이 될 것을 바라보며 즐거움으로 가득 차게 될 것이다. 당신의 은행계좌에 들어오는 돈이 전부 당신이 사람들의 필요를 효과적으로 채웠다는 명백한 증거물이라는 사실을 알게 될 것이다.

이 성경 속의 청사진을 따르려 하는 당신의 노력과 성실함을 하나님께서 축복하시기를, 그리고 하루하루를 기쁘게 살아갈 수 있기를 바란다.

옮긴이 조상연

역자는 캘리포니아 대학 버클리에서 경제학을 전공했고, 15년간 미국에 거주하며 기업과 국가간의 프로젝트에 다수 참여했다. 주로 국내외의 업무협약과 계약관계 번역을 담당했다. 현재 뉴욕에 거주하고 있으며, 번역사랑에서 번역가로 활동하고 있다.

BUSINESS SECRETS FROM THE BIBLE
유대인 비즈니스의 성공 비결 40가지

1판 1쇄 발행 ▎ 2020년 1월 20일
1판 2쇄 발행 ▎ 2020년 2월 25일
지은이 ▎ Rabbi Daniel Lapin
옮긴이 ▎ 조상연
발행인 ▎ 이현숙
발행처 ▎ 북스넛
등 록 ▎ 제410-2016-000065호
주 소 ▎ 경기도 고양시 일산동구 호수로 662 삼성라끄빌 442호
전 화 ▎ 02-325-2505
팩 스 ▎ 02-325-2506
이메일 ▎ booksnut2505@naver.com

ISBN 978-89-91186-91-0 03320